本书系 2011 年教育部人文社会科学重点研究基地中国人民大学欧洲问题研究中心基地重大项目成果，项目编号：11JJD810016

欧洲研究丛书

Comparison of National and
Regional Innovation Systems between
China and Germany

中德国家与区域创新体系比较

史世伟　寇蔻◎著

中国社会科学出版社

图书在版编目（CIP）数据

中德国家与区域创新体系比较／史世伟，寇蔻著 . —北京：
中国社会科学出版社，2018.10
ISBN 978 - 7 - 5203 - 2483 - 0

I.①中… II.①史…②寇… III.①区域经济—国家创新系统—
对比研究—中国、德国 IV.①F127②F151.67

中国版本图书馆 CIP 数据核字（2018）第 097151 号

出 版 人	赵剑英
责任编辑	赵 丽
责任校对	王秀珍
责任印制	王 超

出　　版	中国社会科学出版社
社　　址	北京鼓楼西大街甲 158 号
邮　　编	100720
网　　址	http://www.csspw.cn
发 行 部	010 - 84083685
门 市 部	010 - 84029450
经　　销	新华书店及其他书店

印　　刷	北京明恒达印务有限公司
装　　订	廊坊市广阳区广增装订厂
版　　次	2018 年 10 月第 1 版
印　　次	2018 年 10 月第 1 次印刷

开　　本	710×1000 1/16
印　　张	24.25
插　　页	2
字　　数	381 千字
定　　价	98.00 元

欧洲研究丛书编委会

目　　录

导　言

21世纪世界进入了知识经济时代，一个国家或一个地区的创新能力越来越成为在激烈的国际和区域竞争中立于不败之地，实现经济社会可持续发展的决定性因素。

从20世纪70年代末改革开放以来，中国抓住了利用国际环境发展经济的契机，积极参加国际分工，加工制造业的国际竞争力不断提高，成为经济全球化的受益者。目前，中国已成为世界第一大出口国，其中工业制成品的比例占85%以上，高科技产品则超过30%。但是中国产业竞争力主要建立在低劳动力成本的比较优势上，出口的高科技产品大多在产业链的低端或者是对发达工业国家研发创新产品的模仿，中国企业的自主创新能力仍然相对薄弱。目前，全球范围内技术进步的速率迅猛，随着信息技术与制造业的深度融合，生产智能化的浪潮孕育着新的产业革命，在新的竞争形势下，一个国家如果无法充分培育和发挥自身的创造能力，就将丧失跻身于世界经济强国的机遇。

2006年，全国科技大会制定的《国家中长期科学和技术发展规划纲要》把增强自主创新能力作为国家战略，提出通过提高自主创新能力提升国家的竞争力，到2020年把中国建设成为创新型国家。《国家中长期科学和技术发展规划纲要》指出，深化科技体制改革的目标是推进和完善国家创新体系建设并明确现阶段的目标是建设以企业为主体、产学研结合的技术创新体系。2016年5月国务院颁布的《国家创新驱动发展战略纲要》进一步提出了实现国家经济发展科技创新引领的"双轮驱动"战略构想，即科技创新和体制机制创新两个轮子相互协调、持续发力。而体制机制创新或称制度创新，用改革促发展，正是中国30多年来国民经济持续高增长、人民生活水平不断提高的根本原因之一。实践证明，建立和完善符合社会主义市场经济秩序的国家与区域创新体系，让市场在社会资源、包括创新资源中发挥基础作用，是中国实现《国家创新驱动发展战略纲要》提出的"三步走"创新战略目标的基本前提。

国家创新体系的理念是欧洲学者首先提出的，后又扩大到地区和行业创新体系。近年来对这个题目有大量的理论研究并在各国的创新实践中广泛的实施与验证。我们这项研究选择了世界创新领先国家之一德国的国家与区域创新体系作为研究对象并与中国的相关体系、结构与支持系统进行比较，最终为中国建立有效率的国家和地区创新体系提供有益的政策建议，产生的结论可以为政府、科研机构、高等学校以及企业制定创新战略和政策提供参考，从而具有很大的现实意义。

在经济学领域，比较完整的创新理论最早是由奥地利裔美国经济学家熊彼特在他1912年的《经济发展理论》中提出。熊彼特意义上的创新是"对生产要素执行新组合"。熊彼特的创新类型可以概括为产品创新、工艺创新、市场或服务创新、供应来源创新和组织形式创新，在熊彼特的创新思想中，企业家占有核心的地位。他认为，执行新的要素组合正是企业家的功能。企业家的任务就是要带领人们突破日常活动的界限，打破原有的平衡。将资源从原来简单重复的活动中转移到新的活动中，由新的经济形态代替原来的经济形态。而企业家创新的动力是获得超额利润。企业家不是发明家，他的职能是发现新组合中的商业机会，进行市场推广。技术上的突破如果不能转化为商业化的产品就不能称为创新。

目前，经济学领域的创新研究一般分为新古典主义（主流）经济学和演化经济学进路，虽然两大学术范式都在一定程度上继承了熊彼特开创的创新经济学的基本思想，但是在本体论和方法论方面还是有很大的分歧。新古典主义建立在人的理性最大化的行为假设上，其市场均衡概念是一种机械论的隐喻。同经济学主流学派相反，经济学演化主义借用了生物学的基本思想，将经济看作一个演化的复杂有机系统，强调企业、产品以及制度的多样性（异质性），而这种多样性则来源于变异、复制和（市场）选择。由此，竞争不是理性人的最大化行为，而是一种搜寻行为。有限理性和认知能力局限的人通过不断学习来扩充自己的知识并把它用于生产出更好的产品和服务；演化具有开放性和不可逆性，它不会回归到一个单调、同质的一般均衡状态，而是一个市场主体不断相互协调的动态过程。在这样的洞见下，政府的技术政策就不应当只是去预测哪种创新会胜出，然后去支持它（picking winners），而是建立一套基本支持系统（国家与区域创新体系），鼓励新事物在企业和个人的竞争中涌现。本项研究本着创造性综合的原则，在总体上演化经济学进路基础上，融入制度经济学的制度变迁、制度比较和组织理论以及德国经济学传统的秩序理论和经济政策理论，努力发展出一个分析国家和地区创新体系的比较综合的理论框架，在前人研究的基础上，实现一定程度的理论创新。以往的国家创新体系的比较研究主要集中在对相同与类似经济体制的国家的制度与政策的比较上，而中国正在从传统的集中计划经济向市场经济体制转型，所以在理论框架中，借鉴在德国战后经济转型中发挥了重大影响的弗莱堡学派以及奥地利学派的秩序理论显得尤其重要。

本书共分四个部分：

第一（理论）部分（第一章）对制度和演化经济学的创新理论范式进行阐述，将其与新古典范式进行比较，并最终将其同国家创新体系以及秩序理论的观念结合起来，建立一个可操作的分析框架。

第二部分（第二章）包括两方面内容。一是对于中国与德国国家创新体系的演化进行比较，使我们的体系比较具有一个历史维度。二是在宏观层面上，根据先前建立的复杂系统模型对中国与德国的国家创新体系的各个子系统进行初步的比较（prima facie comparison）。

第三部分（第三章）是对两国的国家与区域创新体系的绩效做的经验比较。由于不同体制下创新测度的困难，对于创新绩效进行量化研究有一定的局限性。但是我们仍旧认为，中国和德国都是世界制造业大国，选取一些指标对其创新绩效进行比较会得出较有说服力的结果，它也构成后面规范分析的事实基础。在经验分析中，我们使用了杰弗里·福尔曼（Jeffrey Furman）、迈克尔·波特（Michael Porter）与斯科特·斯特恩（Scott Stern）创建的FP&S分析模型（Furman，Porter and Stern's Model）。这一模型由于将内生增长理论与创新集群理论相结合，因而在对国家创新能力的比较中得到广泛的运用。

第四部分（第四章、第五章、第六章、第七章、第八章、第九章）

是对两国政府的创新政策的比较。它是本研究的核心部分。其中首先对两国最近为迎接知识经济时代的国际竞争所制定的创新战略进行了比较。其目的在于根据目标与手段一致的经济政策理论原则给予下面的政策分析一个理性基础。然后对两国与创新相关的经济政策进行了比较。根据我们采取的国家创新体系的广义定义以及对于创新绩效投入产出要素关联的经验分析，创新环境（市场化水平、市场开放度）、创新支撑系统（创新集群、金融系统的发育程度）、创新主体（人才、企业、高校）以及创新国际合作的质量及其相互关系对于创新绩效有着显著影响。由此，为了提高创新绩效，政府政策应该对这些领域进行有针对性的促进。目前，国外以及国内一些对国家创新体系比较研究比较侧重对于体系的制度安排与制度结构的比较，如果涉及公共政策，也往往仅限于与科技与创新直接相关的政策，如研究政策、产学研协同创新促进政策、贸易政策等。鉴于市场竞争对于创新的决定性作用以及中国面临的制度转型特殊问题，本书对两国的竞争政策做了比较并就其与产业政策的关系进行了阐述。另外，熊彼特强调金融支持对于企业家创新的支撑作用，所以政府对金融体系的形塑及对企业创新的金融支持也成为本书比较的政策领域之一。

国内的国家创新体系研究主要集中在两个方面，一方面是在科技政策领域对于国家创新体系的研究，重点在国家通过"顶层设计"对于创新体系的建构以及国家的科技投入。另一方面是对产业集群和网络的研究，论证产业集群和创新网络对于企业创新的重要性。但是后一领域的学者往往来自企业管理学领域，很少将其研究明确地与国家与地区创新体系联系起来。因此，国内的创新体系研究有宏观视角与微观视角脱节的现象，本书试图填平这一鸿沟。近年来，企业在国家与区域创新体系中的主导地位已经成为创新经济学研究者与政策实践者的共识。所以，本书侧重对创新主体中企业作用的探索，选取了对于企业创新具有重要意义的中小企业政策与创新集群政策进行比较。

另外，随着经济全球化和区域化发展趋势的逐步增强，国际科技与创新合作得到了迅速发展。本书选择将"欧洲研究区"的实践作为国际科技与创新合作的样本，并突出了德国在其中发挥的关键作用并探讨了欧洲研究区对中国开展国际创新合作的启示。

　　本书通过对中国与德国国家与区域创新体系的历史沿革、制度结构特征、体系的创新绩效以及在体系内政府作用的探讨，证明了下述主要观点：一个以企业为创新主体的国家或区域创新体系具有效率的关键在于体系内各子系统相互作用的正反馈和自恰，以及系统的开放性；在这里最重要的是发挥制度路径依赖的稳定和为未来开辟机遇两方面的功能以及政府促进创新体系建设和发挥创新体系作用的能力。虽然中国与德国处于发展的不同阶段，政治经济与社会体制以及历史与文化有较大的差别，上述普遍规律仍然适用。

　　本书的创新之处主要有如下五个方面。

　　第一，本书创造性地运用了更适合创新研究的制度与演化经济学的范式，力图突破新古典经济学静态均衡分析、最优化理想模型建构的框框以及行为人完全理性的假设，使分析框架更接近现实。制度和演化经济学认为创新是技术与制度共生演化的结果，同新古典范式不同，它强调不同体系和行为主体之间的多样性和差异性，认为创新体系的研究具有不可最优化的特性，从而使比较分析能够产生更丰富的成果。另外，它认为历史性的考量是创新体系研究的本质，从而为把历史重新纳入经济分析奠定了理论基础。

　　第二，将弗莱堡学派的秩序观和理论纳入国家创新体系的研究方法中，使作为制度集合的国家创新体系的比较分析具有一个经济与政治体制比较的维度。无论是欧肯的立法建构秩序观还是哈耶克的自发扩展秩序观，在强调"秩序一致性"原则方面是一致的。它为分析中国的体制转型提供了规范基础。

　　第三，除一般的创新投入变量外，本书的实证部分将市场化改革程度这一变量（30个省）纳入计量模型中，通过多元回归得出其与创新产出（发明专利）显著的正相关关系，说明中国经济的市场化改革对于提高创新绩效的作用，为实施"双轮驱动"的国家创新发展战略的必要性提供了经验证明。

　　第四，与以往国内的创新体系研究更多地聚焦于政府的科技政策、产业政策与研发投入不同，本书从企业是创新体系中的主体出发，更多地探讨了政府在为企业——特别是中小企业——创新提供法律制度基础设施和社会服务体系方面的作用。由于市场竞争对于创新具有决定性的推动作用，政府在实现创新驱动战略过程中要树立竞争政策的基础地位，相比而言，产业政策是从属性的、次要的。由于企业的异质性，知识的分散性、缄默性以及公共性等特点，企业和知识创造公共机构的集群化对于创新具有重大的意义。本书对于创新集群的理论、其形成以及两国政府创新政策的设计与实施进行细致的梳理和比较，为集群更好地发挥"简化的国家创新体系"的作用提供了坚实的理论与政策基础。

第五，通过对于熊彼特原著的仔细研读，对创新研究中比较流行的所谓"熊彼特Ⅰ"与"熊彼特Ⅱ"对立的观点提出了质疑。我们认为，熊彼特在20世纪上半叶观察到了企业组织创新的发展，他敏感地意识到大型企业在技术创新中越来越重要的作用，但是大型企业研发部门的"日常事务"（routine）并没有完全替代企业家精神。熊彼特思想的核心是将经济发展看作一个动态的、非均衡的内生演化过程（创造性毁灭）。在他看来，创新是企业和企业家在激烈的市场竞争中争取利润的主动行为，在这一点上他始终没有改变。经济史研究证明，大型企业的出现并没有使中小企业消失，它们在经济动态发展过程中扮演着不同的角色。

我们还选取了德国联邦与州政府创新集群融资、规划以及技术支持的三个案例，放在了相关章节之后，使政府政策实施的过程与效果更加直观和有说服力。

因此，本书不仅能够为从事创新、中国与德国经济与政治以及中德创新合作研究的专家与学者阅读与参考，同时还能够为国家与区域创新体系和创新政策的设计者和实践者所借鉴。

第 一 章

概念界定与研究框架

第一节　为什么选择演化经济学

目前，经济学领域的创新研究一般分为新古典（主流）经济学和演化经济学进路，虽然两大学术范式都在一定程度上继承了奥地利裔美国经济学家熊彼特开创的创新经济学的基本思想，但是在基本假设、方法论以及关注的重点方面还是有很大的分歧。我研究的基本框架建立在演化经济学创新研究的基础上，并将其与德国弗莱堡学派秩序自由主义的一些思想进行了融合。在我详细地发展我的分析模型之前，我先说明我为什么要选择演化经济学作为我的理论方法。通过与新古典经济学的比较，可以看出演化经济学的进路更加符合对于创新的研究。

一　变化与静态：演化经济学与新古典经济学的根本分歧

自从熊彼特在其 1912 年出版的《经济发展理论》中提出"创新"的概念以后，技术进步对增长的贡献开始成为经济学关注的问题。20 世纪 80 年代开始兴起的新增长理论强调创新（企业研发）作为投入对于整体经济发展的贡献，但主要是从宏观层面上对创新的贡献加以分析，方法上仍沿用罗伯特·索洛（Robert Solow）创导的整体生产函数（Solow，2008，52—56），所不同的是，新增长理论强调经济增长不是由于外在力量的影响，而是经济体系内部力量作用的结果。内生增长理论的主要代表人物保罗·罗默（Paul M. Romer）将研发作为重要的投入变量要素纳入整体生产函数中，并根据企业创新"溢出"效应的假说得出了不同于索洛的资本（包括人力资本和非物质的知识）规模效益递增的结论（Romer，2008，220—223）。在这个理论基础上，一些增长经济学家进行了量化的经验研究，将研发投入作为资本要素纳入国民经济计算，通过静态的、直线化的处理计算产品和工艺创新对产出的贡献，特别是溢出产生的乘数效应。但是在新古典主义传统的经济学研究中，对于实现溢出效应的制度条件的分析比较欠缺。因而，不能说明这种增加产出的溢出效应在实践上是如何产生的。这与主流经济学将制度作为外生给定条件的理论传统不无关系。

一般认为，新演化经济学诞生的标志为 1982 年理查德·纳尔逊（Richard R. Nelson）和悉尼·温特（Sidney G. Winter）发表的开创性著作《经济发展的演化理论》，他们在此书中明确表示其与熊彼特的继承关系，突出创新，特别是技术变化对于经济发展的影响，所以后来在经济学界将与理查德·纳尔逊和悉尼·温特有相同或类似研究志趣的经济学家被称为"新熊彼特学派"。

他在 1912 年出版的《经济发展理论》中不仅第一次对创新进行了完整的定义，并且对当时已经开始成为主流的新古典经济学的静态分析方法提出了质疑。他在 1937 年《经济发展理论》日文版的序言中写道，他的理论要解决的问题是找出经济体系不断变化的力量，这不同于与瓦尔拉关于经济在受到外在冲击下不断回到稳态均衡的进路（Schumpeter，1997，XXII）。他将这种力量称为"创造性毁灭"，这种力量是市场经济体制内生的，正是这种内生力量能够打破循环流转静态经济的均衡，实现质的飞跃。而这种力量的承载者就是企业家（Schumpeter，1997，111）。在以后的《资本主义、社会主义与民主》中熊彼特更是明确写道："资本主义本质上是一种经济变动的形式和方法，它不仅从来不是而且也永远不可能是静止不变的。资本主义过程的这种演化性质不是由于人口与资本半自动的增加或由于货币制度的变幻莫测，人口、资本和货币制度的确是产业改变的条件。但开动和保持资本主义发动机运动的根本推动力，来自资本主义企业创造的新消费品、新生产方法或运输方法、新市场、新产业组织的形式。"（熊彼特，1999，146）

因此，熊彼特认为商业波动、经济危机并不可怕，危机是"创造性毁灭"的必然结果。企业家的任务就是要带领人们突破日常活动的界限，打破原有的平衡，将资源从原来简单重复的活动中转移到新的活动中，由新的经济形态代替原来的经济形态。而企业家创新的动力是获得利润。创新是"对生产要素执行新组合"。熊彼特的创新类型可以概括为产品创新、工艺创新、市场或服务创新、供应来源创新和组织形式创新。因此，熊彼特的创新思想包括技术创新和组织创新两个方面（Schumpeter，1997，114—119）①。

　　作为新古典经济学核心的一般均衡理论假定了一个以市场竞争与交易为核心特征的制度结构，在给定偏好、禀赋、技术假设下，市场制度以均衡价格的形式来协调各优化主体之间的选择以满足相容性的资源约束（王勇，2008，27），其关注的重点是资源配置的效率以达到帕累托最优，而不是扩大能够支配的资源。20 世纪 50 年代，在"二战"后工业国家经济持续增长，发展中国家纷纷制定发展规划的背景下，美国经济学家索罗提出了建立在新古典经济学柯普—道格拉斯生产函数基础上的增长理论，他的宏观经济增长模型如下（Hotz-Hart & Rohner，2014，32）：

$$Y = A\,L^{\alpha}K^{\beta}$$

其中

Y 表示年度国内生产总值

A 表示全要素生产率（技术水平或者技术系数）

L 表示投入的劳动力数量

K 表示投入的资本存量

α、β 表示相应的产出弹性

　　根据罗伯特·索洛的模型，国内生产总值增长决定因素为可支配的资本存量、可支配的劳动力潜力以及技术系数。经济长期增长取决于将储蓄变成资本，因为人均产出的增高取决于资本强度的增大。然而当资本积累达到一定的程度时资本边际效益递减的规律就会发生作用，经济将停止增长。如果经济继续增长，那么就是（外生从而不能解释）的技

---

　　① 熊彼特意义上的"创新"特指企业家将发明应用到市场上为消费者提供商品的过程。因此，他特别强调要将"发明家"，即产生新想法的人，与企业家，即通过"执行新的要素组合"将这种想法商业化的人区分开来。我们目前比较流行的概念科技创新，实际上混淆了这种区别，使人产生科学家本身也是创新执行者的误解。正确的表达应该是科技与创新。

术进步（模型中的 A）发生作用的结果。

罗伯特·索洛的新古典增长理论将新古典范式从聚焦于现有资源的有效配置引向资源的扩大，他通过将此模型应用于对美国经济长期数据的实证研究，证明了技术进步是增长的最重要源泉，从而突出了技术创新的重要性。因此罗伯特·索洛由于对现代增长理论的贡献获得了诺贝尔经济学奖。

但是索洛模型的局限也是明显的。由于他在分析中使用柯普—道格拉斯生产函数，在模型内只有资本和劳动为自变量。所以只能将技术进步作为模型的外生变量来处理。由于资本报酬递减的规律，人均产出的增长率将最终下降为零，而唯一能够避免这种情况发生的就是外生的技术进步率。但是技术进步恰恰是模型的外生变量而不能解释的[①]。

新古典模型暗含着所有国家都分享同样的技术，因此，对于新古典模型的支持者来说，真正造成国家间差异的不是技术，而是资本积累。由于较贫穷的国家资本投入产出高，具有较快的资本积累率，所以国内生产总值（GDP）的增长率也较高。这必然会得出发展中国家在发展水平，进一步说在生活水平上向发达工业国家"收敛"（convergence）的推论（阿格因和豪伊特，2011，26—27）。但是，"二战"后的历史证明，目前世界上仅有可数的几个发展中国家在人均收入上跨过了发达国家的门槛。尽管60年来，世界发展机构与发展中国家政府做出了巨大的努力，大规模的收敛却没有发生。

新古典增长经济学家之所以得出所有国家增长"收敛"的推论，是由于其模型建立在不符合实际的假设上：首先，他们认为科学与技术是在经济体系之外、经济主体能够随意获得的公共产品。而实际情况是，技术不像科学，它在一定程度上是私人品。另外，它的广泛采用与可能使用者的吸收能力密切相关。而发展中国家的劳动者往往缺少这方面的知识与技能（Hotz-Hart & Rohner，2014，33）。其次，新古典增长理论将技术进步设想为"从科学到市场"的几个独立的阶段：知识、基础研究、

[①] 索洛将其模型用于经验研究，通过"增长账户法"对美国1909—1949年的人均增长率进行分析，得出了美国长期增长只有不到50%能够用资本和劳动的增长来解释，其他因素（技术进步）则只能用"余值"来表示（Hotz-Hart & Rohner，2014，34）。

应用研究、工业开发、创新（Innovation），即将发明（Invention）转化为市场所接受的产品与模仿（Imitation）、技术扩散（Diffusion）。它实际上断定存在这一个与科学新发展相关的发明流，它们大半处在现有企业和市场结构之外。经济体可以毫不费力地从这些"技术储备"中找到适合自己的去使用[①]。按照新古典的创新理论，经济上的创新一般不是首先产生于消费者自发的新需要并由此对生产设施的改变方向施加的压力；相反，消费者的新需要是由生产方面培育出来的，所以生产者是创新的发起者，创新基本上不受市场需求的影响。企业家的任务就是发现这些发明的潜能并通过开发产品或工艺获得超额利润。后来的研究证明，这种简单的线性技术推动模型并不能很好地解释现代工业社会复杂的创新活动。创新很少是孤立发生的。创新是一个复杂的、具有多重循环的非线性过程，在这一过程中各创新主体，即政府（进行规制）、公立大学和大学外研究机构（从事基础研究）、企业（从事应用研究、制造和开发产品和流程以及市场推广）、中介机构（为大学和研究机构与企业之间的技术合作提供服务）以及需求者组成互动网络，创新实际上是相关主体之间相互学习的产物（Wissenschaftsrat，2007，18）。

　　新（内生）增长理论力图克服新古典增长模型的缺陷，将技术进步和生产率的增长内生化，从而解释如何能够不让资本和劳动的递减报酬最终侵蚀所有的增长（阿格因和豪伊特，2011，11）。它包括几个研究计划，下面对它们做简略地介绍。

　　首先要提到的是肯尼斯·阿罗（Kenneth Arrow）的"干中学"理论。它实际上是一种没有报酬递减的新古典理论。他假定技术进步是生产新资本品过程中的一种无意识的结果。当人们积累资本时，"干中学"带来的规模递增与正的"溢出"效应，可以增加资本的边际产品，从而抵消当技术不变时边际产品递减的趋势。通过实践经验积累的学习效应可以提高某一产业的知识资本，并由此提升其全要素生产率。但是它没有明确地区分资本积累与技术进步（阿格因和豪伊特，2011，11—12，54；Hotz-Hart & Rohner，2014，35）。

---

　　① 这种思想实际上来自早期的熊彼特。他将技术进步在概念上分作三个阶段：发明、创新、技术扩散。但他在其晚期的著作中修改了这一思想，参见（Antonilli，2008，12）。

其次是基于创新的内生增长模型。它的第一个分支是保罗·罗默的产品多样化模型。其中创新是通过增加新的产品种类来提高生产率。生产率的增长来自专业化中间产品的种类不断增加。在保罗·罗默的模型中，劳动是研发投入的唯一要素，但劳动作为生产要素在资质的视角下获得了新的意义。由于劳动的资质对于生产非常重要，所以在他的模型中加入了教育和培训。教育系统是增长的原动力，它们对人力资本的形成做出贡献。技术进步可以部分上通过人力资本的改善，即资质的平均水平来解释。人力资本与技术知识存量（前一期的研发成果）作为正式研发的投入产出生产中间产品的知识（比如，专利数量），这些中间产品被用来进行最终产品的生产。增长则取决于在研发部门投入的人力资本的数量。与"干中学"理论相比，保罗·罗默区分了物质资本与技术进步，突出了人力资本对于技术进步的贡献。另外，与"干中学"模型相比，产品开发产生的成本导致这里的产品市场是垄断竞争的，而不是完全竞争的。不完全竞争可以产生正的利润。而在完全竞争的条件下，所有产出都用于支付 K 和 L 的提供者，A 背后的技术知识提供者无法获得任何的补偿（阿格因和豪伊特，2011，56—62；Hotz-Hart & Rohner，2014，34—35）。

第二分支是所谓的"熊彼特"模型。该理论将创新描述为产业竞争的一种重要特征。它的增长源自与罗默模型的产品多样化不同的"垂直"质量改进。在这个模型中，技术进步被解释为投入产品的质量改善：低质量的投入品（以及生产它们的企业）被高质量的投入品所替代，从而实现了熊彼特意义上的"创造性毁灭"（Hotz-Hart & Rohner，2014，35）。

综上所述，新增长理论能够利用和适应创新经济学的成果，指出创新与技术进步的关系，解释了技术进步促进增长的原因。"干中学"理论强调资本积累和物质资本升级对于知识获取的重要性，而产品多样化和"熊彼特"模型则强调正式研发（R&D）、劳动专业分工以及竞争在创新中的决定性作用，虽然企业创新主要是为了排他性的使用，但是人力资本可以流动，其积累的知识和诀窍可以部分地使其他企业受益（通用技术），实现技术扩散（包括利用国际贸易和投资），从而克服资本与劳动边际生产率递减的陷阱，实现经济增长。由于研发具有正的外部性，因此提高研发强度需要政府的支持。在这些方面也有很好的经验数据的支持。与经典的索洛模型相比，新增长理论模型加总程度不是那么高，更加贴近现实（比如，用垄断竞争代替了完全竞争）。但是，新增长理论的模型与数据仍旧过于宏观，没有关于作为创新主体的企业的理论。模型主要建立在对于生产函数的投入产出分析上，将企业当作一个利润最大化的黑箱。由于缺乏企业组织理论，所以，新增长理论虽然也在一定程度上顾及企业的异质性，但是由于模型的限制，无法分析企业家以及企业"惯例"对企业创新活动的影响。另外，新增长理论没有分析新技术的引入与其对经济系统带来变化互动演进的结果，以及技术变化与经济结构的相互关系。最后，正像熊彼特指出的，创新不仅指技术创新，它还包括组织创新、商业模式创新，从更加广泛的意义上说，还包括制度创新。但是这些在新增长理论中都没有涉及。

　　新古典主义经济学也试图从微观层面上分析创新的产生和扩散，形成了产业组织这一理论分支，强调市场竞争对于创新的作用。但边际分析、比较静态分析、局部均衡仍然是产业组织中的主要分析方法。熊彼特式的竞争是"创造性的毁灭"，强调企业家为获得超级利润而追求"暂时的垄断"，是动态的、非均衡的。另外，产业组织主要侧重于从供给角度分析单个产业内部的市场结构、厂商行为和经济绩效。而演化经济学强调系统性的影响，产业链及其市场主体相互学习的作用，突出跨行业技术及其产学研合作对创新与增长的影响，即外部经济的作用。

表1—1　　　　　　　　产业分析方法与集群方法的区别

特征/方法	产业分析	创新集群方法
研究对象	在网络上节点相似的企业群组	节点不同的、互补和异质的企业群组
聚焦点	最终产品生产商	价值链上的所有企业和支持机构
分析重点	行业内直接和间接的竞争对手	同时考虑同一行业中的关联企业
群组中的企业关系	竞争	纵向（为主）和横向合作
竞争优势的获得	在现有技术轨迹上的多元化	合成效应和新组合
政府关系	提供优惠待遇（补贴、保护）	促进者、中介者、催化者

资料来源：OECD, *Boosting Innovation：The Cluster Approach*. OECD Paris, 1999, p. 13（笔者做了补充和改写）。

　　造成上述缺陷的根本原因是方法论上的：无论是新增长理论还是产业组织理论都没有跳出新古典经济学静态均衡分析的进路。演绎还原论（reductionism）使新古典经济学模仿物理学在严格假设前提下利用数学工具建模，它的优点是逻辑的严谨性和适合统计学上的经验研究。但人类活动的复杂性和人的有限理性使静态分析方法必然存在着很大的局限。最近一些新古典经济学家的研究指出了制度对于"收敛"的重要性，同意发展的不同阶段需要不同的"适宜制度"，但是却回避了探讨在这一过程中结构如何转换的问题（阿格因和豪伊特，2011，195）。制度变迁存在着路径依赖，从而与历史关系密切，而新古典经济学的质点分析进路恰恰无法顾及时间因素。新古典经济学的方法论阻碍了他们对制度的形成与发展进行深入和具体的研究。

　　所以，如果我们关注的问题是何为长期经济发展的推动力量？在这中间——特别是将危机转化为机遇的过程——有哪些规律性可循？哪些组织和制度对于企业家行为具有决定性的意义？那么新古典经济学的静态均衡的分析进路则无法给出满意的答案。演化经济学的动态分析进路和对经济变化规律的认识将更加切合。

二　演化经济学的基本假设与制度演化的规律

　　新古典经济学的分析方法主要从牛顿力学的机械运作原理得到启发。而演化经济学与达尔文的进化论则有着明显的渊源。（一般意义上的）创新＝新事物的涌现正是演化经济学的出发点。达尔文的进化论阐释的是生物进化的条件，即一个以多样化与突变为特征的选择过程。熊彼特以及追随者在其关于国民经济的科技与制度发展的理论中将生物学的"演化"概念嫁接到经济联系上。因此"创造性的毁灭"是一个非均衡的、不可逆的动态过程。

　　与新古典的静态、个体主义的思维方式不同，演化经济学将国民经济理解为一个与生物进化类似的、以变异和突变为特征的选择过程。演化经济学突出新奇（novelty），强调不可逆、路径依赖、动态性和时空特定性，作为一种研究生成，而不是研究存在的经济学，演化经济学的这些特征使其与新古典的静态、理性与同质性特征区别开来（杨虎涛，

2011，16），因此这是一种范式上的变化。但是在将属于自然科学的生物学观念移植到属于社会科学的经济学时也必须注意到其根本差别：生物界中的选择过程是被动的，甚至是"盲目"的，由偶然性决定的；而经济演化则是经济主体有意图的自利行为的结果。所以，演化经济学虽然接受了进化论的中心思想，但它经过改造，成为一个在社会科学框架下的独立进路（Hotz-Hart & Rohner，2014，124）。

从演化的角度来理解，创新不是"从天而降"（Manna from heaven）的一次性孤立的事件，而是一个普遍存在的、渐进的、积累的动态过程。在这一点上，新熊彼特学派对于创新的理解与熊彼特略有不同。比如，本特—奥克·伦德瓦尔（Bengt-Åke Lundvall）认为，（熊彼特的）创新理论将发明、创新和扩散划分为三个相互独立的阶段，这在当今正在变得越来越模糊不清了。也就是说，我们今天已经难以确定发明与创新的具体时段，创新不再是一个孤立的事件，而是一个过程（Lundvall，2010，9）。在现代经济中，创新成为一种普遍现象，在市场竞争的压力下，在经济的所有部门，对于新产品、新技术与新组织方式和新市场的学习、搜寻与探究无时无刻不在发生，企业的生存不断受到来自市场选择的考验（Lundvall，2010，8；Hotz-Hart & Rohner，2014，125）。这种理解的关键在于演化经济学对于人的基本假设与主流经济学的理性"经济人"（homo oeconomicus）不同。演化经济学接受了赫伯特·西蒙（Herbert A. Simon）人的有限理性或"过程理性"（Simon，2008，68）以及弗里德里希·哈耶克（Friedrich August von Hayek）的人类知识主观性的观点（Hayek，2008，281—282），认为作为经济主体的人没有完美的计算能力、完备的信息，人们的认知局限导致其决策必然是有次序的、渐进的。从而，创新可以被理解为对环境变化的一个创造性的反应过程，其结果是开放性的。有限理性使人们不可能——像新古典经济学描述的——在完全理性假设下通过价格与数量的调整去追求效益最大化，而仅仅寻求一个满意的结果。在面对由创新引致的极端不确定性和选择结果的多重可能性情形下，过程理性使创新主体之间具有通过互动学习创造新知识和改变约束条件的能力。互动学习需要遵循一定的规则，这里制度（institutions）的重要性则凸显出来。重要的是需要确定促进学习的制度类型和制度环境（Lundvall，2010，9；Antonelli，2008a，29；刘业进，92015，35）。

制度学派从其鼻祖托斯丹·凡伯伦（Torstein Veblen）开始就将关注点放在经济和社会的演化上，强调制度结构对人们经济行为的影响。但后来制度主义由于其描述性的特点而逐渐失去了影响力。20 世纪六七十年代，一些经济学家开始尝试将制度内生化，嵌入新古典的经济分析模型中，产生了"新制度经济学"，较著名的有罗纳德·科斯（Ronald Coase）和早期的道格拉斯·诺斯（Douglass C. North）。这以后，对于"制度"的研究出现了复兴，而且不仅限于经济学领域，也出现在政治学、社会学和行为科学等其他社会科学领域。由于对制度研究文献的增多，对什么是制度也出现了不同的观点。即便在经济学领域，至少可以区分出制度相互关联的三种不同含义。

在日常英语中，Institutions 这个词一般指组织机构，一些经济学家因袭了这种习惯，演化经济学的代表人物之一理查德·纳尔逊在其编著的《国家（地区）创新体系比较分析》中就认为，（国家创新）"'体系'这个概念应该是一套制度，它们的互动在一定意义上决定了创新的绩效"。它们是研究和发展以及其他行动的行动者（尼尔森，2012，3）。这些行动者指大学、研究机构、行业协会、政府部门、企业等组织机构。如果我们将经济过程当作一种博弈，在这里制度指博弈的参与人（青木昌彦，2001，6）。但是在采用"国家创新体系"和研究发展问题的学者中间也存在着一种"广泛"的制度定义：制度既包括作为行动者的组织机构，也包括作为行动规则（约束）的法律、惯例、习俗，甚至政府政策（Niosi，2010，17）。这种制度定义得到了世界银行（World Bank）专家们的认可，并将其用于他们对于发展中国家的政策建议：适宜的制度对于激励有利于发展的行动十分重要（世界银行，1991，134）。

1994 年诺贝尔经济学纪念奖得主道格拉斯·诺斯认为："制度是社会的博弈规则，或更严格地说，是人类设计的制约人们相互行为的约束条件……用经济学的术语说，制度定义和限制了人们的决策组合。"（North，1990，3）这些约束条件可以是非正式的（社会规范、惯例、道德准则），也可以是有意设计的正式约束，包括宪法、政府管制等正式政治规则以及产权保护、经济合同等正式经济规则。因此，诺斯将博弈的规则与博弈的参与人（政治家、组织机构）做了明确的区分。组织机构是制度的支点，制度嵌入组织机构之中。根据诺斯的理论，制度的需求（比如市场规模的变化）或供给（如技术发展使通讯和能源市场解除管制的成本降低）的变化导致制度创新，制度创新的目的在于降低交易成本。他提出了制度创新的原则：对于制度创新的主体（个人、团体、政府，国际机构）而言，只有当制度创新的收益大于或等于制度创新的成本时，他们才会供给或推动一项创新。诺斯认为制度变迁有两种方式，即由市场主体自发协调产生的诱致性制度变迁以及由国家推行的强制性制度变迁。而国家推行的正式制度的产生与变化（比如，关于产权界定的规则）取决于"政治市场"上各方的协商，而政治市场则由政治规则来决定。但是由于国家机构也是由自利的人组成，所以政治市场协商产生的制度并不一定能够提高经济过程的绩效，而政治规则或者元规则的产生则还需要另行解释。另外，强制性的制度还存在着一个执行的问题，要设法保证制度与博弈参与者的激励相容，否则将会产生很高的执行成本[①]。在这里诺斯强调历史的重要性。社会制度的存续将现在、将来与历史联系在一起，也就是说，制度的变迁有"路径依赖"：决策一旦被采用就会限制未来的选择，即政策将被迫在特别的轨道上运行，思想观念与利益沿着特定的轨道发展，制度与策略必须顺应轨道前进。制度总是可以被理解为凝结着上一阶段的决策，因此它对现在不仅有重大的限制作用，同时也提供了创新的机遇（Schmidt，1993，379；Goldstein，1995，1111—1112）。制度的路径依赖使人们开始关注制度变迁的初始条件，道格拉斯·诺斯认为，制度的路径依赖为正式规则的产生与发展提供了一个合理的解释。但是他认为对于非正式规则的产生和发展、特别是他认为具有决定性的意识形态的作用人们还知之甚少。这可能是他在晚年转向演化范式的原因。另外，美国经济学家利奥尼德·赫维茨（Leonid Hurwicz）则在其首创的"机制设计理论"中在一个更加微观和技术的层面上阐释了博弈规则的产生、发展和执行的问题。

由于道格拉斯·诺斯的历史制度主义和利奥尼德·赫维茨的"机制设计理论"对于非正式制度的解释不能令人满意，近年来出现了制度的

---

① 关于制度执行的 5 种不同形式参见斯蒂芬·沃依格特《制度经济学》，史世伟等译，中国社会科学出版社 2016 年版。

"演化博弈论"解释。不同视角的制度理论虽然都强调"制度是重要的",但是罗纳德·科斯意义上的新制度经济学并没有突破新古典范式的内核,即理性最大化选择和外生稳定偏好的行为假设。制度经济学的新发展开始质疑新古典经济学的基本假设,并将演化论的方法引入经济分析中。青木昌彦认为:制度是"关于博弈重复进行主要方式的共有信念的自我维系系统"(青木昌彦,2001,11),是"由有限理性和具有反思能力的个体构成的长期经验的产物"(青木昌彦,2001,13)。通过"博弈均衡"分析,青木昌彦将制度的起源和发展最大限度的内生化,强调了制度的自我执行特性。同其他演化论者一样,青木昌彦也认为新古典经济学完全理性的假设是不现实的。另外,作为制度演化论者,他不仅指出现实中的人的理性是有限的,在进行选择时具有的信息是不完备的,而且更进一步强调人的认知局限性(主观认知)导致情境依存偏好和人的行为的适应性主导,或称互动学习过程。制度之所以成为制度,不是由于博弈参与者在认识自己和别人决策之间的反馈机制方面具有完全的演绎推理能力,而在于参与者对于别人使用行为规则方式的主观预期(信念),并根据这种预期形成自己的行动策略,当博弈双方的主观认知达成一致时(通过共同接受信息浓缩的符号系统),双方对博弈进行的规则都没有改变的必要(纳什均衡状态),并由此达到了主观性与客观性(通过"概要表征")的统一,在这种情形下制度就形成了。由于均衡建立在共有信念的基础上,这样的系统能够自我执行、自我维持。从长期来看,这种规则体系演化成为习惯、风俗、文化,而这种非正式规则往往具有多样性,随历史文化的不同而不同,只在有限的程度上服从于工具理性的计算。

可以看出,在同意将经济过程类比为博弈过程的前提下,对于制度的这三种不同的理解——将制度看作博弈的参与人、博弈规则和博弈过程中参与人的均衡策略(青木昌彦,2001,5)——都有其道理,我们无法笼统地说哪一种定义更好,只能说它们各有所侧重,只能根据我们的目的来选择对其的使用①。将制度作为互动行为者(博弈参与人)比较适

---

① 还有一种将制度分为"外在"制度与"内在"制度的划分方法,由于赞成这种划分的人还是将制度看作博弈规则,所以在本质上与道格拉斯·诺斯的方法是一致的。

合于对于不同体系进行描述性的比较研究，这同样也适用于对博弈参与者（主要是机构）与博弈规则不加区分的对制度的广泛定义。而将制度理解为博弈规则往往导向人为设计和权威（在现代一般是政府）颁布的正式规则，人们经常喜欢用游戏规则、裁判（规则的执行者）和游戏参与者这个比喻来说明这一关系。而博弈均衡论则强调规则产生的内生性和自我执行性，这对于解释我们经常观察到经济过程中的自发秩序和自组织系统（Hayek，1969，256）非常有说服力。

由于我们的研究需要对中德两国的创新体系进行比较，在这一系统中既包括那些直接从事创新的主体如企业，为创新提供激励的措施如政府政策，也包括稳定社会合作秩序的那些自发规则和惯例，所以第一种对制度的定义对我们在一定程度上是适用的。同时我们认为，在演化论的前提下，后两种认识实际上是互补的、统一的。晚年的道格拉斯·诺斯已经认识到非正式规则对于经济绩效（或者是非绩效）的巨大作用，而青木昌彦也承认不存在着完全没有外生规则的博弈，他将这种外生的博弈规则归纳为历史给定的初始状态和环境因素，前者包括其他"域"（比如，政治领域）通行的技术和"制度"以及由政体决定的成文的法律与政策（青木昌彦，2001，23）。我们的模型将在演化论的基础上综合博弈规则与博弈均衡论的制度含义，但是我们强调经济过程的动态特征和制度演化的开放性，在这一过程中，知识的获取和积累占有中心的地位。制度演化经济学的基本假设是个体对于未来的无知。从而，效率就不再是理性的人在已知偏好和即定约束条件下对目标的优化，而被理解为对不断变化环境条件的满意、可行的适应（Herrmann-Pillath，2002，23）。图1-1演示了我们对于制度和制度变迁的理解。

这里还需要解释的是：其一，我们没有用均衡的概念以突出在客观环境变化下制度变化的动态性和开放性。但制度一旦形成就会对行动者的策略产生制约（青木昌彦，2001，13）。其二，我们没有区分正式规则和非正式规则，首先是考虑到这使模型更简明；再则在演化博弈论下，由于行动者不断地互动（适应性学习和相互协调），制度实际上很难被明确地区分为正式和非正式，任何制度都包含正式规则和非正式规则（黄凯南，2015，99）。演化视角更强调制度是自我维持的系统。在现实生活中，当然存在——哪怕只是暂时的——正式规则与非正式规则或称外部制度与内部制度之间的不兼容的现象。但这将导致交易成本的增加，如加大正式规则的执行成本，促使行动者（包括政府）采取行动来使正式规则与非正式规则取得一致（沃依格特，2016，146）。

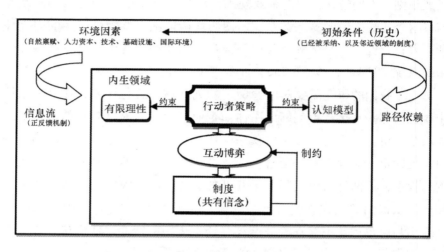

图 1-1　演化视角下的制度与制度变迁

三　演化经济学与复杂系统

用一般性演化分析的方法，可以将生物演化中的"变异、选择和遗传"转述为"创新、选择和扩散"以及其相应的运作机制。但是，如上所述，传统的三段论机械描述无法全面地解释创新机制、选择机制和扩散机制之间的互动，它们是一个无法用新古典主义经济学建模的非线性过程，新古典经济学解释的状态只是经济现实状态中的一个特例。因此，我们还需要考察三者之间的内生关系，构成一种相互反馈的环状解释机制。在此基础上，进一步将这三种机制应用到解释社会经济系统多层级和多个互动者（例如，个体、企业、产业和国家）的演化分析上，并考虑各个层级的演化机制相互嵌套和互为因果的关系，便能够构建多层级和多主体的共生演化分析（黄凯南，2015，95），这就是演化范式的一般分析方法即"复杂系统"的进路。复杂系统论的一个重要的理论源头是一般系统论，一般系统论中的系统被定义为相互联系的元素集，系统具有整体性或不可完全还原性，这意味着不能把隔离部分的行为加总为整体（整体≠各部分之和），必须考虑各从属系统和主导系统之间的相互关系才能解释各部分的行为（刘业进，2015，12—13）。而作为演化主体的复杂系统是多层次、多主体的系统，其多层次和多主体性使它具有涌现（emergence）特征，即整体大于各部分之和（刘业进，2015，17）。从增长的角度来看，演化增长不同于新古典经济学的高度总合化（aggregation）的总量增长，在演化增长过程中，由于各种经济主体之间复杂的互动关系，演化增长本质上是一个复杂的自组织过程。在此过程中存在着诸如正反馈效应、路径依赖和结构不可逆性等复杂系统的特征（黄凯南，2015，100）。根据问题的复杂程度，研究者可以选择社会经济系统的层级和主体数目进行研究。

如果我们将制度理解为带有复杂系统特征的人类合作秩序，根据弗里德里希·哈耶克的划分，它分为理性个体、次级秩序和宏观组织三个层次①，如表1－2所示。本书考察的是国家与区域创新体系的制度、政策与绩效，因此，我们仅就相关的主体和层次进行研究，它应该包括次级秩序和宏观组织这两个层次以及相关的规则。

表1－2　　　　　　　　　　合作秩序中的层次

层次	分析对象	效率检验
第一层次	宏观组织（扩展秩序/市场秩序/文明）	适存度
第二层次	"次级秩序"或微观组织（家庭、家族、部落）	适存度
第三层次	理性个体	理性计算的最大化

资料来源：刘业进：《经济演化：探索一般演化范式》，中国社会科学出版社2015年版，第104页。

对于复杂系统的特征，创新经济学家克瑞斯提诺·安东内利（Cristiano Antonelli）做出了更加详尽的论述：

➢ 经济主体是异质的。它们有不同和专有的特征，而且是内在异质的。

---

① 人类合作秩序这一概念首先是由哈耶克提出来的。在德语中，"System"（系统）与"Ordnung"（秩序）的意思相近，有时可以互换。

➤ 企业的区位是重要的。区位是一个多维度的概念，包括互动经济主体之间的距离、他们互动的强度和内容以及这种互动对于其行为与绩效的影响。

➤ 知识的分散性。每个经济主体只能处理分散的信息和分散的知识，没有经济主体是全知全能的。

➤ 经济主体的互动是地域性的。经济主体的交易与反馈嵌入在地域性的关系网络中，这些社会网络是决定其行为的更广泛系统的分层化子系统。

➤ 经济主体是有创造性的。他们服从于一些规则，但作为对特定反馈的回应，他们也能根据其专有的特征和包括他们嵌入的交易与互动网络在内的个人资源禀赋去改变一些规则。

➤ 行动的系统依赖性。每一个经济主体的行为结果严格依赖于发生在系统内部的互动关系。因此，系统的拓扑（经济主体在其多维空间中的特征以及结构性互动的分布）在任何时间都扮演核心的角色（Antonelli，2008a，31）。

根据上述理论，创新高度依赖于地域性的合作网络，而这种合作网络的绩效则与人类特定的分工合作秩序密切相关。技术变化具有系统依赖性，比如，新的通用技术的引入就是许多互补和相互依赖的技术创新的结果，而技术变化与结构变化交织在一起。这里结构指"政治和经济制度、相关技术、人口以及一个社会的意识形态"（Lin，1989，7）。结构的变化有共时性（青木昌彦），即结构中各元素相互影响和相互依赖。对系统结构（所有约束行动者行为的正式与非正式规则）特征的作用的分析同时也是一个历史范畴（历时性），而价格结构由形塑技术变化速率以及方向的基本投入禀赋和行业、工业动力等因素所决定①。因此，技术创新不仅是区域性的，表现出不可逆、有限知识以及区域性学习的特征，而且是路径依赖的。技术创新被看作一个能够改变系统特

----

① 在这里"结构"是一个广泛的概念，包括了诺斯意义上的"制度环境"或称"制度设置"和经济结构。后者特指资源禀赋，行业或工业布局、技术状况等。而"系统结构"的定义则比"制度环境"更广泛，后者指"治理经济与政治行动的一组政治、社会和法律基本规则"。见 Lin，1989，7。

征的过程，而同时它本身又是特定时间的系统特征的产物（Antonelli，2008a，11—12）。技术与结构共生演化：前者沿着特定的"技术轨迹"（trajectories），后者沿着特定的"惯例"。克瑞斯提诺·安东内利指出，路径依赖是复杂系统变革的一个特别的形式，它特别适合于理解在历史进程中复杂系统内部各主体（尤其是企业）之间互动的过程与结果，他们一方面受限于自身的情境和过去的决策；另一方面又具有创造性，能够通过学习、有意图的创新战略以及结构变革的手段创造新知识。路径依赖不同于"过去依赖"，过去依赖的特征是其结果完全由初始条件所决定。路径依赖发生在一个在起点被限定的通道里，不仅外部的感兴趣者不能改变其路径，而且内部运作的瞬间随机搅动也无法引起进程的改变。路径依赖不同于决定论的过去依赖，在路径依赖过程中，事件沿着路径发展有不可逆性，不仅初始条件对在多重可能结果中做出选择具有影响，而且它还具有创造性和正反馈效应，后者可以使进程自我强化。细小的事件和偶然的情况常常会把技术发展或是制度变迁引入特定的路径（所谓持续微观层面的不可逆性），而不同的路径会导致完全不同的结果（张俊芳，2012，95）。路径依赖将历史进程理解为事件无间断、不可预测地一个接着一个发生，过去发生的事件限制了可能结果的范围，塑造了进程发生的通道。因此，路径依赖给予经济学家将历史力量纳入其分析工具的空间，而同时避免陷入天真的历史决定论的巢穴（Antonelli，2008a，32—33）。

以上我们在比较普遍和抽象的理论基础上对于我们在本书中使用的分析工具进行了阐释。下面我们将转向直接应用于创新研究的、更具体的"国家创新体系"方法，并在指出其缺陷的基础上建立自己的分析框架。

第二节　"国家创新体系"分析框架及其缺陷

一　国家创新体系方法的概念、特点及其发展

前面已经提到新古典内生增长理论无法很好地研究制度对于技术创新的作用。保罗·罗默本人就曾表示，技术进步的一个极其重要的因素

是一系列独特的制度，如市场制度体系①。但是他并没有对他以为的这个极端重要的因素进行理论分析。20 世纪 90 年代开始兴起的创新体系的研究方法弥补了这一缺陷。

根据熊彼特的思想，创新包括技术创新和非技术创新（组织和市场）两个方面。技术创新又分为产品创新和工艺创新。此外，熊彼特强调企业在创新中的核心地位，而创新体系方法强调创新是一个系统作用的结果。创新并不是像早期熊彼特描述的那样仅仅由企业家特质所决定，它很少是孤立发生的。竞争性市场是激励创新和使企业和个人从知识积累中获取利益的必要条件，但还不是充分条件。创新的发生还取决于企业的多样性、技术路线或轨迹的选择、技术积累以及同其他支持机构的结合。在创新过程中，学习对于生产要素（特别是知识）的新组合具有核心的作用，创新体系则要为企业创新创造制度条件。

国家创新体系目前没有一个统一的定义（见表 1 - 3）。根据国家创新体系最早的提出者克里斯托夫·弗里曼（Christopher Freeman）的观点，创新体系是指"公共和私营部门中发起、改变和扩散新技术的活动和互动的制度和组织网络（the network of institutions）"②。本特—奥克·伦德瓦尔将"经济结构"与"制度设置"（economic structure and institutional set-up）作为界定创新体系的重要维度。经济结构主要包括生产系统、市场系统以及融资系统，而制度设置则主要指与知识创造直接相关的组织和制度。他又将国家创新体系区分为狭义和广义。"狭义"的创新体系包括与知识创造相关的组织和制度——如研发部门、技术机构和大学。而"广义"的创新体系则包括经济结构以及影响研究、探索以及学习过程的制度设置的所有部门和方面：生产系统、营销系统及其亚系统——金融系统等（Lundvall，2010，12）。经济结构与制度设置对学习、搜寻探究有关键性的作用，是创新过程的决定因素（Casper & Waarden，2005，53；法格博格等，2009，183）。从更普遍的意义上讲，国家创新体系包

---

① 罗默在美国自由主义月刊 *Reason*，2001 年 12 月号刊登对他的采访中表达了这个意思。见：http://reason.com/archives/2001/12/01/post-scarcity-prophet。

② 在经济学文献中，Institutions 一般指法律、惯例、习俗等约束人行为的规则，它同组织是不同的概念。但在政治学或政治经济学中，Institutions 却往往亦指组织和机构。由于创新体系方法的跨学科性，在创新体系文献中，Institutions 有时包括这两层含义。

括所有影响创新的经济、社会和政治制度（Edquist，1997，42）。创新体系方法强调创新的各个主体之间的相互依赖、相互作用。所以它采用了复杂系统论的思路及其整体（holistic）和跨学科的观点，根本出发点是创新过程的系统性以及非直线、复杂学习的特征。在国家创新体系各子系统的拓扑中，企业占有中心地位，但企业不是简单的投入—产出最大化的生产函数，而是一个对未来发展方向进行不断探索的学习组织。创新过程是市场和非市场组织以及各种正式（政府规制）和非正式制度（社会规范）之间的复杂互动（OECD，1999a，21）。每个国家的社会与政治的历史背景、整个社会的价值观对一个国家的制度结构有决定性的影响（波特，2007，115）。因此，学习组织的效率取决于国家专有的制度和基础设施条件以及区域产业集聚产生的缄默知识交流和商业和非商业组织之间的相互依赖（Cooke，2002，134）。由此，创新体系的方法不仅综合了制度经济学、演化与产业经济学的思想，而且还吸收了社会学（比如，"信任"作为地域攸关的社会资本对于创新主体互动的积极作用）、经济地理（工业区研究）等其他社会科学学科的观点（法格博格等，2009，185）。

另外，创新体系的方法还特别强调非技术创新的重要作用。一方面，组织创新能够提高技术利用的效率（比如，新商业模式），另一方面，非技术创新本身也是价值增加和生产和营销灵活化的重要源泉，如品牌战略就是将创新过程与需求联系起来的重要手段（OECD，2002b，24）。

美国管理学家迈克尔·波特虽然没有明确使用国家创新体系的概念，但是他的关于国家竞争力"钻石模型"对国家创新体系的方法做出了独特的贡献。迈克尔·波特指出，在国家经济中，某种产业的国际竞争优势（实际上就是创新能力）主要决定于四个因素：生产要素（包括人力资源、天然资源、知识资源、资本资源、基础设施），需求条件，相关产业和支持产业的表现（这些产业和相关上游产业是否有国际竞争力），企业的战略、结构、竞争对手的表现。这四大要素具有双向反馈作用，形成了钻石体系（波特，2007，114）。另外迈克尔·波特的重要贡献体现在他关于"产业集群"的思想上。他指出，钻石体系会形成"产业集群"，一国之内的优势产业以组群的方式，借助各式各样的环节联系在一起，而不是平均分散在经济体中（波特，2007，117）。迈克尔·波特的论述使人们认识到区域系统的重要性。

在经济全球化和地域化双头并举的时代，竞争优势（与静态的比较优势对立）仍然是围绕着民族国家的知识基础形成的。民族国家作为稳定的制度提供者，仍然具有很强的生命力。历史形成的制度设置使不同国家有其特殊的发展路径和创新环境，而且大多数影响创新过程的公共政策都是在国家层面设计和实施的，所以创新体系范式的最早倡导者（迈克尔·波特、克里斯托夫·弗里曼、理查德·纳尔逊、本特—奥克·伦德瓦尔）都是从研究国家创新体系入手的。另一方面，创新体系也运作在民族国家内的区域层面（这在大国如中国、美国、德国、英国等尤其明显）以及行业或技术专有的层面，以及企业层面和集群层面，不对它们进行分析，对创新体系的理解是不完全的（OECD，1999a，13）。近年来，创新的国际联系越来越重要，超国家领域的规则对创新过程的影响越来越大（欧洲联盟、北美自由贸易区）。因此，创新体系范式后来扩展到对地区创新体系、行业创新体系、官产学三重螺旋系统（Triple Helix）以及国际创新合作网络的研究（所谓的"无边界集群"）①。今天，创新体系方法实际上包括一些相互补充的分析工具。"国家创新体系"仅仅是一般创新体系概念的几种可能的分类之一（法格博格等，2009，200）。由于强调组织和制度对创新的影响，国家政策（比如，科技创新政策、教育和培训政策）对于一国创新体系的形成具有重要的作用。然而，必须指出的是，在中国创新体系建设中一些人对于国家创新体系有认识误区，总是将国家创新体系中的"国家"理解为政府，从而习惯地认为其应该是"政府主导"（state-led），但这里"国家"实际上指的是"国境内"（national），强调的是当地机构，即当地的"产研学官用金"之间的联系和互动学习。政府为某些目标所设计和推行的制度，由于认知的局限以及经过各种利益相关者的互动博弈可能会产生偏离设计者最初目标的结果。

---

① 关于各种创新体系研究特点和优劣的比较参见牛盼强、谢富纪、刘奕均《典型创新体系的比较研究》，《现代管理科学》2010 年第 7 期。

表1-3　　　　　　　　　　　国家创新体系的几种定义

来源	定义
克里斯托夫·弗里曼 （弗里曼，2008）	创新体系指"公共和私营部门中发起、改变和扩散新技术的活动和互动的制度和组织网络"（the network of institutions）
本特—奥克·伦德瓦尔 （Lundvall，2010，2）	国家创新体系是由一些要素及其相互关系作用构成的网络系统，这些要素根植于一国之内并在生产、扩散和使用新的、经济上有效的知识的过程中相互作用
理查德·纳尔逊 （尼尔森，2012，4）	国家创新体系是一套制度，它们的互动在一定意义上决定了一个国家企业的创新绩效
查尔斯·艾昆斯特 （Edquist，1997）	影响创新的多样化经济、社会、政治制度是创新体系的核心因素
OECD （OECD，1997）	国家创新体系是由参加新技术发展和扩散的企业、大学和研究机构组成，是一个为创造和转让知识、技能和新产品的相互作用的网络系统
迈克尔·波特 （Porter，1990，117）	钻石体系会形成"产业集群"，一国之内的优势产业以组群的方式，借助各式各样的环节联系在一起，而不是平均分散在经济体中

国家创新体系的这个概念最早是在1987年克里斯托夫·弗里曼在研究日本产业创新时提出的。他在研究"日本模式"的成功经验时发现，在日本技术创新过程中，政府通产省、企业以及教育与社会创新起到了很大的作用，这些公共部门和私营部门机构组成的国家创新体系促成了经济技术范式的变迁（弗里曼，2008，3—5）。克里斯托夫·弗里曼的这个原创思想受到德国早期历史学派经济学家弗里德里希·李斯特（Friedrich List）的启发，他在1841年发表的《政治经济学的国家体系》中明确指出并深入分析了国家专有因素对一个国家经济发展和经济政策选择的影响（王晓蓉，2014，6）。一个国家的初始制度禀赋（历史、文化传统、地理环境、自然资源）可能有助于或阻碍一个经济体中某些部门的创新活动和绩效。因此，国家创新体系的分析框架强调历史的象限，一方面，在历史进程中，知识、创新、组织与制度共生演

化，另一方面，结构和制度又存在着变化的"惰性"（Edquist，1997，19）。

　　鉴于国家创新体系明确的政策性导向，它的研究很快引起了以欧洲为背景的经济合作与发展组织（OECD，以下简称经合组织）的注意。20世纪90年代以来，经合组织创新与科技政策委员会下属的创新与科技政策研究小组在一系列研究报告中系统地阐发了创新体系的概念，之后经合组织的相关研究人员还就创新体系各主体在系统中的作用、相关政策以及国别比较进行了大量的研究，使创新体系方法成为经合组织作为国际发展机构为其成员国及其他国家提出政策建议的重要依据。这以后，创新体系的方法在世界各国迅速推广，成为在技术和制度创新领域一个颇具影响的分析框架，被世界各国政府作为制定科技与创新政策的参考依据。中国学术界从20世纪90年代中期开始开展对国家创新体系的研究，涌现出一批理论和实证方面的研究成果。学者们的研究逐渐得到了国家决策层的重视，1999年召开的全国技术创新大会正式把完善和发展国家创新体系当作一项长期任务提出来，2006年制定的《国家中长期科技发展规划纲要》（2006—2020年）明确现阶段的目标是建设以企业为主体、产学研结合的技术创新体系①。

　　综上所述，国家创新体系的研究框架主要采用复杂系统论的方法，将创新体系看作一个知识创造、扩散和应用的组织网络。这些网络化组织机构的互动作用产生竞争效应和协同效应。在国家创新体系内，各要素间的网络链接是创新体系效率的重要因素，国家间差异的重要来源在于创新主体的角色，以及他们之间互动的形式、性质和强度（OECD，1999b）。根据张俊芳的观点，从结构上看，创新体系在其演化过程中内部元素会不断归并于若干相对独立的层次，系统由这些层次决定。国家创新体系的结构模型实质上反映了国家创新体系内各主体要素、子层次系统之间的关系以及与外部系统之间的关系（张俊芳，2012，87）。图1-2是她提供的一个比较全面的国家创新体系

————————

　　①　可以看出，当时的决策层将国家创新体系的理解限制在技术层面，即便是涉及制度变革也仅限于科技体制的改革，还没有将创新绩效与整体的政治、经济和社会文化制度和观念的变革联系起来。

的结构模型。

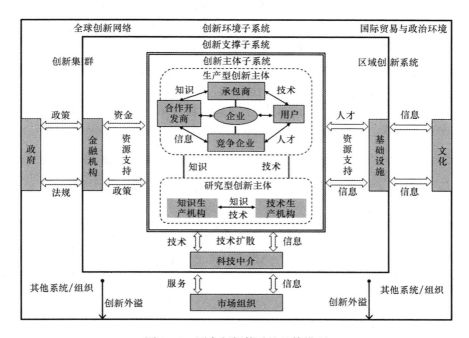

图1-2 国家创新体系的结构模型

资料来源：张俊芳《国家创新体系的效率及其影响因素研究》，经济科学出版社2012年版，第87页；Cooke，Philip，"Regional Innovation Systems：General Findings and Some New Evidence from Biotechnology Clusters"，*Journal of Technology Transfer*，27，2002，pp. 133-145。

张俊芳将国家创新体系分为三大子系统、九类参与主体、五条链连接。处于创新体系内部的核心层是创新主体子系统，分为生产型创新主体（企业）与研究型创新主体（大学、科研机构）、直接作用于创新活动。核心层的外围是创新支撑子系统，包括科技中介，金融机构、基础设施（教育与培训体系、专利储备、通信基础设施等），它是为创新主体子系统提供人、财、物的支持层面。最外层是创新环境子系统，包括政府、市场组织及文化环境，环境子系统通过影响创新主体子系统与支撑子系统共同影响一国的创新活动。最后，在各子系统内部及子系统间，通过资金链、技术与科学链、信息链、法律与政策链、社会链等多种方式进行着知识和技术的互动连接作用，共同推进创新体系的运行①（张俊芳，2012，100）。另外，她还运用理查德·纳尔逊和悉尼·温特的技术变化的演化理论以及本特—奥克·伦德瓦尔的相互学习理论，用惯例—搜索—变异—选择概括了创新体系的动态演化机制，阐释了在环境变化下，技术—经济范式和制度共生演化的主客观统一（纳尔逊和温特，1997；Lundvall，2010，28—34；张俊芳，2012，97—99）。在张俊芳的模型中，区域创新体系与创新集群是国家创新体系的组成部分，但是她在研究中并没有对其进行相应的探讨。中国目前关于创新体系的研究往往只关注国家创新体系或者区域创新体系，前者如王晓蓉（2014），后者如毕亮亮（2013），对它们之间的联系注意不够。本书试图弥补这一缺陷。

上述建模方法对于系统的解构使系统的内部因素被分解为若干相对独立的层次，因此在技术上可以使系统的影响因素一一对应，这就为利用多元回归等计量方式对创新体系的绩效进行实证研究创造了条件。

二　国家创新体系分析框架的缺陷

国家创新体系分析实际上从 20 世纪 90 年代才开始被广泛使用到创新研究领域，所以它还不是十分成熟。下面我们将分析它的一些弱点，然后在后面构建我们的分析结构中设法改进。当然，一些薄弱之处已经被最近的一些研究注意到，并且采用一些新的方法。这些新的进展也将在这里进行回顾并尽可能地采纳。

首先，由于国家创新体系的综合性特点，它实际上不是一种严格的理论，而只是一种研究方法（法格博格等，2009，186）。因此，它仍然缺乏一种理论构架的严谨性。其核心概念如创新、制度以及体系在不同学者之间在观念上存在着差别和模糊性（Edquist，1997，9—13）。这里我们用其制度概念为例，因为它对我们的分析具有核心的意义。

---

① 在张俊芳的模型中，政府出现了两次，一次是作为生产性创新主体的一部分，另一次则作为创新环境子系统的一部分。我认为，这不仅在逻辑上不能自洽，而且政府也不从事生产，不是生产性创新主体，除非将国有企业等同于政府。所以，我用菲利普·库克（Philip Cooke）的创新体系模型中的部分概念替换了张俊芳的模型中的上述概念。在其他方面，张俊芳的模型与菲利普·库克模型差别不大。

　　虽然所有的国家创新体系学者都一致认为制度对创新的根本性作用，但是对于"制度"的定义却比较模糊、不统一，博·卡尔松（Bo Carlsson）和里卡德·斯坦凯维奇（Rikard Stankiewicz）对制度的定义如下：

　　"制度是促进社会互动和交易稳定样式的规范结构，这对于有活力的社会功能的绩效是必需的……我们将一个技术系统的制度基础设施定义为一系列直接或间接支持、激励和治理技术创新和扩散过程的制度安排（机制和组织）。制度的范围十分广泛。它包括政治体系、教育体系、专利法规以及规范劳动关系的制度等等。所有这些制度都能够影响技术的发生、发展、转化和利用。"（转引自：Edquist，1997，25）

　　可以看到他们制度概念的外延比较宽广。而在理查德·纳尔逊和内森·罗森伯格（Nathan Rosenberg）那里，制度则主要指各种类型的与创新相关的组织，包括技术政策。而伦德瓦尔从微观视角出发，将制度定义为"惯例"和"行动的标杆"［包括轨迹和范式（trajectories and paradigms）］，这当然与前面两种概念的差别很大，似乎比较贴近制度经济学的范畴。

　　由此，查尔斯·艾昆斯特（Charles Edquist）建议采取综合的方法，使制度的概念包括所有具体的组织和抽象的行为规范，如惯例、标准、共同信念、道德规范等（Edquist，1997，43），正像我们在上一节提到的制度既作为博弈人，又作为博弈规则。但是他同时认为应该将对制度的这两种理解，即指具体的事物（英语的日常用法）和行为模式（制度经济学家的用法）区分开来：前者指像公司那样的"组织"，后者指规范个体和团体之间互动的法律、规章、习惯、惯例等。而组织与行为规则之间关系十分密切；因此，他赞成诺斯的观点：组织部分上由制度框架组成（比如，市场），同时制度是组织变化的动力；游戏者遵循游戏规则，但他们也影响这些规则。组织是人们为设想某种目标有目的地建立起来的，而制度则有可能自发产生（Edquist，1997，46—47）。但是正像他自己指出的，对于制度与组织在创新体系中的关系还缺乏实证研究，人们还不清楚，对于创新来说，作为"规范行为事物"的制度是否重要（Edquist，1997，61）。

　　另外，正像上一节不同定义告诉我们的，国家创新体系的边界也是十分模糊的。尼尔森的研究更集中于那些与技术创新直接相关的组织机构（尼尔森，2012），而伦德瓦尔则将目光扩大到生产网络、融资、使用者和生产者关系等领域（Lundvall，2010），但是他们都没有对国家创新体系的范围进行明确的界定。

　　这种多元化和综合性的进路确实有利于人们从十分广泛的角度对不同国家创新体系的形成与特征进行描述性比较，比如，理查德·纳尔逊在他1993年主持编写的《国家（地区）创新体系比较分析》（尼尔森，2012）中，对15个国家的国家创新体系进行了比较。但是由于没有严格的理论模型，此项研究能够做到的仅是对这15个国家的创新体系的强项和弱点进行描画，然后对这些图画进行比较。而对于这些系统内部的制度结构，制度之间的关联以及其所反映的文化差异则无法进行深刻的分析。当然，以后的国家创新体系进路的学者如本特—奥克·伦德瓦尔进行了一些建立理论的尝试，比如，他的相互学习的理论：不同民族国家或者地区的有区别的制度结构会对创新主体之间的相互学习产生影响，因此应该对不同国家的相关制度进行比较研究。但是由于制度对于创新的影响难以测度，因此很难依据制度的绩效找出不同国家创新体系的强项和弱点——特别是在对于什么是制度和创新体系的边界都不十分清楚的情况下。因此，虽然许多国家的研究机构和一些国际组织一直都在致力于国家创新体系指标体系的构建和改进，通过指标体系（《奥斯陆手册》《欧洲创新记分榜》）对国家创新能力进行测评对理解创新、激发学习过程和政策制定做出了贡献，但是国家创新体系的基准（benchmarking）不能被看作规范意义的概念，不能在规范意义上得出统一的和国家没有差别的政策结论（王晓蓉，2014，39）。首先，一些今天采用的判断创新绩效的指标对系统比较还不够有说服力：比如，用研发支出占国内生产总值比例作为创新投入的指标并不能说明它与产出的关系。研发支出仅仅是对创新过程投入的一种形式，而与惯例相连接的学习过程可能对创新绩效更加重要。另外，用发明专利作为创新产出的指标也具有一定的局限性：一些创新成果是以非专利的形式出现的。对于工艺创新和技术扩散目前也没有很好的指标体系（Lundvall，2010，6）。其次，从上一节我们给出的国家创新体系结构图可以看出，研究者可以根据创新概念和系统论思想构建国家创新体系的展示形态模型，并据此对不同国家创新体系进行比较。但是如果排除掉政治和生态地理等系统，它就无法通过比较对经济体制的变异、多样性和演化进行"宏大叙事"（王晓蓉，2014，34）。不同国家（区域）创新体系的独特性部分来自制度演化的路径依赖。因此，对于国家创新体系的分析就有一个历史维度。强调历史和文化传统对于一个国家创新体系形成和变迁的影响十分重要。但是如果仅仅强调这一点，也可能陷入历史主义的巢穴。

所以，仅根据理论模型确定少数绩效指标和仅注重历史叙事都是不全面的。我们需要把对现存创新体系的比较与对其历史沿革的研究结合起来。在创新体系比较研究的理论方面，本特—奥克·伦德瓦尔近来取得一些进展。前面已经提到，本特—奥克·伦德瓦尔对以绩效比较方法为基础的国家创新能力测评提出了批评。他指出，强烈聚集于公私部门在研发投资上的数量以及寻求"最好实践"的观念和做法忽视了作为创新体系之核心的系统观。总的来说，迄今为止的绩效比较研究方法建立在狭义创新体系概念的基础上，它对各国创新政策的研究和制定产生了两种误导性偏向：1）它几乎排他性地集中在以科学、技术和创新为基础的创新模式上，忽视了以"干中学""用中学"和通过交互作用进行学习的创新模式；2）它集中在高技术部分的竞争力上，忽视了包括中低技术产业在内的所有部门的知识基础问题（王晓蓉，2014，40）。

因此，本特—奥克·伦德瓦尔发展了他的更宽广的国家创新体系比较框架，不仅仅将聚焦点放在高科技产业上（这种狭义的创新体系概念主要来自美国学者的思路），而且把企业、大学体系和国家技术政策置于分析框架的核心。以本特—奥克·伦德瓦尔为领导的丹麦奥尔堡大学的学者提出了能力建设与创新的国家体系的概念，认为创新体系植根于生产体系中。另外，诸如劳动力市场、教育和培训系统等最具有国家特定性的宽广制度在一国能力建设及其塑造创新过程中也起到关键作用。在拓展和深化国家创新体系概念的基础上，本特—奥克·伦德瓦尔提出了一种建立在有关企业的"典型化事实"（stylized facts）基础上的研究方法。先从微观入手，然后扩展到对国家教育体系、劳动力市场、金融市场、产品市场、知识产权、社会保障体系和政策体系等宽广环境的深入研究（王晓蓉，2014，40—41）。

这里需要指出的是，本特—奥克·伦德瓦尔的进路与我们在下面将要详述的德国弗莱堡学派代表人物瓦尔特·欧肯（Walter Eucken）的形态学非常相似。与本特—奥克·伦德瓦尔一样，瓦尔特·欧肯也是先从经济现实，而不是抽象的演绎理论出发，通过使用"典型化的区分"（pointierend-hervorheben）的方式从简单的经济事实分析中获得经济秩序的典型形式并据此建立了自己的形态学与秩序理论。通过这种方法欧肯实现了理论与历史相结合。对于瓦尔特·欧肯研究方法的意义我们将在后面探讨。

最后——也是最重要的：迄今为止的国家创新体系的研究主要是对于发达国家经验的总结和比较，并没有特别顾及其对发展中国家，特别是转型国家的适用性。理查德·纳尔逊主编的比较国家创新体系的先驱著作（尼尔森，2012）选取的 15 个国家都是发达工业国家，他所做的工作仅是将不同发达国家创新体系的相似性和差异性进行比较。经合组织从 20 世纪 80 年代后期以来也对国家和区域创新体系进行了深入的研究，出版了大量的研究报告，但是大多数也是聚焦于发达国家的理论、政策和实施经验。由于各国的生产、教育、融资等制度不同，即便在发达国家中也存在着创新体系一定程度的多样性。但是与发展中国家相比，其相似性多于异质性。根据迈克尔·波特的国家经济发展的四阶段理论：生产要素驱动、投资驱动、创新驱动以及财富驱动，发展中国家的竞争优势主要来自要素价格低和投资的边际效益高，由于经济发展还没有达到创新驱动的阶段，所以发展中国家的创新还是孤立的行为，在国家层次上发展中国家的创新几乎从不是系统的，因此不存在一种行之有效的国家创新体系（王晓蓉，2014，34）。这应该是对发展中国家创新体系缺乏研究的原因。即便有一些研究也主要将那里的体系当作一种"学习体系"，更多地强调其向发达国家体系学习的效率。但是中国是一个比较特殊的国家。由于国土广大，历史悠久，所以地区间差异非常大。《国家中长期科技发展规划纲要》（2006—2020 年）提出到 2020 年将中国建设成为创新型国家的目标。根据《全球竞争力报告》的指标（它将国家经济发展分为要素驱动、效率驱动和创新驱动三个阶段），在人均收入达到9000 美元时经济发展就开始从效率驱动型向创新驱动型过渡，2015 年中国年人均收入（按照美元汇率计算）为 7925 美元，而按照购买力平价计算 2014 年就已经达到 13170 美元（世界银行），从整体上已经接近或超过这一标准。按照《全球竞争力报告》，达到创新驱动阶段的人均年收入水平为 17000 美元，而中国一些省市（上海、北京、天津、江苏、浙江）的 2015 年人均年收入（按美元汇率计算）已经接近这一标准（如北京为 16990 美元）。最高省份的人均收入为最低省份的 4.09 倍。所以，中国一些地区已经达到了创新驱动的阶段，比如，江苏省就提出要在 2015 年率先成为创新型地区（柳卸林和高大山，2015，43）。另外，中国这些年来经济发展速度很快，经济结构不断升级，无论是研发投入、研发人员占所有在职员工比例，还是发明专利、国际学术期刊发表数量等都有大幅度提高，从总量上已经达到了世界先进水平（见本书"创新绩效比较"章节的详细数据）。因此，已经完全有必要对中国的国家和区域创新体系进行研究并与其他创新型国家进行比较。

另外，中国的特殊性还在于它与苏联和其他前社会主义集团国家一样是一个从中央计划向市场经济转型的国家。中国面临着发展与体制转型的双重任务。在这个背景下，柳卸林和史蒂芬·怀特（Steven White）指出，国家创新体系的比较研究存在着一个根本的缺陷：即忽视"系统"的特征；虽然将研究方法称为"系统"层面的研究，但一些研究者从一个一般化的、组织定义的行为者拓扑和普遍性的制度出发，将重点放在描述特定的行为者、特定的政策与制度上并以此来评价整个系统的绩效。这样做的结果是我们无法对整体系统结构进行比较和选择，因为这些行为者、机构和制度仅仅是这一整体系统的个别因素（Liu & White，2001，1092）。我在上一节给出的"国家创新体系结构模型"就具有这样的缺陷。比如，它定义的九类参与主体中包括"市场组织"，但是我们知道，发达国家、发展中国家和转型国家的市场组织有很大的不同，在中央行政管理经济向市场经济的过渡时期，这些国家的市场发育还很不健全，而在这个模型中这种区别则无法体现出来。另外，在这两种体制中，"企业""大学"等概念的含义完全不同。柳卸林和史蒂芬·怀特认为，造成这种结果的原因是这些研究都集中在外部条件和发展水平比较相近的国家（Liu & White，2001）。而如果认识到以往中央计划经济国家的初始条件与市场经济国家根本不同，那么研究就需要结合使用一些不同的方法，比如，比较经济体制分析。这正是我们在这部书中要做的。而在经济体制比较分析方面，德语国家的经济学传统，特别是以瓦尔特·欧肯为首的弗莱堡学派的秩序自由主义有着非常成熟的理论和政策。

第三节 秩序理论与经济体制比较

以上我们对国家创新体系的研究框架做了较详尽的探讨。概言之，国家创新体系的研究框架的理论基础是演化经济学的复杂系统思想，其中制度结构占有中心的地位。这个研究框架将在我们对中国与德国国家与区域创新体系的比较分析中起到主导作用。由于它在比较不同制度环境初始条件的国家创新体系时存在缺陷，我们将在我们的研究框架中融入德国弗莱堡学派的比较体制分析。由于语言的关系和德国在近现代史上的特殊作用，德语国家的经济学传统在现代经济学中没有受到应有的重视。除马克思的政治经济学外，大家比较熟知的熊彼特与哈耶克的主要著作都是他们后来去美国和英国之后用英语完成的。而一生大部分时间都生活在德国，全部作品都是用德语写成的瓦尔特·欧肯在主流经济学中的影响就要小得多，他的主要经济学著作之一《国民经济学基础》甚至一直都没有英译本，这与他的思想地位极不相称。人们对他的认识仅局限在他的经济政策理论对德国战后成功的社会市场经济体制的贡献上。所以我们也希望通过我们这部书使更多的人对于20世纪最重要的经济学思想之一的秩序自由主义有更加深刻的了解。下面我们就来阐述欧肯的思想及其在我们研究框架中的应用。

一 欧肯的方法论

德国弗莱堡学派萌芽于20世纪二三十年代，它以弗莱堡大学为阵地，由众多经济学家、法学家组成，其领军人物为经济学家瓦尔特·欧肯（Walter Eucken，1891—1950）和法学家弗兰茨·伯姆（Franz Böhm，1895—1977）。这一学术团体在"二战"时期发展壮大，于纳粹高压专制之下展开了对自由的经济和社会秩序的研究。战后，学派中的许多成员成为政府顾问，积极参与德国战后社会市场经济制度建立中，例如，欧肯曾担任法国和美国占领区军事当局顾问（冯兴元，2014b，7），另一位重要代表人物莱昂哈特·米克施（Leonhard Miksch）是路德维希·艾哈德（Ludwig Erhard）任经济管理局长时的得力高参，所以弗莱堡学派的秩序理论是德国社会市场经济体制的重要理论来源（冯兴元，2013a，

36）。该学派以瓦尔特·欧肯的学说为思想理论基础，主要由 1939 年首次出版的《国民经济学基础》（*Grundlagen der Nationalökonomie*）和 1952 年他逝世后由妻子和助手整理出版的《经济政策的原则》（*Grundsätze der WirtschaftsPolitik*）两本著作构成。

作为经济学家，瓦尔特·欧肯的思想能够成为第二次世界大战后德国经济秩序的理论基础与他的经济学方法论是密切相关的。

一般认为现代经济学的奠基人是亚当·斯密，他开先河的古典经济学派将对经济政策问题的讨论和通过理论分析来理解经济运行过程摆在同等重要的位置。后来国民经济学的这两个方面逐渐区分为规范科学和纯解释科学。19 世纪后半叶的主要经济学家都首先致力于纯解释的国民经济学，他们认为，只有在完成理论工作之后，经济政策问题的研究才会取得结果。在德语区，奥地利学派就是这方面的突出代表。奥地利学派的领军人物为维也纳大学教授卡尔·门格尔（Carl Menger）。卡尔·门格尔通过界定一组基本概念，建立一套公理，然后通过演绎逻辑推理，得出进一步的结论。他认为只要逻辑为真，那么结论也必为真。19 世纪中期，德国兴起了对国民经济学另一个方向的研究，即所谓的历史学派，并很快在德国经济学界取得了统治地位。历史学派认为只有借助于历史科学的、以个别分析为特征的方法才能够对科学过程做出解释。理论只有在深入研究经济史之后才能发展起来，并且每个历史时期都有着不同的理论。由于笃信纯理论的经济学家坚决反对历史学派的观点，19 世纪 80 年代，在卡尔·门格尔和历史学派代表人物柏林大学教授古斯塔夫·施穆勒（Gustav von Schmoller）之间爆发了一场"方法论之争"，双方论战激烈，但始终没有一方能使另一方信服。由于历史学派的影响，在德国，一直到"一战"前，经济学理论研究几乎被完全忽略。在当时德国国民经济学的方法论处于一片混乱的状态，迫切需要有人能够为德国经济学的未来提供一种简明的方案。我们必须在这一背景下看待瓦尔特·欧肯学术生涯的发展（欧肯，2014，394）。

瓦尔特·欧肯在大学时期受到的是历史学派的教育，他一开始也对历史学派的方法深信不疑。追随历史学派对他来说并不是一无所获；历史学派的精华，即对现实的追求对他影响很深。德国历史学派强调社会发展的阶段性，通过对各民族的国家和法律生活的历史多样性的广泛观察来证明不断向前的国家思想，历史学派还特别强调国家和道德在不断向更高级文化发展中的重要性，反对无条件的自由放任原则。它所倡导的细节描述的方法与当时国民经济学主流学派的抽象演绎推论形成鲜明的对照，而后者由于在一定程度上脱离现实而受到当时许多年轻一代经济学家的摒弃。他们认为，如果这些理论不能解释经济现象又有什么意义呢？阿尔弗雷德·席勒（Alfred Schüller）和汉斯—京特·克吕塞尔贝格（Hans-Günter Krüsselberg）认为，历史学派的遗产在今天尤其在那些对于制度研究必要的领域还继续有生命力。这首先适用于关于社会体系各基础单位之间相互依赖的学说（席勒和克吕塞尔贝格，2006，73）。但是由于历史学派对20世纪20年代在德国出现的严重通货膨胀束手无策，瓦尔特·欧肯开始意识到历史学派轻视理论所带来的后果。瓦尔特·欧肯始终认为，国民经济学的任务是解释经济现实，而没有理论支撑就无法完成这一使命。所以，国民经济学家首先要做的是建立起一个理论的工具箱。而理论要能够解释经济现实，就必须从对具体经济现象的客观观察出发，并以此为基础探索经济理论的作用，而不是简单地建立一种关于理论和现实关系的先验理论。要做到这一点首先要处理好理论与历史的关系。

瓦尔特·欧肯将自己的方法称为对经济现象的形态学（Morphologie）研究。这种研究可以揭示有限数量的纯粹形式（比如，自由市场价格形成和国家行政定价），而过去和现在的所有实际存在的经济秩序都是由这些纯粹的形式构成的。瓦尔特·欧肯研究的基本出发点是现实的经济生活。为了精确把握现实经济世界，要求认识经济活动在其中发生的各种不同形式，这就意味着形态学分析必须先于理论的分析（欧肯，1995，6）。瓦尔特·欧肯认为，只有形态学的和理论的研究进路才能克服历史研究和理论研究中存在的"二律背反"问题："问题的历史性质要求观察、直觉、综合、理解、设想自己处于个别生活之中；而一般的、理论的性质则要求理性的思维的分析，并用思想上的模型来工作"（欧肯，1995，3）。瓦尔特·欧肯坚信，他的形态学的和理论的体系有利于结合历史的观察和理论思维，并在其总体联系中认清经济过程，从而折中了德国历史学派的历史研究和奥地利学派的理论研究（欧肯，1995，41），也为我们的比较研究提供了关键启发。

瓦尔特·欧肯在进行基本形态学梳理后，转而分析现实世界的经济秩序，因而他的理论被称为秩序理论。他认为，经济过程总是并且到处都在一定的形式之内，从而在历史上给定的经济秩序框架内运行。可以用经济活动数目有限的、基本的、纯粹的形式构成无法估量的多种多样的具体经济秩序（欧肯，1995，99）。也就是说，无论是典型的集中计划的经济形式，还是典型的分散计划的经济形式，都是在历史上存在过的经济形式，它们可能存在于任何现实的经济秩序之中。因此，将后者称为资本主义是毫无意义的。社会主义有市场，资本主义有计划[①]。秩序理论的对象首先是确定历史形成的、在现实中存在的秩序形式及它们特有的基本要素和现实类型特色。其次，要提炼出能够将形形色色的秩序形式放到总体秩序（进一步到总体体制）联系中加以考察的秩序原则，也就是说，秩序理论的对象既是典型的经济秩序和由它所决定的经济体制，又是个体的、不断变化的历史的秩序现实（席勒和克吕塞尔贝格，2006，7）。欧肯的方法论为我们比较国家创新体系提供了工具。我们一方面要提炼出创新体系的典型形式，另一方面又要观察各个国家创新体系的特殊性与演化。进一步运用规范意义上的总体秩序联系来分析特定的政策对于这一进程的影响。下面我们来看看瓦尔特·欧肯意义上的总体秩序。

二　作为复杂系统的市场经济秩序和秩序一致性

在经济学传统中，除熊彼特之外，另一位奥地利裔经济学家哈耶克对于演化理论的贡献更加为人所知。哈耶克认为，"人类合作的扩展秩序"并不是人类的设计或意图造成的结果，而是一个自发的产物。哈耶克为此提供了许多例子，如道德、语言、法律、货币等（刘业进，2015，204）。哈耶克对人类可以设计出更好的、更令人满意系统的表示怀疑，从而对人们的理性发出了"致命的自负"的警告。哈耶克指出，竞争是一个发现的过程，因为如果像新古典经济学完全竞争状态所要求的数据已知，那么竞争实际上已经完成了它的功能。而在一个知识分散的深度

---

① 在改革开放初期，中国改革开放的总设计师邓小平同志在不同场合一再表示：社会主义也可以搞市场经济。在这里，邓小平正是遵循了从现实出发的思想原则，突破意识形态的束缚，从而得出了与瓦尔特·欧肯同样的结论。

分工社会里，哪些物品是稀缺的、有价值正是人们在市场过程中去发现的。而这里重要的是市场自发地使人的个别计划去适应被发现的现实。哈耶克不愿意使用人们一般使用的"经济"（Wirtschaft）一词，因为他认为，经济在严格意义上表示一个组织或者命令集合，在其中人们为了实现某个统一的目标次序有计划地使用某些手段①，但我们面对的却是有许多不同个体经济组成的复杂结构，在这里不存在统一的目标偏好。他认为设想存在着统一的目标次序，从而应该先满足哪些目标，后满足哪些目标正是社会主义计划经济的谬误。由于不存在着一个目标偏好次序，所以经济学家们创造评价"最大化"或"最优"标准的努力也必然是徒劳无功的。哈耶克选择用"通功易事"（Katallaxie）来命名他的自发市场秩序（Hayek，1969，253—255）。哈耶克反对建立一种为特定目的服务的（人为）经济秩序，他认为自我形成的秩序虽然并不服务于特定的具体目的，但是它却能够使许多各种各样的个人目标得到满足。由于人们理性和成功的行为要在一定程度上有序的世界中进行，因此，需要努力创造人们有效追求自身目标的前景，虽然我们并不能事先预测哪些个体将从中受益。发现程序的结果必然是不可预测的。我们唯一能够期望的是它将扩大匿名的个体实现自身目标的机会。我们选择这一程序的唯一共同目标就是作为行动结果的抽象结构或称秩序。哈耶克用秩序而反对用均衡这个概念，因为均衡就意味着重要的事实已经被发现，竞争也就停止了。秩序性表现在人们对与其他人相互交易的期望在很高的程度上得到满足。这种个人计划的相互适应的过程是自发性的，或者是一种自组织的体系。通过亚当·斯密的"看不见的手"，即自由市场上价格的负反馈机制来调节。这种发现程序的代价是很高的，因为一些期望不能得到满足是这个程序运作的必然结果，这就是我们常说的企业家行为的不确定性。但是由于我们并不拥有一个全知全能的中央计划机构，可以将所有信息输入计算机中并决定我们应该生产多少产品，所以我们不能"从上而下"地从一个理想状态出发来对此做出评价，而要"从下而上"

---

　　① "组织"是哈耶克理论中的第二种行为秩序，它是建构的秩序，是命令的结果，是有意识的计划的产物。它与作为第一类秩序的自发秩序根本不同（参见席勒和克吕塞尔贝格，2006，60—61）。

地与其他使用过的方法来比较并做出评价。我们就会发现这种机制是迄今为止人类拥有的资源配置的最佳手段（Hayek，1969，255）。哈耶克用文化演进的概念实际上想说明这种作为发现程序的竞争不仅包括行为主体在满足个人目标上的竞争，这主要是通过价格和成本机制来调节的，同时也包括制度竞争，具有不同文化与价值体系的种群通过继承、学习、探索和选择来发现规范他们相互行为的（抽象）规则，形成相应的秩序。

当然，赞成自发秩序或自组织绝不是说哈耶克反对任何形式的国家制定出来的规则。他认为，（国家）"干预"一词只适用于以特定结果为目标的特定秩序，而如果它用来指所有经济活动的一般性规章，这个词语就被误用了（Vanberg，2011，4）。因此，哈耶克所反对的是那种运用"专断命令和禁令"的经济政策。他同意奥地利学派代表人物路德维希·冯·米瑟斯（Ludwig von Mises）的观点，"冻结商品和服务的价格"是"干预的主要行为"，路德维希·冯·米瑟斯把"被束缚的市场经济"描述为"政府运用命令和禁令干预商业运作"的经济。然而哈耶克坚持，在探讨尝试用一般性规则塑造经济进程的政府政策时，以上看法并不适用（Vanberg，2011）。哈耶克的这一立场就将他与同样在德语国家产生的、被称为秩序自由主义的弗莱堡学派联系起来。事实上，哈耶克在晚年欣然担任了瓦尔特·欧肯研究所的所长，可见其秩序思想与弗莱堡学派是一致的。以瓦尔特·欧肯为代表的秩序自由主义对于不同的秩序（系统）形式引起的不同经济后果进行了更加深入的探讨，弗莱堡学派将这些秩序形式理解为尽可能一致的一组制度群，从而为不同的人类扩展合作秩序的比较奠定了规范上的基础。

秩序（Ordnung）一词在古代西方哲学中就被探讨，指隐藏在事物多样性中的世界的构成设计，类似房屋建筑图纸（Eucken，1990，372），也被称为"奥尔多秩序"（Ordo）。Ordo 是拉丁语，来源于中世纪基督教社会伦理教义，原义是有次序的、有规则的、公正的、适当的排列（刘光耀，2006，238）。按照基督教的观点，世界的秩序是神授的秩序，是一种"本质秩序"（Wesensordnung），能够把多种多样的东西有意义地结合为一个整体（冯兴元，2014a，53）。瓦尔特·欧肯提炼了基督教教义里的秩序观念，将它特指为一种理想形式。但是另一方面，在 17、18 世纪现存秩序又非常不尽如人意，因此奥尔多秩序又被与现存秩序对立起来。在瓦尔特·欧肯看来，今天，在工业化时代，秩序的观念又重新获得了生命力。但是秩序的概念仍然没有变化：作为个别的、不断变化的历史事实的秩序，以及作为奥尔多秩序的秩序，两种秩序概念缺一不可。具体到经济领域，瓦尔特·欧肯将前一种、理性类型的秩序称为"经济的秩序"（Ordnung der Wirtschaft），而将后一种现实存在的秩序称为"经济秩序"（Wirtschaftsordnung）（欧肯，2014，384）。而人们迫切需要的是为工业化经济找到在经济、社会、法律和国家领域缺失的、能够维护人类尊严的（menschenwürdig）、有运作能力（funktionsfähig）的秩序。

"经济秩序"是指现行的各种形式的集合，是调节、规范、引导经济发展的所有经济、法律、行政制度体系构成的框架，日常经济过程就是在其中运行。瓦尔特·欧肯将经济秩序区分为两类，自然形成的秩序（gewachsene Ordnung）和人为制定的秩序（gesetzte Ordung）。前者是指历史发展过程中不是根据人类有意识的设计而形成的秩序；后者是基于经济政策的整体决策、将经济宪法的某个秩序原则运用于实践的经济秩序。瓦尔特·欧肯认为，历史上大部分的经济秩序是自然形成的（Eucken，1990，372—373）。从这一论断可以看出他与哈耶克在经济秩序思想上的一致之处。但是欧肯反对自由放任的经济政策，自由放任政策的错误在于把制定游戏规则和框架的权利完全交给个人。而个人为了在竞争中取胜往往追求垄断性地位，这样便出现了私人权势集团，导致垄断。因此，他反对"没有限制的市场"（unhampered market economy）这一立场，从而他的思想与米塞斯代表的可以称为"极端自由主义"的思想有很大的区别[①]。同时他也反对历史发展必然性的思想，即历史的发展必然趋向于一个集中管理经济的体制。对此他提出了有关要建立的新经济秩序的构想，这个经济秩序将由科学在一个通过宪法保证的、对社会公正和社会安全承担义务的效率竞争基础上发展出来，可以称为"竞争秩序"（Wettbewerbsordnung）。

按照形成方式划分，竞争秩序是自然形成的秩序和人为制定的秩序的一个合体。它无法自发实现，需要通过国家立法来保证，所以它不是自然形成的经济秩序。但其与历史发展趋势并不相悖，能够系统地实现

---

① 欧肯与米塞斯在朝圣山会议上关于"没有限制的市场"的辩论（参见 Vanberg, 2011, 3）。

那些在现实中已经存在的秩序形式并促进这些秩序的发展。从这个意义上分析，竞争秩序很贴近自然形成的秩序。

科学是怎样帮助我们确定实现某一种秩序形式的呢？瓦尔特·欧肯的推论如下：①事实证明，秩序形式在数量上是有限的，致使解决方案的数量也受到限制。②个别秩序形式的实现带来的后果是可以精确确定的。也就是说，人们可以为形塑社会秩序、国家秩序和人类整体秩序而推行一种经济秩序形式导致的趋势进行预测。③这样就使得克服秩序形式筛选的主观性成为可能。针对经济政策行为可以进一步得出结论：在采取单一经济政策之前，必须明确在整体上要实现哪种经济宪法（市场经济还是集中管理经济）。所有经济政策都必须考虑到总体的经济秩序。无论是关乎一项社会政策、一项贸易政策或者是其他秩序政策措施，只有当这种行为是以达到或保持某一总体秩序为目的才有意义。

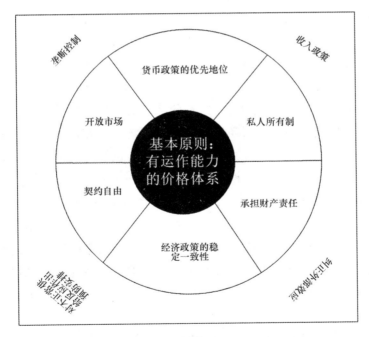

图1-3　竞争秩序的构成性原则和调节性原则

资料来源：阿尔弗雷德·席勒、汉斯—京特·克吕塞尔贝格《秩序理论与政治经济学：基本思想、概念与方法》（*Grundbegriffe zur Ordnungstheorie und Politischen Ökonomik*），史世伟等译，山西经济出版社 2006 年版，第 57 页。

那么，我们应该怎样做出总体决策呢？根据瓦尔特·欧肯的观点，总体决策不是在某种意识形态基础上教条主义做出的。在做总体决策时，必须从有限的秩序形式中筛选出占优的秩序形式。也就是说，总体决策不是投机的产物，而是依据现实做出。一旦做出了总体决策，就必须坚决实现它，将其落实到每一处细节。比如，一旦做出了建立竞争秩序经济宪法的总体决策，则必须避免所有可能对作为经济过程调控机制的相对价格形成的阻碍。只有行为的前后一致性才能保证目标的实现（政策的"秩序一致性"原则）（欧肯，2014，392—393）。

那么一旦总体决策已经做出，如何实现这种"具有运行能力"并"符合人的尊严"的秩序呢？他提出了竞争秩序的七项构成性原则，他指出，竞争秩序的经济宪法基本原则是创造一个有运作能力的价格体系："关键要使价格机制有运作能力。不能做到这一点，任何经济政策都将失败。这是那个从这里出发人们可以统率全局的战略要点，所以人们要将所有力量集中到它上面"。此外，他还提出了四项调节性原则，来纠正经济运行过程中出现的市场失灵（Eucken，1990，253）。

国家必须为竞争秩序确立一个框架，并不断保护这个框架。在国家通过立法对于经济进行"干预"（用瓦尔特·欧肯的语言："形塑"，德语：Gestaltung）方面，瓦尔特·欧肯的经济政策理论区分了经济秩序与经济过程之间的差别。所谓经济秩序是指经济活动在法律上和体制上的秩序框架，而所谓经济过程则是指经济行为者的日常交易过程。在此基础上，瓦尔特·欧肯区分"秩序政策"（Ordnungspolitik）和"过程政策"（Prozesspolitik）。所谓秩序政策，是所有那些为经济运行过程创造和保持长期有效的秩序框架、行为规则和权限的有关经济法律和措施手段的总和，所谓过程政策是指在既定的或者很少变化的秩序框架和国民经济结构下，所有那些针对经济运行过程本身所采取的、并能影响价格—数量关系变化的各种国家干预调节措施手段的总和（冯兴元，2014a，20—21）。

为了实现"奥尔多秩序"，瓦尔特·欧肯还论述了秩序一致性的问题。它有两层含义，一是经济秩序内部各子秩序、各项具体制度与竞争秩序要求的原则一致；二是其他人类生活的秩序，例如，法律秩序、政治秩序，也要与经济总体决策一致，也就是说：

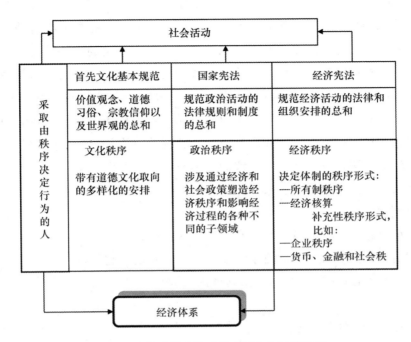

图1-4　作为社会活动组成部分的经济体系

资料来源：阿尔弗雷德·席勒、汉斯—京特·克吕塞尔贝格《秩序理论与政治经济学：基本思想、概念与方法》（*Grundbegriffe zur Ordnungstheorie und Politischen Ökonomik*），史世伟等译，山西经济出版社2006年版，第1页。

1. 所有的原则——构成性原则以及调节性原则——构成一个不可分割的整体，彼此互为补充、互为支撑。经济政策只有按照这种整体的构想来制定、实施，才能建立一个有运作能力的经济秩序。

2. 不同秩序之间存在着相互依赖性。想要实现经济秩序，还需做到不同社会秩序之间的一致。瓦尔特·欧肯发现，国民经济是一个有序的体系，经济体系的结构和功能决定性地受到它与社会其他分支体系依赖关系的影响，包括与政治体系、社会福利体系、法律体系和文化体系的关系。而且这种依赖关系不是单方面的，而是相辅相成的（夸斯，2009，153）。"秩序的相互依赖性"的观点在瓦尔特·欧肯本人心中地位很重要。他在他未整理出版的笔记中写到，"秩序的相互依赖性"的结果是其整个研究计划的动力（欧肯，2014，14）。阿尔弗雷德·席勒则认为，证明"秩序的相互依赖性"是瓦尔特·欧肯核心理论即"秩序理论"（Ord-nungstheorie）的首要任务。这种实证的秩序理论的任务是分析诸种秩序形式和子秩序之间的结合能力（一致性）以及当特定的秩序形式和子秩序相互不适应所产生的后果。秩序一致性是指为实现经济秩序的某种特定基本类型，各种秩序形式的可组合性（席勒和克吕塞尔贝格，2006，7）。他通过正反对比的例子做了进一步阐述：价格体系的调节功能的形式就是与秩序一致的，例如，自由贸易、契约自由等，而外汇管制、投资限制等做法则是与秩序不一致的。不一致的组合会削弱整个体制的运行能力，进而导致两种后果，持续的改革或者是极端情况下整体经济秩序类型的转型。

可以看出，瓦尔特·欧肯的经济的秩序就是一种复杂系统。它具有不同的子系统，而且各个相互依赖子系统之间以及它与其他人类生活系统之间的一致性是系统能够有效运作的关键①。

三 本书的分析结构

吸收和综合以上前人的理论成果，我们确定了研究框架，它共有以下三个特征：

它将有一个历史部分。这有助于我们研究建立国家创新体系的初始条件以及系统与制度演化的路径依赖。

我们在比较分析中将采用广义的创新体系定义。因为特别是对于像中国这样的转型经济来说，创新体系的绩效不仅取决于产学研合作以及政府的科技创新政策，还取决于竞争秩序、生产体系、融资体系、教育与培训体系等的形成和发育。

我们在对中国与德国创新体系与政策做共时比较时将遵循瓦尔特·欧肯的体制比较方法如图1-5所示，即在提炼出基于市场经济体制的创新体系的纯粹形式的基础上（本书第一部分），观察和比较两国国家创新体系的特征与演化，然后分别将两国现实的创新体系（以及子系统）以

---

① 为了将欧肯理论中理想化的"经济的秩序"，与欧肯所指的实际存在的经济秩序更明显地加以区分，后来一些德国经济学家干脆就将前者称为"经济体制"（Wirtschafts Sytem），参见（Altmann，2003，199）。

及理想的创新体系进行比较。理想的创新体系一方面要考虑创新理论中创新体系的一般规范，如企业家行为、产学研互动等，但同时也要考虑秩序一致性的因素，即系统性的观点。在其中，首先是两国的文化与政治秩序不同导致在经济宪法选择上必然存在的差异，其次是经济秩序中各子秩序间一致性原则对于秩序可组合性的限制。由此，我们在比较两国与创新有关的经济政策时，不仅要分析其对现实创新体系中某一子系统的功能或创新主体间互动的改善，从而提高创新体系的绩效和创新能力，还要看它对整个系统的影响，也就是秩序政策优先的原则①。

我们不仅描述和分析两国的国家创新体系，也分析两国的区域创新体系以及它们之间的关系。这不仅因为这两个国家都是世界大国，区域经济差异大。还因为德国作为联邦制国家，联邦州有较大的政策职权，而中国的区域差别和竞争甚至是中国经济秩序变革的决定性因素②。

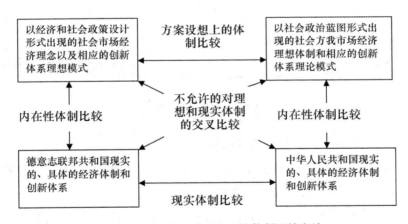

图 1 - 5　瓦尔特·欧肯的经济体制比较方法

资料来源：根据阿尔弗雷德·席勒、汉斯—京特·克吕塞尔贝格《秩序理论与政治经济学：基本思想、概念与方法》，史世伟等译，山西经济出版社 2006 年版，第 13 页。作者有所改写。

---

① 在马克斯·韦伯社会科学价值中性观念的影响下，德国经济政策理论中长期占统治地位的观点是经济政策理论的作用仅在于分析政策的目标与实现目标的手段是否一致，而对于目标本身不做评价。但这种方法与欧肯的秩序理论显然是不同的。欧肯对秩序的总体决策包含着价值判断。

② 关于区域竞争对于中国经济体制向市场经济转型的影响参见张五常《中国经济制度》，冯兴元：《规则与繁荣——国富民强的可能途径》。

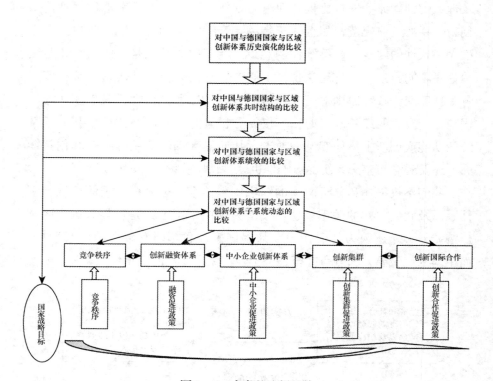

图1-6 本书的分析结构

通过此项研究我们将回答下列问题:

➤ 国家创新体系的研究范式强调了制度的重要性(广义的与狭义的),制度的不同是否影响创新的绩效?

➤ 创新体系演化如何遵循路径依赖?历史与现实如何通过制度连接在一起?

➤ 中德处于经济发展的不同阶段,创新体系的演化具有路径依赖性,尽管如此,通过中德创新体系的比较是否能够找出一些普遍适用的规律?

➤ 中德创新体系的绩效如何?

➤ 中德创新政策的相同与不同。创新政策是否符合国家的战略目标?如果不符合,如何改善和相互学习?

第 二 章

中国与德国的国家与区域创新
体系的演化与变革

根据秩序理论，创新体系仅是经济秩序的一个子系统。我们不可能脱离整个经济秩序来描述和分析国家与区域创新体系的演化。因此，我们在下面章节中将中国与德国的国家与区域创新体系的历史沿革放到整个经济秩序的演化框架内来考察。

第一节　中国国家与区域创新体系的
形成与发展

一　中华人民共和国成立前经济秩序的回顾（1840—1949 年）

中国近现代的工业化过程是一个政府强烈干预的过程。在西方列强用坚炮利舰打开封闭的国门情况下，仍处于农业社会的中国资本主义自发成长的过程被打断，面临"两千年不遇之剧变"（李鸿章）的清政府不得不走上学习西方技术、开办工矿业的道路。但是由于清末的工业化由政府官僚主导，虽然从19世纪70年代起，也陆续出现了一些民办企业，但是在官僚资本的挤压下，大都失败。即使有成功的，普遍规模较小，难成大器。甲午战争以后，清政府又尝试了"官商合办"企业的办法，虽然对于近代中国经济的发展起到了一定的积极作用，但是由于官资与私人资本投入的目的不同，这些企业最终难逃失败的命运（周军，1991，67）。以李鸿章为首的洋务派在不动摇清朝专制统治根基的前提下进行了一些制度改革，比如，改革了科举制度、引进了西式教育。但是当时的企业制度与教育体系等之间完全没有系统性，所以根本谈不上建立国家创新体系。

洋务运动时期的改革标志着以政府为主导的近代工业的开端。这种政府主导的工业化路径被后来的国民党政府延续下来。而且国民党的精神领袖孙中山在苏联的影响下，还接受了计划经济的思想。孙中山在阐述其民生主义思想的《实业计划》一书中，将实施计划经济视为中国工业化的必由之路，将大力发展国有企业视为促进中国经济发展的两大支柱之一。蒋介石领导下的国民政府早就宣布要继承孙中山的遗志，发展国家资本，实施计划经济（程麟苏，2004）。于是，1932 年 10 月，国民政府建立了实施计划经济的国防设计委员会。蒋自己兼任委员长。1935年以后，国民党对军事机构进行大的改组。国防设计委员会的使命结束，国家资源委员会成立，制订了"重工业建设 5 年计划"，其工作的内容从原来的参谋性质的转变为一个工业建设机构。这个机构具有绝对不可挑战的经济决策权力，将一部分重要的资源导向绝对的统制经济。在整个民国南京政府的组织框架中，资源委员会是最高的经济权力机构，主要从事三个方面的工作：第一，根据国家的需要，动用政府权力和军队的权力，没收或者兼并一些私人企业。第二，政府并不是在每个产业领域都行使没收或者并购企业的事务，主要集中在重工业和采矿业，这么做的目的，主要是为了解决战时的军费问题和资源问题。第三，资源委员会还具有投资的功能，委员会提出了一个庞大的投资计划，打算在 5 年之内，依靠国际援助，兴建一批工业基地，满足国防需要。这些基地主要集中在中部，如湖南、湖北、山西、四川等地，这么做的原因，一方面是因为这些地区拥有丰富的工业和矿山资源，另一方面则是这些地区相对远离一线战场，如此，这些基地事实上是战争的后勤系统（苏小和，2016）。

国家资源委员会在抗战的炮火之中发展起来，主持了经济内迁、发展大后方经济支援了正面战场的抗战，发展成为一个下辖 121 个总公司，近 1000 个生产单位，拥有技术和管理人员 32000 余人，技术工人 226000多人的工业建设机构。行业跨越煤矿、电业、石油、钢铁、有色金属矿、电工、机械、水泥及耐火材料、化工、纸厂、糖厂等工业部门。国民党政府实际上对于金融、交通及重工业实行了国家垄断。所以，早在 1949

年中华人民共和国成立前，国民政府资源委员会已经为实施计划经济、发展国有企业作了十多年的努力（程麟荪，2005）。这些资本、技术以及劳动等国有生产要素在共产党夺取政权后被继承下来，成为最初的国民经济命脉。

根据瓦尔特·欧肯的形态学理论，集中管理经济作为一种纯粹秩序形式，可以存在于任何现实的经济秩序中。所以，我们不能说1927—1949年的国民政府统治时期的经济体制为中央计划经济。从1935年到1937年，由国家资源委员会直接投资操办的国有企业，不过是当时全国投资总额的11%（苏小和，2016），在纺织、食品加工等轻工业部门私人资本还占据着绝对优势。在一些工业领域比如炼铁，外国资本则占据统治地位。私人资本和外资建立的企业大都集中在东南沿海地区。市场发育不完全，有的仅是地域性的市场。从全国来看1949年以前中国还没有实现工业化。很多生产还处于手工作坊阶段。广大内地农村还基本没有受到现代工业的影响。所以，1949年以前，中国经济秩序是部分集中管理经济、部分现代市场经济与传统农业经济并存的混合体。从创新体系来看，国民政府成立了"中央研究院"，建立了现代大学制度，选派了一批优秀青年去西方发达国家学习。这些举措为中国后来的科技发展提供了一些人才积累。但是由于工业化水平有限，企业弱小；再加上持续战乱的影响，这些机构并没有在创新方面发挥重大的作用。

二 中华人民共和国成立到改革开放时期的国家创新体系的发展（1949—1980年）

中国共产党取得全国政权后，为了尽快地推进国家的工业化，仍然继续了国民政府国家领导的经济建设的路径。在苏联20世纪30年代工业化取得巨大成功的影响下，再加上当时的国际环境所迫，以毛泽东为首的中国共产党人采取了向苏联"一边倒"的方针：在中华人民共和国成立初期为了休养生息，在一段时间内鼓励民族工商业的发展之后，从1956年起开始了对工商业的全面社会主义改造，并在很短的时间内除保留少量个体商户外，基本消灭了私人资本工商业，建立了以生产资料公有制为基础的苏联式的中央管理计划体系。从瓦尔特·欧肯的经济秩序理论来看，中国共产党领导的这次有计划、有步骤的社会改造，是一次

"整体决策"（宪法行为），它涉及社会生活的所有领域、所有子系统。但是作为一个经济底子十分薄弱的发展中国家，中国面临的考验和任务与当时其他大多数已经实现了工业化的社会主义卫星国不同，这也可以从中国很快就开始与苏联以及其他社会主义国家发生矛盾冲突得到证明，其里面的深层原因是不能用意识形态分歧来解释的。中华人民共和国成立初期的工业化发展得益于苏联和其他东欧社会主义国家的援助，在第一个5年计划期间（1952—1957年）苏联援建的156个以及其他社会主义国家援建的64个大型工业项目成为中华人民共和国工业发展的基础（江小娟，1993，24）。但是据此认为中国走上一条依靠外国援助来实现工业化的道路是错误的。实际上中国选择的工业化道路更加贴近于"二战"后许多发展中国家和新兴工业国家像巴西、印度等的做法，即进口替代工业化。根据当时的官方文件：目前尽可能多地从苏联进口工业设备的目标是"为中国工业独立自主的发展奠定基础，以使中国能够在将来制造所有她需要的机械设备，不需要再从国外进口"（Lardy，1992，16）。中国领导人的宏伟目标是建立一整套独立自主的国民生产体系，这自然也包括自己的科技和创新体系。

同样，用"发展型政府"来指称中国的工业化道路也是解释不通的。"发展型政府"的理论最初来自人们对于日本早期现代化和工业化成功的解释。早期日本政府的积极作用在"二战"后被延续下来，比如政府（通产省）通过与重要的产业协会和财团的协调来为工业发展实行"行政指导"（产业政策）。日本政府的政策被一些与其在政治和经济上联系紧密的国家与地区（韩国、中国台湾地区）所效仿①。但是必须看到，日本政府以及在时间上有差别的那些"发展型政府"都是在市场经济环境下采取了一定干预政策，这些国家与地区在发展方面成功的最大秘诀就是在一些竞争性强的产业领域，国内企业在狭小的国内市场激烈竞争的基础上，将它们的产品推向国际市场。通过市场竞争的学习效应，这些国家和地区企业的技术和创新能力不断提升，建立起动态比较优势。在发展初期，这些国家的政府是"驾驭市场"（Wade，1990）而不是消灭市

---

① 关于日本与韩国的国家创新体系可见 Kerstin Cuhls and Iris Wiecyorek，2010（日本），Margot Schueller and David Shim，2010（韩国），in：Frietsch and Schueller，143—202。

场。而在达到发达国家的门槛后，这些国家和地区的政府都开始减少对经济的直接干预，转而将重心放到改善企业经营与创新的框架条件上。而相反，那些采用贸易壁垒，价格扭曲，本币高估经济政策的国家——包括改革开放前的中国——都无法建立起有国际竞争力的工业体系，无法摆脱对发达国家技术和机械设备的进口依赖。能够做到的仅仅是初步建立一个结构扭曲（基础设施、轻工业与重工业比例失调）的工业体系，并通过国家在短时间内集中动员大量的资源在少数领域（主要是国防部门）实现对于发达国家的追赶。我们必须在这一背景下来考察改革前中国创新体系的结构。

　　中央计划经济体制最大的特点是没有熊彼特意义上的企业①。由于社会的资源配置（生产什么、生产多少、为谁生产和在哪里生产）不是由市场的供需关系自发调节，而是由一个中央计划部门通过指令性计划来实施，所以那些物品的生产者只是些没有自主权的制造工厂或者说一些听命于一个总的工厂领导的制造车间。在这种体制下，严格的中央计划经济生产活动的组织与协调是自上而下进行的，按照瓦尔特·欧肯的理论这种体系具有秩序一致性，它同样适用于其创新体系。指令计划的负责机构为国家计划委员会（负责长期计划）、国家科学技术委员会和国防科技工作委员会（负责制定科技规划以及对公共研究机构科技活动进行协调）、国家教育部（负责管辖大学、职业学校和技校）以及不同的工业部比如邮电部、机械部、化工部（负责管理部属研究机构）（Liu & White，2001，1097）。科技创新体系也是以集中计划为主，相应组织体系按照功能和隶属关系严格分工。因此，它必然是层级式的，而且是按照科技创新的线性模式（发明—开发—应用—扩散）建立起来的：科学处于最高级；第二层级是技术，由应用型研究机构为"企业"实施技术开发和试验；第三层级是技术的应用，由企业根据计划分工来实行。政府是创新资源投入主体，创新投入依靠政府拨款，资源严格按照计划

---

　　① 与集中管理经济中也存在的"工厂"（德语 Betrieb 英语 factory）不同，"企业"（德语 Unternehmen，英语 enterprise）一般应有以下特征：一、独立性与自主性，在企业经营决策上不接受某个政府行政部门的指令；二、营利性，企业谋求生产能够在市场上销售的产品与服务而获得利润；三、私人产权，企业自负盈亏，参见（Schmalen & Pechtl，2006，2）。

配置。在这一时期，公共研究机构在创新过程中发挥了主导作用。在第一个 5 年计划结束的 1957 年就建立 400 多所不同类型和层级的公共研究机构，即使到 1987 年公共研究机构实施的研发活动也占全国总数的一半以上（OECD，2011a，97）。创新是任务导向型的，主要源于政府所认为的国家经济和社会发展及国防安全需要。创新的执行者或组织的利益不直接取决于他们所实现的创新成果，知识产权或其他对于创新绩效的奖励制度还没有建立起来，同时也不承担创新失败造成的风险和损失。在当时的历史条件下，创新的重点集中在军工领域和很少几个其他高精尖领域，如核技术、空间技术和胰岛素合成。创新体系主要包括①中国科学院：主要负责基础性研究和部分应用研究；②部委研究所：负责各自领域的应用研究和研发工作；③省级政府科研机构；④大学：主要负责教学和培养科学后备力量，除了几个重点大学，如清华大学和北京大学外，很少涉及科研；⑤国防科研机构。而生产单位一般不进行研发活动。只有很少一些国有企业的研究部门会涉及实验性开发（OECD，2011a，384）。

　　总之，中国改革前创新体系的突出特点为：作为创新主体的公共研究机构、大学与生产单位相互独立，各自任务明确，由不同的上级行政部门对口领导，彼此之间横向合作很少。把研究机构从大学分离出来的系统是中国根据苏联模式发展出来的。这些研究机构隶属于不同的部委、中国科学院研究系统、中央军委和国企。另外，在各个工业部下设有主要侧重于应用研究和技术开发的数以百计的工业科研院所，各地区（省市）也设有自己的公共研究机构，从事区域层次的研发任务。这样的结构造成了协调困难和潜在的重复任务（OECD，2011a，281）。行政计划的多重主体是中国计划经济的特色。它源自这一时期对于中央与地方（省市）职权关系的多次调整，致使从 1958 年开始中国的计划经济就逐渐偏离了苏联中央集中管理经济的模式。在中央对经济活动垂直计划的同时又加入了一个平行的由各省负责的计划任务，这个在中国通常被称为"条条块块"的制度安排被美国的中国经济专家李侃如（Kenneth Lieberthal）定义为"碎片化的权威主义"（fragmented authoritarianism）（Lieberthal & Lampton，1992，8）。

　　因此，改革开放前的中国创新体系的创新产出效率低下，由于各主体间相对封闭，又缺乏相应的创新活动激励，公共研究机构所研究的项目与生产部门的需求之间存在着巨大的差距。科研院所与企业的生产实践存在严重脱节，科技成果难以迅速转化为生产力。因此，企业不得不依靠对国外技术的引进来解决自身的研发需求（OECD，2011a，95）。从而无法摆脱引进—落后—再引进的恶性循环。而在 20 世纪 60 年代依靠自己的力量实现的"两弹一星"是在政府权威力量下，集中大量的资源，调动数以万计的科学家、工程师和技术人员进行攻关完成的。在特殊的历史时期，这种"举国体制"能够在短时间内实现政府的优先目标有一定的必要性，但是它也导致资源过于集中在中央政府关切的国防和重工业领域，而关系到民生的消费品生产领域的创新活动则被忽视。这种中央计划体制下的结构失衡成为 20 世纪 80 年代改革开放的出发点。

三　中华人民共和国改革开放至今的国家创新体系的发展（1978 年至今）

1976 年毛泽东逝世后，获得党和国家领导权的华国锋一方面很快处理了以江青为首的"四人帮"，为国家经过"文化大革命"十年动乱后重新恢复政治和经济秩序奠定了基础。另一方面，开始大规模从西方国家进口重工业领域的技术与成套设备（钢铁、石化、炼油等）。当时的领导人实际上还是继续执行进口替代的工业化战略，不过是合作对象从苏联东欧集团转移到西方国家。1972 年尼克松总统访华后中美关系解冻，中国开始扩大与西方国家的经济联系。而中国与苏联集团的关系在 20 世纪 60 年代恶化，到 20 世纪 70 年代初双边经济合作几乎完全中断。由于中美关系一定程度的缓和，当时的国家经济领导放弃了以备战为主要目的的"三线"战略（将经济重心转移到内地）和闭关锁国的"自力更生"方针，希望通过从西方国家进口先进设备和技术在沿海地区建设和改造一批重工业生产设施来加快中国经济现代化的步伐。这一方针在当时也得到了周恩来和复出的邓小平的支持。但是在"四人帮"干扰下，这一方针并未能得到完全的贯彻。"四人帮"倒台后，当时的中央领导又重新开始实施这一方针。

但是这在后来被称为"洋跃进"（与毛泽东主导失败的 1958 年的"大跃进"异曲同工）的经济现代化计划很快就因为当时中国工业的吸收

能力不足和极度不平衡的经济结构而失败。当然这次失败并没有动摇中国政府经济对外开放的决心，对外开放成为中国近 30 年来政策成功的最亮点。中华人民共和国成立以来奉行的加速工业化方针以牺牲农民的利益和广大人民群众的生活水平提高为代价，这种方针虽然取得了一定的成就，初步在一些大型城市中建立了较完备的工业体系。但是与飞速发展的世界经济与技术进步相比较，经过 10 年政治动乱的中国已经是完全落后了。以邓小平为首的新中央领导认识到，必须在中国政治、经济、文化和思想意识形态领域进行全方位的拨乱反正，才能使国家向实现四个现代化目标继续迈进。也就是说，当时重新成为党和国家工作重心的经济建设必须与改革结合起来才能成功。因此，当时中国所面临的形势是一种百废待兴、欣欣向荣的局面，中国改革开放的初始条件与苏联东欧国家 20 世纪 90 年代完全不同。在科技和创新领域，1978 年邓小平主持召开的"全国科学大会"是一次里程碑式的事件。他在会上提出了"科技也是生产力"的观点，将科技进步与经济发展紧密结合起来，从而提高了广大科技工作者从事科技和创新活动的积极性。

但是虽然改革的必要性和紧迫性成为共识，但是对如何改在当时却并没有统一认识和计划。由于意识形态的固化，在当时人们对于社会主义计划经济和公有制根本不可能有所怀疑。因而，当时能够提出的改革目标仅仅是"管理体制改革"，"搞活"被僵化的体制束缚住的经济，提高人的积极性。中国制度变迁式的经济体制改革是先从农村开始的，是农民在遭受灾荒的情况下不得已采取的手段，是自发创新的产物。虽然包产到户在 20 世纪 60 年代就曾经在安徽实行过，但是当时被完全禁止，支持此举措的干部受到严厉的处罚。然而，这一次经过激烈的辩论，中央肯定了农民们的自发行动。农村土地制度改革极大地提高了农民的积极性，带来了全国农业从未有过的大丰收。农村改革的成功使中国领导层尝到了利用自下而上积极性的甜头。所以他们选择了选择性放权的改革路线，调动地方的积极性。选择性地给予一些省份——如广东和福建——一些特殊政策（比如，建立经济特区），让它们试验性地摸索一些经验，它的好处是：①如果它们的试验摸索错了，不会带来全局性的影响，特别是鼓励发展使用的是给政策，而不是中央的财政援助；这样中央仍旧能够继续发展其以往重点支持的地区和领域；②允许大胆试验，闯出一条血路，但如果政策被证明是无效的，还可以收回；这就是后来被一再提到的"摸着石头过河"的策略。

中国之所以能够采取这一策略是与中国中央计划经济的特殊制度安排相关的（初始条件）。在毛泽东时期，为了发挥地方的积极性，中央的计划权力曾经两次下放（1958 年、1970 年），地方政府（省）获得了为其管辖区域的发展真实的计划权力。它们还被要求建立自己地区性全面和独立的工业体系。一些原来隶属于中央的生产单位或者公共研究机构也划拨给了地方。而且地方也被允许建立它们自己的企业、公共研究机构以及大学。由于这种划分本着谁投资谁受益的原则，所以地方政府对自己建立的生产单位和科研机构也拥有"所有权"（Zhao，1994，28；Riskin，1987，198）。这就是当前中央国企与地方国企的历史来源。中国改革前这种"多层面、多区域形式"的计划经济与苏联（或者民主德国）的单一垂直计划经济有很大的区别（Qian & Xu，1993，143—145）。首先，在这种制度安排下，中央计划对于产品的计划不是非常细，为地方的计划执行"留有余地"；地方不仅对自己管辖的区域和企业生产有计划权，而且在中央计划执行方面有很大的自主权并且许多中央的计划目标是中央与地方谈判的结果。这种计划权后来在改革初期扩大到一些重要的非省会大城市（计划单列市，如青岛、大连、宁波等）。其次，这种多重性也涉及中央计划经济体制的物质调配制度。在中国，政府调配的物品分为"物资"（大致相当于投资品）和"商品"（大致相当于消费品）。"物资"主要由国家根据中央计划通过其物资分配系统在中央国企之间分配；而"商品"则通过商业渠道在国有企业、集体企业（地方基层政府比如人民公社建立）和消费者之间流通。有些商品具有"物资"和"商品"的双重性，如煤炭，所以它就会通过两种渠道来分配，这就是改革后实行的"双轨制"（计划轨、市场轨）的萌芽。而"物资"又分为三个等级：第一级是在国家计划委员会监督下通过国家物资部分配的生产资料；第二级是由各个工业部分配的生产资料；第三级则是通过省工业局分配的生产资料。这里中央掌握多少，地方掌握多少属于中央政府调整中央与地方关系的重要手段（Ishihara，1993，42—43）。

当然，下放经济计划权并不意味着中央放弃对整体经济的控制。为了实现这一点，中央政府主要采取三个手段：首先，在经济出现困难的时期，比如发生自然灾害，中央下放的权力可以再收回（比如，财政留成比例）。其次，在中央政府和地方政府之间实行"双重领导"的制度安排。比如，某个生产单位或公共研究机构的物资供给与生产由地方来负责（部门领导），而在职能和技术方面则仍然由相应的专业部委甚至国务院来负责（归口领导）。依靠这种条条块块交叉的制度安排，中央政府在需要的情况下可以将下放的权力重新收回。但是在一般情况下，中央部委对这些机构的领导仅限于标准制定一类的业务指导或特定的大型投资项目的审批（Herrmann-Pillath，1995，114）。最后，中央政府通过对交通、能源、电力和化工原料等关系国计民生的关键工业领域的投资来实现对经济的控制（大型国企）。

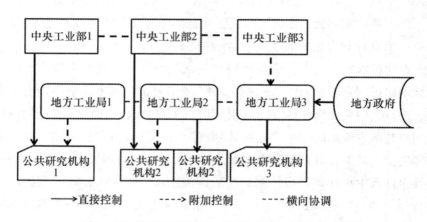

图2-1　中国改革前的中央与地方的双重领导原则

资料来源：Klenner, Wolfgang, *Ordnungsprinzipien im Industrialisierungsprozeß der VR China.* Hamburg: Verlag Weltarchiv GmbH, 1979, p. 259. 作者有改动。

中国计划经济的特点反映了中国复杂的国情，苏联式的单一计划不适合像中国这样人口众多、地区差距大的国家。另外，作为发展中国家，中国也缺少制订一个细密的中央计划的专门人才。因此，中国的计划经济似乎较苏联和东欧体制灵活性更高。但是由于计划主体过多，形成了经济碎片化现象，不同层次计划者之间协调困难，重复建设严重，资源利用率甚至更低。正是由于经济体制的低效率无法满足毛泽东迅速实现赶英超美的诉求，导致了不断地进行"放收"的循环试验。政治周期的折腾使广大老百姓的生活更加困苦不堪。但另一方面，权力的下放和分散化也使得地方获得促进本地区发展的积极性和利益，从而为争夺稀缺资源展开了激烈的竞争。因此，在20世纪80年代，当改革开放逐渐引入了市场机制后，区域竞争就成为中国市场经济转型的重要推动力。所以，中国的经济体制改革有两个十分鲜明的特征：①改革先是从地方和微观层面开始的。中央政府通过"给政策"，允许地方政府大胆摸索和试验，而地方政府最了解本地的情况，能够因地制宜地发展区域性的制度安排。另外，改革并没有一个像"华盛顿共识"倡导的全面计划，通过私有化、商品和服务价格放开、利率和汇率自由化以及新的政府财税体制等举措迅速实现成熟市场经济的制度安排，而是从微观入手，通过"承包制""价格双轨制"等过渡措施提高经济主体的积极性，促进发展，改善人民生活。事实显示了市场经济的优越性，从而较易于达成共识。直至今天，虽然建设社会主义市场经济已经成为瓦尔特·欧肯意义上的总体宪政决策，但是各地方的市场发育、所有制结构和文化仍然存在着巨大的差别。在东南沿海地区特别是改革开放的前沿地带，民营企业已经占据了主导地位，比如在珠江三角洲一带，出现了像华为、万科这样的民营或者混合所有制的国际大公司。而在东三省的老工业区仍然是以传统的国有企业为主。②中国的体制改革与对外开放紧密联系在一起。中国政府利用将中国经济不断融入世界经济，用开放来倒逼改革。比如，中国加入世界贸易组织，就必须接受世界市场经济的规则，通过取消与世贸规则不相容的法律法规，加大对于外资的市场准入等措施来获得成员国的资格。目前中国建立自贸区的举措，就是要用新一轮的开放来全面促进深化改革。建立在准入前国民待遇和负面清单基础上的新贸易与投资安排必然会加快国内规制和企业治理的改革，以适应新的竞争形势。

根据上述回顾可以看到，中国的体制转型具有明显的路径依赖特征。20世纪80年代初开始的新一轮放权让利与以往的最大区别在于，由于农村改革带来的乡镇企业的大发展（虽然以前也有社队企业）以及沿海地区由于开放政策走向世界市场，经济模式开始不断地引入了市场经济因素，生产与流通越来越趋向于由市场上的供求关系来决定。而这一发展并不是决策者开始引入改革的初衷。而由于新兴的乡镇企业、沿海地区的外向性经济以及外国投资企业以市场为导向，其产品更加适合中国的比较优势和消费者的需求，因而取得了更多的利益。制度的自我强化作用导致共享信念的形成，进一步导致了路径的不可逆性。而相对务实的中央领导因势利导，肯定了群众的首创性，接受了改革无意识的结果。另一方面，各级政府也不断主动在不触动原体制基础的情况下引入市场经济因素，中国的经济体制由此不断逼近市场经济。所以，中国市场经济体制的确立是"边际改革"（体制外）和渐进改革共同作用的结果。

上述自发试验也同样存在于科技体制内。20 世纪 80 年代初期，在农村改革的鼓舞下，研究机构、高等学校和科研工作者自发地冲破中央计划经济体制的束缚，进行了新的尝试，如开设小公司，找机会出售它们的技术研究成果等。国家政策制定者密切关注着科技体制的"内生"问题和这些尝试者的实践，促使其决心实行科技体制改革。1983 年，高规格的国家科技领导小组成立，这是一个顶层设计的高规格组织（高于部级），并于 1985 年通过了《中共中央关于科学技术体制改革的决定》（OECD，2011，291）。

中国科技创新体系的改革历史演进大概可以分为三个阶段①：

（一）1985—1994 年，改革启动阶段

1984 年中共中央通过了《关于经济体制改革的规定》，《关于经济体制改革的规定》指出中国要建设的是"有计划的商品经济"。虽然在一段相当长的时间内对其含义有过争论和分歧，但在实践中改革的市场取向则是毋庸置疑的。在此精神下，1985 年，中央颁布了《关于科学技术体制改革的决定》和《关于教育体制改革的决定》。1985 年的文件确立了中国科技体制的指导方针，即"经济建设必须依靠科学技术，科学技术必须面向经济建设"，并启动了拨款制度、组织结构和人事制度的改革。《关于科学技术体制改革的决定》采用"推动—拉引"的方法促进研发成果从实验室向工业流动。政府决定减少公共研究机构的事业费拨款，从而推动它们从别的来源取得经费。"拉引"方面，《关于科学技术体制改革的决定》要求进一步开拓技术市场，鼓励公共研究机构出售它们的研究结果。1986 年还设立国家自然科学基金，也是为了给公共研究机构开

---

① 关于中国科技创新体系改革的历史沿革主要参考（OECD，2011a，289—296）。

辟其他的获得经费的渠道。改革向科技部门注入了市场因素，许多公共研究机构和高校变成了企业式研究机构。然而由于公共支持力度的下降，以及人才向发达国家和跨国公司流失，当时出现了所谓的"体脑倒挂"现象，高学历的科学工作者不如卖大饼、跑生意的人挣钱挣得多，中国的基础研究受到一定的不利影响。

（二）1995—2005 年，全面改革阶段

在邓小平"南方谈话"提出要加快改革步伐思想的指引下，党的十四大通过了《关于建设社会主义市场经济体制若干问题的决定》，中央首次正式提出经济体制改革的目标为建立市场经济体制。1995 年，国家最高领导层发布了《关于加速科学技术进步的决定》和科教兴国战略。1999 年做出了《关于加强技术创新、发展高科技、实现产业化的决定》以及国家可持续发展战略。在市场化改革的浪潮下，政府明确了科技体制改革和科技创新政策的基本方针，即"稳住一头、放开一片"：政府确保对基础研究和高技术研究的投资，而从事应用和开发研究的机构将通过合同研究和从市场寻求经费。然而，虽然在这一阶段中国经济迅猛增长，但是工业结构不合理，企业效益不佳，中国经济已经不断地融入世界经济，参加国际经济循环，但是往往从事价值链低端的简单组装环节，增长质量差。鉴于此，1995 年《关于加速科学技术进步的决定》提出了科教兴国战略，这意味着中国决心进行经济增长模式的战略调整，从粗放型经济增长向依靠科学技术、高素质劳动力和技术创新的高效率增长方式的转变。1999 年《关于加强技术创新、发展高科技、实现产业化的决定》定位于促进公共产业部门（尤其是国有企业）的技术创新和在这些部门发展高科技、实现产业化。当时的国务院总理朱镕基将科教兴国作为他这一届政府的最重要使命，亲自挂帅成立了国家科学技术教育领导小组，协调实施了四项重要措施：①促进研发投入快速增长。研发投入占国内生产总值的比例从 1995 年的 0.57%，增长至 2005 年的 1.33%；②资源优先向大型项目集中。如中国科学院知识创新工程、"973 计划""863 计划""985 计划"；③合并公共研究机构。在 1998 年年底将 242 所政府所属的大型科学研究机构转变为科学技术公司或科技中介服务机构；④支持公司研发投入的增长。鼓励企业建立研发机构，增加研发投入，外国公司也在中国设立了更多的研发中心。

（三）2006—2020 年，向创新型国家迈进

国家领导层制定了人才强国战略与《国家中长期科学技术发展规划纲要》（2006—2020 年）（简称"规划纲要"）。在 2006 年 1 月召开的全国科技大会上，中央领导提出了建设创新型国家的目标和任务，其关键是中国要走自主创新（independent innovation 或 endogenous innovation）的道路。据称选择这一道路是中国过去几十年科学技术发展经验教训的总结。背景是中国在这些年中过分地依赖工业化国家的先进技术，强调追赶效应和所谓的后发优势。在取得很大的进步的同时，也开始受制于人。前沿高技术非常昂贵，也很难买到。"规划纲要"将继续深化科技体制改革，建设有中国特色的国家创新体系作为实现创新驱动战略的关键，这包括：建立以企业为主体的技术创新体系，科学研究与高等教育有机结合的知识创新体系，军民结合、寓军于民的国防科技创新体系，各具特色和优势的区域创新体系。为了保证"规划纲要"的实施，政府制定了一系列的配套政策，包括加大科技投入、税收激励、金融支持、政府采购、加大知识产权的保护力度、研发自主技术和中国主导的技术标准、人才队伍建设等。当然，中国领导在制定目标时还是十分谨慎的：到 2020 年中国仅仅迈入创新型国家的行列并初步建成创新体系。提出中国特色则是强调中国特殊的历史与文化。

可以看到，中国科技体制的改革始终与中国经济体制改革与对外开放紧密联系在一起。这有其必然性。首先，20 世纪 80 年代以来，国际形势发生了很大的变化，美国与苏联的争夺趋于缓和。世界进入了和平与发展的时代。在这时，中国在政治上已经实现了从革命向经济建设的路线转变，以邓小平为首的重新上岗的领导人和科技工作者深深感到，中国多年来闭关锁国，将有限的资源大规模地投入国防领域，与西方发达国家在科学技术上的差距越来越大，后来的新兴工业国家也纷纷崛起。因此，中国在集中精力搞经济建设时，要通过科学技术和教育实现追赶并通过提高自身能力来吸收引进技术。其次，以邓小平为首的中央领导核心经过几十年的经验，对于苏联式中央计划的弊端已有深刻的认识。在科技领域，研发功能与生产过程的分离、科研成果的"公共产品"性质、研发与教育脱离以及科学家和工程师不能流动的"单位"体制等结构性缺陷极大地阻碍了科研成果的应用转化。改革刻不容缓。

　　然而，像前面提到的，由于初始条件不同，中国的体制改革不同于俄罗斯等国的"休克疗法"，是渐进性的，主要发生在增量上，它意味着"帕累托改进"，即在改革启动阶段，为了获得更广泛的支持，尽量使所有人都从改革中受益，没有人从改革中受损。这种策略对于以前被限制在农业大队、生产队中、干好干坏一个样的农民，或者是上山下乡回城后找不到合适工作的"知识青年"来说无疑是有利的，他们明显是改革的受益者。但是我们这里考察的科技研究系统是体制内的产物。一方面，它仿照了苏联模式，将科学技术与创新体系置于中央政府的控制下，通过专业化把同类工作任务集中到一个组织中，所以改革前的科技系统在中国的计划体制中是比较"条条"专政的。另一方面，中国的科技结构继承了中国自身旧有的科技资源，如中国科学院的前身就是"中华民国"时期的"中央研究院"（OECD，2011a，289）。因此，与国有企业改革一样，科技系统的改革属于存量改革，必然涉及利益关系的调整，因此妥善安置改革的受损者，不破坏社会稳定就成为一个重要的考验。中国政府在 30 年的改革中始终坚持市场化导向，事实证明竞争性市场，包括将国内市场与国际市场相连接，确实能够解决许多问题。但是以上的回顾也表明，中国在贯彻市场经济规律时，也出现了基础研究受到冲击的现象，而基础研究是实现创新驱动经济战略和自主创新的关键。世界上成熟市场经济的经验表明，市场经济不是不需要政府，而是需要政府执行与计划经济体制不同的职能。如何处理市场经济体制下政府与市场的关系，是一个大课题，下面分析介绍的德国经验可能会对中国有一些有益的启示。

　　同时必须看到，科技创新需要有一个比较宽松的社会环境。颠覆性创新往往来源于人类好奇驱动的自由探索。而中国文化传统比较强调等级制（著名社会学家费孝通曾经用"差序结构"来概括这种制度），在政治上几千年的皇权专制统治和官僚制度强化了自上而下的命令式管理。但是创新、互动和创造不能或只能在有限范围内被"命令"或"支配"。创新往往在自主意愿或在鼓励批判性思维和创造性的环境和文化氛围下才能生气勃勃（OECD，2011a，306）。市场盈利提供的激励，能够使自利的人的创新行为不自觉地为社会与国家的福祉做出贡献。但是由于制度的惯性作用，政府主导现代化和创新的理念并没有由于市场化改革而消失。中国的科技和创新体系的改革仍旧面临着重大的挑战。

　　下面我们用瓦尔特·欧肯的秩序理论来对中国改革前的经济秩序的总体特征、改革后的目标特征进行比较。根据瓦尔特·欧肯的思想，经济过程总是并且到处都在一定的形式之内，可以用经济活动的数目有限的、基本的、纯粹的形式构成无法估量的多种多样的具体的经济秩序（欧肯，1995，5）。瓦尔特·欧肯认为，可以通过计划权以及与之结合的所有权在总体上将经济秩序分为的基本（理想）类型如表2-1所示。

表2-1　　　　　　　　　　经济秩序的基本类型

→基本类型 具有主导性基本形式的秩序形式↓	私人经济的市场经济	集中管理经济	社会主义市场经济	
			参与类型	国家主义类型
经济过程的计划	分散	集中	分散	分散
对生产资料的所有和支配权	私人所有制	国家和集体所有制	劳动集体使用权的社会所有制	国家和团体所有制（合作社）

　　资料来源：阿尔弗雷德·席勒、汉斯—京特·克吕塞尔贝格《秩序理论与政治经济学：基本思想、概念与方法》，史世伟等译，山西经济出版社2006年版，第8页。

　　我们可以将中国经济体制改革的目标模式归结为"国家主义类型的社会主义市场经济"，需要对模型进行修正是：由于中国还处在社会主义初级阶段，所以私人所有制经济还是中国目标经济秩序的重要组成部分。由于中国经济仍然处于体制转型的过渡时期，所以现实的经济秩序与理想类型的经济秩序尚有很大的差距。根据瓦尔特·欧肯的归纳，市场经济秩序的理想类型还有自由放任、资本主义市场经济、社会市场经济、福利国家以及经济计划化（席勒和克吕塞尔贝格，2006，2）。可以看出，"社会主义市场经济"与其他类型的市场经济的最大不同是其坚持生产资料公有制的原则。根据《中共中央关于全面深化改革若干重大问题的决定》（党的十八届三中全会通过，2013年11月12日），"公有制为主体、多种所有制经济共同发展的基本经济制度，是中国特色社会主义制度的重要支柱，也是社会主义市场经济体制的根基。公有制经济和非公有制经济都是社会主义市场经济的重要组成部分，都是我国经济社会发展的重要基础"。所以，中国经济体制改革不会出现全盘的私有化。国有经济仍将在中国经济中发挥主导作用。具体到国家与区域创新体系，大型国有企业和重要的公立研究机构将继续在科技创新中发挥控制力和影响力。

表2-2　　　　改革开放以来不同所有制企业在工业总产值中所占比例的变化　　　　　　　　　　　　　　　　　　（%）

年份	国有控股	集体经济	城乡个体经济	其他经济*
1980	75.97	23.54	0.02	0.47
1985	64.86	32.08	1.85	1.21
1990	54.6	35.62	5.39	4.39
1995	33.97	36.59	12.86	16.58
2000	47.33	13.9		38.77
2005	33.28	3.42		63.3
2006	31.24	2.9		65.86
2007	29.54	2.51		67.95
2008	28.34	1.77		69.89
2009	26.74	1.75		71.51
2010	26.61	1.49		71.9
2011	16.18	1.31		82.51

*指私人工业企业和外商及港澳台投资工业企业。

资料来源：《中国工业统计年鉴2012》。

第二节　中国国家与区域创新体系的制度结构及行为主体的特征

根据瓦尔特·欧肯的秩序理论，不同经济体制的补充秩序必须与其主体秩序（计划权，所有制结构）相一致。如图2-2所示中国创新体系结构示意图，我们将对其制度结构、行为主体及其网络关系进行一定的分析，以便与德国的国家与创新体系进行比较。而关于政府对国家和区域创新体系的促进政策更详尽的分析则在第四部分进行。

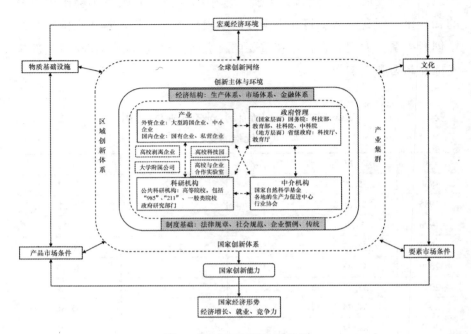

图 2 - 2　中国创新体系结构

" "　　　资料来源：Frietsch，Rainer and Margot Schüller，*Competing for Global Innovation Leadership.* Fraunhofer Verlag，2010，p. 242；OECD，1999，Managing national innovation systems，p. 23；Cooke，Philip，"Regional Innovation Systems：General Findings and Some New Evidence from Biotechnology Clusters"，in：*Journal of Technology Transfer*，27，2002，pp. 133 - 145；Edquist，Charles（ed.），*Systems of Innovation：Technologies，Institutions and Organizations.* New York：Routledge，1997，pp. 46 - 50，pp. 87 - 88；张俊芳：《国家创新体系的效率及其影响因素研究》，经济科学出版社 2012 年版，第 87 页。作者有所改动。

　　与第一章的国家创新体系模型相比较，图 2 - 2 中国创新中国体系结构图结构的重点是勾画出不同国家不同的制度特征，因此没有对系统进行在功能上的严格分层。对于基础设施、制度环境（框架条件）的归类也不相同。但是在创新必要的制度设置、相关主体以及它们之间的互动联系方面与前面的模型大体上是一致的。

　　为了简便起见，示意图 2 - 2 上的政治体系实际上省略了中国政治决策形成的决定性力量，即中国共产党的领导作用。中国共产党主要是通过制定路线方针对政府实现政治领导，通过对政府重要岗位的人事选拔实现对政府的组织领导以及通过对党的路线方针的宣传与解释实现对社会的意识形态领导，但在一些重要的政策领域，中国共产党也会通过一些制度安排直接参与政府的工作，比如，设立了中共中央全面深化改革领导小组以及中央财经领导小组，后者在制定中国经济的五年发展规划方面发挥着重要作用。另外，中国共产党的领导作用的一个重要的体现是党对军队的领导。中华人民共和国中央军委与中国共产党中央军委实际上是"两块牌子，一套人马"。

中央政府的行政领导任务由国务院承担。而全国人民代表大会则通过立法来支持国务院的政策措施。在科技领域，国务院总理亲自挂帅的国家科学技术与教育领导小组的级别高于政府部委，负责对科技、教育工作的宏观指导和对科技重大事项的协调，推进科技战略实施以及科技和教育体制的改革。其成员为所有负责制定和执行科技政策组织的代表，副组长为分管科教工作的副总理或国务委员，成员包括国家发展与改革委员会主任、教育部长、科技部长、财政部长、农业部长、中国科学院院长、中国工程院院长、国家自然科学基金会主任等。设置这样机构的考虑主要是突出中央政府的权威，对科技体系改革的重大问题实现"顶层设计"。另外，也为了对平行的各部委的相关工作进行统一协调。国家发展与改革委员会是由过去的国家计划委员会演变来的，主要负责对经济的宏观规划以及政府重大项目的制定和审批。它的地位特殊，比一般的中央部委的级别要高一些，有"小国务院"之称。而国家科技政策、法律法规及其科技重点领域的确定则由国家科技部来负责。教育部负责支持大学相关研发活动、科技园和人力资源的开发，其他部委确定和实施其部门的研发政策（比如，国家工业与信息化部、国家农业部）。

政府科技政策的主要工具是制定重要科技规划项目并为其拨款，即所谓的"3＋2结构"即三个集中计划：国家重点技术研究计划、国家重点技术研发计划（"863工程"）、国家重点基础研究项目（"973工程"）；两组计划，即建设科技基础设施项目、建设科技工业化环境项目。而科技部是这些计划的制订、执行和监督机构（OECD，2011a，52）。所以，科技部在中国的科技与创新政策中扮演着重要角色。政府在计划资金方面所占比例约为：基础研究90%，应用研究50%，技术创新20%。支持研究产业化的项目，如火炬计划和星火计划（后面详述），政府占整体资助的比重约为2%—5%。在技术创新相关的计划方面，地方政府和企业通常提供大比例的计划资金（OECD，2011a，53）。三个集中计划主要是被设计来集中国家目标发展所需的资源，在提高社会生产力、提升国际竞争力、增强综合国力、保障国家安全战略方面起到了支撑作用。但是在计划执行的这些年来也出现了资源配置不够合理，碎片化、项目取向聚焦不够等突出问题。因此，为加快实施创新驱动发展战略，主动适应国际科技创新和产业变革趋势，2014年开始，国家科技部开始对科技计划管理体制进行改革，计划用3年完成。改革的目标是更加聚焦国家目标、更加符合科技创新规律、更加高效配置科技资源、更加强化科技与经济紧密结合，最大限度激发科技人员的创新热情。改革的具体步骤为：一、建立公开统一的国家科技管理平台。目前有近百个中央财政科技计划（专项、基金等）要全部纳入统一的国家科技管理平台管理，按照新的管理方式和组织机制实施。新的国家科技计划包括国家自然科学基金、国家科技重大专项、国家重点研发计划、技术创新引导专项（基金）以及基地和人才专项五个目标明确、差异化很强的计划，优化了国家科技发展促进的布局。二、科研项目和资金管理改革。目标是从申请到验收，形成一套公开透明、科学规范的管理程序及绩效评价制度①。

　　由于历史原因，中国国防科技工业的研发力量很强，所以，以前国务院曾经设有国防科学技术工业委员会，主要负责组织管理国防科技工业计划、政策、标准及法规的制定与执行情况监督。在2008年的国家机构改革中，该机构被撤销，其职能由目前国家工业与信息化部下属的国家国防科技工业局执行。国防科技工业涵盖了核、航天、航空、兵器、船舶、电子六大行业，都属于国家战略性高技术产业，且都可以军民两用。时代的变化使建设军民结合、寓军于民的国防科技创新体系成为政府建设有中国特色的国家创新体系的目标之一。当前政策的重点是推动国防科技成果迅速向民用转化，使其为经济建设服务。

---

　　① 关于2014—2017年的科技部科技计划管理体制改革的材料来自本项目成员2015年8月27日在北京参加的由国家科技部与德国联邦教育与研究部主办的"中国与德国科研管理与评估国际研讨会"。

体现中国创新体系政府主导的突出标志是公共研究机构在创新体系中的重要性。其中最著名的公共研究机构是中国科学院与其 90 个研究所，主要从事基础前沿研究。中国科学院不是一个政府出资的独立科研机构，而是一个政府部门，在行政上相当于一个中央部委，直接归国务院领导，院长由政府任命。此外，还有各部委所属面向行业的社会公益性研究机构，目前中央级的共有 101 家；最多的是技术开发型的公共研究机构，中央有 260 家，地方有 1000 余家。中国工程院也是一个颇具影响力的中央机构，它由杰出的工程技术专家组成，为中央政府制定政策提供咨询，重点是对科技的未来发展做出预测。国家自然科学基金委员会作为管理国家自然科学基金的国务院直属事业单位的主要职责是为基础研究项目提供资金。科研体制改革的一个重大举措是提高高等学校的研究能力，建设研究型大学。目前至少"985 工程"所属的 30 多所高校已经具备了研究型大学的条件。

中国的创新体系具有明显的区域性，经过改革开放 40 年的演进，中国的一些省和大的城市发展了自己的创新体系，有自己的目标规划和科技创新政策。而中央政府发展区域创新体系的最重要的工具是与地方政府共同建设国家级高新技术开发区（最近又扩大到建设国家自主创新示范区）。中央政府希望这些国家级高新区以及后来的自主创新示范区成为产学研结合的区域性创新平台。中国第一个高新区是诞生于 1988 年的中关村高新技术产业园区，它早已经成为全国各高新区效仿的样板。国家级高新区的主体是高新技术企业，相关企业在得到国家科技部的认定后可以享受25%—50%的税负减免。科技部"火炬计划"仅提供较少的资助资金，高新区所在的地方政府通过提供良好的基础设施等措施对高新区进行强有力的支持，促进高新企业的集聚。政府试图通过高新区来复制经合组织国家的"创新集群"。通过将一些较成功的高新区升级为国家自主创新示范区，中国的高新区被鼓励从以往只关心高技术制造业的出口指标转向更加注重自主创新。

由于改革前中国创新体系的分割体制，中国创新基础设施中最薄弱的环节是公共研究机构和研究型大学与企业的联系。因此，中国制造业技术能力的发展主要依靠跨国公司的技术转让，有些是通过强制进行的（比如，一些行业的合资公司准入规定）。但是跨国公司从自身利益出发，在核心技术方面自然会对知识的外溢进行保护。因此，中国政府的"市场换技术"战略的结果并不能令人满意。一些大型国有企业虽然有自己的研发部门，但是由于体制机制的原因创新能力不足。真正具有研发能力并且取得成绩的是一些公共研究机构转型的企业（比如，大唐电信）和大学作为主要股东成立的企业（比如，北大方正、清华紫光等），但是它们并不是作为发达国家创新模式的高校剥离企业（Spin-offs）。在这方面，中国成功的经验还比较少。近年来，中国企业的创新能力开始显著提升，特别是一些大型民营企业已经具备了国际竞争力，比如，华为、海尔开始大幅度地提高其研发投入。另外，企业与高校以及公共研究机构的合作也开始增加，一些高校能够接受较多的企业委托研发，出现了一些高水平的"高校—企业"合作实验室。政府也加大了对于中小企业研发和创业的制度与金融支持。

在创新的框架条件方面，中国企业创新的生态环境还存在着一些其他问题，突出表现在企业竞争环境的不平等上面，一些国有企业享受垄断或准垄断地位。在公司治理结构方面，国有企业股份制改革不彻底，使其缺乏创新的内在动力。在创新人才方面，由于户籍制度与城乡二元制的影响，劳动市场分割严重，人才流动尚存在着严重障碍。

第三节　德国国家与区域创新体系的形成与发展

一　德国"社团主义"市场经济的形成及其对于德国创新体系的影响（1873—1914 年）

大家知道，近代的德国长期处于分裂状态，17 世纪欧洲列强英国和法国已经成为统一的民族国家，而在已经存在了 800 年的德意志神圣罗马帝国的版图内却有 314 个邦、1475 个骑士领地，这严重阻碍了民族经济的发展和民族市场的形成（巫云仙，2013，3）。所以，在历史研究中人们将德国称为"迟到的民族"（verspätete Nation）（Abelshauser，2011，22）。由于欧洲民族国家的形成，中世纪的商业中心（汉萨联盟）和纵横欧洲的商道开始衰落，以往从事大规模与长距离贸易活动的德国商人丧失了市场。18 世纪末工业革命在英国肇发，在几十年之内采用机械动力的新型工厂使英国迅速成为先进的工业大国，而在 1830 年前，德国的工业生产，如纺织、金融制造和采掘业等，还基本处于传统的手工加工阶段。而在各邦国的农业地区，特别是当时拥有大量农田的最大邦国普鲁士，还实行着中世纪沿袭下来的封建农奴制，这严重束缚了生产力的发展。1806 年以普鲁士为首的反法联盟的失败像一声响雷轰醒了德意志邦国的统治者和精英。在这以后，德国以英国和法国为榜样，开始了在普鲁士官僚阶层领导下的"自上而下"的改革。从经济上看，虽然改革并不总是一帆风顺，但是它扫清了资本主义在德国发展的障碍，建立起统一的民族国家市场。从 19 世纪后半叶起，德国经济开始迅猛发展，并在 1871 年通过王朝战争实现了国家统一。在这一段时间里，为了促进工业的发展，普鲁士政府主要采取了经济自由化政策，特别重要的是 1870 年通过了企业家和银行可以不经过国家批准成立股份公司的法律，在之后短短的 3 年时间里（1871—1873 年）就成立了总股本达 27.8 亿马克的928 个股份公司（Boch，2004，36）。19 世纪 60 年代，德国所有邦国逐渐实现了经营自由和自由迁徙权，对外贸易也实现了自由化。这些措施得到了资产阶级的积极响应，曾经在 1848 年革命中出现的专制国家与资产阶级的对立冲突至此基本得到化解（Boch，2004，34—35）。

但是 1873 年的经济危机使刚成立不久的威廉帝国的经济政策出现了转变：1873—1896 年，德国经济制度逐渐从自由市场经济过渡到"有组织的"或称"社团主义的"市场经济（Abelshauser，2011，29）。要解释这个转变必须从德国资本主义变革的特殊性，特别是普鲁士作为一个国家的一些特性谈起。

前面已经提到，在拿破仑征服欧洲后，德国的资本主义变革是在普鲁士领导下"自上而下"进行的。在这一过程中，普鲁士的官僚精英阶层发挥了重要的作用。普鲁士是一个在 1701 年才在当时比较贫瘠、人口相对稀少的德意志东北部建立起来的王国。由于普鲁士要在当时已经形成的欧洲列强中立足，需要一支强大的军队，所以当时的普鲁士国王将普鲁士建造成为一个军事化的国家，形成了特有的"普鲁士精神"——服从、尽职、守时、节俭、准确、国家利益至上和理性（巫云仙，2013，5）。从 18 世纪一直到被拿破仑军队打败的 1806 年，德意志邦国占主导地位的经济政策是重商主义的德国变种——官房学派（Kameralismus）。它的主要观点是通过国家对于经济的促进最大限度地利用现有资源，从而达到增加国家财政收入的目标。一方面，德意志各邦国，特别是普鲁士通过建设道路、桥梁，平整土地，促进工商业发展以及接纳来自法国和荷兰的宗教移民等一系列措施的确取得了一定的成效。但是另一方面，重商主义者无法看到促进国民经济各部门总体平衡发展的重要性。在他们看来，一个部门的发展必然要以另一个部门的损失为代价。国家间的经济竞争是一种零和游戏，所以需要通过国家补贴、垄断经营、关税保护和促进出口等方式尽可能地取得外贸盈余，使金银等重金属不断流入自己的国家。在这种思想的指导下，各邦国都将关税作为增加财政收入的手段，在当时的德意志神圣罗马帝国的领土上对于制成品竟然有多达2000个关税界，这极大地束缚了工商业的发展（Boch，2004，2）。另外，由于新的邦国的建立并没有废除封建领地和手工业行会制度，人口没有迁徙权和自由从业权，无法形成真正的劳动力市场。更严重的是铸币、采矿、经商等活动当时作为特权被诸侯们垄断，经营收入落到王宫贵族及他们所代表的国家手中。与西部德国一些出现自由资本主义经营方式的邦国相比，经济的国家主导在普鲁士尤其明显。普鲁士成为"国家作为企业家"的典型。18世纪末，在德意志各邦国，特别是普鲁士，一些国家高级官员开始认识到现行体制对于建立市场结构和激励生产的阻碍作用。1806年拿破仑军队对莱茵河地区的占领迫使普鲁士高官（先是冯·哈登堡，后来是冯·施泰因）加快了改革的步伐。从1806年到19世纪中叶，资本主义经济秩序逐渐在德意志邦国建立起来。但是在普鲁士，国家对于经济的影响仍然十分强大。国家不仅继续控制着煤炭生产，而且拥有最大的集银行和工业生产于一身的企业：海外贸易公司（Seehandlung），它在1830—1848年的投资额占当时普鲁士工业总投资的9.6%（Boch，2004，20），国家在对于经济发展至关重要的公路和铁路建设中也扮演了重要角色，1815—1850年普鲁士政府为公路建设投入了4580万塔勒（Boch，2004，22）。与此同时，在经济增长中壮大的私人经济也开始组织起来维护自身的利益。1814年，在普鲁士成立了有自治权的、强制会员制的半官方工商会（直至今天仍然如此）。1817年，在弗里德里希·李斯特的领导下，独立的"德国工商联合会"成立。德国资产阶级大工业的壮大使他们在一些方面能够与普鲁士国家分庭抗礼。1848年，政府放弃了一部分对矿山开采的垄断权利，允许自由开采和自由定价，在19世纪50年代，政府将海外贸易公司逐渐全部私有化，政府将自己的经济行为主要限制在与私人资本共同出资修建铁路方面。另外，普鲁士政府在19世纪50年代就开始引入对于童工的限制和失业矿工的强制保险的法令。可以说，普鲁士政府在德国统一以前就开始了一些"社团主义"经济秩序的试验。

普鲁士政府对于经济发展的干预不仅表现在其企业家活动上，它还十分重视对于教育与科学的促进。普鲁士是欧洲大陆国家办教育传统的坚实的践行者，普鲁士在18世纪末就实现了对6—13岁儿童的普通教育，而在英国这一制度直到19世纪末才实现。1810年，时任普鲁士教育大臣的著名教育家威廉·冯·洪堡（Wilhelm von Humboldt）创办了柏林大学，洪堡提出了"大学自治、学术自由、教学与科研统一"的办学原则，这些原则成为现代大学的核心办学理念，在德意志各邦国得到普遍的贯彻，德国的研究型大学在德国建立以科学为基础的生产体系的过程中发挥了重要的作用，后来其他工业国家纷纷效仿。当然，后来在德国陆续出现了技术大学（technische Universität）与应用技术大学（Fachhochschule），其办学理念注重实践和与工商界紧密合作，但是直至今天，德国综合性大学仍然在一定程度上受到洪堡大学教育理念的影响。

因此，作为普鲁士王国的直接继承者，1871年建立的威廉帝国因袭了普鲁士的强国家传统，即便在19世纪六七十年代初期实行的经济自由主义也始终被置于国家的利益之下。但在资本主义蓬勃发展的情形下，又不得不在政治上与日益觉醒的资产阶级做出一定的妥协。同时在日益壮大的工人阶级的压力下，也不得不用社会政策（主要是从19世纪80年代开始的强制性社会保障立法）来缓和阶级矛盾。1873年爆发了所谓的"经济危机"，经济萧条一直持续到1876年。其间，德国多数阶层丧失了对于市场经济自我调整能力的信心，又重新寄希望于国家调节（Boch，2004，37）。从政治上来看，当时的威廉帝国虽然有一个民选的帝国议会，而且其职权与影响也在不断扩大，但是威廉帝国远不是一个党派统治的国家，国家的基本权力掌握在德皇以及对他直接负责的政府手中，其统治基础建立在通过三次王朝战争用"铁与血"统一了德国之上。所以，虽然帝国政府在贯彻自己的政策时已经不能完全置议会于不顾，但是它还是可以比较独立地实施自己的主张。

社团主义市场经济的核心是一套稳定的新型社会生产体系，其基本原则是促进经济活动参与者间的合作而非竞争。它嵌入在同样是 19 世纪80 年代新产生的合作利益政策体系中，反映了生产组织自主管理与在生产组织中跨界合作的双重特点。该生产体制下的其他组成部分——如行业体系、劳动关系和科技教育创新体系——的运作方式都遵循着相同的目标导向（Abelshauser，2011，39）。在 19 世纪末的最后 20 年中，帝国政府主要通过下列举措建立了这一体系：

（一）在经济政策上由贸易自由转向了关税保护主义

实行所谓的"理性的保护主义"，即比较灵活地运用关税武器（Abelshauser，2011，30），主要表现为提高进口关税，以及鼓励重工业建立卡特尔，排挤国外竞争对手，这使德国成为第一次全球化的主要受益者。1872—1890 年的世界贸易出口额只增长了四分之一，而 1890 年至第一次世界大战爆发，世界出口额增长了 3 倍，这期间德国出口额的占比为 12%。德意志帝国利用国际市场取得的成功使政府对外经济政策成为以后德国最重要的一种政策武器。另外，1877 年通过的《专利法》也被当作政府提高德国经济国际竞争力的重要步骤。

（二）帝国各邦政府的经济与基础设施政策

当时的德国政府不仅将铁路建设当作促进交通的手段，而且将它当作整体经济调控以及促进落后地区发展的工具。此外，各邦政府还设立了邦商业局，采取一些政策来促进和扶植中小企业并建立了对于德国工业增长至关重要的技术学校（technische schule）和商业学校（Handelsschule）。

（三）国家直接办企业，进行产业投资以及国家采购

从 1879 年起，普鲁士政府通过对铁路的国有化成为 20 世纪初世界最大的企业主。另外，德国政府建立了德国邮政这一庞大的垄断企业，不仅提供信件交往，还提供电话和电报等通信业务。政府通过军事订货为造船业提供了大量的补贴，使得德国造船业迅速增长，但另一方面，政府的补贴也导致了造船业的产能过剩（Boch，2004，45）。

（四）扩大国家的职权范围

国家成为工业体系的社会稳定保障。自 20 世纪初以来，市、镇、县就掌控着经济领域内最活跃的行业的经济活动，例如，电力行业和其他能源供应企业或地区金融业（储蓄所），同时为构建区域福利和发展政策

（市政社会主义，Munizipalsozialismus）创造优良的物质条件（Abelshauser，2011，52）。国家经济政策在这类创新领域和急速增长领域所取得的经济发展成就是不容小觑的。市、镇、县政府为辖区居民提供煤气、水、公共交通等公共产品、社会救济以及博物馆、剧院等文化设施。1883年至1889年，帝国政府强行推行了疾病保险、养老保险、工伤保险等针对产业工人的社会保障体系，而发展程度更高的英国直至1910年才建立了相应的制度，这显示出帝国政府强大的威权力量。但是工会与雇主联盟的集体工资谈判仍然没有得到国家的承认。纵然有政府的社会政策，将工会排除在社团主义利益平衡体制之外加深了工人阶层对于现政权的敌视，使他们在政治上支持反政府的德国社会民主党。这一缺憾在后来的魏玛共和国（1918—1933年）以及第二次世界大战后在联邦德国建立的社会市场经济体制中得到纠正。另外，政府还采取法律和税收措施扶助手工业者、小零售商以及中小农户等中产阶层。

（五）国家加强对"无形生产"的促进，与经济自治组织实现合作

随着科技主导型工业（science based industries）逐渐成为经济领域的先导行业，非物质生产逐渐成为20世纪经济发展领域的关键内容，促进知识进步与科研发展则成为国家政策的中心议题。此外，国家经济政策还必须处理好生产的知识化问题，通过制定制度框架和资金投入来促进新型能力和知识储备的"生产"与形成。于是，高等院校——尤其是大学——开始出现迅猛发展的势头，国家的教育经费不断提高，从1873年至1910年高校教师的数量增加了一倍，由1527名增加到3129名（Boch，2004，49）。在帝国时期，高等技术院校和经济院校都跻身拥有更高教育水平的大学行列。除此之外，国家加大了对基础研究的支持力度。到一战时期，德国已有约50所高等专业研究机构。其中最重要的要数1887年创立的国家物理技术研究所（die Physikalisch-Technische Reichsanstalt）和1911年成立的"威廉皇帝协会"，后者是一个由科学界、经济界和国家共同承担经费的新型组合，包括众多不同专业领域的研究所。它虽然身处在大学之外，但是也能够从事科学重大课题的研究，成为后来被沿用的一种成功的制度安排。帝国时期（直至1913年）用于促进科技进步的公共支出增长了7倍。与此同时，科研人员的数量也从14000人上升至60000人（Abelshauser，2011，52）。1913年，国家预算占国内生产总值

的比例达到了19%（目前的比例大约为45%，但大幅增加的原因主要是法定社会保障金数额的增长）。以往国家的支出主要依靠关税和以消费税为主体的间接税收入，为了为国家不断增加的任务筹措更多的资金，当时最重要的帝国邦国普鲁士引入了累进制的个人所得税，当时的累进率最高只达到4%，因此通过个人所得税弥补各级政府的不断增加的财政需要远远不够，但这毕竟符合现代国家税收的原则，后来也被其他邦国所仿效。从19世纪70年代中期开始，私人经济协会（"德国工业家联合会""工业家联盟"等）的政治影响越来越大，成为在政府主持下"社团主义"合作体制的重要组成部分。政府在与其直接对话之外，还通过半官方的工商会、手工业协会以及农业协会与经济界实现普遍的合作，努力用公众利益来抵消经济界的特殊利益。

维尔纳·阿贝尔斯豪塞（Werner Abelshauser）总结到，20世纪德国经济政策的核心是"生产性秩序政策"。自帝国时代以来，它所涵盖的领域除了对外经济还包括广义的基础设施政策、区域发展政策（既包括经济发展政策也包括社会发展政策）和旨在挖掘和激活人力资源潜力的职业导向型教育政策与培训政策。这类国家秩序政策的主体对象是经济发展框架，它通过为经济提供具有全面价值——可作为一般投入使用——的潜在要素，激发个体的经济潜能、完成空间上的有效整合并最终实现提高生产效率的目的。将无形生产视为提高生产率之源泉，并逐步适应德国"新工业"（neue Industrie）出现后带来的新发展局势，这是"自由放任"的经济政策所不能胜任的（Abelshauser，2011，51）。但是经济行为的基本原则仍然是市场竞争。在威廉帝国时期，虽然工业卡特尔的建立已经比较普遍（1907年其产值占整个工业产值的25%），但是工业卡特尔的实际市场权力还比较小（Boch，2004，53）。德国经济卡特尔化是在魏玛共和国时期才达到高峰，后来则被希特勒的国家社会主义政权所利用。在威廉帝国后期，政府就已经开始对竞争进行一定的调节，比如，在经营自由的基本前提下对手工业的从业进行一定的限制，以保护手工业从业者的利益。当时所谓的"有调节的竞争"虽然在内容上与后来瓦尔特·欧肯的竞争秩序有区别，但是在原则上是基本一致的。维尔纳·阿贝尔斯豪塞认为，事实上，如今经济领域组织框架的所有组成部分——包括管理和调控这类组织的制度——都产生于帝国时代。并且从那时开始，它们（在魏玛共和国以及德意志联邦共和国时期）只发生了微小的改变和进步（Abelshauser，2011，30）。这主要表现在：在竞争政策领域对于卡特尔的禁令（虽然还是包括许多例外），在社会国家领域更大规模地针对雇员阶层的再分配、对于劳动市场的国家立法以及将工会纳入社团主义政治决策过程，以及利用财政政策和货币政策对宏观经济的调控。在最后这一方面，在帝国时期既没有相应的科学认识，也不具有相应的条件（独立的中央银行）和手段（政府收入大幅度增加），所以说德国经济制度上的路径依赖也同样十分明显。

"新工业"是指 19 世纪晚期出现的机械制造、电气技术工业以及化工业。根据我们在理论部分强调的制度与技术共生演化的假说，由于这些新工业部门不同于传统以煤钢冶炼为主的旧工业，所以需要新的制度结构与之相适应。从经验研究的结果来看，德国的社会生产体系与社团主义市场经济的框架条件确实适应了这一转变，如表 2-3 所示。

表 2-3　　　　　　　　社团主义市场经济的制度框架

社会的生产体系	生产方式	法律秩序	社会保障	研究状况
金融体系：全能银行（1870 年以来/1934/1952）[1945—1952]	多样化优质生产（自 19 世纪后期始）	公司治理:股份公司法（1884 年以来/1897/1931/1937/1965）	医疗保险:(1883 年以来/1911/1941/1949/1957/1975/1989)	高校研究(自18 世纪以来/1810/1920/1969)
利益政策：经济优先（1879 年以来/1897）；政治优先（1931 年以来/1933/1949/ 1967）[1933—1951]	无形价值创造比例不断增加（在 20 世纪）	竞争（卡特尔法）(1897 年以来/1923/1958）[1945—1951]	工伤保险:(1884 年以来/ 1911/1963)	高校研究强制/教学与研究统一（1810 年以来）
行业体系:"联合会协调"（1879 年以来/1918/1934/1936/1949/1951）[1945—1951]	多样化优质生产和标准化大规模生产双轨制:[1933/1941 直到 20 世纪 70 年代]	商法：（1897 年以来）	养老保险:(1889 年以来/1911/1948/1957/1972/1992/2001)	应用型研究/应用技术大学（19 世纪以来）；弗劳恩霍夫协会(1949 年以来)

续表

社会的生产体系	生产方式	法律秩序	社会保障	研究状况
劳动关系：共同决策制（1890 年以来/1905/1916/1920/1951/1952/1976）[1933—1947]	标准化大规模生产危机：[20世纪70年代]	民法：（1900年以来）	失业保险：（1927年以来/ 1969/1985/2003）	工业研究（19世纪后期以来）
职业培训：双元制职业培训（1897 年以来/1938/1969）［1945—1951]	无形价值创造占主导地位的多样化优质生产：（20 世纪70 年代以来）	社会国家要求：社会责任限制下的合同自由（1919 年以来/1949）	护理保险：（1995年以来）	尖端研究（1911 年以来/1920/威廉皇帝学会1946 年以来/1948 马克斯·普朗克学会）

说明：变迁中的延续性：(年份）表示路径依赖型改革

打破结构：［年份]表示对路径的偏离

资料来源：Abelshauser, Werner, *Deutsche Wirtschaftsgeschichte von 1945 bis zur Gegenwart.* Zweite, überarbeitete und erweiterte Auflage, München: Verlag C. H. Beck, 2011, p. 31。

二　德国"社团主义"市场经济与国家创新体系在"一战"后的进一步发展（1918 年至今）

对于 20 世纪德国经济与制度发展连续性的观点一定程度上颠覆了我们以往对于德国历史的传统看法。以往国内的主流观点认为战后德国，特别是属于西方集团的联邦德国在废墟中重新崛起，1945 年纳粹德国在政治、经济与意识形态方面的全面溃败是德国历史的"零点"。甚至有观点认为，1945 年以后，德国社会市场经济体制的确立是德国有识之士对德国以往奉行"自由放任的市场经济"造成的灾难反思的结果[1]。但是"德国经济于 1945 年崩溃且涣散了，但德国根本不是一个'欠发达'（unterentwickelt）国家"。"从总体上看，不论是东德和西德，还是两德重新统一后的德国都保留了经济发展的连续性。正是由于这种连续性，联

―――――――――――

[1]　参见李稻葵、罗兰·贝格《中国经济的未来之路：德国模式的中国借鉴》，中国友谊出版社 2015 年版。

邦德国的经济史注定不会从零点开始"（Abelshauser, 2011, 15, 24）。但是由于纳粹政权犯下的反人类罪以及战后德国长期被占领和分裂，所以人们从感情上不愿意将新生的、创造了战后"经济奇迹"的德国与专制的威廉帝国联系在一起。在中国，对于德国战后实行的"社会市场经济"体制研究得比较多，比较深入①，但是从历史连续性出发对德国经济发展的研究则比较少。

其实威廉帝国时期产生的"社团主义"市场经济体制在魏玛共和国时期又有很大的发展。比如，对于工会参与国家政治与经济决策的认可（工资自治与集体工资谈判），企业委员会制度的确立（企业雇员共同决策制）。甚至在纳粹统治时期，社团主义利益关系也被利用为纳粹德国提高工业效率和产品质量，从而争夺世界工业霸权服务：1938 年通过的《帝国学校法》（Reichsschulgesetz）规定所有中学毕业生都必须接受至少一种法制化的职业培训。这一法规使职业培训和资质认证普遍化，为战后德国全面实施双元制职业培训奠定了基础（Abelshauser, 2011, 49）。在联邦德国成立以后，一些过去卓有成效的做法如世界市场导向、工资自治、雇员共同决策制以及劳动立法与劳动力市场调节只是变得更加制度化。

为什么德国经济体制的制度结构会有这样的稳定性，以至于经过两次世界大战，特别是"二战"德国的全面溃败与无条件投降仍旧能够重新焕发青春？我们必须从德国的生产结构中去寻找答案。

根据维尔纳·阿贝尔斯豪塞的研究（Abelshauser, 2011, 38—44），德国经济从威廉帝国开始就逐渐从物质生产向非物质生产过渡，德国工业有别于其他工业文明的突出特点为充分满足客户需要的定制化。他将这种专业化模式称为"多样化的优质生产"，而德国社团市场经济模式是一种着眼于长期发展与合作共赢的生产体制，在使用应用型发达技术的多样化优质产品市场上，其制度比较优势能得到充分发挥，其产品优势则在于能与客户维持长久的良好关系。当然我们不能仅将这个体系当作是抵制了 19 世纪晚期形成的泰勒式劳动分工创新的那种基于手工生产和集体合作形式的工业量身定做，必须看到，自 19 世纪 80 年代以来在德国

---

① 比较有代表性如刘光耀、沈越。参见刘光耀《德国社会市场经济：理论发展与比较》，中央党校出版社 2006 年版。沈越：《德国社会市场经济评析》，中国劳动社会保障出版社 2002 年版。

出现的工业体制更加适应最新的科技发展状态，当时出现的新工业能够将这些最新科技付诸实践。多元化优质生产的创新核心在于利用经济与科学的新型共生关系实现无形价值的创造，其生产过程主要立足于无形知识的投入，不以产生传统意义上的商品或服务为目的，价值创造只是在边缘上来自与传统工业一致的物质转化。它更多地依赖于对市场需求、研究与开发问题的解决方案、生产程序、应用程序和可加工性的整合认知以及有利于产品适时供给、融资和确保其他质性特点的整合型服务。"一战"前，这类非物质生产的制度前提仅存在于少数欧洲经济体和美国。在德国，社团市场经济社会体系通过广泛拓展企业决策视野、提高产品质量、增强潜在劳动力的工作热情以及提供这一生产模式要求的基础研究等方式支持多元化优质生产的广泛发展。从长远来看，制度框架内容的高度浓缩和网络化发展都是长期以来形成的资源，其产生得益于德国工商业发展的独特性。这一点也同样适用于区域性的产业链条集聚（产业集群），其供应商间多元化而又可信的密切联系创造了经济的协同作用，这一协同作用使得许多历史上成长起来的德国"工业区"（阿尔弗雷德·马歇尔）闻名遐迩，始终能够维持德国出口贸易的灵活发展，为世界市场提供价廉物美的优质产品①。

德国社会生产体系各组成部分彼此间联系十分紧密，其中的任何一部分都很难被与体系不相容的其他形式所取代。比如，在这个体系中职业培训的双元组织架构承担着十分重要的角色。除了政府的公共财政以外，企业也为这个系统投入相当可观的资金，企业可以以行业内部的技术需求为导向，与工会组织一道确定培训的内容。而这必须以企业认同对产品生产长远的融资模式为前提。因为只有这样，对人力资本的投入才能实现可持续性的远期收益。另外，劳资双方商定的工资政策能有效降低员工频繁流动的风险，而创造合作共赢的工作关系有利于维持高技能和核心员工对企业的忠诚度；企业间在技术转让与标准化领域的紧密合作则能推动通用标准的生成与发展，而这些标准又可以成为职业培训

---

① 邓久根用德国 19 世纪末基于有机化学的染料工业的成功作为范例，说明了协同创新对于一个有竞争力产业成长的重要性。参见邓久根《历史创新体系与创新型国家建设》，科学出版社 2013 年版，第 152—166 页。

和职业资质的基础。以银行为主的长远融资模式反过来又以企业特定的领导与控制条件（公司治理）和强有力的企业联合会为前提条件，它们能够保障投资者获得的信息流的可靠性。德国社会生产体系中的任何子系统都是一环扣一环，它们之间的联系都适用于上述模式。

一段时间里，人们常用"德国股份公司"（Deutschland AG）来形容德国大公司的治理结构。它与"日本股份公司"所描述的制度结构有一定相似之处，但也有根本的不同。德国的股份公司管理层奉行独一无二的两院制结构。自 1884 年《公司法》修改以来，股份有限公司的董事会（或称"执委会"，以避免与英美体制单层结构的董事会混淆）负责领导公司的运营，而监事会则负责基本方针决策和重要的人事任免问题。对于大型企业而言，由于各相关行业的决策者（大型公司的执委会主席）一般是合作企业的监事会成员（比如，戴姆勒的总裁是钢铁巨头蒂森—克虏伯监事会成员，反之亦如此），这种两院结构的组合能帮助其有效对接社交网络并将来自各类重要经济领域的信息流引入组织内部，从而进一步优化企业决策基础、累积信用资本，降低各行业之间的交易成本。任命银行业代表担任监事会成员有助于企业监事会更好地对企业实施监督。同时，银行业代表作为主导银行或银行集团成员还能为企业提供长期的金融支持。股份有限公司虽是证券交易所风险资金的募集主体，但德国实行全能银行体制，银行业掌管着证券发行业务。它们还为小股东行使保管人投票权（Depotstimmrecht），从而对工业企业保持着持续影响力并使金融关系得到长期稳定。直至今日，投资者——也包括小股东——的投资行为依据的并非股东价值（shareholder value）原则。而是利益相关者（stakeholder）的原则，其投资动机不在于获得短期收益，而是希望通过"自己的"企业的财富增值实现长期盈利的目标。因此，在德国，社会生产体系更有利于长期性和持久性的公司的生存与发展。

社团市场经济的组织架构中拥有"话语权"的既非个人也非国家，而是一整套严密的制度和组织体系，其公民社会（黑格尔式的同业公会）（die hegelsche Korporation）的市场参与者介于这两个极端之间（Abelshauser，2011，40）。它为企业决策拓宽了远期视野，致力于培育高水平的劳动技能与奉献热情并为该生产模式提供所需的集体投入（例如，基础研究）。随着制度框架内容的密集化和网络化发展，市场经济的社会化以及由此带来的社会的信任感不断增强，生产成本则不断下降，这都成为长期以来形成的资源。

虽然多元化优质生产的主力军为新兴工业行业的大型企业。然而，不论是"一战"前还是今天，大型企业的发展都有赖于包括手工业在内的各类中小型企业打下的坚实"基础"。经过漫长的反特权化斗争，大约在19世纪末，手工业企业被重新写入《公司法》，并在其后的30年代为工业领域输送了大批专业工人。《帝国学校法》完整地引入工业职业培训后，手工业仍然是高素质企业人才的一大重要"储备库"。然而将新的生产模式归类为手工业行业的做法显然是有失偏颇的。多元化优质生产模式既不局限于机械制造业通行的单件生产，其所采用的生产方式与传统手工业实践也并无多少相似之处。

德国生产体制不仅具备利用普通生产资料生产专业化商品的物质条件与制度前提，从供给侧来看，它还同样兼具利用专业生产资料生产标准化商品以满足规模生产之需要的能力。正如蜚声国际的德国化工业，只要市场有批量销售优质产品的需求，德国生产体制就能根据顾客定制需求生产优质产品并在市场竞争中实现高销售额。"一战"前，德国工业之所以不愿效仿美国实施标准化规模生产，原因有二：一方面，德国自身的生产模式较为完善和灵活，它能在核心市场为德国工业赢得可观的成本比较优势；另一方面，当时无论是国内市场还是国外市场的需求都没有为德国实施规模生产提供强有力的刺激。而在两次世界大战期间，国家经济增速放缓，全球化进程陷入危机，德国就更没有需要也没有必要效仿美国之做法。"一战"后的世界经济追逐重焕生机目标的努力未能成功。而对于德国经济来说，当时销售高创新产品或建立生产系列产品的流水线均不具备广阔的市场前景。创新型研发活动资金匮乏，建立"福特主义"生产体制又没有足够的市场需求。为了充分发挥德国经济的比较优势，多样化的优质产品生产的——后工业时代的定制生产方式——市场地位变得越来越重要。实现这一目标的关键在于借助高技能人力资源的智力、使用成熟而先进的适用技术、与客户建立良好的沟通关系并积极培养满足客户需求和提供专业定制服务的能力。而企业决策计划的长期性和包括员工在内的跨行业合作（早在"一战"之前业已萌芽）等此类必不可少的前提条件也得到了进一步深化和拓展。它们能极大地满足多元化优质生产对稳定供货条件的需求。在这一背景下，我们似乎就不难理解，在当时，美国的价值观、经济制度和组织形式虽然备受德国企业的尊重和钦佩，然而却既未在德国被大范围地接受，也没有促使德国对其自身的生产体制进行相应的改造。

生产的科学化同样始于一个多世纪以前——几乎与全球化进程同步。诸如化工业、机械制造业和电气电子工业等新兴工业登上历史舞台，随之也产生了新的生产模式：知识成为由无形价值创造决定的后工业经济的生产要素，它是现代社会新经济的萌芽细胞。自此，生产领域经济与知识的共生和协同作用逐步发挥作用。20世纪，它创立了自己独有的制度和有别于18世纪后期工业革命之生产体系的全新社会生产体系。19世纪末，这一新的经济基石伴随着新工业的形成而诞生，100年之后，它并没有随着新经济（new economy）出现而走向没落。

这种专业化模式作为德国的社会生产体系延续至今，德国赢得了"创意之国"的美誉。即便是"二战"后接受了美国的大众消费品流水线作业生产方式，德国工业也没有完全放弃这种模式，而是将这两种模式的优势结合起来并与之相应地对生产体系的制度结构进行一定的变革。不论是限制卡特尔经济的做法还是构建另一种生产方式——标准化规模生产——的举措都是德国经济制度框架在1945年以后世界经济焕发新生机的激励下做出的迅速反应。

第四节　德国国家与区域创新体系的制度结构及行为主体的特征

作为德国经济系统子系统之一的国家与区域创新体系必然反映了由生产方式和历史演进决定的德国特色。

与中国政治体制不同，德意志联邦共和国属于西方民主政体的一部分。在多党竞选的代议制民主中，联邦议会在政策制定方面对联邦政府有较大的约束作用。另外，在国体上中国是一个单一性的国家，在政权组织上实行民主集中制的原则，中央政府具有最高权威。与之不同，德国是一个联邦制的国家，实行的是一种在横向和纵向上多重治理的模式。对于创新政策而言，在联邦和联邦州层面上，政府各部门以及准国家的权威机构（如独立的科学委员会、德国工商会、行业协会等）共同对政策的理念、设计和执行负责（Frietsch，2010，73）。根据德国宪法（《基本法》）对于个体科学和研究活动的资助是联邦政府与 16 个联邦州政府的共同任务。德国联邦制运作一方面遵循"辅助原则"，即更高一级的政府仅在低一级政府无法做得更好时才介入。对于联邦政府而言，这意味着它仅负责那些涉及整个社会的职权领域，比如，像航天、核能以及海洋应用的研究，这些研究涉及整个社会的利益并且需要大规模的投资。所以主要由联邦政府负责，担负了投资的 90%（赫尔姆赫茨研究会）。在德国，教育体系的规划与治理（小学、中学和大学）主要是各联邦州的职权。这即与辅助原则有关，但也同样是德国历史和文化传统的产物，而那些相对需要投资比较小的基础研究领域则由联邦与联邦州共同出资（各 50%，如莱布尼茨协会）。近年来，欧盟委员会在研发资助方面发挥的作用也越来越大。

根据德国联邦教育与研究部（BMBF）在 2016 年公布的德国教育和科研情况的最新数据，近年来德国的教育投入总量一直在稳步上升，2014 年达到 1907 亿欧元，占到国内生产总值总量的 6.5%。而研发经费同样在不断增加，2014 年为 836 亿欧元，占国内生产总值总量的 2.9%，距离实现欧盟以及联邦政府制定的研发经费达到国内生产总值 3% 的目标已经十分接近。在国际比较中，德国不论是在研发强度、研发投入的增速还是公共研发投入上，都处于较高的水平。

表 2-4　　德国教育经费与研发经费支出（2005—2014 年）

年份		2005	2010	2012	2013	2014
教育经费	十亿欧元	143.3	175.6	181.4	186.5	190.7
	占国内生产总值比例	6.2%	6.8%	6.6%	6.6%	6.5%
研发经费	十亿欧元	55.9	70	79.1	79.7	83.6
	占国内生产总值比例	2.4%	2.7%	2.9%	2.8%	2.9%

资料来源：BMBF, *Bildung und Forschung in Zahlen* 2015, Bonn/Berlin, 2015, p.20, https://www.bmbf.de/pub/Bildung_ und_ Forschung_ in_ Zahlen_ 2015.pdf。

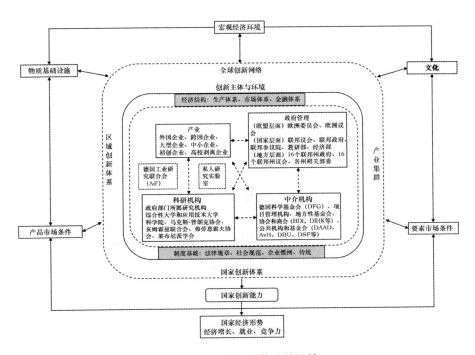

图2-3 德国创新体系的结构

资料来源：Frietsch, Rainer and Margot Schüller, *Competing for Global Innovation Leadership*. Fraunhofer Verlag, 2010, p. 76；OECD, 1999, Managing National Innovation Systems, p. 23；Edquist, Charles (ed.), *Systems of Innovation：Technologies, Institutions and Organizations*. New York：Routledge, 1997, pp. 46-50, pp. 87-88；作者有所修改。

在德国社会市场经济体制下，国家在创新体系中的最重要的任务首先是为制造业的创新创造良好的法律和制度框架条件（生产性的秩序政策，produktive Ordnungspolitik, Albershauser, 2011, 50）。德国经济体制的核心是竞争秩序，国家竞争政策保障企业的有效竞争，避免由于垄断造成的企业缺乏创新动力和停滞现象。前面谈到，德国制造业的国际竞争力主要建立在使用通用的成熟技术的多样化高质量生产上。这要归功于德国创新体系在新技术扩散方面的高效，但德国新技术扩散的高速度也表明德国制造业的市场竞争比较充分。另一方面，为了支持中小企业的创新合作，立法者在竞争法规中加上了中小企业联合的例外规定（史世伟，2003, 129）。此外，德国完善的社会保障体系能够为创业失败者"减震"。在维护竞争秩序的前提下,各级政府制定和执行国家的研究、技术与创新政策,在技术进步的各个环节对企业的创新提供支持,这包括:一、国家通过专利保护、知识产权制度以及环保等标准的制定为企业的创新提供激励和必要的约束。二、国家对科学和研究进行资金支持。

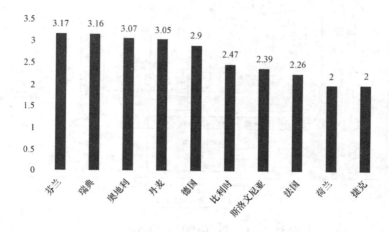

图 2-4　2014 年研发强度最高的 10 个欧盟国家 (%)

资料来源:经合组织数据库 (http://stats.oecd.org/)。

公共科研资助主要有两大手段:第一,机构资助,即国家(联邦和州)对公共科研机构预算的直接投入,一般持续较长的时间,其构成了研究机构与大学的科研基础投入。在欧洲国家间的比较中,德国政府对研发投入一直处于较高的水平(见图 2-5)。第二,项目资助,即国家根据需要设立特定的资助项目,研究机构、大学、企业或个人通过竞争程序去申请。目前,机构资助仍然是国家公共研究开支中最大的部分。但是项目资助越来越成为大学与公立科研机构获得资金的重要手段。这也包括大学与科研机构从企业和国际合作中获得的委托研发资金(第三方资金)。另外,政府也实施一些间接研发支持:在这一范畴内,国家一般不去选择特殊的领域,而让企业自行决定其研发活动的目标。国家的支持主要集中在对企业聘用研发人员的资助和技术创新转让和技术咨询的支持上。但由于德国税收体系等方面的原因,税负减免作为研发资助工具仅还停留在讨论阶段（Eickhof，1998，467；Frietsch，2010，74）。可以看到，机构资助与间接资助的手段更加符合科技研发资助的普适性原则。

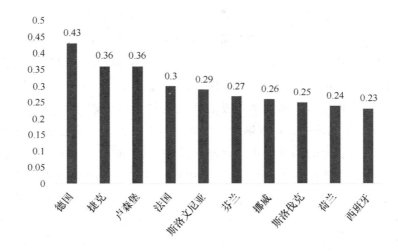

图 2-5　2014 年政府研发支出占 GDP 比重（%）

资料来源：经合组织数据库（http：//stats. oecd. org/）。

在项目资助的管理方面，项目虽然由联邦或州的相关部（经济部、教育与研究部等）或者欧盟委员会负责颁布，但是对项目的直接管理则下放到外部的中介机构（"项目管理机构"）去执行，这些机构在组织上往往与大型公共研究机构有紧密联系，成为政府各部与项目接收方之间的桥梁。这些机构的介入使得德国公共研发资助的管理更加精简和灵活。另外，这些管理机构的员工是公共事业单位的雇员（一些州的项目管理机构甚至是有限责任公司），而部机关内工作的则是终身制的官员，由于奖惩制度不同，他们努力的动机也存在着差异。在联邦层面，最主要的中介机构为德国研究基金会（DFG）、德国工业研究联合会（AiF）以及德国空间技术中心（DLR）（Frietsch，2010）。

在德国的国家创新体系中，企业无疑处于中心的地位。德国目前的研发投入占国内生产总值的将近 3%（2015 年），其中私人企业的贡献为70%，国家的投入仅为 30%。德国国家创新体系中最强大的部分是其在历史上不断演化的工业体系，特别是在 19 世纪的最后 20 年及 20 世纪初形成的四大优势产业（车辆制造、电子技术、化学和制药以及机械制造）在研发方面始终走在前列，在这些领域的持续创新成为德国制造业国际竞争优势的根本保障。近年来，德国的私人研发有向上述优势领域集中的特点。2013 年德国企业研发活动中，制造业的研发投入占到了所有行业的约 86%，而上述四大优势行业更是研发活动的重中之重，四大行业的研发投入总共占到所有行业的 74%：其中车辆制造业占 32%，电子技术占 18%，化学和制药工业占 14%，机械制造业占 10%（BMBF，2015b）。德国研发投入最多的行业也正是德国出口最多的领域。车辆制造业在 2015 年制造的 570 万辆汽车中有 65% 用于出口。在德国经济所有通过产品创新获得的销售额中，汽车产业占了约 30%，而在汽车工业的总销售额中，新产品占到 49%。正是由于德国在生产技术领域的竞争优势，使其能够面对新兴工业国家崛起的挑战，在其他传统工业强国如美国、英国在 20 世纪 90 年代以来不断将制造业转移到低工资国家时，德国的制造业保持在占国内生产总值 25% 左右的水平。德国经济研究所（DIW）的报告显示，2012 年在德国所有来自业界的研发资金中，投入生产制造业的资金占到了 85%。相比较而言，美国的私人研发支出中只有70% 流入制造业，法国不到 50%，英国只有 37%（DIW，2016）。许多大型企业一直保持着较高的研发投入，有些开设自己的试验室，在应用研究和试验研究的同时也进行部分的基础研究。德国企业的研发费用中90% 左右都是企业自筹，近年来，高校和公共研究机构（主要是弗劳恩霍夫协会）的部分科研基金也来自企业的委托研究，从而使得高校与公共研究机构的研究更加贴近企业的需要（Eickhof，1998，467）。

另外，德国制造业的强大不仅在于上面提到的大型国际公司，德国还有一批创新能力很强、专业化程度很高的中小企业。它们与大型企业一起形成了一个相互配套的工业体系，实际上德国中小企业是德国经济的支柱。中小企业占德国企业的 99.6%，它们往往是家族传承的（占德国企业总数的 92%，其中纯家族企业占 56%），中小企业雇用了德国雇员总数的 60%，创造国内生产总增加值的 51.8%，承担了 83.2% 的职业培训（2015 年）。尤其是机械制造业、配件供应业和纳米技术、生物技术等新的增长性未来领域中小企业的作用尤其突出。在机械制造这一"样板领域"，87% 企业员工人数不足 250 名，但却拥有世界上最多的"隐形冠军"（在某一个细分的工业领域排全球前三名，在所在地区排第一名的企业），占据了世界出口 19.3% 的份额（2013 年），稳居世界第一位。

由于德国国家创新体系的路径依赖，德国在一些新兴产业部门的发展难言成功，比如，信息与通信技术（ICT），半导体、生物与遗传工程等领域。德国的金融市场与税收结构、欠发达的风险投资以及大公司的治理结构使德国的创新体系比较适合于在历史上确立优势领域的渐进创新，而不是颠覆性创新。

德国的公共研究系统的主要载体是公共研究机构和大学（也包括应用技术大学）。虽然德国的大学与公共科研机构的大部分资金来自政府（机构与项目资助），但是它们坚持了德国传统的"科学独立"的方针，在大学与研究机构研究方针和战略的制定上，机构具有完全的自主权，不接受行政部门的指示。德国现有高等学校 400 余所，绝大多数为由政府拨款办学的公立大学，约 97% 的学生在公立大学中学习。德国大学秉承洪堡的教学与科研并举的理念，除为社会培养人才，将科研放在十分重要的地位。2011 年德国公共科研投入为 244 亿欧元。其中，大学获得 134 亿欧元。德国大学的科研涵盖领域十分广泛，不仅从事基础研究，也从事应用研究及技术开发。在德国联邦体制下，德国大学的资金来源及其管理主要是联邦州的职权范围。由于在联邦制分税体系下，联邦预算的份额最大，联邦州获得的公共资金比较有限，所以德国大学长期在科研基金上捉襟见肘，这使得德国大学同美英法等科技大国的精英大学相比过于地方化和无法冒尖。2006 年，德国联邦政府发起了"精英大学倡议"（Exellenzinitiative），在 5 年内从联邦预算中拿出 27 亿欧元来推动德国精英大学和大学内精英研究集群的建设，这种状况才有所改观。目前，经过两轮的激烈竞争，11 所大学作为精英大学脱颖而出，联邦政府对其将获得的机构资助资金也做出了长期的承诺。为此，德国政府还在 2014 年专门出台了一项新法律，对 2006 年通过的限制联邦与州政府在教育方面合作的"合作禁止"法案做了修改，从而为联邦政府为高校办学与科研出资扫清了制度性障碍（Sino-German Platform Innovation，2015，4）。

德国公共研究系统的最突出特点是不同类型的公共科研机构之间的明确分工。2011 年，德国联邦与州政府对公共研究机构的年度投入为 110

亿欧元。与大学不同，德国公共机构的大部分资金来自联邦预算。在科研使命上马克斯·普朗克学会（其前身为威廉皇帝协会）和弗劳恩霍夫协会构成德国公共研究机构中的两极：前者的80多个研究所主要从事前沿科学的基础研究，如医学、物理、化学、生物技术。经费的绝大多数来自政府的机构资助资金。而后者的60多个研究所则主要从事应用导向的研究。其经费中仅有30%来自政府的机构资助资金，70%来自委托项目，其中既有来自联邦政府和欧盟委员会的项目，也有来自工业界的委托项目。亥姆霍兹联合会的18家研究中心主要从事大规模的研究，探索人类遇到重大挑战如能源、健康以及宇宙空间探索、环境以及海洋问题的解决方案。因此，它也是德国公共研究机构中得到政府资金最多的。第四家公共研究机构是拥有81个研究所的莱布尼茨协会。它由联邦与联邦州政府共同出资，涵盖了从社会和经济科学到环保问题等十分广泛的研究领域。它同时还为其他研究体系提供基础设施和服务并从事技术转让工作。此外，德国还有一些其他政府兴办的和独立的研究与支持机构，如柏林社会研究院这样的地区性科学研究院。

德国的上述五种类型的、具有不同使命的科学技术导向的公立研究机构在世界上是独一无二的。大多数世界大国往往仅支持一个到两个这样的大型研究机构，比如，中国的中国科学院。当然，一个国家创新体系的绩效从根本上取决于其研究成果能否有效地实现市场转化。这就需要促进和加强产学研之间的合作与联系。在这方面，德国创新体系在其100多年的演进中也积累了一些有益的经验。

如果我们观察一下德国重要的大学外研究机构的分布，就会发现，它们与德国的区域产业集群的分布紧密相连。这些得到联邦和州政府资助的公共研究机构与德国大学保持着密切的联系，很多研究所的研究员同时也是大学教授，这保证了他们既能够进行前沿研究，又能够普及知识，为德国科技培养后备力量。但是集中于特定行业进行研发投资虽然有利于发挥自身的特长，但也造成了一些弱势行业以及相对落后地区的资金缺乏。企业更愿意把大量的研发资金投入科研以及经济水平处于很高水平、优势行业较为集中的地区，比如，慕尼黑和斯图加特，而事实上，其他地区的研发投入更加需要政府的公共资金支持。德国经济研究所建议，政府的科技和创新政策应该更加重视促进科研机构、高校以及企业之间跨区域的网络协作，这样工业基础较弱的地区便能够从中受益（DIW，2016）。这也正是德国联邦政府近年来的科技与创新政策的导向之一。

在促进知识向产业转化方面，德国也有一些有益的制度安排。以大学与大学外公共研究机构组成的科学体系是知识创造的主要载体，但是如果没有一些相应的制度，它们创造的新知识并不能自动转化为市场接受的产品或新的生产方法。在促进成果转化方面，科学体系与工业体系之间的合作与网络十分重要。在这方面，中介组织发挥了巨大的作用（Eickhof，1998，468）。

比如，在中小企业合作研究和结网方面，德国工业研究联合会起到了重要的作用。德国工业研究协会成立于1954年，它的主要目的是为德国中小企业的合作研究提供公共平台，在此，中小企业可以就一些共用技术（或称前竞争技术）进行合作研究。而协会组织则为中小企业提供培训、咨询和信息共享服务。协会联盟的另一项重要的任务是组织和协调技术应用大学和中小企业在研发方面的合作，促进产学研结成合作网络。协会目前有来自不同工业行业的101个研究协会成员。作为基础研究与企业商业化研发之间的重要桥梁，协会联盟主要合作伙伴是德国政府（联邦经济与技术部、联邦教育与研究部以及一些州的经济部），负责政府对中小企业创新支持项目的实施。但是协会的下属组织不是行政性机构，大多采取有限责任公司的法律形式。截至2009年，协会共获得中小企业创新和发展促进资金80亿欧元，共完成了约18万个研究项目，参研机构达到1235家，有约5万家中小企业受益。

德国另一个享誉世界的称号是工程师和发明家的国度。这得益于德国的教育体制，德国的普通教育以及职业教育制度是德国创新体系的重要组织部分。德国的教育系统分解为不同的类型（全科中学、实科中学和主体中学），德国青年中学毕业后大都选择双元制职业教育或全天职业教育（2006年为70%）。德国高等教育对培养自然科学和工程技术人才十分重视，除传统的包括人文、历史和经济学等全方位学科的综合大学外，德国还有集中开设工程和自然科学专业的工业技术大学，比较著名的有慕尼黑工业技术大学、亚琛工业技术大学等，那里是工程师的摇篮，为德国制造业的自主创新培养了大批人才。20世纪60年代后期，在德国还发展出一种特殊形式的大学：应用技术大学。这类大学同企业合作十分紧密，注重技术应用和知识商业化，而非理论研究。应用技术大学注重对学生的实际技能而非科研能力的培养，专业的实践取向性强，因而越来越受到德国学生的欢迎。目前这类大学已经扩大到170所，许多德国青年选择从全科中学毕业后进入应用技术大学学习（2006年为大学入学人数的54%），德国大学的工程技术类专业十分重视对学生灌输和培养创新文化，使自主创新成为德国工程师追求的目标和理想。德国成功的企业家大多有工程技术背景。德国还有"讲座教授"和"基金教席"制度，前者指大学聘用大型企业中在相关领域有影响力的人员面向学生授课，后者指企业依据自己的需求在高校设立教席并承担相应的费用。企业与大学在人才培养方面的合作还包括大学生在企业半工半读、在企业实习以及企业与高校共同指导学生毕业论文的制度（周小丁和黄群，2013）。

另外，德国独特的双元制职业教育体系使青年人能够接受很好的职业训练，许多已经取得大学入学资格的中学毕业生也选择先接受双元制的职业培训。双元制职业教育重视理论与实践相结合，学徒每周有3—4天的时间直接在培训企业工作，培训结束后，通过严格的考试，他们就成为工业、商业和手工业需要的合格技工。严格、合理的职业培训和在岗培训是德国制造业产品优良质量的根本保证。从教育体系上看，德国这种重视工程技术和实际能力培养的特点有利于德国在综合、集成以及产品多样性和质量方面的渐进创新。这与英美更为普及的、重视通识和研究能力（研究生阶段）的大学教育明显不同，后者使利用分析性知识的颠覆性创新更易出现（Casper & Waarden，2005，193—222）。

但是德国的国家创新体系也有一些缺陷。前面提到，德国的创新活动主要集中在业已成熟的制造业领域，创新的方式主要是积累性的渐进创新、集成创新，以及以提高产品质量和生产率（节约人力投入）的工艺创新。而未来的技术进步和经济增长的动力来自新兴科技产业和知识密集型的服务业，而恰恰在这些领域德国的创新能力尚有欠缺（Jungmittag，2011，181—182）。实证研究的结果表明，德国虽然有十分优良的科研基础设施，大学和大学外研究机构的科技论文和发明专利持续保持很高的水平，但是德国近几十年来在技术密集型市场上的成功主要来自国内的工业企业的研发活动，它们与同样强大的科学体系的联系似乎并不紧密。德国企业的创新主要是需求推动的，企业的总体研发投入以需要为导向，而以大学和研究机构为主力的知识产出却往往没有以需求为导向，企业的产品创新、工艺创新与科研机构的科学与技术研究活动出现了脱节现象（Grupp et al. , 2005, 267; Frietsch, 2010, 79）。

由于历史传承以及秩序一致性原则的影响，在德国的科技体制与社会生产体系中政府、企业与科学界分工明确：政府（联邦和州）对科技进步与创新的支持主要体现在对基础研究的投入以及建立科研基础设施方面。其他手段包括通过促进复杂系统中各要素之间的互动为企业创新，特别是共性技术的采用提供平台；通过教育体系为企业创新提供合格的技术和管理人才。即便是在一些前沿科技领域，德国政府一般也不采取集中化的产业政策，即选择一定数量的企业实现国家确定的重点目标并给予相应的奖励（picking winners）。投资和技术的选择主要是企业自己的事情，政府的职责是为企业研发和创新活动提供基础实施和法律框架条件。

近年来，德国政府在创新体系和创新政策的指导方针上发生了一些改变。德国政界、学界和经济界认识到德国在信息技术、生物工程以及知识密集型服务业等新兴领域发展滞后对德国经济的国际竞争力以及可持续发展的负面影响。在这一背景下，2006 年德国联邦政府推出了历史上第一个全国范围内的《德国高科技战略》（2006—2009 年）。战略提出，在 10 年内将研发经费提高到国内生产总值的 3%，加强德国在尖端科学领域的研究，保证其科研大国的地位。除此之外，战略的突破之处在于德国联邦政府投入 100 亿欧元，在信息通信、能源、生物、环保、健康医药、纳米等 17 个重点行业对企业的研发进行直接支持。在这个《德国高科技战略》取得一定成效后——政府的研发投入显著增长，公共研究机构与大学的应用研究成果（专利数量）显著增加——德国联邦政府又于 2010 年 7 月正式通过了《思想·创新·增长——德国 2020 高技术战略》，开始对德国未来的发展部署新的战略方案。2014 年 8 月，联邦教育与研究部再次更新高科技战略，发布了《新高科技战略——为德国而创新》。对于德国循序渐进高科技战略的详细内容以及对于德国政府科技与创新政策的影响我们将在后面的章节中进一步讨论。这里需要指出的是：德国高科技战略的实施标志着德国创新体系与创新政策从以往比较偏重科研与技术开发，转向更加重视创新，即科技成果的商业转化。联邦政府的目标是通过高科技战略为德国的创新政策建立一个系统的、涵盖各部门的框架，政策的重点是加强对产学研联合以及中小企业创新的促进。但如果认为，德国政府高科技战略的实施标志着德国政府科技与创新政策的范式改变就不免有些武断了。德国的政策调整一方面是为适应欧盟"里斯本战略"（2000 年、2005 年）对欧盟产业与区域促进的整体要求①，另一方面，则是对以往多层次的促进措施的集中与协调。从根本上来说，高科技战略还是沿用了以往德国国家创新体系框架内证明有效的手段，特别是对创新合作网络以及科技成果商业化的促进，只是在促进范围上补充了一些前沿技术的目标导向。但是这些前沿技术主要是一些支撑重点产业的关键技术、通用技术与跨行业技术，这与所谓"使命导向"的挑选特定企业、产业或技术的产业政策有根本区别（Frietsch，2010，82—84）。

为了大学的科研成果能够更好地实现商业应用，德国政府还对科技体制的框架条件进行了改革。根据《雇员发明法》，德国雇员的发明属于职务发明，需要告知所服务的机构并由这些机构来对发明的商业应用进行开发。但是德国大学教授虽然是国家雇员②，以往他们的发明却属于"自由发明"，其商业开发不能由雇主来进行。由于申请和维护专利的费用较高，发明人由于缺乏经验与信息导致申请后经济收益不确定，大学教授很少利用这种能够使自己 100% 受益的"高校教师特权"。2002 年，德国政府修改了《雇员发明法》，允许大学同企业就所在大学人员发明专利的独占使用达成协议，消除了高校与企业在专利商业转化方面合作的法律障碍，作为发明者的大学教授个人可以得到商业转化收益的 30%。这项规定大大提高了大学教授创新的积极性（Stifterverband，2007）。为了更好地促进高校与公立科研机构的知识商业转化，德国高校纷纷成立技术转化机构与专利使用代理处。这些专门机构的建立和运作大大促进了高校与高校外研究机构之间，高校、校外研究机构与企业之间的长期

---

① 2007 年，欧盟将促进产业集群发展列为其产业政策的重心（Vieregge & Dammer，2007）。欧盟产业政策是一个非常笼统的范畴，它甚至没有自己的预算手段。其资金主要来自欧盟科技框架计划（科技政策）和欧盟结构基金（区域政策）。近年来开始重视对特定产业部门的促进（孙彦红，2012）。

② 在德国大学中，只有教授才是正式雇员。

战略合作，以及高校衍生企业的发展（Wissenschaftsrat，2007）。

第五节　中德创新体系的比较

从上文对中国与德国的国家创新体系的演化过程及其制度设置（官、产、学、研四个子系统及其相互之间的关系）的描述可以看出，第一，历史是重要的，历史通过制度的路径依赖将过去与现在联系在一起，并为体系未来的发展指出方向。从这个意义上，以为建立一个新政权就可以在"一张白纸"上规划和建设一个崭新的、最优最美世界的设想是比较幼稚的，是工程和线性思维的产物。无论是中国的"中国科学院"体系，还是德国的双元制职业教育都有其扎实的历史渊源。中国军队的科研和技术创新实力与德国技术大学的工程底蕴也都是特殊条件下的特定产物，从而具有其难以复制的制度比较优势。组织和制度的形成往往同一个国家的历史与文化传统具有密切的关系，任何想照搬别国经验的做法都是徒劳的。但是并不是说，我们不能从不同国家的体制与制度比较中得到一些普遍适用的规律：提高和加强一个国家经济的国际竞争力，实现创新驱动，关键在于国家创新体系和生产体系各个子系统之间的配合和自洽。

第二，由历史与文化不同造成的制度与组织差别不能强行统一，但是这并不意味着不同国家不能在制度设置和安排上相互学习。德国的创新体系已经经历了一百多年的演进，相对来讲比较成熟。中国工业化、现代化的历史较短，虽然经济在近些年发展很快，但按照国际上通行的标准和中国政府设定的目标，中国的创新体系才刚刚开始起步，还很不完善。与其他发展中国家或新兴工业国家一样，中国的创新体系还是一个"学习系统"，需要向发达国家学习创新驱动的经验。中国目前面临着体制转型与结构转型的双重任务，需要在技术创新与制度创新两方面都有所突破。更要学习其他国家经济、科技与创新发展中的有益经验。中国在近现代曾经实行过闭关锁国的政策，教训十分深刻。德国的一些有效率的制度安排如给予国家的科学与教育事业一定的自主权，或者利用中介机构来代替政府对自身科技支持项目的直接管理，很值得我们借鉴学习。最近中国政府在制定和实施"中国制造2025"规划中成立了"专家咨询委员会",这是科技和创新体制改革的重要尝试。德国社会生产体系中,大型企业与中小企业相互配套,形成知识与专业互补的产业链、价值链和创新链,中国的电力、石化、重化工等关系到国计民生的战略产业的大公司目前是以国有独资形式为主导,往往采取垂直型官僚式机制,一股独大的局面无法避免内部人控制等弊端,不利于企业改善经营效益。新一轮竞争性行业的国企改革以引入民资为方向,利用混合所有制来改善公司治理结构,从而提高经营管理效率。在改革中德国的经验可以借鉴,大的国有银行由于是大型国企的主要资金来源之一,所以应该允许参与股份。还可以利用行业上下游企业相互参股的方式来促进产业链的合作,更好地应对市场的不确定性和降低交易成本。

第三,制度的演进具有路径依赖的特性,产业体系和技术体系会与制度共生演化。德国政府和企业界对自身的比较优势有较清醒的认识。从2006—2009年德国高技术战略来看,德国政府在强调扶持和发展如信息和通信、纳米和生物工程等前沿技术的同时,没有放弃对德国在国际竞争中处于优势地位的汽车、生产技术、能源技术以及环境工程等领域进一步发展的支持。德国在技术政策上的做法值得我们学习。在制定技术政策时,一定要考虑自身的优势与传统,不能盲目拔高。另外,要考虑市场和需求因素,技术上的突破如果不能转化为商业化的产品就不能称为创新。根据经济发展的规律,结构转型是不可避免的,但是在结构转型过程中要充分利用国家或地区历史形成的知识优势。比如,德国环境技术的发展就充分利用了德国传统的能源和冶炼企业处理环境问题的经验,逐渐形成了一个新兴的、有竞争力的环保产业(史世伟,2008,208)。这对于我们国家一些产业和企业的发展很有借鉴意义:中国一些军工企业在改革开放之后由于国家军事订货的减少陷入困境。这些企业可以利用它们在军工生产中积累的知识与技术下功夫做市场,实现"寓军于民"和"军转民"。

第四,制度体系虽然具有内在的稳定性,但随着经济发展的不同阶段和国内外经济环境的变化,应该有不同的内容。有效支撑这一阶段技术创新和学习的创新体系不一定能有效地支撑下一阶段的技术创新和学习的变化需要,这就要根据技术自主创新的需要不断地进行组织和制度的自我调整(叶桂林,2008,5)。一个国家的初始制度与技术禀赋可能有助于，但也可能阻碍一个经济体中某些部门的创新活动和绩效。德国经验告诉我们，在创新过程中，要努力防止路径依赖的"锁定"效应。一段时间内，在德国中，产、官、学、研、用、金六大子系统之间在一些环节上存在着不协调。比较突出的有德国联邦政府对应用性科研的投入和支持不够，对产业和技术引导采取保留态度；联邦体制下的"州立"大学有平均主义倾向，缺乏竞争，难以产生世界一流水平的大学和研究中心。高科技领域中小企业的创新能力不足，特别是缺少适合创新型中小企业的融资机制。这种"制度失灵"确实阻碍了德国在一些技术领域的发展和国际竞争力。在目前全球化的背景下，要纠正"制度失灵"，政府要能够与时俱进，主动调整。德国双元制职业教育体系是德国人的骄傲，但由于它培养出的人才已经不能完全适合德国当前就业结构的需要，则必须进行相应的调整。另外，德国历史悠久的社会保障体系与劳资关系上的制度安排非常适合于工业化后期的大规模生产体制，即福特主义的生产模式，但是在目前知识经济的生产和消费模式下则出现了困难，由于制度的惰性，德国政府与各界的改革勇气和能力受到挑战。近年来德国联邦政府痛下决心，采取了例如劳动力市场改革这样的变革举措。所以，发展是硬道理，改革也是硬道理。这对于像中国这样的处于飞速变革中的发展中国家制度创新则更加重要。在本书的第四、第五、第六、第七、第八章中我们将详细地探讨两国建设与完善国家与区域创新体系的政策措施。

第 三 章

中国与德国的创新绩效比较

在前一章我们对中国与德国国家与区域创新体系的历史沿革和基本特征进行了研究。在这一章中我们将对中国与德国国家与区域创新体系的绩效进行比较。在第一章中，我们提到了量化分析的缺陷，以及由于不同体制下创新测度的困难，对于创新绩效进行量化研究有一定的局限性。但是我们仍旧认为对于像中国和德国这样的大国，选取一些指标对其创新绩效进行比较还是很有必要的。我们需要把对现存创新体系的绩效比较与对其历史沿革的研究结合起来。

创新体系的比较研究最开始的关注点主要集中在国家层面。帕瑞玛·佩特尔（Parimal Patel）和凯思·帕维特（Keith Pavitt）认为，对涉及整个制度（主要包括企业、高校和政府）技术学习的非物质投入、创新主体间的联系以及基础设施在创新体系中起了十分重要的作用（Patel & Pavitt，1994）。在经验研究领域，杰弗里·福尔曼等人创建了 FP & S 分析模型，对经合组织成员国的创新能力进行了量化分析（Furman et al.，2002），胡美智（Mei-Chih Hu）和约翰·马修斯（John Mathews）将这一模型运用到了分析"亚洲四小龙"（中国香港、新加坡、韩国和中国台湾）以及中国的创新绩效上（Hu & Mathews，2005；2008）。本章将通过数据来对中德之间创新活动及其差异进行分析。

第一节　分析框架

这一部分的分析理论建立在两个框架之上：一是《奥斯陆手册》中的创新测量框架（OECD，2011）；二是杰弗里·福尔曼、迈克尔·波特和斯科特·斯特恩的国家创新能力模型（Furman et al.,2002）。

经合组织的《奥斯陆手册》中的框架从企业的视角出发，认为所有创新活动都是以提高企业绩效为最终目的。该框架融合了不同的以企业为基础的创新理论，主要特征是强调企业内的创新，企业与企业以及公共研究机构之间的关系，约束企业运行的制度结构以及需求的作用。根据《奥斯陆手册》编写者经合组织的阐释，这一框架有两个主要的理论基础，一是演化理论（Nelson & Winter, 1982），二是创新体系理论（Lundvall, 1992；Nelson, 1993）。演化方法将创新看作一个路径依赖的过程，在此过程中，各个创新主体之间的互动促进了知识与技术的开发，这种互动会对未来经济变迁的路径产生影响，比如，企业与研究机构的科研合作方式、政府的政策制定。而创新体系理论与演化理论密切相关，创新体系研究外部制度对企业和其他主体的创新活动的影响，强调知识和信息的扩散，这种信息传播的网络根植于当地的社会、传统和文化当中，而这些都会对创新活动产生影响。创新体系强调体系内制度的相互作用，并关注知识的创造、扩散和应用中的互动过程，此外市场运转的条件、规则和政府的政策都会对整个体系产生重要影响（OECD, 2011）。所以说，这一框架的基本思想与我们在前面（第一章）介绍和阐释的演化理论与国家创新体系框架是一致的。

《奥斯陆手册》的国家创新体系主要包括五个部分：基础设施和制度结构、创新政策、企业、教育和公共研究系统以及需求。《奥斯陆手册》认为，制度环境决定了企业运行的总体范围，主要包括教育体系、培训体系、创新政策、法律环境、金融市场、市场准入以及产业结构和竞争环境等。此外，区域因素同样会影响创新能力。区域创新体系的发展与国家创新体系类似，同样包括当地的企业、科研机构、风险投资、创新环境以及基础设施，会对区域的创新绩效产生影响。特别是一个国家当中不同地区会存在区域性的差异，如经济发展水平、教育水平和科研投入等，对创新体系进行区域性的分析有助于理解不同地区的创新过程，有利于相应的政策制定。因此，笔者将在之后的章节中对德国和中国的区域创新体系进行分析。

杰弗里·福尔曼等人的模型以三个理论为基础：保罗·罗默的内生

增长理论（Romer，1990）、迈克尔·波特的国家竞争优势理论（Porter，1990）以及理查德·纳尔逊的国家创新体系（Nelson，1993）思想。保罗·罗默的内生增长理论主要涉及创新投入，即新投入以及知识积累，另外两个人的思想则偏重创新体系。

根据保罗·罗默的知识生产函数（Knowledge Production Function），知识的产生受到新的研发投入以及知识存量的影响，技术的进步和知识的积累是经济发展的结果，同时又促进经济的发展。迈克尔·波特的钻石模型不仅可以分析国家的竞争优势，同时也适用于分析一个国家集群中的产业和企业的竞争力。在一个产业内部存在四个主要的因素：包括人力资本、资金资本和知识等生产要素的要素条件；企业和行业的竞争，因为竞争能够促进一家企业创新和生产力水平的提高，不过这种竞争不仅来自当地的竞争者，同时也有来自国际上的压力，而这也取决于一个地区的开放程度；需求条件同样影响创新行为，因为那些较为挑剔的顾客能够促使企业变得更加有效率，生产出质量更高的产品；产业间的相互联系：横向和纵向的产业是一个集群的基础，通过地理上接近的机构之间的交流加强溢出效应，降低交易成本。此外还有两个辅助的因素：机会和政府的作用。机会带有较大随机性，难以控制，但政府的作用不可忽视。

与迈克尔·波特的理论相似，理查德·纳尔逊也把注意力放到系统中制度的作用上，但是与竞争优势相比，理查德·纳尔逊的国家创新体系更加强调宏观层面的政府政策（如产权保护和贸易政策）和制度安排（如融资渠道和高等教育体系）的重要性。

杰弗里·福尔曼等人结合了以上三种理论，将国家创新能力分为三部分：①基础设施、创新资源和政策；②产业集群；③两者之间的联系（如图3-1所示）。

本书结合了以上两个分析框架，将创新体系分为四个重要部分：①基础设施和制度结构。这是创新的基础条件。②企业。③大学和科研机构。④企业与大学及科研机构的联系。在以后的章节中，我们还将着重分析德国和中国的创新政策，包括各自特点以及差异，因为两国在政策方面近年来都推出了国家性的产业政策规划，对几个战略性高科技产业进行了重点投入，创新政策发生了一定的变化。但是在这一章里，我

们主要分析迄今为止两国创新政策的绩效。图3-2对以上论述进行了总结，主要考察了制度的作用以及企业作为创新体系的核心角色。

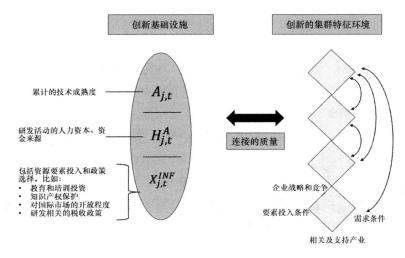

图3-1　FP&S模型

资料来源：Furman, Jeffrey L. , Michael E. Porter, and Scott Stern, "The determinants of national innovative capacity", *Research Policy*, 31（6），2002，899-933。

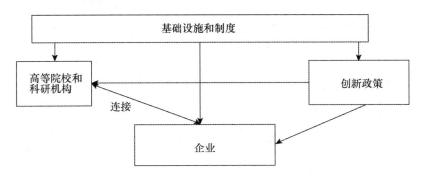

图3-2　创新体系分析框架

第二节　中国与德国国家创新能力概览

一　中国与德国的创新投入与产出

分析中国和德国的创新绩效，我们需要先对两国的创新投入和产出的情况进行一个大致的介绍。衡量一个国家或地区创新投入的两个最基本要素是相关的资本投入和劳动投入，这里我们分别使用国家的研发资金投入和科研人员数量来衡量这两个因素，如图3-3所示。

（一）创新投入

中国研发投入增长明显，从1991年占GDP比例的0.73%，提高到2014年的2.05%。但是与德国的差距比较明显，该指标尚未达到德国1991年（2.4%）的水平。而根据《国家中长期科学和技术发展规划纲要（2006—2020年）》，到2020年，即"十三五"期间，全社会研究开发投入占国内生产总值的比重提高到2.5%以上①。

德国的研发投入近些年来也在稳步攀升，2014年研发投入占GDP比重已达2.9%。根据《德国高科技战略2020》的目标，到2015年，德国研发经费投入要达到GDP的3%②。

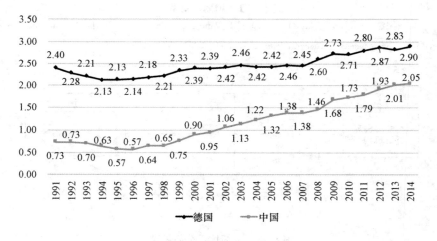

图3-3　研发投入占GDP比重

资料来源：经合组织数据库（http：//stats. oecd. org/）。

---

① 数据来源：http：//www. stcn. com/2015/0820/12421015. shtml。

② 数据来源：德国联邦教育与研究部报告，BMBF，*Hightech-Strategie* 2020 *für Deutschland*，Bonn，2007，p. 6。

图 3 - 4 展示的是创新投入中的另一关键要素研发人员的数量。德国的科研人员占比一直处于高位并稳步增长，而中国虽然数量上在这期间增长超过两倍，但每千名雇员中的研发人员数量仍然较少，到 2014 年中国的这一数量还不足德国的 1/3。

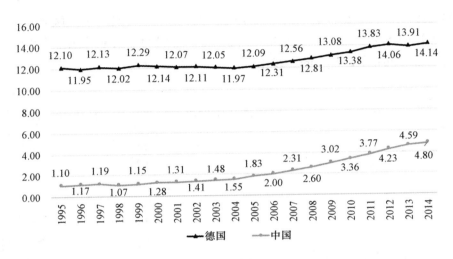

图 3 - 4 每千名雇员中研发人员数量

资料来源：经合组织数据库（http：//stats. oecd. org/）。

（二）创新产出

接下来看一下两国创新活动的结果的对比，即创新产出，或者我们这里称之为创新能力。关于创新能力较常用的一个衡量指标是专利的申请量和授权量。这里使用的专利数据来源于经合组织数据库的根据国际标准《专利合作条约》（*Patent Cooperation Treaty*，PCT）执行的专利申请量，具有国家间的可比性。

如图 3 - 5 所示，从总量来看，德国专利申请量增长幅度很大，从1991 年的不到 3000 项增长到了 2013 年的约 17000 项。而中国的专利申请量从 2004 年开始实现了快速增长，到了 2012 年超过了德国的专利申请总量。但在百万人均数量来看，中国仍然远远落后于德国，而每名科研人员人均数量也和德国有着巨大差别。这也体现了中国和德国在创新能力上的差距。另外，衡量一个国家创新能力不仅要看其国际专利的数量，还要看它的国际专利的质量，这通常体现在专利的市场价值上。目前，专利市场价值国际比较有代表性的方法是比较在新的专利申请中已经获得批准专利被引用的次数。德国欧洲经济研究中心（ZEW）的学者在最近的一项研究中比较了中国和非中国国际标准《专利合作条约》（PCT）专利申请的质量，他们的结论是：2001—2009 年，中国 PCT 专利申请的质量仅为其他国家（这些国家主要是高收入国家，一般为相关技术的领导者）的 34%。而且与以前相比，这一阶段中国 PCT 专利质量下降得尤其明显（Boeing & Mueller，2016）。

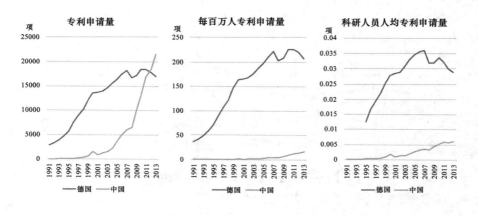

图 3 - 5 专利申请情况

资料来源：经合组织数据库（http：//stats. oecd. org/），世界银行数据库（https：//data. worldbank. org/）。

虽然学术文章并不代表其成果能够投入实际生产，更不意味着知识和技术的成功转化，但学术论文的发表数量仍能够在一定程度上反映一个国家或地区的创新能力，特别是基础科学的原发性能力。从发表论文数量来看，德国的 SCI 和 SSCI 论文数量近年来稳定在每年 40000 篇到 50000 篇，而中国近 20 年论文发表数量实现了大幅上涨，2011 年的数量是 1997 年的将近 8 倍（见图 3 - 6）。

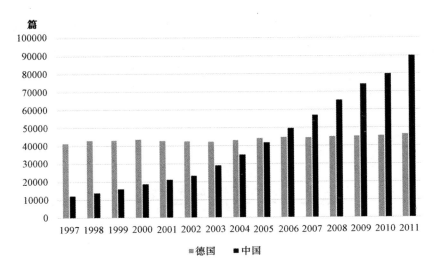

图3-6　SCI和SSCI发表论文数量

资料来源：IMD World Competitivness Report。

　　但是，论文数量只能表示数量上的产出，具体的产出质量还需要进一步探究。SJR，SCImago Journal & Country Rank 的另一组数据统计了1996—2013年各国发表的论文中，平均每篇论文被引用的次数。这一数据代表论文受到同行的认可程度，可以在一定程度上衡量科研产出的质量。在同近年来论文产出最高的几个国家的横向比较中，虽然从2000年开始，各国的论文被引用数都出现了大幅下滑，但来自中国的论文的被引用数量一直处于较低的水平。这可以反映出，中国的学术论文虽然在数量上实现了大幅增长，但质量还需要提高。

　　除了专利数和论文被引用数，一些研究机构和组织也会通过考察多重因素来制定创新能力的指数。其中世界经济论坛（World Economic Forum）每年发布的创新指数经常被用作衡量创新的指标。世界经济论坛每年发布的《全球竞争力报告》（Global Competitiveness Report）将一国的竞争力分为三大部分：基础性要求、强化效率以及创新和成熟度，三个要素分别代表着驱动经济增长的三大因素：要素驱动、效率驱动和创新驱动。其中第三个要素创新指数受两个因素影响：商业的成熟度和创新能力。这里我们最关心的是最根本的三大要素之一的创新指数及其下属分类"创新能力"。

图3-7展示了2006—2014年德国和中国创新指数以及创新能力的得分，德国在这两项上对中国一直有较大的领先，但是中国近年来创新能力有一定提高。从世界范围来看，德国的创新能力也一直处在世界前列，而中国处在中上游的位置。

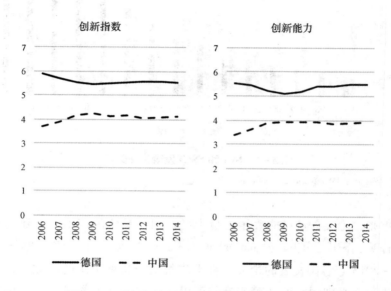

图3-7　德国及中国的创新指数和创新能力指数

资料来源：Global Competitiveness Report，World Economic Forum。

根据《全球竞争力报告2015—2016》，德国依旧在创新领域表现出色，其创新体系的特点主要表现在企业对研发的高投入以及良好的研发环境的支持，例如，企业与大学的合作和强大的科研机构。而在评价中国时，《报告》认为，中国在"新常态"的背景下，面临经济下行的压力。面对生产成本上升、人口老龄化以及大规模资本投资回报的递减，中国现在必须转换到创新驱动的发展模式上。但是一系列商业环境的问题对创新能力产生了负面影响，其中包括融资难题、政府组织体系的低效和基础设施的供应不足等。要想从生产制造为基础的经济体转向研发创新模式上来，需要建立一个整体性的创新生态系统，包括人才的培养以及技术的可得性。这也正是本书写作的目的，即结合德国在创新体系上的成功经验，根据中国自身的特点建立一套高效的、适合中国的创新体系。

图3-8列举了1991—2012年五个重要的高科技行业（生物、通信技术、纳米、医疗、医药）根据国际标准《专利合作条约》专利申请量的情况。通信技术在德国和中国都是最重要的高科技专利申请行业，德国各行业专利占比较为稳定，且分布较为平均，占份额最大的通信技术行业的占比在20%—30%。而中国各行业发展波动较大，特别是通信技术和生物、医药领域都在某一年出现过专利申请量的井喷，到2012年超过60%的专利申请量来自通信技术行业。

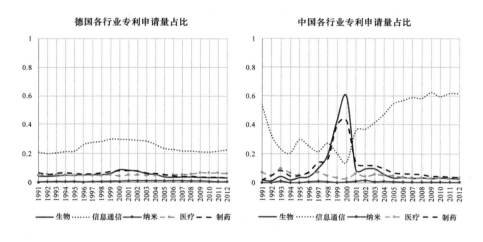

图3-8　主要高科技行业专利申请量比例

资料来源：经合组织数据库（http：//stats. oecd. org/）。

二　创新绩效对比研究

这一部分我们将对中国和德国的创新绩效进行对比分析，主要从创新基础设施、企业的作用、大学与研究机构的作用以及创新主体之间的联系这几个方面进行研究，同时两国的创新政策也是我们关注的重点。

（一）基础设施与制度结构

不同国家的创新体系是历史演进的结果，具有很强的路径依赖性。因此在生产结构、组织结构以及法律法规和规范制度方面差异很大，基于特定国家创新体系的企业创新活动必然具有自身的相对竞争优势。

1. 教育投入

一个国家和地区的创新需要有良好的人才培养体系，世界上几乎所有的国家都会在预算中拿出一定份额投入国民教育，因此政府教育投入是衡量政府对人才培养的重要指标。图3-9表示，从1991年起，两国对教育的投入都在不断增加，但德国政府对教育资金投入，包括财政支出占比和GDP占比，都高于中国。特别是在政府教育投入占GDP的比例上，德国远高于中国。

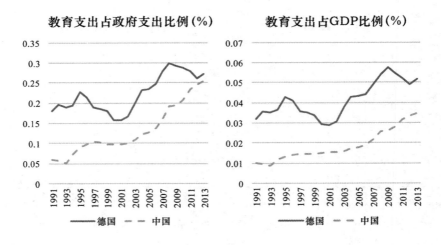

图3-9 教育支出情况

资料来源：经合组织数据库（http：//stats. oecd. org/）、世界银行数据库（https：//data. worldbank. org/）。

2. 开放程度

一国的贸易情况可以在一定程度上衡量该国对外开放的程度，与世界联系更紧密的国家通常出口及贸易总额占GDP比重较高。中国和德国都是世界上重要的贸易大国，同时也是世界上最大的两个出口国，对外依存度非常高。到2013年，两国出口额占GDP比重都超过了40%，而贸易总额的比重德国达到88%，中国为76%。

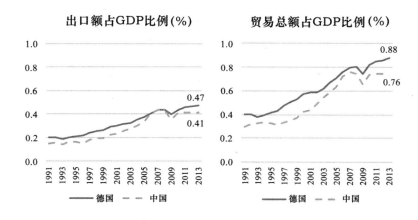

图 3 – 10　贸易情况

资料来源：世界银行数据库（https：//data. worldbank. org/）。

　　来自不同国家的学者之间的学术合作可以直接反映一国在科研领域的国际化程度和学术界的开放程度。图 3 – 11 展示的是来自两个或两个以上不同国家的作者撰写的学术论文占总论文的比例。可以看到，在这几个最大的论文来源国中，除了中国以外的几个国家的国际合作程度都有一定提高，中国学者的论文只有不到 18% 是与外国学者合作完成的（2013 年），这一数字甚至还低于 1996 年的水平（约 18.5%）。

　　3. 法治程度

　　法治环境是重要的制度因素，而对创新活动而言，一套完善的法律制度是实现创新的重要基础设施保障。杰弗里·福尔曼等人以及胡美智和约翰·马修斯使用了反垄断的程度来作为基础设施的一个指标（Furman et al. , 2002；Hu & Mathews 2005；2008），但由于中国的《反垄断法》直到 2008 年才正式实施，对于反垄断的制度化安排开始较晚，所以在这里使用另一个对于创新来说同样重要的知识产权保护指数，另一个指标是法律体系的效率。

　　根据世界经济论坛历年公布的《全球竞争力报告》，表 3 – 1 展示了德国和中国在知识产权保护、法律体系处理争端效率和法律规则受到质疑时的反应效率的指数以及世界排名。在知识产权保护方面，德国处在

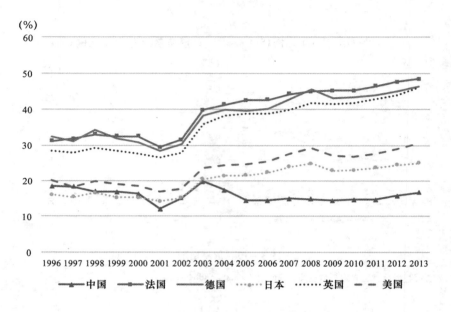

图 3 - 11 学术论文的国际合作程度

注：论文作者工作地多于一个国家的论文占所有论文的比例。

资料来源：SJR，SCImago Journal & Country Rank。

世界前列，但排名在近几年出现下降，而中国排名较为靠后，同时也在不断下降。

第二个指标"法律体系处理争端的效率"用来衡量法律框架为私人企业处理争端时的效率，而第三个指标衡量了私人企业在通过法律系统来质疑政府规定时的便捷程度。在这两点上中国同样落后于德国，而且差距较大。

表 3 - 1   有关法治状况的指数及排名

年份	德国						中国					
	IPR	IPR排名	Legal 1	Legal 1排名	Legal 2	Legal 2排名	IPR	IPR排名	Legal 1	Legal 1排名	Legal 2	Legal 2排名
2009	5.7	13	5.1	17	5.2	10	4	45	4.1	43	3.9	57
2010	5.7	9	5.3	15	5.3	8	4	49	4.2	44	4	51

续表

年份	德国						中国					
	IPR	IPR 排名	Legal 1	Legal 1 排名	Legal 2	Legal 2 排名	IPR	IPR 排名	Legal 1	Legal 1 排名	Legal 2	Legal 2 排名
2011	5.6	13	4.9	19	5	12	4	47	4.3	42	4	44
2012	5.6	10	4.9	20	5	13	3.9	51	4.2	44	3.9	53
2013	5.6	14	5.2	13	4.9	11	3.9	53	4.2	43	3.8	47
2014	5.4	21	5.4	11	4.8	12	4	53	4.1	49	3.6	47
2015	5.7	20	5.3	16	5.2	11	4	63	4	50	3.5	66

注解：

IPR："知识产权保护"。如何评价您的国家的知识产权保护程度，包括各类反抄袭措施？（1 = 非常弱，7 = 非常强）

Legal 1："法律体系在处理争端时的效率"。在您的国家，法律体系为私营企业处理争端时的效率？（1 = 非常没效率，7 = 非常有效率）

Legal 2："法律体系在质疑规章制度的效率"。在您的国家，私营企业在质疑政府措施和规章制度时的难度？（1 = 非常难，7 = 非常容易）

资料来源：Global Competitiveness Report，World Economic Forum。

（二）企业

创新不同于发明，发明是在进入市场之前阶段上的创造，而创新是指将创造出的新事物或创造事物所使用的新方法投入市场。这就意味着，作为重要市场参与者的企业是重要的创新参与者，将利润最大化作为目标的企业有很大的动力去进行创新。所以，企业是创新的主要执行方。在国内集群当中，以创新为导向的竞争决定了企业和整个产业的创新表（Porter，1990），企业在竞争和创新过程中扮演了重要角色。

在德国和中国的研发活动中企业在出资和使用的比例上都占绝对优势，德国自两德统一以来企业进行研发的资金占比一直维持在69%左右，而在这期间中国则出现了快速的增长，从1991年的不到40%增长到了2014年的超过77%，提高近1倍。中国企业研发活动的增加一方面确实证明了中国经济体制的市场化转型取得了一定的成效；但另一方面，在中国企业的研发数据中，改制后的公共科研机构的研发支出占了很大的部分，2014年改制后科研机构研发支出占总支出的14.8%。另外，研发产出不仅决定于数量，而且决定于质量。

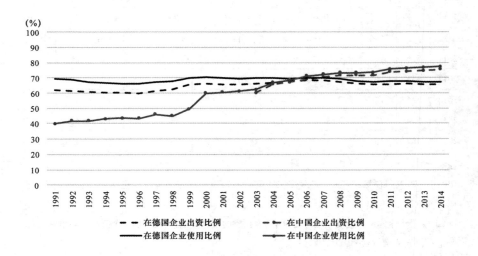

图3-12 总研发支出中企业出资比例和企业使用比例

资料来源：经合组织数据库（http：//stats. oecd. org/）。

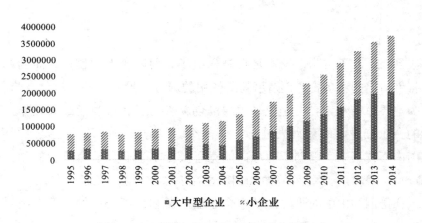

图3-13 中国各类企业研发人员全时当量

资料来源：国家统计局。

与资金的使用情况类似，从企业研发人员占全社会研发人员比例上看，两国的企业都是研发活动的主力军。德国在企业研发人员占全社会研发人员的比例上近年来一直保持稳定，而在中国这一比例则从1995年的 36% 上升到了 2014 年的 62%。①

从具体的企业规模来看，在 2008 年以前，中国的小企业研发人员数量一直多于大中型企业。从 2008 年开始，这一情况发生转变，大中型企业的比例开始超过小企业，到了 2014 年，大中型企业的研发人员全时当量占到全部企业的近 55%（见图 3 - 13）。

从规模以上企业的类型来看，近些年来私营企业一直是研发的主力军，2014 年，私营企业研发人员数量占全部规模以上企业的约 23%，而国有企业为 3.36%，集体企业为 0.29%。

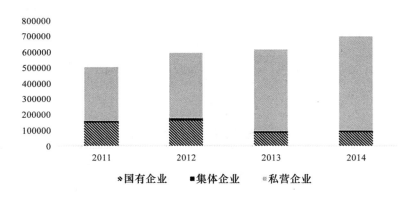

图 3 - 14　中国各类型规模以上企业研发人员全时当量

资料来源：国家统计局。

而在德国，大型企业在研发活动中扮演着更加重要的角色。根据波恩的中小企业研究所（IFM）的定义，在德国，雇员人数小于 500 人且年营业额小于 5000 万欧元的企业属于中小企业。2013 年，德国中小企业的研发人员数量只占总量的 23.6%，而大型企业则达到 76.4%。

两国的产业结构也有不小的差异。从出口货物的结构来看，德国出口主要以汽车、机械、化工产品和电子设备为主，这几个行业是德国传统的优势产业。而中国的出口结构在过去几年实现了从低端加工制造业向中高技术制造业转型，现在主要以出口机电产品、高新技术产品为主。2000 年中国的高技术产品附加值只占世界总量的 4.1%，而 10 年之后这

① 数据来源：经合组织数据库（http：//stats. oecd. org/）。

一比例就增加到了 18.8%，中国已经超过日本成为世界第二大高科技产品制造基地，仅次于美国。根据亚洲开发银行发布的报告，中国制造在亚洲高端科技产品出口中所占份额，从 2000 年的 9.4% 升至 2014 年的 43.7%[①]。

表 3 - 2   2013 年德国企业研发人员全时当量（按企业规模）

企业雇员总数	研发人员全时当量	
	人数	百分比（%）
小于 249 人	61183	17
250 人到 499 人	23882	6.6
500 人及以上	275311	76.4

资料来源：Stifterverband für die Deutsche Wissenschaft（2015），Institut für Mittelstansforschung（ifm Bonn）[②]。

表 3 - 3   2015 年德国十大出口货物出口额   （单位：十亿欧元）

汽车和汽车配件	226.43
机器	170.1
化学制品	108.1
数据处理设备，电子和光学设备	97.43
电子设备	72.01
制药产品	70.27
其他车辆	57.64
金属	50.24
食品和饲料	49.31
橡胶制品和合成材料	41.72

资料来源：Statista。

---

① http：//intl. ce. cn/specials/zxgjzh/201607/25/t20160725_ 14112894. shtml.

② http：//www. ifm-bonn. org/fileadmin/data/redaktion/statistik/mittelstand_ im_ einzelnen/dokumente/FuE-Aufwendungen_ und_ Personal_ 2013. pdf.

表 3 - 4	2014 年中国十大出口货物出口额　（单位：十亿美元）
机电产品	1310.76
高新技术产品	660.49
自动数据处理设备及其部件	181.72
电话机	117.26
针织或钩编织物制服装	81.72
非针织或钩编织物制服装	73.43
钢材	70.81
家具及其零件	52.02
塑料制品	37.08
自动数据处理设备的零件	30.45

资料来源：国家统计局。

德国的汽车行业是研发投入力度最大的产业，2011 年总研发投入大约 163 亿欧元，占到企业总研发投入的 32%，研发人员达到 9 万人，占德国企业全部科研人员的四成[1]。而机械制造业则多年来都是德国雇用人数最多的行业，2015 年有约 100 万人，其中研发人员超过 4 万。而在化工产业中，德国拥有多家大型跨国企业，其中拜耳和巴斯夫的研发投入一直在世界化工企业中位居前列。

不过，德国在高新技术领域存在一定的不足，比如，在信息通信领域，德国的国际竞争力并不算领先[2]。根据德国研究与创新专家委员会（Expertenkommision Forschung und Innovation，EFI）2014 年的报告，德国陷入了一个"能力陷阱"（competence trap），即在已有的优势产业不断吸引研发投资和优秀的科研人员的时候，新出现的产业并没有获得充分的发展，有的时候还会失去优秀的人才。

（三）大学与研究机构

与企业不同的是，高等院校在德国和中国的研发和创新活动中的角

---

[1] Stifterband：*FuE-Datenreport* 2013 – *Analysen und Vergleiche*，Essen，http：//www. stifter-verband. de/pdf/fue_ datenreport_ 2013_ analysen_ und_ vergleiche. pdf，2013.

[2] *Comparison of the innovation systems in China and Germany*，2015，Joint Paper of the Expert Group of the Sino-German Platform Innovation.

色有所差异。从资金使用来看，德国高校可支配的研发资金占比约是中国的两倍，而高校科研人员占总科研人员的比例上德国也高于中国。由此可见，在德国，高校在研发领域的角色更加重要。

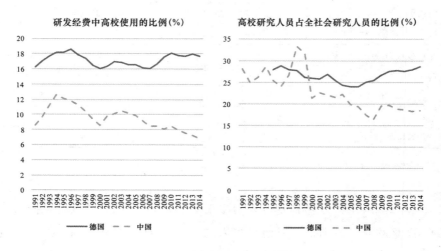

图 3 – 15　高校研发情况

资料来源：经合组织数据库（http：//stats. oecd. org/）。

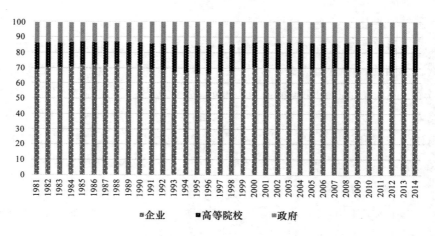

图 3 – 16　德国不同领域进行研发活动所用资金的占比

资料来源：经合组织数据库（http：//stats. oecd. org/）。

在分析完了政府（指公共科研机构与政府部门下属的研究机构）、企业和高校的各自角色之后，图 3－16 和图 3－17 是对两国研发活动资金使用情况的一个总结，可以看出，德国近年来研发资金的分配情况较为稳定，企业约占 70%，剩下的研发发生在政府和高校，大约二者各使用一半的资金，其中高校略高于政府。而中国在资金分配方面则发生了较大变化，企业的创新角色越来越重要，而政府（包括中国科学院）在研发投入中所占的比例大幅缩小，高校的比例也小幅降低。

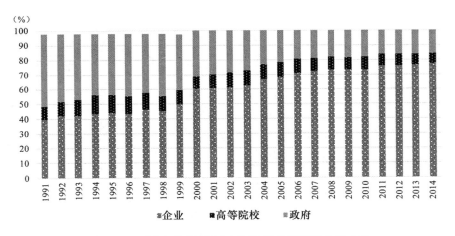

图 3－17 中国不同领域进行研发活动所用资金的占比

资料来源：经合组织数据库（http：//stats. oecd. org/）。

与资金使用情况类似，德国在科研人员分布上近年来保持稳定，而在中国，政府科研人员的比例在降低，企业比例升高。两国在这方面的最大差异仍是在高校方面。[①]

（四）相互联系

图 3－18 展示的是德国和中国的高等学校研发投入中企业投资所占的比例。德国自从两德统一以来，企业在高校研发中所扮演的角色越来越重要。而在中国，这一比例更高，维持在 30% 以上，到了 2014 年，中国的高校研发投入中有超过 33% 的资金来源于企业，大大超过德国的 14%。可见在高校与企业的研发经费合作上，中国企业表现得更为积极。但另

---

① 资料来源：经合组织数据库（http：//stats. oecd. org/）。

一方面这也反映了政府对于公立高校（中国研究型大学几乎全部是公立高校）研发投入不足，高校不得不在研发经费上依赖企业的投入。其结果是高校越来越偏重于应用研究，而不是以兴趣为导向的基础研究。

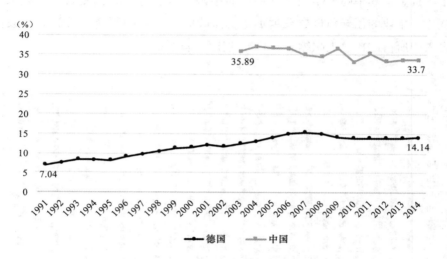

图 3 - 18   高校研发投入中企业投资占比

资料来源：经合组织数据库（http：//stats. oecd. org/）。

但当我们从另一个角度来看，结果会有所不同。表 3 - 5 展示的是《全球竞争力报告》中的大学和企业研究合作指数，表示的是企业和大学在研发上的合作程度。德国近些年在这方面表现出色，大学与企业间合作较为密切，排名也处在世界第 10 位左右。而中国则排在第 20—30 位。结合以上两组数据我们可以看到，中国企业虽然积极对高校研发进行资金上的投入（往往是委托研发），但在合作的深度和广度上还有差距。

表 3 - 5   **大学—业界研究合作指数**

年份	德国		中国	
	合作指数	合作指数排名	合作指数	合作指数排名
2008	5. 4	6	4. 5	23
2009	5. 2	10	4. 6	23

续表

年份	德国		中国	
	合作指数	合作指数排名	合作指数	合作指数排名
2010	5.2	9	4.6	25
2011	5.2	13	4.5	29
2012	5.2	11	4.4	35
2013	5.4	9	4.4	33
2014	5.3	10	4.4	32

注解：

合作指数："大学和企业间的研究合作程度"。在您的国家，企业和大学在研发领域的合作程度有多少？（1 = 完全不合作，7 = 合作程度很高）

资料来源：Global Competitiveness Report，World Economic Forum。

三　小结

这一节我们从国家层面对比分析了中国和德国的创新投入和创新绩效，通过这种探索性研究可以看出，德国作为世界上最具创新性的国家之一，不管从创新投入还是创新产出，近年来都保持着较高的水平，并且波动很小，较为稳定，这也与德国较为成熟的经济体制相一致。而作为新兴工业国家，中国创新投入和创新产出的总量在近年来都实现了巨大的飞跃，但从人均数量上来看与发达国家还有不小差距。

另外，这种差异也是两国制度和经济结构的不同导致的，中国处在向市场经济的转型时期，各方面都会发生巨大变化，但是由于制度的惯性，这种转型还不是十分彻底，市场与政府的关系还没有完全理顺。对于体制转型对创新能力提高的作用我们将在下文中做进一步分析。从政策层面讲，两国政府近年来都出台了创新促进政策，中国希望能够发展成为创新型国家，缩小与世界强国的差距，而德国出台新的促进政策的原因之一就是以中国为代表的新兴国家的快速崛起所带来的压力，两国政府在创新活动中发挥的具体作用将在下一章进行进一步研究。从创新主体来看，有一个显著不同就是高校的作用。中国高校的创新活动参与程度要低于德国的高校，在旧体制下，中国高校长期以来不是研发活动的主体，直到近年高校才越来越多地承担研究任务。而德国的高校一直把科研和教学放在同等重要的位置。

接下来我们将从定性分析转移到定量的实证分析，研究各个创新投入因素对创新绩效的影响。

第三节　两国区域层面的创新能力比较

上面我们对中国和德国的创新绩效进行了国家层面初步的对比分析，这一部分将对两国的创新进行实证研究。上文提到，杰弗里·福尔曼等人以及胡美智和约翰·马修斯分别对经合组织国家以及亚洲几个国家和地区进行过国家层面的量化分析（Furman et al.，2002；Hu & Mathews，2005；2008），但是这种国家间的比较也存在争议。每个国家内部的各个区域和产业都可能存在差异，国家创新体系并不能完全反映单个创新主体的创新绩效和作用（Rosenberg & Nelson，1994），而区域资源和创新活动对于企业提高其全球竞争力来说十分关键（Asheim & Isaksen，2002）。因此在这一部分，笔者将会从区域层面分别分析创新环境对两国创新绩效的影响，中国选取的是省级层面，德国则是与之相对应的联邦州层面。

这一部分把创新环境分为三部分：制度和政策，即创新基础设施；集群的作用，即集群环境；以上两者之间的联系。我们将把创新投入和创新环境的影响因素运用到分析中国和德国的创新绩效当中。其中在分析中国的创新绩效时，笔者将重点考察第一部分创新基础设施中的市场化水平这一因素，因为这一制度因素对于转型中的中国的影响是全方面的。通过笔者的分析发现，创新环境，特别是创新基础设施与中国的创新绩效呈现正相关的关系。而通过对德国的分析发现，创新环境因素、特别是产业结构对创新绩效有较大影响。正如上一部分所分析的，这种区别除了来自两国创新体系的不同，也源于两国发展阶段的差异。

一　理论基础和模型

上文介绍了根据《奥斯陆协定》以及杰弗里·福尔曼等人的模型建立的分析框架。这一部分我们将该分析框架进行细化，重点使用杰弗里·福尔曼等人的 FP & S 模型进行量化分析。这一模型包含三个理论：保罗·罗默的知识驱动型的内生增长理论（Romer，1990），迈克尔·波特的国家竞争优势理论（Porter，1990）以及理查德·纳尔逊的国家创新体系思想（Nelson，1993）。保罗·罗默的增长理论主要关注创新投入，即新的投入以及知识积累，而后两个理论侧重于分析创新体系。

根据保罗·罗默的知识生产函数，知识的产生受到对研发的新投入以及知识积累影响，技术的进步和知识的积累对经济的发展有促进作用。知识生产函数可以表达为：

$$\dot{A}_t = \delta\, L_{A,t}^{\lambda} A_t^{\varphi} \tag{1}$$

其中$\dot{A}_t$代表在 t 年新知识和创新的产出，$L_{A,t}^{\lambda}$代表研发人力资本，A_t^{φ}代表在 t 年的知识积累。

迈克尔·波特的国家竞争优势理论，即钻石模型，分析了一个国家集群中产业和企业的竞争力。如上文所述，在国内的集群中有四个重要因素需要关注（见图 3 – 19）：（1）要素条件：包括人力资本、实体资本和知识资源在内的生产要素；（2）企业战略、结构以及竞争对手的表现：竞争在一定程度上有利于企业创新能力和竞争力的提高，但是，竞争的压力并不完全来自本地企业，还有国际上的竞争者，而这与当地的开放程度有关；（3）需求条件：当成熟的、挑剔的国内需求方要求企业提高生产效率，生产出更高质量的产品时，企业的创新行为同样会受到影响；（4）相关产业和支持产业的表现：它们能够提供基础设施，通过促进地理上接近的产业之间的交流来强化知识的溢出效应，降低交易成本。此外，除了这四个因素还存在两个变数，第一个是机会，这一因素虽然影响竞争但企业无法控制。第二个是政府的作用，政府会通过具体的政策和措施对上面四个因素产生积极或消极的影响。传统的创新政策主要侧重于通过竞争政策修正市场失灵，维护竞争秩序，而创新体系理论则强调不同主体之间的互动效用。在国内集群中，以创新为导向的竞争决定了企业和产业的创新绩效（Porter，1990），企业在竞争和创新的过程中起到了重要作用，而政府则需要为企业提供必要的公共资源和公平的竞争环境。

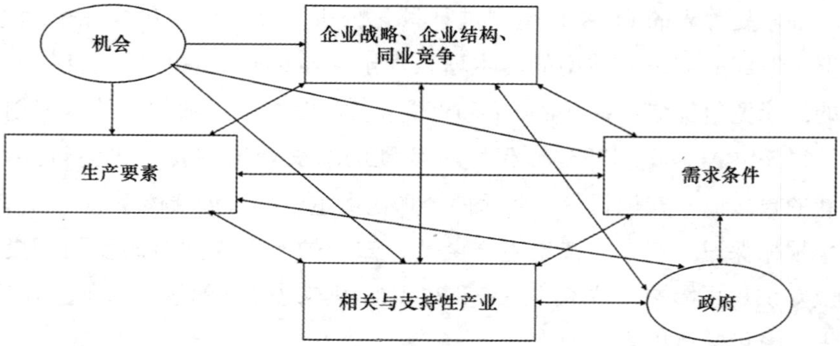

图 3 - 19 钻石模型

资料来源：Porter, Michael E. 1990. *The Competitive Advantage of Nations*. Harvard business review, 68, 1990。

与迈克尔·波特相似，理查德·纳尔逊同样侧重分析制度和体系的作用，他的国家创新体系强调了国家政策和特定的创新制度的作用（Nelson，1993）。杰弗里·福尔曼等人将以上三个理论结合起来，并把国家创新环境因素分为了三个部分：（1）基础设施、创新资源和政策；（2）产业集群的作用；（3）以上两者之间的联系（Furman et al.，2002）。因此，新的国家创新绩效的分析框架不仅包括了罗默的内生增长模型，还加入了创新环境因素：

$$\dot{A}_{j,t} = \delta_{j,t}(X_{j,t}^{INF}, \ Y_{j,t}^{CLUS}, \ Z_{j,t}^{LINK})L_{j,t}^{A\lambda}A_{j,t}^{\varphi} \qquad (2)$$

其中 $\dot{A}_{j,t}$ 代表 j 地区在 t 年的创新产出，$L_{j,t}^{A\lambda}$ 代表资本和人力投入，$A_{j,t}^{\varphi}$ 表示资本积累。$X_{j,t}^{INF}$ 指创新基础设施，包括政府参与的研发活动和地区的开放程度，$Y_{j,t}^{CLUS}$ 是该地区的集群环境，$Z_{j,t}^{LINK}$ 代表创新基础设施和集群之间的联系。

$X_{j,t}^{INF}$、$Y_{j,t}^{CLUS}$、$Z_{j,t}^{LINK}$ 三者之间相互补充，在这一框架中与创新投入和知识积累一样，都是影响创新产出的重要因素，之后等式（2）可以经过改写得出新的形式（Furman & Hayes，2004）：

$$\dot{A}_{j,t} = \delta \ X_{j,t}^{INF\delta_1} Y_{j,t}^{CLUS\delta_2} Z_{j,t}^{LINK\delta_3} L_{j,t}^{A\lambda}A_{j,t}^{\varphi}$$

再经过对数形式的变换，可以得出一个新的等式：

$$\ln \dot{A}_{j,t} = \delta + \delta_1 \ln X_{j,t}^{INF} + \delta_2 \ln Y_{j,t}^{CLUS} + \delta_3 \ln Z_{j,t}^{LINK} + \lambda \ln L_{j,t}^{A} + \varphi \ln A_{j,t} + \epsilon_{j,t} \quad (3)$$

杰弗里·福尔曼等人以及胡美智和约翰·马修斯分别将这一模型运用到了经合组织国家和亚洲几个国家（地区），但该框架对于中国省级的区域创新体系同样适用，原因是：（1）从面积、人口和经济总量上来看，中国省份的体量类似于一个主要国家；（2）自从 20 世纪 70 年代末改革开放以来，特别是到 90 年代以后，中国的中央政府在经济政策的制定和执行方面逐步放权给了地方政府，如今许多具体的经济政策都由地方政府独立制定与执行；（3）与国家层面的分析相比，在区域层面分析中国的创新问题更加符合现实，因为中国不同省份的发展阶段、文化和习俗都有较大差别（Liu & White, 2001）。同样，德国虽然面积不大，但由于其联邦制的体制，各个联邦州在财政收支、经济政策的制定和执行以及经济结构方面具有较高的独立性，因此接下来的部分我们将会把该模型分别运用在中国和德国的区域创新体系分析中。

二　中国创新环境对区域创新绩效的影响

李习保通过分析创新环境中的创新主体来估计了中国各省份在创新绩效影响因素上的差异，他将创新体系分为两部分，一部分是地区的参与者，比如，企业、大学、研究机构、政府以及这些主体之间的相互作用。另一部分是制度，比如，规则以及政府与市场之间的关系（李习保，2007b）。他认为，创新主体的变化以及企业创新绩效的不同在地区层面造成了地区创新能力的差异。但是很多分析中涉及的制度通常是国家层面的，而一些区域的制度因素常常被忽略。然而，中国的改革和分权导致了地方制度的竞争和制度的差异（张五常，2009；Kou，2015）。因此，这一部分的第一个假设是：区域的制度和创新环境影响中国区域的创新绩效。

与经合组织国家不同，中国作为后发国家在过去几十年经历了一场经济体制的变革，正在不断向市场经济制度转型，并且这一过程仍在继续，市场化是指建立一套公平的竞争制度和经济体系，使市场在资源分配中起到决定性作用。市场化改革对中国经济的影响是全方面的，自然也包括对创新能力的影响。中国国民经济研究所制定的"中国市场化指数"对近年来中国各个省份经历的市场化改革进行了量化，这一部分将这一指数选作衡量创新基础设施 $X_{j,t}^{INF}$ 的一个指标，所以第二个假设是：以市场为导向的制度对中国区域创新绩效有积极影响。

（一）中国创新绩效概览

在中国，专利主要分三种：发明专利、应用新型专利和外观设计专利。这一部分使用的均是在中国申请授权的最具科技含量的发明专利。我们统计了近年各个省份发明专利的授权情况，虽然各省在20世纪90年代末的初始阶段的专利授权量都很低，但一些省份在之后的十多年内实现了专利授权量的快速增长，比如，北京、广东、江苏、上海、浙江，但中部和西部的一些地区专利授权数量仍然很低。

如果将人口因素考虑在内，从各省份每百万人专利授权量来看，地区之间的差异依旧十分明显，北京、上海、天津优势较为明显，广东、江苏、浙江的专利授权量同样要高出其他省份不少。从这一点上可以看出，中国各省份之间创新产出存在很大差别，在分析时需要将省份之间的个体效应考虑在内。

另一个我们关心的重要因素是市场化进程。从发达国家的发展历程可以看出，实现现代化最好的途径就是建立市场经济体制（樊纲等，2006）。中国国民经济研究所的"市场化指数"度量了1997—2009年中国31个省份的市场化程度，量化了中国市场化进程，指数越高表示该省份的市场化程度越高。在市场化程度的总体评分之下还有五个分类：政府与市场的关系、非国有经济发展、产品市场发育程度、要素市场发育程度和市场中介组织发育和法制环境。

图3-20展示了1998—2008年中国各省份在市场化方面的总体平均得分。在2007年之前，这五个指数都实现了逐年增长，也就是说在这个时间段内向市场经济体制转型进展得较为顺利，政府"有形的手"逐步受到限制。但是2007年之后，其中的一些指数出现了下降，特别是产品市场和要素市场的发育程度，以及政府与市场的关系。产品市场的发展涉及价格的市场决定程度以及减少商品地方保护的程度，而要素市场涉及金融市场化程度、引进外资程度、劳动力流动性以及技术成果的市场化。市场化指数下降的一个原因可能是2007/2008年金融危机发生后中国政府实施了一项大规模的救市政策，这一措施导致政府开始重新大规模干预市场，在此期间救市计划中的大量资金涌入国有银行和国有企业，市场经济体制改革受到影响。尽管中国相比于其他国家较快地从经济危机中恢复了过来，但是不可持续的刺激方式的副作用几年后开始逐渐显

现出来。

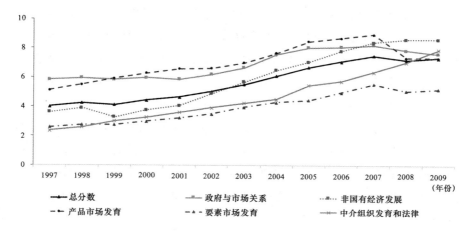

图 3 - 20　中国各省份的市场化指数平均值

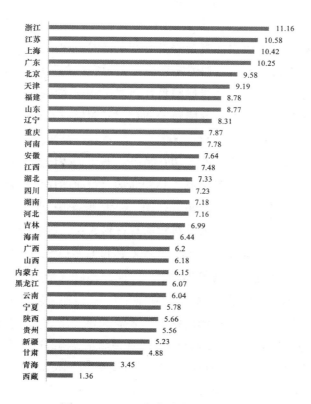

图 3 - 21　2008 年各省份市场化指数

如果我们从省份的层面观察经济体制转型进程，可以清晰地发现不同省份的市场化程度存在较大差异，东部沿海省份相对于中西部地区建立了更加完善的以市场为导向的体制（如图 3 - 21 所示），这种地区间的差异也使我们进一步确信从区域层面对中国创新绩效分析的必要性。

（二）数据

我们建立了一个关于中国 30 个省份、自治区、直辖市的创新行为的面板数据[①]，时间跨度为 1998—2008 年，其中的变量借鉴了杰弗里·福尔曼等人在分析经合组织国家中使用的指标，数据来源包括中国国家统计局、中国高科技统计年鉴和国民经济研究所市场化指数等。

1. 创新产出

专利是一个经常用作衡量创新绩效的指标（Patel & Pavitt，1994），这一部分选择各省份在中国国内的专利授权量作为区域创新产出的变量。由于中国的专利法律法规在省级层面并没有太大的差别，所以专利是衡量区域创新能力的一个较为合适的指标（李习保，2007b）。如上文所说，中国的专利分为三种，这里我们只使用发明专利，因为与其他两种专利相比（实用新型和外观设计专利），发明专利的高科技含量更高，更能代表创新能力水平。

通常专利从申请到授权要经历一段的时间，所以有必要将专利的滞后影响考虑在内，以及不少学者在这里加入了 3 年的滞后项（Furman et al.，2002；Furman & Hayes，2004；Hu & Mathews 2005）。根据李习保（2007a）的分析，在中国这一过程同样滞后约 3 年，所以我们使用滞后 3 年的国内专利授权量（PATENT_ GRA）和每百万人的国内专利授权量（PATENT_ POP）进行回归分析。

2. 创新投入与知识积累

根据 FP & S 模型，创新投入包括专业人员的人力资本投入（或实体资本投入）以及知识积累。人力资本投入方面，这部分使用各个省份研发人员全时当量（PERSONAL），包括了研究机构、大学和企业的研究人

---

① 由于数据缺失较多，西藏自治区的数据被剔除。

员，数据来自中国高科技统计年鉴。知识积累的指标使用各省的人均GDP（GDP_PC），能够在一定程度上反映该省将知识积累转化成经济进步的能力（Furman et al.，2002）。

3. 创新基础设施

创新基础设施指的是基础的制度因素和政府的角色，我们使用的变量包括开放程度（OPENNESS），即贸易总额与GDP的比例；教育投入（ED_SHARE），即政府教育投入占财务支出的比例；市场化指数的两个分类，市场中介组织和法制环境（INTER）以及对知识产权的保护力度（IP）。在中国，立法权属于国家层面的全国人民代表大会，省份虽然没有权力通过法律，但是可以颁布相应的地方性法律法规，并有责任保证一个良好的法治环境。

4. 集群环境

创新绩效除了依赖于基础设施，还需要有一个良好的集群环境。这部分衡量集群和产业结构的指标是第三产业占总量的比例（TERTIARY）。不同行业的知识基础、投资要求以及创新过程存在差异，因此企业所处的微观经济环境对创新绩效也会有影响（李习保，2007a）。

5. 基础设施与集群的联系

在一个给定的集群创新环境中，创新产出会随着创新基础设施的强化而增长（Furman et al.，2002）。基础设施与创新导向的集群主体的联系与互动对于一个创新体系来说至关重要。所以这一部分引入两个变量：（1）高校的科研支出占总科研支出的比例（UNI_RD）。在后发国家中，不少科研领域都是应用导向的，这些国家对能够参与实际生产中的工程师有巨大需求，这一结构不仅影响身处产业中的劳动者，而且也会对产业技术的科技导向造成变化（Hu & Mathews，2005）。（2）银行贷款占科技活动费用的比例（BANK）。在中国，银行对于经济发展起到了重要作用，特别是几年前中国还缺乏广泛的直接融资渠道的时候，所以这里引入银行在创新活动中所起的作用这一变量来估计融资渠道的作用。表3-6对各个变量做了具体解释，表3-7展示了描述性统计量。

表3-6   变量的定义

变量名	定义	
	L_ PATENT_ GRA	i 省在 $t+3$ 年的专利授权量的对数
	L_ PATENT_ POP	i 省在 $t+3$ 年的每百万居民专利授权量的对数
$A_{j,t}^{\varphi}$	L_ GDP_ PC	人均 GDP 的对数
$L_{j,t}^{AA}$	L_ PERSONAL	研发人员全时当量的对数
$X_{j,t}^{INF}$	OPENNESS	开放程度：进出口总额/GDP
$X_{j,t}^{INF}$	ED_ SHARE	教育经费支出/政府总支出
$X_{j,t}^{INF}$	INTER	中介组织发育和法律
$X_{j,t}^{INF}$	IP	知识产权的保护力度
$Y_{j,t}^{CLUS}$	TERTIARY	GDP 中第三产业占比
$Z_{j,t}^{LINK}$	UNI_ RD	大学的研发投入比例
$Z_{j,t}^{LINK}$	BANK	科技活动资金中银行出资占比

表3-7   描述性统计量

变量	观测值	平均数	标准差	最小值	最大值
L_ PATENT_ GRA	240	5. 579	1. 313	1. 792	8. 936
L_ PATENT_ POP	240	2. 064	1. 158	0. 100	5. 946
L_ GDP_ PC	240	9. 093	0. 590	7. 768	10. 813
L_ PERSONAL	240	9. 942	1. 117	6. 743	12. 050
OPENNESS	240	29. 287	38. 272	3. 213	165. 227
ED_ SHARE	240	15. 380	2. 281	9. 697	21. 140
INTER	240	3. 868	2. 069	1. 150	12. 840
IP	240	2. 621	3. 835	0. 010	25. 130
TERTIARY	240	40. 540	6. 359	30. 048	69. 651
UNI_ RD	240	10. 039	5. 828	0. 958	30. 943
BANK	240	6. 920	4. 773	0. 000	27. 210

（三）实证分析结果

表3-8 报告了实证研究的结果，其中因变量是 i 省份在 $t+3$ 年的国内发明专利授权量，我们分别使用了不同的变量进行了从第 1 列到第 4 列的四次回归分析，第 1 列只加入了创新投入和知识积累两个因素，之后

逐步加入了其他创新环境和制度因素的变量。

1. 内生增长

根据罗默的内生增长理论，知识积累的程度和人力资本投入因素共同决定产出。第 1 列中，我们使用了人均 GDP 和研发人员全时当量的对数作为自变量，经过回归我们发现，二者均对创新绩效有积极影响，人均 GDP 增长 10%，会带来 14.38% 的专利授权量的提高，而如果一个省份的研发人员增长 10%，则专利授权量将增长约 8.74%。

2. 创新环境

如上文所述，区域创新绩效不仅取决于创新投入，还取决于制度环境。第 2 列加入了创新环境的变量。其中地区开放程度（OPENNESS，0.016）和教育投入（ED_ SHARE，0.09）为显著的正相关。如果回顾中国的改革开放历程，改革与开放实际上是紧密联系在一起的。开放是改革的动力，逐步地、分阶段地开放起到了倒逼改革的作用（Shi，2009）。开放政策使得中国逐步融入世界分工体系当中，并促使中国参与国际竞争。而教育直接影响到未来科技人才的培养，对创新的重要性不言而喻。根据回归的结果，地方政府的教育投入占总支出的比例每增长 10%，创新绩效提高约 0.9%。

然后我们在第 3 列和第 4 列中加入了创新的环境变量，杰弗里·福尔曼等人认为，产业集群中的创新环境较难量化，因为其中的指标太过复杂，而且也缺少系统性的数据。这里我们用的是第三产业占 GDP 之比。根据结果，第三产业的发展也对创新产出有积极影响，一个服务业较为发达的省份，在创新方面表现得也较为突出。其中的原因可能在于，第三产业包含了许多服务性中介产业（知识密集型商业服务），这些产业的蓬勃发展有利于知识的流通，对创新有积极的作用。最后一个变量 BANK 衡量的创新活动的融资渠道的影响，从结果可以看出，如果过多的创新活动的资金来自银行贷款，那么对创新并没有好处。

3. 市场化

最后我们要看的因素是市场化情况。第 3 列和第 4 列分别展示了加入两个市场化指标——中介组织（INTER）和知识产权保护（IP）——的回归结果。为了避免多重共线性问题的出现，我们将两个指数分别回归。最终得出的结果显示，两个市场化指数对创新产出也同样有显著的积极影响。中介组织指数每提高10%，专利授权量会增长约0.87%，知识产权保护指数每提高10%，专利授权量增长约0.44%。

表3-8 估计结果（专利授权量作为因变量）

	（1）	（2）	（3）	（4）
L_ GDP_ PC	1.438***	1.358***	1.121***	1.254***
	(0.186)	(0.176)	(0.193)	(0.185)
L_ PERSONAL	0.874***	0.651***	0.358***	0.393***
	(0.169)	(0.149)	(0.124)	(0.130)
OPENNESS	0.016***	0.012***	0.009**	
	(0.003)	(0.003)	(0.004)	
ED_ SHARE		0.090***	0.062**	0.061**
		(0.023)	(0.023)	(0.022)
INTER			0.087***	
			(0.020)	
IP				0.044***
				(0.014)
TERTIARY			0.071***	0.070***
			(0.010)	(0.011)
UNI_ RD			0.004	0.002
			(0.007)	(0.007)
BANK			-0.013*	-0.014*
			(0.007)	(0.007)
_ cons	-16.180***	-15.092***	-12.646***	-13.825***
	(1.662)	(1.446)	(1.113)	(1.186)
N	240	240	240	240
r2	0.766	0.806	0.865	0.864
r2_ a	0.764	0.802	0.861	0.859
Standard errors in parentheses * p < 0.1, ** p < 0.05, *** p < 0.01				

表3-9中我们用每百万人的国内专利授权量（PATENT_ POP）代替了国内专利授权的总量（PATENT_ GRA），并重新估计了四个模型，以

此来进一步检验模型的稳健性。各个变量的结果基本上没有发生太大变化，这一结果进一步证明了，创新环境，特别是创新基础设施和制度变化对创新绩效的影响。

表 3 - 9 　　　　　　估计结果（每百万人的专利授权量作为因变量）

	（1）	（2）	（3）	（4）
L_ GDP_ PC	1. 406 * * *	1. 339 * * *	1. 105 * * *	1. 241 * * *
	（0. 185）	（0. 178）	（0. 196）	（0. 188）
L_ PERSONAL	0. 836 * * *	0. 634 * * *	0. 333 * *	0. 370 * * *
	（0. 164）	（0. 147）	（0. 126）	（0. 132）
OPENNESS		0. 014 * * *	0. 011 * * *	0. 008 *
		（0. 003）	（0. 003）	（0. 004）
ED_ SHARE		0. 085 * * *	0. 057 * *	0. 055 * *
		（0. 025）	（0. 026）	（0. 024）
INTER			0. 088 * * *	
			（0. 019）	
IP				0. 043 * * *
				（0. 014）
TERTIARY			0. 072 * * *	0. 072 * * *
			（0. 010）	（0. 011）
UNI_ RD			0. 004	0. 002
			（0. 006）	（0. 006）
BANK			− 0. 013	− 0. 014 *
			（0. 008）	（0. 007）
_ cons	− 19. 034 * * *	− 18. 145 * * *	− 15. 702 * * *	− 16. 932 * * *
	（1. 628）	（1. 472）	（1. 244）	（1. 240）
N	240	240	240	240
r2	0. 763	0. 797	0. 863	0. 860
r2_ a	0. 761	0. 794	0. 858	0. 856
Standard errors in parentheses				
* p < 0. 1 , * * p < 0. 05 , * * * p < 0. 01				

（四）结论

我们在这部分估计了创新环境对中国区域创新绩效的影响。为此我们建立了一个1998—2008年由30个省级区域组成的数据集。结果显示，创新环境对于创新水平的提高做出了较大贡献，其中市场化改革起了很大作用。

创新环境中的各个因素的作用有所不同：开放程度、政府对教育的投入和市场化程度等创新基础设施对创新绩效的提高有显著的积极影响。而银行贷款对创新产出并没有产生积极影响，也就是说，贷款这种在中国十分重要的融资模式对于提高创新绩效没有帮助。创新活动相对来说是一种高风险高回报的行为，西方特别是美国的经验证明，创新要求有多样化的融资渠道，比如，风险投资或天使投资等直接融资方式，而银行投资理念一般较为保守，并不偏好高风险的行业或企业。再加上中国的银行大部分以国有银行为主，投资偏向国有企业，对于创新思维活跃的私有企业支持力度比较小。因此银行贷款反而阻碍了创新。

从政策建议的角度来看，一个地区除了要着重培养成熟的工程师和科研人员，还要努力融入国际竞争中，并重视对下一代的培养和教育。此外还应该继续推行改革开放政策，促进向完善的市场经济体制转型。地方政府有必要继续为市场经济体制完善公平的竞争环境和法治环境。政策的制定应更加侧重于消除创新体系的缺陷，减少对市场的直接干预，运用更多的间接手段为创新和激励机制创造良好的框架条件。

三　德国创新环境对区域创新绩效的影响①

这一部分我们将用上文中的模型对德国区域创新绩效进行分析。勒特·雷德斯多夫（Loet Leydesdorff）和米夏埃尔·弗立契（Michael Fritsch）认为，德国的联邦制体制以及各地区的经济差异使得在对德国创新进行分析时，对联邦州进行区域分析要优于国家层面的分析，几位作者利用"三螺旋"（Triple Helix）模型，分析了大学—业界—政府三个因素对德国区域创新体系的影响。作者认为，中等科技和高科技企业决定

---

① 该部分经过修改：参见寇蔻、史世伟《德国创新体系对区域创新绩效的影响》，《欧洲研究》2017年第4期。

了区域创新体系的质量（Leydesdorff & Fritsch，2006）。米夏埃尔·弗立契和维克多·斯拉夫切夫（Viktor Slavtchev）利用知识生产函数分析了影响德国区域创新体系效率的决定因素，他们认为私有企业和公共研究机构之间的知识溢出效应，以及私有机构的角色对创新活动有较大影响。同时作者发现，区域创新体系在德国西部联邦州的效率要高于东部（Fritsch & Slavtchev，2008）。

依照这一思路，本节将对德国的区域创新绩效进行进一步的分析。在国家层面分析时笔者曾表示，中国和德国政府近年来均推出了创新促进政策，从政府层面推动本国的创新能力。德国由于是联邦制国家，各联邦州在经济政策制定和财政收支上有较大的自由度，因此，州政府的富裕程度直接影响到州政府对本州的研发投入情况。但与州政府不同的是，联邦政府需要统筹全局，顾及各个州的发展情况。德国最近的一些创新政策和高科技政策多是由联邦政府直接负责并进行拨款，而政府研发支出在各个州之间如何分配，则要考虑多方面的因素，如该州的创新潜力、基础设施状况以及为了兼顾地区平衡发展而对相对落后地区加大投入，或者是采取竞赛项目制度，加强对有竞争力的创新项目的支持。因而，联邦政府的促进政策对创新绩效的影响成为我们关心的一个重点。因此，本节的第一个假设是：联邦政府投入影响德国区域创新绩效。

"二战"结束之后，德国西部和东部走上了两条不同的发展道路。主张社会市场经济制度的西德逐步建立起较为完善且领先的工业体系，而东德虽然在冷战时期也打下了强大的工业基础，但工业结构以重工业为主，经济结构不合理成为当时社会主义阵营的共同特征。1990年两德统一之后，德国东部地区进行了产业结构的调整，近些年来取得了一些成效，但在经济发展水平上仍与西部有一定差距。除了东部和西部之间的差异，各个联邦州之间的经济结构也有较大不同。德国很多产业集群都是以一家大型企业为主，带动供应链上的多家中小企业共同发展，再加上德国联邦州面积普遍较小的特点，使得一个联邦州的支柱型企业会直接影响到该州整体的经济结构。所以各个联邦州产业结构之间的差异成为我们关注的另一个重点。本节的第二个假设是：产业结构影响德国区域的创新绩效。

（一）德国创新绩效概览

这一部分将展示德国创新活动中最重要的，也是本节较为关心的几项数据。通过对这些数据的概览可以对创新绩效进行初步的探索性分析。

从各个联邦州 2000 年到 2010 年专利申请量来看，德国在专利申请上两极分化较为严重，巴登—符腾堡州和巴伐利亚州在申请量上远远领先于其他几个州，北莱茵—威斯特法伦州的专利数也处于领先地位，而德国东部的联邦州在这方面的劣势十分明显。

如果将人口数量的因素考虑在内，考察每百万居民的专利申请量，可以发现一些人口较少的州，如汉堡、柏林、黑森和莱茵兰—普法尔茨州的表现有所提高，但是德国东部联邦州仍然没有太大起色。这说明，由于德国联邦州之间的创新绩效存在差异，因此，对德国创新绩效进行区域层面的分析更加符合实际。

之后，我们考察了德国联邦政府近年来对各联邦州每千人的研发支出情况，总体而言，近年来联邦政府对各州的研发资金投入都有所增加。与之前的数据对比可以发现，创新能力强的联邦州并不会受到联邦政府的特别青睐，柏林、汉堡和不来梅这三个人口较少的州每千人获得的联邦研发资助最多。梅克伦堡—前波莫瑞州和萨克森州这两个东部联邦州的联邦资助近年来增长较快。

图 3－22 展示了每个联邦州内，几个主要行业在欧洲专利局申请的专利数占该联邦州专利申请数的份额，该数据能够在一定程度上反映出每个行业在该州的创新活动中的重要性。总体而言，西部的几个州，如巴登—符腾堡州、巴伐利亚州、黑森州、下萨克森州、莱茵兰—普法尔茨州近年来行业之间的变化较为稳定，而德国东部的如梅克伦堡—前波莫瑞州、萨克森州、萨克森—安哈尔特州、图林根州的经济结构则发生了较大变化，几个行业专利申请量占比的波动比较大。如果看具体的行业，我们可以发现各州之间的经济结构差别明显，如高新技术和电子行业在巴伐利亚的创新活动中占有重要作用。柏林的高科技行业较为领先，或许得益于柏林较为成功的高科技集群。而化工行业在莱茵兰—普法尔茨州的专利申请量远高于其他三个行业，一个重要原因就是位于该州的大型化工企业巴斯夫（BASF）的强大科研能力。而在东部的萨克森—安哈尔特州的创新活动中，化工行业同样起了重要作用，这是由于萨克森—

安哈尔特州在民主德国时期就是以化工产业为主，哈勒（Halle）、洛伊纳（Leuna）、施科保（Schkopau）、比特费尔德（Bitterfeld）均建有大型的化工工厂，这一地区也被称为"德国中部的化学产业三角地带"（Mittel-deutsches Chemiedreieck）。这一组数据确认了德国各个联邦州之间的产业结构存在较大差异，也进一步说明具体分析经济结构对创新产出的影响的重要性。

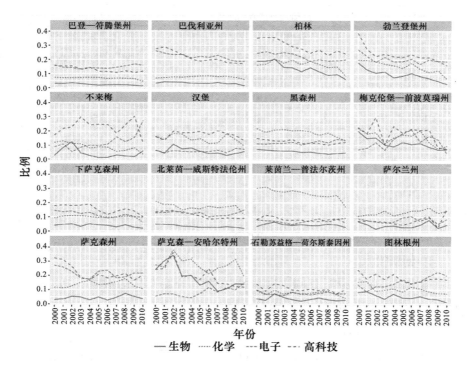

图3－22　德国各联邦州主要行业在欧洲专利局专利
申请量占总量的份额

（二）数据

由于数据结构及统计方式的差异，我们无法获得与上文中分析中国区域创新时所使用的同一时间段内的完全一致的数据。我们建立了一个关于德国16个联邦州的面板数据，时间跨度为2000—2010年，数据来源包括德国联邦统计局和德国财政部等机构。表3－10展示了文中使用的变量的具体定义。

表 3 – 10　　　　　　　　　变量的定义

变量名	定义	来源
PATENT	德国联邦州的专利申请量的对数	德国联邦教育与研究部
PATENT_ POP	德国联邦州每百万人的专利申请量的对数	德国联邦教育与研究部
GDP_ PC	人均 GDP 的对数	德国联邦教育与研究部
PERSONAL	科研人员数量的对数	统计年鉴
OPENNESS	开放程度：出口额/GDP	德国联邦统计局
RD_ GOV	每万人政府研发投入（百万欧元）的对数	德国联邦教育与研究部
CHEMIE	化工产业专利申请量的对数	欧盟统计局
ELECTRI	电子产业专利申请量的对数	欧盟统计局
BIO	生物产业专利申请量的对数	欧盟统计局
UNI	大学科研人员数量占全部科研人员数量的比例	统计年鉴

1. 创新产出

我们使用的是当期各个联邦州在德国的专利申请量（PATENT）以及该申请量每百万居民的数量（PATENT_ POP）。

2. 创新投入

与中国的绩效分析相同，这里使用的是研发人员的数量（PERSON-AL），而知识积累的变量则使用人均国内生产总值（GDP_ PC）。

3. 创新基础设施

我们使用了地区开放程度（Openness），即出口额与 GDP 的比值。在政府的角色方面，使用的是政府的研发投入。在德国，联邦州的研发投入拨款分别来自德国联邦政府和联邦州自身，由于联邦州独立性较高，且研发支出依赖于本地的经济发展水平，因此我们选择联邦政府研发投入除以每万名居民（RD_ GOV），来代表德国联邦一级的政府对研发和创新的影响。在分析中国区域绩效时我们加入了"市场化指数"这一制度变量，但德国由于与中国处在不同的发展阶段，作为主体的原联邦德国（西德）具有成熟的市场经济体制，因此这方面的影响较小。不过德国东部和西部在冷战时期经历了不同的经济制度，尽管德国已经统一了

20 多年，但两德经济上的差异仍然存在。

4. 集群环境

德国是世界重要的工业和制造业强国，很多行业都经历了几十年甚至上百年的发展，工业结构较为稳定。机械制造、汽车、电子电气、化工和制药行业是德国的传统优势产业，在这些领域德国通过多年来持续性的创新使得这些传统行业依旧保持较强的创新能力，并在全球竞争中保持了优势地位，而同时，一些与创新联系更加紧密的新兴产业在德国同样发展迅速。因此，我们在这里选择了化学（CHEMIE）、生物（BIO）以及机械制造（MACHINE）行业在欧洲专利局（EPO）专利申请量，来反映各个行业在该地区创新方面的重要性。

5. 基础设施与集群的联系

如上文所述，高校在创新活动中起着特殊作用，高校不仅直接参与研发，同时还为学术界以及业界培养后备人才，并与企业有着紧密的联系。因此，我们借鉴杰弗里·福尔曼等人以及胡美智和约翰·马修斯的经验，使用大学的研发情况（UNI）来衡量创新基础设施与集群的联系。

表 3 – 11 展示了各个变量的描述性统计量。

表 3 – 11　　　　　　　　描述性统计量

变量名	观测值	平均值	标准差	最小值	最大值
PATENT	176	7.085	1.385	4.984	9.631
GDP_ PC	176	10.155	0.287	9.669	10.862
PERSONAL	176	9.741	1.119	7.892	11.719
OPENNESS	176	0.259	0.107	0.076	0.534
RD_ GOV	176	1.238	0.806	0.308	4.064
CHEMIE	176	4.219	1.456	0.104	6.856
MACHINE	176	4.042	1.634	0.445	7.162
BIO	176	3.275	1.324	0.000	5.432
UNI	176	0.275	0.088	0.123	0.494

（三）实证分析结果

表 3 – 12 报告了关于德国各联邦州创新绩效的实证分析结果，其中因

变量是 i 联邦州在 t 年的国内专利申请量，在第 1 列对创新投入的两个最基本变量进行回归，第 2 列中加入了创新环境因素。第 3 列和第 4 列又将该模型运用到了德国西部 10 个联邦州（不含柏林）。

表 3 – 12　　　　　　回归结果（总专利申请量作为因变量）

	（1）全部联邦州	（2）全部联邦州	（3）西部联邦州	（4）西部联邦州
PERSONAL	0.532***	0.778***	0.658***	0.867***
	(0.153)	(0.164)	(0.201)	(0.232)
GDP_ PC	0.740*	1.003***	0.329	0.615
	(0.394)	(0.382)	(0.649)	(0.700)
OPENNESS		−0.055		−0.599
		(0.451)		(0.694)
RD_ GOV		0.207***		0.245***
		(0.065)		(0.091)
CHEMIE		0.126**		0.154*
		(0.050)		(0.079)
MACHINE		0.045		0.035
		(0.035)		(0.066)
BIO		0.040		0.018
		(0.029)		(0.043)
UNI		1.465***		1.478**
		(0.376)		(0.688)
_ cons	−5.384	−11.884**	−2.223	−8.653
	(4.243)	(4.407)	(6.982)	(8.005)
N	176	176	110	110
r2	0.382	0.507	0.431	0.538
r2_ a	0.269	0.393	0.296	0.385
Standard errors in parentheses				
* $p < 0.1$, ** $p < 0.05$, *** $p < 0.01$				

从第 1 列和第 2 列来看，研发人员数量和当地的人均 GDP 对创新的产出有显著的积极影响，根据第 1 列的结果，研发人员数量增长 10% 会带动专利申请量上涨约 5.32%，人均 GDP 增长 10% 则能够提高专利申请

量约7.4%。我们在第2列加入了创新环境的影响因素后，研发人员数量和人均GDP的积极影响得到进一步加强，二者的相关系数分别提高到了0.778和1.003。从创新基础设施来看，联邦政府对研发的投入对创新有直接的积极影响，联邦政府研发支出每提高10%，能够促进该联邦州的专利申请量提高2.07%。但与中国的情况不同，联邦州的开放程度对于创新产出并没有显著影响，一个原因是，德国各联邦州之间在开放程度上相比于中国省份之间差距要小很多，这样的差别并不足以影响创新产出。在产业结构方面，我们选取的三个行业对创新的影响各有不同，化工行业与总体创新绩效有显著的正相关关系（0.126），机械行业和生物行业的影响并不显著。最后一个影响因素即高校的科研人员比例对创新产出有显著的正影响，可见高校在德国的创新活动中起着较为重要的作用。

在第3列和第4列，我们将回归分析的范围缩小到德国西部的10个联邦州，目的是估计我们的模型对于德国经济最为重要的地区的解释情况。科研人员的影响力在德国西部有了一定程度的提高，但是知识积累因素，即人均GDP的影响不再显著。联邦政府的研发投入和高校科研人员比例的相关系数基本上保持一致，但是在产业结构方面，化学工业的相关系数从0.126增长到了0.154。

最后我们将因变量从专利申请总量替换为各联邦州每百万人的专利申请量，这样消除了人口数量对专利申请量的影响，能够更加准确地表示各州的实际创新水平，同时也检验模型的稳健性。表3-13展示了回归结果，总体而言，各个因素的影响程度与之前的结果较为一致，并未发生太大变化。

表3-13　　稳健性检验（每百万人的专利申请量作为因变量）

	（1）全部联邦州	（2）全部联邦州	（3）西部联邦州	（4）西部联邦州
PERSONAL	0.558 * * *	0.763 * * *	0.661 * * *	0.849 * * *
	(0.151)	(0.164)	(0.197)	(0.229)
GDP_ PC	1.213 * * *	1.399 * * *	0.565	0.786
	(0.389)	(0.381)	(0.637)	(0.691)
OPENNESS		0.051		-0.668
		(0.449)		(0.685)

续表

	(1) 全部联邦州	(2) 全部联邦州	(3) 西部联邦州	(4) 西部联邦州
RD_ GOV		0.191 ***		0.235 **
		(0.065)		(0.090)
CHEMIE		0.126 **		0.150 *
		(0.050)		(0.078)
MACHINE		0.057		0.035
		(0.035)		(0.065)
BIO		0.040		0.019
		(0.029)		(0.042)
UNI		1.298 ***		1.320 *
		(0.374)		(0.679)
_ cons	− 11.666 ***	− 16.989 ***	− 6.085	− 11.559
	(4.188)	(4.388)	(6.852)	(7.904)
N	176	176	110	110
r2	0.376	0.494	0.451	0.548
r2_ a	0.263	0.377	0.320	0.399
Standard errors in parentheses				
* p < 0.1, ** p < 0.05, *** p < 0.01				

（四）结论

我们在这一部分估计了创新环境对德国区域创新绩效的影响，为此我们收集了 2000 年到 2010 年 16 个德国联邦州的数据，结果显示，创新环境对于德国创新绩效的提高做出了较大贡献。具体而言，科研人员数量和本地区的知识积累或者说是经济发展水平对创新绩效有积极的影响，其中人力资本的作用最为明显。同时，政府的作用也不可忽视，联邦一级政府的研发拨款有利于提高地方的创新产出。而高校的科研投入的增加对地方创新也有正面影响，这一点与杰弗里·福尔曼等人对经合组织国家的研究结果一致。

此外，德国政府的作用也不可忽视，联邦一级政府的研发拨款起到了显著的积极作用，有利于提高地方的创新产出。作为资源贫乏且高工资的发达国家，德国历来十分重视科技创新在经济发展上的作用，政府为科学研究与技术创新提供基础设施（公立大学与公立研究机构），资助作为公共产品的基础研究以及对重要技术领域的试验性研发。如今，联邦政府扮演了比以往更加积极的角色，在诸多促进项目中，比如，集群政策和中小企业促进政策上，政府都投入了大量资金支持。从我们的实证分析可以看出，联邦政府的投入促进了区域创新绩效的提高。

最后值得注意的一点是，在产业结构对创新的影响方面，德国整体的情况和德国西部联邦州有一定的差别，根据上文的分析结果，我们可以看出，德国东部和西部在产业结构以及创新环境对创新绩效的影响方面存在差异，这一点值得在今后的研究中继续挖掘。

四　小结

在这一部分我们对中国和德国的区域创新绩效（省级/联邦州）进行了实证分析，在上一部分国家层面分析的基础上对两国的创新绩效进行了更深一步的研究。

从量化分析的结果来看，两国之间的创新活动有一定的共性，人力资本对于两国的创新产出都十分重要，这也是普遍意义上创新的基本投入。另外，政府在创新活动中也起了十分重要的作用。两国政府对于创新政策和科技政策越来越重视，特别是德国政府近年来加强了从上到下的政策支持，因此我们也将在本书的下部分对创新政策进行重点分析。

关于两国创新的不同点，首先两国制度不同，处于不同的发展阶段，制度的影响对中国这样的转型国家尤为明显。在加入了"市场化指数"这一变量后发现，一个地区的市场化程度越高，其创新能力就越强。其次，对于德国这样的成熟经济体来说，地区之间经济结构的差异会直接影响区域创新绩效。产业结构也成为我们未来分析德国创新体系的重点内容之一。最后，从创新主体来看，高校在两国起了不同的作用。中国的高校长期以来主要以教学为主，科研工作主要是中科院等公共研究机构的任务。直到最近几年这一情况才有所改善，中国高校也越来越多参与和承担研究任务。而德国的高校多年来都将科研放到与教学同等重要的位置，其科研能力和对创新的贡献要大大高于中国的高校。

第四章

中国与德国的科技与创新中长期战略

在上一章中我们对国家与区域创新体系对于中国与德国创新绩效的影响进行了比较。我们采用一些原始数据对中国与德国国家与区域创新体系的一些重要链条进行了多元回归分析,通过一些变量之间的显著关联性验证了我们构造的分析模型(见第一章、第三章)中的国家与区域创新体系的结构关系与运行机理。其中,创新环境(市场化水平、市场开放度)、创新支撑系统(创新集群、金融系统的发育程度)以及创新主体(人才、企业、高校)的质量以及其相互关系对于创新绩效有着重要影响。由此可见,为了提高创新绩效,政府政策应该在这些方面发挥作用。在下面的章节中我们将对中国与德国近年来的创新政策进行比较。这包括两个层面,一、根据创新理论与创新体系方法对相关创新促进政策进行规范分析;二、根据两国政府的政策目标,对于目标与手段的契合性进行效益分析。当然,由于历史文化的影响、制度的路径依赖以及两国发展阶段的不同,两国的创新政策必然存在着不少差异,但是我们还是力图去寻找一些共性基础。这是一项科学研究的根本价值所在。

在规范意义上,由于科学和技术研究成果的公共产品性质以及创新的溢出效应,在产品与服务市场上存在着创新供给不足或者是创新过多的情形(比如,重复性研究:梯若尔,2015,576),从而需要政府用公共政策来纠正市场失灵。事实上,各个国家政府都采取不同手段的科技和创新政策来促进科技和创新的发展。但是根据我们在前面阐述的创新体系的分析框架,我们在这里比较分析的不是狭义上的科技与创新政策,

而是与提高整体创新体系绩效相关的广义上的创新政策。

根据前面展示的分析框架，我们将从两个方面考察中国与德国的创新政策：在这一章讨论作为国家目标的中国与德国科技与创新中长期战略；下几章则聚焦于政府针对创新框架条件以及针对创新主体的政策。

第一节　中国"十三五"规划(2016—2020 年) 与《国家创新驱动发展战略纲要》

1978 年改革开放以来，中国从中央计划经济体制向市场经济的转型取得了重大成就，中国国内生产总值年均增长超过 9%。除了经济体量的提高，中国的创新水平也取得了长足进步，但是与发达国家比较还有很大的差距，经济增长基本上处于要素驱动阶段，经济增长一是依靠制度变革迸发的巨大活力，二是依靠国外的技术输入和转让。近年来中国经济从高速增长转为中速增长，在"新常态"下，继续利用体制改革的巨大红利仍然是中国经济健康发展的基础，但是以往靠技术引进以及对先进国家前沿技术跟随和模仿的技术路线业已难以为继，努力实现自主创新已经迫在眉睫。

前面理论部分已经提到，中国体制改革的目标是建立"有中国特色的社会主义市场经济"。其基础是使分散化的市场在资源配置中起到决定性作用的同时，保持中央政府的权威，特别强调在国家发展的重大战略方针上的"顶层设计"[①]。在这一基本方针的指导下，中国虽然已经实行市场经济体制 20 多年（从 1992 年党的十二大开始算起），中国政府始终没有放弃编制"国民经济和社会发展的五年规划"，具体工作由国家发展改革委员会（前国家计划委员会）负责。但是今天的"五年规划"与当年苏联模式中央计划体制的所谓"GUSS"计划已经有本质的不同。今天的"五年规划"主要是对国家重大建设项目、生产力分布和国民经济重要比例关系等做出规划，为国民经济发展远景规定目标和方向，是指导

---

① 德国政策研究界经常将中国这种治理方式称为"自上而下"的过程（top-down process），以显示其与一般意义上市场经济"自下而上"的过程（bottom-up process）的区别，参见（Frietsch，in：Die Deutsch-Chinesische Plattform Innovation Policy Briefs，2015，p. 20）。

性的计划，而不是对经济运行中的人和物进行数量控制的指令性计划。但是在中国体制下，它对于各级政府、企业等经济主体做出自身的投资与生产计划仍然具有风向标的作用。

在科技创新领域，近年来，中央政府积极发挥顶层设计的作用。2006 年全国科技大会发布了《国家中长期科学技术发展规划纲要》（2006—2020 年）提出了建立"创新型国家"的战略目标。2012 年中共第十八次代表大会又提出了"创新驱动发展战略"。2016 年 3 月第十二届全国人民代表大会上通过的《中华人民共和国国民经济和社会发展第十三个五年规划纲要》（以下简称"十三五"规划），对在下一个五年实行"创新驱动发展战略"做出了规划与部署。2016 年 5 月国务院颁布了《国家创新驱动发展战略纲要》（简称"战略纲要"），"战略纲要"可以被看作 2006 年《国家中长期科学技术发展规划纲要》的修订版和延展版，"战略纲要"提出了一个"三步走"的规划，目标是到 2050 年将中国建成世界科技创新强国，并为此提出了各阶段要达到的关键指标。

"十三五"规划纲要首先提出要"强化科技创新引领作用"，因为"只有科技创新才能为经济社会发展提供持久的动力"。"十三五"规划指出，要加强基础研究，强化原始创新、集成创新和引进消化吸收再创新，着力增强自主创新能力。也就是说，至少在未来五年内，原始创新与自主创新需要加强，但这并不意味着不要集成创新，技术引进与创新国际合作。"十三五"规划为此提出了四项任务：（一）推动战略前沿领域创新突破；这可以看作国家新的战略性产业政策，即国家挑选一定数量的重点目标，加强对这些领域技术创新的支持。这包括新一代信息通信、新能源、新材料、航空航天、生物医药、智能制造以及深海、深地、深空、深蓝等领域的战略高技术部署。（二）优化创新组织体系；重申了《国家中长期科学技术发展规划纲要》中提出的到 2020 年年初步建成以企业为主体的、产学研联合的创新体系的计划，为实现"创新驱动的发展战略"创造和改善制度条件。《规划》特别强调"在重大关键项目上发挥市场经济条件下新型举国体制优势"。（三）提升创新基础能力；加快实现创新驱动的科技基础设施建设，加强基础研究。这包括在选定的科学领域建立高水平国家实验室、综合性国家科学中心以及国家技术创新中心并对企业全面开放。（四）打造区域创新高地；建设和完善各具特色的区域创新体系。发挥高校和科研院所密集的中心城市、国家自主创新示范区、国家高新技术产业开发区作用。

在强调国家战略性规划后，"十三五"规划提出了"大众创业、万众创新"的新模式，旨在鼓励各类主体开发新技术、新产品、新业态、新模式，打造发展新引擎；积极推进"草根"创新。政府则通过建设创新创业的公共服务平台以及全面推进众创众包众筹给予支持。在我们看来，《规划》的这一新倡议的目的是将自上而下的科技创新引领方式与自下而上的企业家首创精神相结合，统筹发挥市场和政府的作用，显示了国家领导层在创新政策方面的一些新思路。

中国经济体制处于转型期，所以体制机制对于创新驱动的影响具有重要意义。"十三五"规划提出"构建激励创新的体制机制"的任务。这包括：（一）深化科技管理体制改革；（二）完善科技成果转化和收益分配机制；（三）构建普惠性创新支持政策体系。从总体来看，在体制建设方面，《规划》主要借鉴成熟市场经济国家政府促进创新的一般做法，发挥市场在资源配置上的决定性作用以及企业在创新中的主体作用。政府职能则从研发管理转向创新服务，给予公共科技体系在成果转化以及收益分配方面的独立决策权；政府政策的重点从对企业经营的直接干预转到营造激励创新的市场竞争环境上，通过立法保护知识产权和制定技术标准以及推进对企业创新普惠性的税收与资金支持。

此外，"十三五"规划还提出了实施人才优先战略以及通过促进消费升级和扩大出口等方式来拓展发展动力新空间。

与"十三五"规划相比较，《国家创新驱动发展战略纲要》规划的时间跨度更长，因此更加具有战略性。"战略纲要"最主要的亮点是它提出实现"三步走"的创新战略目标，简述如下：

第一步，到2020年进入创新型国家行列，基本建成中国特色国家创新体系，有力支撑全面建成小康社会目标的实现。科技进步贡献率提高到60%以上，知识密集型服务业增加值占国内生产总值的20%。

第二步，到2030年跻身创新型国家前列，发展驱动力实现根本转换，总体上扭转科技创新以跟踪为主的局面。在若干战略领域由并行走向领跑，形成引领全球学术发展的中国学派，产出对世界科技发展和人类文明进步有重要影响的原创成果。攻克制约国防科技的主要瓶颈问题。研究与试验发展经费支出占国内生产总值比重达到2.8%。

第三步,到2050年建成世界科技创新强国,成为世界主要科学中心和创新高地。

在实现上述目标的战略部署上,"战略纲要"提出了"坚持双轮驱动、构建一个体系、推动六大转变"的系统性变革纲领:

——双轮驱动就是科技创新和体制机制创新两个轮子相互协调、持续发力。

——一个体系就是建设国家创新体系。

——六大转变就是发展方式从以规模扩张为主导的粗放式增长向以质量效益为主导的可持续发展转变;发展要素从传统要素主导发展向创新要素主导发展转变;产业分工从价值链中低端向价值链中高端转变;创新能力从"跟踪、并行、领跑"并存、"跟踪"为主向"并行""领跑"为主转变;资源配置从以研发环节为主向产业链、创新链、资金链统筹配置转变;创新群体从以科技人员的小众为主向小众与大众创新创业互动转变。

在战略任务方面,"战略纲要"基本上延续了"十三五"规划的思路,但是在确定重点发展的技术领域方面更全面、更细致、更具有前瞻性。

特别要指出的是,与"十三五"规划相比较,"战略纲要"不仅提出了创新驱动发展战略的经济与技术前提,以及制度生态环境的重要性,同时也强调了社会与文化对于创新不可忽视的影响。"战略纲要"指出,到2020年,要使创新环境更加优化。激励创新的政策法规更加健全,知识产权保护更加严格,形成崇尚创新创业、勇于创新创业、激励创新创业的价值导向和文化氛围。到2050年,创新的社会与文化环境将更加优化。所以,《国家创新驱动发展战略纲要》是在新时期,中国经济与社会发展由要素驱动转向创新驱动的一个全面的中长期战略纲领,是在今后一段长时间内中国科技创新领域的核心指导文献。

第二节　德国政府的高科技战略

"二战"后,联邦德国奉行以私人经济自由为基础的社会市场经济体制。虽然在战后的特殊条件下,联邦德国的宪法——《基本法》没有为战后德国规定某种特定的经济模式，甚至当时德国社会主义者坚持主张的生产资料社会化也能够在宪法中找到依据。但是作为对"人的尊严不可侵犯"核心宪法原则的具体体现，《基本法》保障公民的各项基本自由权利（包括竞争自由、结社自由、开业自由、职业自由、契约自由和消费自由），这实际上使德国不可能实行国家集中计划的经济体制（Wolfgang Bohling，1981，17—19）。这一发展与前面谈到的联邦制政治架构一道使德国对"计划调节或国家引导"持非常保留的态度①。因此，在科技和创新领域，虽然由于外部性导致了市场失灵，政府的扶助是必要的。但是在德国，政府公共政策在大部分时期都是技术扩散导向的，而不是使命导向的，仅在 20 世纪 50 年代对于核能利用的开发可能是一个例外。一般来讲，在德国不存在着政府——哪怕是指导性的——经济计划和科技计划。同样，德国也一直回避了产业政策的提法。但是近年来这种局面发生了一定的改变。

创新对德国的经济增长和社会发展至关重要，德国经济的国际竞争力和成就主要归功于创新驱动。前面已经提到，一段时间以来，在决定未来竞争力的新兴技术产业和知识密集型服务业，德国创新力度明显不足，企业推出的需求导向产品与大学和科研机构的研究活动存在脱节现象，在信息技术和生物工程等前沿科技领域与世界顶尖国家的差距有所加大。

在此背景下，默克尔政府于 2006 年出台了联邦德国有史以来第一个全国性的高科技战略：《德国高科技战略（2006—2009 年）》。联邦政府为此投入了 100 亿欧元，在信息通信、能源、生物、环保、健康医药、纳米等 17 个重点行业促进企业开展研发。2010 年 7 月，德国政府发布了《高科技战略 2020：思想、创新、增长》，涵盖联邦政府各部门的研究和创新促进措施，并提出到 2015 年将教育和研发经费总和提高到国内生产总值的 10% 的量化目标，其中研发经费要达到国内生产总值的 3%

---

① 有人可能会说，在实行市场经济体制的西方国家，政府计划调节经济是不可能的。但事实并非如此。法国在战后实行国家"经济计划"（Planification）并凭此对国家优先发展的领域给予财政支持。一直到 20 世纪 70 年代初，这种国家计划还是具有数量指标的指令性计划。后来转变为指导性的计划。

（BMBF，2007，6）。这是联邦德国建国以来最激烈的一次公共研发投入的增长。高科技战略的基本思想是保留以往成功的政策手段，加强其协调，同时补充新的、目标导向（target-oriented）的政策手段：建立针对创新型中小企业的支持资金以及对一些前沿和跨行业的重点课题进行资助。此外，加强了对于创新合作网络（创新集群）、初创企业、技术转让的支持。可以说高科技战略并没有完全颠覆以往的创新政策手段，在许多领域以往的促进手段继续得以使用，而只是改进了实施方法，比如，创新合作网络与产学研联合促进已经存在已久，但是现在用"尖端集群竞赛""研究奖金"等方法注入了新元素。由于政府资源限制以及管理上的困难，联邦政府采取对以往资助项目整合、协调和补充的方针更现实，而且比引入全新的、庞大的独立促进项目更易于达到目标。到2010年，高科技战略下的"精英倡议""尖端集群竞赛"（Spitzencluster-Wettbewerb）以及"研究奖金""高科技创业者基金""促进高校创业项目"（EXIST）等项目已经取得了明显的成效（Frietsch，2010，84）。

　　鉴于前面提到的高科技战略取得的成效，2014年8月，德国联邦政府委托联邦教育与研究部再次更新了高科技战略，发布了《新高科技战略——为德国而创新》。第一个联邦政府的高科技战略主要聚焦于开发具体技术领域的市场潜力，而从2010年提出的高科技战略开始，联邦政府的视野开始转向对未来问题解决方案的社会需求及其满足上，重点是将上一期高科技战略中的重点行业组合在一起并在此背景下对政府的科研与创新政策进行全面的整合，目标在于使创新想法能迅速转化为创新产品或服务，强化德国作为创新领先国家以及世界经济和出口大国的地位，创造更多的就业岗位，帮助人们更好地应对当今时代的一系列挑战（BMBF，2007，6）。新高科技战略包括中期（2014—2017年）和长期（2014—2030年）两个维度（Sino-German Platform Innovation，2015，7）。

　　《新高科技战略——为德国而创新》的目标在于使德国成为世界范围内的创新领先者，且创新想法能迅速转化为创新产品或服务，因为创新活动是发展经济和提高人民生活水平的驱动力。创新能够强化德国作为世界经济和出口大国的地位，帮助人们更好地应对当今时代的一系列挑战——例如，可持续城市发展、环保型能源、个性化医疗及信息化社会等——并寻求新的解决方法。

　　高科技战略现在已发展成为跨政府部门的创新战略，并且涵盖新的议题，引入新的创新促进工具。这里所说的"创新"不仅包括技术层面，也包括社会层面的创新，事实上，社会才是最主要的创新行动者。与此同时，研发活动投资也将继续进行。

　　新高科技战略由五个相互紧密关联的核心要素组成，具体内容如下。

一　关乎经济增长和生活质量的优先"未来领域"

　　新的高科技战略的出发点是关乎未来经济发展和生活质量的问题——如何确保生产能力？人们希望未来如何生活？联邦政府旨在针对这些问题给出创新性解决方法，以此来实现德国在国际竞争中的创新领先地位。由于许多行业的产品周期明显缩短，对系统性解决方案的要求便不断提高，获取创新收益需要的研发支出也在上涨。在全球化变迁的时代，德国将目光聚焦于提高竞争力和经济发展与就业潜力，而仅依靠生产流程中的技术革新已不足以应对这一系列挑战，创新还要求可持续的消费习惯和行为方式以及社会变革，例如，节能产品和生活方式。因此，联邦政府不仅强调技术革新，也重视组织性解决方案以及服务与社会创新。

　　基于以上考虑，新的高科技战略聚焦于具有高度创新活力、能够促进经济增长、帮助应对全球化挑战和提高人民生活水平的领域，主要是以下六大领域。

　　1. 数字化经济与社会

　　信息和通信技术如今影响着生活和经济的方方面面，同时也带来了新的挑战。信息技术在各工业领域的成功发展和应用是德国竞争力的决定性因素，因为信息技术是许多经济部门创造其价值链和产品的驱动力。同时，信息安全在数字化时代也显得越来越重要。高科技战略在这方面试图通过创新解决方案来应对数字化挑战，利用有利于价值创造和德国经济繁荣的机遇。主要行动领域有：

　　工业4.0：这一概念首先在汉诺威工业博览会（Hannover Messe）上提出，意味着经济发展即将面临第四次工业革命，真实和虚拟世界逐渐融合成为物联网（Internet der Dinge）。德国联邦教育与研究部和联邦经济技术部将联合资助该项目，投资预计达2亿欧元，用来提升制造业的电脑化、数位化、与智能化①。

智能服务：产品、流程与服务不断融合与优化，发展成为智能服务（Smart Service/Intelligente Dienstleistungen），蕴含着巨大的增长潜力，德国政府将在此背景下对德国企业进行支持，确保其对整个创造价值链和产品流程的完全控制。

智能数据：大数据能够加速和优化商业流程，然而到目前为止，大数据很少能为中小企业所用。联邦政府的"智能数据"（Smart Data）项目旨在通过大数据促进创新服务的发展和试验，使其能够为中小企业服务。

云计算："云计算"为经济带来了多元化的增长机遇和发展潜力，尤其是初创企业和中小企业，它们可以通过"云端"获得使用那些目前仍被大企业所保留的创新技术的机会。联邦政府通过"可信云计算"（trusted cloud）项目推进创新、安全和合法的"云端解决方案"。

此外还有数字网络化、数字化教育、数字化生活空间等。由于数字化对德国可持续发展的深刻影响，联邦政府还单独提出了"数字化议程2014—2017"（Digitale Agenda 2014—2017），其目标在于积极应对数字化变迁，使德国成为欧洲第一数字化增长国，实现创新领先。

2. 可持续经济与能源

生产和消费都应更加节能、环保、符合社会利益，因而也更加可持续。德国试图凭借科研和技术方面的优势及对可持续发展的正确认识来成为可持续经济发展方式的模范，并巩固其在绿色技术领域的领先地位。重点有能源研究、绿色经济、生物经济、可持续农产品、原材料供应保障、未来城市、未来建筑和可持续消费等。

3. 职业领域创新

良好的职业领域发展是经济创新的重要基础，通过安全、健康的工作环境和公平的报酬才能最大限度地发挥雇员的能力，如今该领域的创新需要技术发展与人力、组织和能力发展的共同作用。数字化使得工作更加具有时间和空间上的灵活性，但也蕴含着挑战：职业领域对个人素

---

① 数据来源：http：//www. vdi-nachrichten. com/Technik-Gesellschaft/Industrie – 40 – Mit-In-ternet-Dinge-Weg – 4 – industriellen-Revolution。

质和能力的要求更高，此外，工作与家庭的界限越来越模糊。联邦政府考虑到技术发展对职业领域产生的种种影响，尤其是在就业市场、健康与就业保护、社会保险系统以及培训和再教育领域，并将数字化时代的工作、针对未来市场的创新服务业和能力建设列为重点。

4. 健康生活

健康直接关系到个人和社会的福祉以及生产力，人口变迁过程伴随着许多常见和反复疾病，给经济和社会带来更多挑战，同时也有机遇：健康领域的需求能够刺激德国相关产业的发展，创新除了能为健康问题寻求新的解决办法外，全世界的销售市场也在向德国敞开。其重点有治疗常见疾病、个性化医疗、饮食和预防、创新护理、有效成分研究和医疗技术创新。

5. 智能运输

为了使未来客运和货运更加快捷、安全、舒适同时高效、排放量低和节能，需要发展新的运输理念。运输工具网络的发展和可持续运输要求制定一体化的交通政策，以此来提高单个交通工具和整体交通网络的效率，并为创新商业模式创造机会。重点领域如智能和高效的交通运输基础设施、创新运输理念和网络、汽车技术、航空和航海技术等。

6. 公共安全

人们日常生活的基础是诸多复杂系统和基础设施的运行和联结，例如，能源供应、通信、交通、健康和物流等，运行中稍有阻碍便会给国民经济造成很大损失。在如今全球化、网络化的世界里，预防虚拟攻击——例如，盗用电子账户等——具有重要意义。网络世界里个人隐私和自由的保护是一项重要任务，只有这样才能保证每个人的参与和表达。重点领域有公共安全研究、虚拟安全、信息技术安全、账户安全等。联邦政府通过组建跨学科的"隐私性——电子世界里的自主生活"论坛来支持保护隐私性的研究。

二　网络化和转化

经济界和科学界在研发方面的紧密合作是德国创新体系的一大特征，多样化的合作能够更好地利用各方的优势，发挥其价值，因为知识产生于大学、科研机构和企业，而这些知识又能帮助其他的企业、大学和科研机构产生新知识。在科学、经济和政治的联结点上，政府部门科研同样做出了很大贡献。

如今跨学科的国际知识网络影响着创新国家的生产能力，知识通过共享而增加——包括地区、国内和国际范围内的分享。在高科技战略框架下产生了数目繁多的合作、集群和网络，许多来自科学、经济和社会群体的伙伴在其中密切协作。在已有成果的基础上，德国联邦政府意图通过新的措施、手段和工具给科学界、经济界及创新产品和服务用户之间的合作以新动力，该促进措施还应得到进一步强化，并扩大到社会领域。主要从以下几个方面入手：

加强科学界的创新潜力：近年来科学界的研究成果转化在不断加强，为了更好地抓住创新机遇，联邦政府致力于进一步强化科学界的创新。这要求科学界清楚地知道能为经济和社会创新所做的贡献，并通过相应的激励和转化结构的专业化来促进科研成果的转化。同时，科学界、经济界与社会各界的合作应得到加强。大学、科研机构和政府部门研究机构以应用为导向的研究是创新活动的基础，其与经济界的联系需要进一步强化，以此来加速创新进程。

战略性扩大大学与经济界和社会各界的合作：联邦政府通过新的促进方法支持大学在地区范围内尝试新的合作策略，发展创新的合作方式，把德国大学打造成经济界和社会各界极具吸引力的创新合作伙伴。应用技术大学主要从事应用型研究，大多与当地企业有着密切合作，共同发展更新、更好的产品和服务，这对地区经济的发展意义重大，也是重点支持对象。

消除应用断层：联邦政府通过"充分利用科学研究的创新潜力"（Validierung des Innovationspotenzials wissenschaftlicher Forschung-VIP）措施来消除学术研究与经济应用之间的断层。这项促进措施的基础是广义的创新概念，即技术和社会层面的创新同等重要。在"SIGNO"项目框架下的科研成果转化促进将会更加灵活和优化，根据创造价值链进行的行业对话则是另一项强化各行动者之间合作网络的重要工具。

推动国际化进程：如今工业创造价值链越来越趋于全球化，研发、设计、生产和销售往往分散于世界各地。德国企业融入国际知识网络对其创新能力有着至关重要的影响，因此联邦政府大力支持国际化及研发和企业的网络化，尤其是通过新的激励手段来推动尖端集群、未来项目和相应合作网络的国际化。创新产生于不同学科、议题和视角的连接处，因此要加强企业、高校和科研机构的合作，并将它们同国际合作伙伴联系起来，同时进一步发展现有的合作。

三　经济界的创新活力

德国经济界的创新能力很强，其逐年增加的创新投入就是很好的证明，2012年经济界的创新投入达到1370亿欧元。然而，为此做出贡献的主要是大企业，近年来中小企业的创新投入并未增加。在这一背景下，国家研究及创新促进政策更加关注中小企业，旨在通过合适的措施促进创新及增长能力强的中小企业发展。

在实践中，企业的创新产品和技术革新常常遭遇艰难的市场环境，私人投资的缺乏就是原因之一。在这点上，公共资助能够提供有力的支持，帮助企业在市场进入阶段获得成功，并实现增长、创造就业岗位。中小企业和初创企业得益于其灵活性和可销售性而常常带来创新，但也由于其自有资本的缺乏和外部融资困难而依赖于公共资助和私人风险投资。

联邦政府的创新促进分为两类：针对特定技术领域所有企业的促进项目——往往与研究机构合作——和不限制技术领域的中小企业促进措施，使得创新想法或解决方案能够迅速转化为可销售的产品或服务。

在这一高科技战略实施期内，为提高经济界的创新活力，联邦政府的重点关注领域有：

将核心技术用于经济发展：核心技术在国民经济中的杠杆作用赋予其高度重要性，例如，"工业4.0"、微电子技术、电池技术和生物技术等。德国作为生产国的竞争力很大程度上取决于核心技术在经济中的应用程度。联邦政府将致力于扩大核心技术在中小企业（所谓"隐形冠军"）开发新产品和服务过程中的广泛应用。

支持创新型中小企业：联邦政府通过一个协调、高效的创新促进系统来支持中小企业的发展，主要有不限制技术领域的发展规划和低门槛的特定技术领域发展规划。该网络也需要不断优化，重点在于更好地与欧洲的发展规划接轨、现有规划的关联性及对外阐述的一致性，从而使各项措施更加透明和一目了然。具体措施将在下一章进行阐述。

提高创新型初创企业的数量：优化现有政策，包括"EXIST""GO-Bio""信息和通信技术创新"（信息与通信 Innovativ）、"风险资本投资补贴计划"（INVEST）和"高科技创业者基金会"（High-Tech Gründerfonds）等，同时将其纳入全球高速增长的中心网络来，例如，通过"德国硅谷加速器"（German Silicon Valley Accelerator）项目，并鼓励创新型初创企业上市融资。

提高较落后地区的创新潜力：提高和扩大德国东部各州技术、科学、经济发展能力与合作网络的努力仍在进行，为的是进一步提高创新能力、促进经济增长和就业，《团结公约Ⅱ》为其提供资金①。此外，还有一系列措施支持东部企业、研究机构、创新集群、科研人才的培养等。新组建的"联邦—州—财政委员会"将讨论这些措施从仅覆盖东部逐渐转为全面覆盖的可能性，因为德国西部同样存在创新能力不足的相对落后地区。

上述措施旨在提高工业生产和中小企业的创新活力，强化德国作为经济大国的地位。大量创新型企业和初创企业将在未来的工业生产中开发更多的新产品和服务，以此来占领国际市场，吸引外国投资者，而社会层面的创新则帮助人们更好地应对社会和区域变迁过程中的挑战。

四　创新友好的框架条件

创新需要一个鼓励创造力、卓越和企业家精神的环境。公平的国内外竞争环境、开放的市场、充足的融资机会和对无形资产的保护等都是创新想法及实施的重要前提。此外，国际统一的标准有利于企业迅速转化创新成果，安全的产品和有效的市场监管则有利于经济和社会中的技术开放与传播，政府对创新产品和服务的需求对经济界的创新能力以及与其合作的研究机构具有杠杆效应，政府还致力于为创新培养专业人才。

保证专业人才的供应：高水平的专业人才是增长、繁荣和进步的关

---

① 1991 年起，德国每个公民和企业都需要缴纳所得税的 5.5% 作为团结税，用于东部经济建设。1995 年起实施的《团结公约Ⅰ》规定，德国各联邦州和地方政府需为东部的基础设施建设提供 945 亿欧元资金，2005 年生效的《团结公约Ⅱ》将持续到 2019 年，资金规模达 1560 亿欧元。统计显示，德国西部每年的净转移支付约为德国 GDP 的 4%—5%，占德国东部 GDP 的近 1/3，至 2009 年总额已达 1.6 万亿欧元。

键，联邦政府主要通过五条途经来保证专业人才的供应：保障就业、更好地平衡工作与家庭、均等的教育机会、职业培训和再教育以及移民政策。

更好的融资机会：联邦政府试图吸引更多的国际风险投资，快速增长的创新型初创企业尤其需要更好的融资和发展机会，政府在这方面的努力包括提供税收优惠、创造更好的上市环境、给予投资补贴、鼓励众筹等新的融资形式。

更有效地保护知识产权：应尽快通过"欧洲共同体专利"，以便创新企业从更实惠和有效的专利法中获益，因为只有依靠有效的知识产权保护，创新才能实现市场转化。

推动开放式创新，提高新知识的可利用性：通过数字化媒体来探索生产商、用户和顾客的创新合作形式，联邦政府的目标在于支持企业、研究机构和创新集群内部的开放式创新，尤其要让中小企业通过相应开放式创新平台的建设来获取创新解决方案和新的市场机会。

开放获取：科学知识的获取是科研活动的基本条件，也是在创新活动中实现科研成果的转化以及激发新想法的重要条件。互联网和电子化无疑方便了信息的获取和交换。为了更好地实现知识的利用，联邦政府提出了全面的"开放获取战略"，以此来保证对公共资助的出版物有效、长期的获取途径。

教育和研究友好的版权制度：互联网和数字化在知识的获取和传播领域掀起了一场革命，目前在教育和科研领域却未被充分利用。联邦政府希望旨在建立教育和研究友好的版权制度，充分开发互联网对发展数字化知识社会的潜力。

创新型政府采购：国家对新产品和服务的需求行为能够对经济界和与之合作的研究机构的创新能力产生杠杆作用，因此联邦政府重视创新导向的采购，各州和县市也应当强化对创新产品和服务的需求。

以上措施旨在创造创新友好的框架条件，并将其作为创新活动、冒险精神、创造力和企业家精神的前提。

五　透明度和参与

创新产生于社会需求、科学发展和技术进步的相互作用中。为了提高德国的创新能力，仅依靠政府和企业的研发投入是不够的，还需要创新过程中所有参与者的协作，即全社会的参与。只有这样，技术和可利用的网络资源才能真正融入日常生活中，科研成果才能迅速在实践中发挥作用——想法才能真正成为创新。联邦政府通过以下措施来促进创新。

提高技术开放性，增加参与可能性：开展公民对话、鼓励积极参与的重要前提是，在保持中立、客观的基础上对信息进行加工，并公开透明地开展关于新技术的讨论。联邦政府的目标是以新的提案和形式来塑造鼓励参与的创新友好文化。

推进公民对话和全民科研：创新只有被人们所理解、接受和应用，才算得以实现，因为联邦政府将继续开展不同形式的公民对话。公民应有参与讨论会的便捷途径及对信息的获取途径——不论是现实还是虚拟形式。联邦政府也支持全民科研（Citizen Science/Bürgerforschung），例如，新建立的"公民创造知识"（Bürger schaffen Wissen）中心信息平台。

进一步开展科学交流：信息和理解应作为科研项目和议程的重要组成部分，也就是将科研成果和创新流程转换为易于公众理解的语言，因此联邦政府将进一步开展科学交流。其中"未来家园"（Haus der Zukunft）展示计划推进政治、经济和社会界关于未来发展的对话，将于2017年对参观者开放，使人们有机会亲身"体验"未来。

议事流程——通往创新型社会的道路：议事流程的目标在于提高科学、经济和社会界之间在创新链上的合作质量。各行动者逐步就未来项目的内容和重点进行有针对性的讨论，直至创新成果得到转化应用。这种方式的优点在于，潜在用户的知识和创新需求从一开始便得到了充分考虑，从而有利于创新活动的顺利进展。

实现透明化，加强战略性前瞻：透明的科研资助能够加大科学、经济和社会界的参与力度，因此联邦政府采用清晰、统一和易于理解的方式来呈现研究促进的目标、重点和计划，此外还制定了全面的交流战略，改善公众对研究和创新政策的体验。联邦政府还在专业知识的帮助下通过战略性前瞻来识别、交流和评估未来社会和技术的发展，并通过公民的参与来推动。为了更好地识别中期和长期发展中的机遇和挑战，需提高联邦政府各部门进行战略性前瞻的能力。

联邦政府上述措施的目标在于鼓励全社会公开透明地参与关于新技

术和发展的讨论，客观地权衡其中的机遇和挑战，对社会和技术革新保持关注，并能够产生新想法，积极地参与创新进程中来。

总之，高科技战略的目标是，所有联邦政府部门在其框架下共同探讨战略目标及其实施步骤，从而使创新体系的所有行动者——不论是地区、国家还是欧盟层面的——都能以此为准。

新战略"未来课题"的六大领域涵盖了《高科技战略 2020》的"未来项目"（future project），即气候和能源、健康和食品、交通工具、安全和通信五大需求领域，同时又整合了 2013 年新的大联合政府在《联合执政协议》中提出的七大"领导市场"（leading markets），即机械制造与生产技术、新材料、交通与物流、信息与通信经济、能源与环境经济、媒体与创意经济以及健康经济与医疗技术（Koalitionsvertrag，2013，19）。与前面的战略计划相比，新高科技战略对"领导市场"的表述更加精练、准确。新的高科技战略是一个动态的、不断学习完善的过程，因此为了更好地实现高科技战略，在联邦政府的倡议下，成立了由科学界、经济界和社会人士组成的咨询委员会，为战略的进一步发展和实施提供支持。

当然必须看到，高科技战略仅涵盖了德国公共创新资助的一部分，高科技战略 2006—2009 的研发资助资金总计大约为 150 亿欧元，仅占德国政府公共研发资金的 20%—25%。所以，德国经济国际竞争力的提高还取决于其他公共资金的使用效果。但是它毕竟发挥了示范作用，对德国的创新活力产生了连锁反应（Frietsch，2010，85）。另外，高科技战略仅仅是联邦政府倡议制定的。联邦各州政府并没有直接参与这一项目。所以，高科技战略的成败还取决于联邦政府与各州政府在创新政策领域的协调与合作。但是高科技战略毕竟建立了一个框架，这有助于联邦与州政府能够较快地在一些倡议上达成协议。2007 年发布的《高科技战略执行报告》指出，一些联邦州在一些具体的领域完全采用了联邦的创新政策措施（Frietsch，2010）。

高科技战略在确定未来的重点技术领域与行业时，使用了"需求领域""领导市场""未来课题"这样的概念，而且尽量使目标领域的范围比较广泛、以市场需要为导向和具有跨行业特征。德国政府的这一做法一方面纠正了以往在技术和创新政策领域过于偏重供给的倾向，强调重视需求引致的创新。另一方面，它传递了政府疏远传统的产业政策，即

"挑选赢家"的信号。一般说来，市场上竞争的企业掌握关于各种发明应用的可能性以及市场需求的信息要好于政府（除非政府本身是需求者，比如国防产品的政府采购），因此，政府的高科技战略主要的目的是向企业指出未来的发展趋势，特别是通用技术的发展趋势（如工业4.0），引导企业向这些领域投入资源，而不是直接干预企业的经营与技术决策。政府"挑选赢家"并且用政府的财政资金给予补贴还会造成垄断。在不平等的竞争条件下，企业的股东无法将边际报酬置于竞争者的利润或市场价格基础上。标尺竞争（yardstick competition）的缺位致使垄断企业的管理层缺乏创新的激励（梯若尔，2015，61，578—579）。另外，德国政府的高科技战略的制定与实施不是政府单独进行的，德国政府为此成立一个独立的与政府、经济和科学界平衡的顾问系统，它包括联邦总理创新对话平台、德国研究联盟以及研究与创新专家委员会三大机制，体现了德国"协调合作式市场经济"体制的特色。

第三节　从创新体系角度分析德国高科技战略

国家创新体系的方法将创新体系看作在一个国家内相关主体相互作用的网络，对德国而言，掌握先进知识并迅速传播和转化，对于实现经济增长和国家繁荣越来越重要，只有政、产、学、研、用、金六大创新体系行动者有效协作，才能保证创新活动产生有竞争力的产品和服务，获得重要未来课题的解决方法。德国已经有一个比较完善且高效的国家创新体系，高科技战略充分利用其制度优势，纠正其中的薄弱环节，进一步完善国家创新体系，使其更加适应并促进新高科技战略的实施，从而更好地调动全社会各界的力量，改善德国创新现状，推动德国经济向知识经济转型。在此框架下，各创新体系行动者的战略实施要点如下。

一　政府

国家创新体系是一种制度，因此，制度的设定和功能是决定创新体系效率的关键。在这方面，德国政府充分发挥了统筹规划、优化组织和制度条件的作用。

首先是确定高科技战略的重点领域和项目。信息、生物、纳米等领域以及相关的能源、医疗等行业，均为德国的优势行业、发展和应用前景广泛的前沿研究领域或是关系国计民生的重要行业。德国长期以来都在资本密集型或规模经济占主导的行业（如汽车、化工等）保持着领先优势，但在一些前沿技术领域的研究和创新力度尚不足，成果转化不充分，面临着来自美日等国的竞争压力。因此，高科技战略重点领域的选择着眼于未来，为经济、社会的可持续发展寻求创新解决方案，提高德国的创新能力和国际竞争力。

其次是加大各行动者的参与力度，包括企业、大学、研究机构、中介机构和融资机构等，鼓励合作项目与合作网络，促进创新成果的转化，并为其创造一系列创新友好的框架条件。

二　产业界/经济界

企业是创新活动的主体，以往政府对企业的研发支持往往是普适性的，不问行业、领域和创新类型。这保证了德国在非常广泛的制造业领域具有国际竞争力，但在前沿科技方面则鲜有领先领域（史世伟，2013，68）。而且，这种没有针对性的促进政策往往对大企业有利，因为许多中小企业缺乏获取信息和提交申请的资源，而前沿科技领域恰恰是中小企业占主导地位。大企业往往不缺乏创新的动力和人财物力，而中小企业数量众多，更加灵活和贴近市场，创新潜力巨大，受人、财力、物力限制也更大，因此近年来德国政府对科技与创新政策进行了改革和调整，高科技战略也更多地关注中小企业和初创企业，制定了一系列措施促进创新及增长能力强的中小企业发展，提高创新型初创企业的数量。

三　大学和研究机构

以往德国大学的科研成果多为科研论文，整个创新链存在着应用断层，20 世纪 90 年代以来，欧盟开始更多地关注贴近市场的基础研究，德国也对科技体制进行了改革。以往对研究机构的资助是单独进行的，但科研活动的最终目的在于转化和应用，因此，高科技战略则进一步强调合作与合作网络，例如，鼓励大学、研究机构与中小企业合作的 KMU-Innovativ 和 ZIM 项目，以及促进企业与大学、研究机构合作的 Forschungscampus（"研究苑"）项目，将科研活动与市场需求结合起来，同时一定程度缓解了单个中小企业创新积极性和能力有限的问题。另外，产学研创新集群、高校与企业联合设立教席、企业和大学联合培养人才等项目也在进行中。

四 需求和融资

需求方在创新体系中扮演着重要角色，需求是创新的目的和动力。高科技战略旨在为未来社会发展面对的挑战寻求系统的创新性解决方案，以未来的、全社会的需求为导向，这是以往的科技和创新政策不具备的。此外，高科技战略还强调创新型政府采购，因为国家对新产品和服务的需求行为能够对创新起到杠杆作用。

融资体系方面，由于德国早期缺乏资本的原始积累，社会资本相对分散，银行在德国工业企业发展过程中扮演了关键角色（薛彦平，2009，144）。长期以来，德国的上市融资、风险投资等融资渠道发展并不充分，因此，除通过银行融资外，高科技战略也提出德国应完善融资渠道，更多地吸引国际风险投资。

在德国的研发支出中，经济界的支出占 2/3 左右，是科研活动最大的资金来源，因此，高科技战略鼓励企业进行长期、持续的创新活动，并通过适当的政府资助来引导经济界的科研支出。

总之，新的高科技战略充分考虑德国创新现状，对科研与创新进行了前瞻性的全面规划，对薄弱环节予以完善，创新体系中的各行动者都被调动起来，总结如下：

表 4 -1　　　　高科技战略框架下的各创新体系行动者

创新体系行动者	高科技战略实施要点
政——政府	统筹规划，协调各行动者；资助补贴；框架条件
产——产业界（经济界）	核心技术应用；创新成果转化；创新型初创企业和中小企业促进；去官僚化
学——各类大学 研——大学外研究机构	贴近市场的基础研究；研究成果的转化；鼓励大学、研究机构与企业合作
用——需求方	面向未来和社会需求；扩大各级政府创新需求的杠杆作用
金——资金提供方	政府资助、企业出资、银行融资、国内外风险投资

第四节 德国工业4.0与"中国制造2025"：中长期创新战略实施的范例

一 德国工业4.0计划

工业4.0可以一般理解为工业生产的智能化、数字化和网络化。在《德国高科技战略2020》的未来项目中，工业4.0占有突出的地位。《德国高科技战略2020》特别强调跨行业技术在未来发展中的重要性，而工业4.0涵盖的正是这样的技术。专家们指出，今天生产技术领域创新的80%来自生产与通信信息技术的结合。根据高科技战略负责部门德国联邦教育与研究部的表述，工业4.0是开辟德国未来经济、技术与社会政策区位前景的重大举措，将德国广泛运用在汽车和机械制造领域、已经取得世界领先地位的嵌入系统与通信信息技术和互联网结合起来，不仅能够进一步强化生产自动化、开辟新的商业模式以及生产与物流方面的优化潜力，而且还能够创造出应用于高科技战略中气候和能源、健康和食品、交通工具等广泛领域的新服务部门（BMBF，2016b）。

德国相关人士认为世界正处在第四次工业革命的浪潮之中，这就是工业4.0名称的由来。以往的工业革命分别是：18世纪末以机械化生产为代表的第一次工业革命，19世纪以电能和大规模生产为代表的第二次工业革命，20世纪70年代以电子和信息通信技术得到广泛应用为代表的第三次工业革命，它的核心是生产的自动化，这一影响持续至今。随着互联网的发展，实体生产与虚拟世界的结合越来越紧密，因此，工业4.0时代已经来临，它的核心技术为信息物理融合系统（Cyber Physical System，CPS）。

工业4.0是德国联邦政府在2011年汉诺威工业博览会上首次公开提出的，同年成为联邦政府《高科技战略2020行动计划》中的一部分（BMBF，2016b）。但是事实上，其相关内容在此前就被纳入德国政府的高科技战略之中。2009年，在联邦政府的倡议下，有关专家提交了"发展嵌入系统的国家路线图"，与此同时，德国政府对"智能工厂""智能生产""物联网"以及"3D打印"等研发项目提供了资助。2012年1

月，在联邦政府"尖端集群竞赛"中，东威斯特法伦地区的利珀市（Lippe）的"智能技术系统"集群脱颖而出。

前面已经提到，高科技领域的创新规划不仅是政府的事情，它也是一个需要全社会参与的任务，工业4.0项目也不例外。为了高科技战略的实施和继续发展，联邦政府建立了任期从2006年至2013年的"经济与科学研究联盟"（Forschungsunion Wirtschaft-Wissenschaft），作为联邦政府创新政策的核心咨询机构，研究联盟会集了德国经济与科学界28位领军人物。他们根据高科技战略的5大需求领域进行了分工，组成5个"促进小组"（Promotorengruppen），为实现相应的目标找出创新的动力与阻力，研究相关的跨行业问题和社会框架条件，提出研究任务以及行动领域。其中，"通讯"组（Kommunikation）负责工业4.0与电子商务的实施①。研究联盟每一个季度召开一次会议，在这些被称为"实施论坛"的会议上，相关"促进小组"和其召集的工作团队共同组成工作组向联邦政府提交相关创新政策领域的工作报告，对相关领域的创新政策提出战略建议。2012年10月2日，在工业4.0实施论坛上，"通信"促进小组向联邦教育与研究部与联邦经济与技术部（现在的联邦经济与能源部）的负责人提交了关于工业4.0实施的战略建议。2013年4月8日，在汉诺威工业博览会上经济与科学创新联盟的工业4.0工作组提交了相关的最终报告。与此同时，德国信息技术、电信和新媒体协会（BITKOM）、德国机械及制造商协会（VDMA）以及德国电气和电子制造商协会（ZVEI）共同成立了"工业4.0工作平台"（Plattform Industrie 4.0），并推出了《保障德国制造业的未来：4.0计划的实施建议》。

《实施建议》重点指出，为实现工业4.0的计划，德国要实行双元战略，一是继续贯彻将IT技术与传统高生产技术深度结合的路径，保持德国装备制造业全球领先的地位；二是装备制造业着力对信息物理融合系统主导市场的研发与开拓，这主要包括：1）对不同层面生产系统的纵向集成；2）对价值网络的横向集成；3）整个价值链上工程技术的数据化贯通。

从《实施建议》发布开始，由这三家共拥有6000多名会员的德国经

---

① 更多信息详见：http：//www.forschungsunion.de。

济界协会成立的常设机构接替研究联盟承担了协调工业4.0计划实施与继续发展的重任。2015年6月，德国联邦政府（联邦教育与研究部和联邦经济与能源部）接手了这个平台的组织工作，一些新企业以及其他工业联合会和工会的加入使平台的积极参与者又有所扩大，工业4.0正式上升为国家战略。在平台组织架构上，由政府、工业联合会、工会和科学界组成的战略委员会负责政策制定和社会推广，由企业组成的领导委员会负责技术决策以及工业4.0能力的培养和促进，在其下面有五个专业工作组。设立在联邦经济与能源部的常设办公室为委员会的工作提供服务，负责工作平台的协调和日常工作。

建立一年以来，工作平台已经成为世界上工业生产数字化与智能化最大的网络联盟，在最短的时间里为工业4.0的实施公布了指南并通过应用实例、示范工厂来加深企业，特别是中小企业与社会对工业4.0的理解和展示其创造的价值。它与"工业4.0能力中心"一道成功地为企业提供相关的信息和咨询。工业4.0工作平台中的工业协会与企业成立了"工业4.0实验室网络"，"工业4.0标准化委员会"，为中小企业实现工业4.0提供技术试验场所，加快工业4.0相关技术标准化的步伐。虽然工业4.0在实施过程中也遇到一些困难，比如，中小企业在其生产与销售中触网程度不高，国家的宽带基础设施不能满足发展需要等。但是在德国联邦政府的协调下，工业4.0已经取得一定的成果同时也引起了世界性的关注。

作为世界制造业强国与出口大国，德国政府在2013年正式提出工业4.0计划绝非偶然，有其深刻背景。首先，进入21世纪以来，德国制造业的国际地位受到以中国为首的"金砖国家"的严重挑战。根据世界银行的数据，高收入经合组织国家①制造业增加值占世界总值的比重从2002年的73.87%下降到2011年的54.41%，而"金砖五国"的比重则上升了超过一倍，中国的比重更是从约8%上升到超过20%，是世界上制造业增加值最高的国家。德国所占比重与多数西方发达国家一样出现了下滑

---

① 世界银行定义的高收入经合组织国家包括澳大利亚、奥地利、比利时、加拿大、瑞士、智利、捷克共和国、德国、丹麦、西班牙、爱沙尼亚、芬兰、法国、英国、希腊、爱尔兰、冰岛、以色列、意大利、日本、韩国、卢森堡、荷兰、挪威、新西兰、波兰、葡萄牙、斯洛伐克共和国、斯洛文尼亚、瑞典、美国。

（虽然相对而言下降不是很多，从 7.10% 下降到 6.58%）。根据德勤《2013 全球制造业竞争力指数》报告，2013 年全球制造业竞争力排行榜中，中国排名第一，德国排名第二，而该报告预计五年之后，中国制造业的竞争力将仍排在首位，而德国将下降到第四，被印度和巴西超过（Deloitte，2013）。一些德国企业界人士希望工业 4.0 能够拯救德国和欧洲制造业的地位，甚至期望它能将那些设在亚洲等国外地区的生产企业重新吸引回欧洲大陆。最近德国体育装备巨头阿迪达斯在物联网和 3D 打印技术的辅助下，推出了制鞋的个性化定制，从而使部分运动鞋的生产从亚洲国家重新回归德国（FAZ，2014，16）。

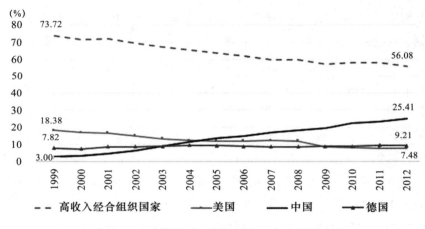

图 4-1　主要国家高科技产品出口额占世界比重

资料来源：World Bank, High-technology exports, http://data.worldbank.org/indicator/TX.VAL.TECH.CD。

　　其次，德国制造业的国际地位也受到美国"再工业化"计划的威胁。1950 年，美国制造业的增加值占国内生产总值比重为 27%（大致相当于德国今天的水平），制造业从业人数占美国就业人口总量的 31%。到 2010 年，这两个比重分别跌至 12% 和 9%（皮萨诺和史，2014）。由于美国经济体量大，虽然近年来制造业衰落，但 2010 年美国制造业产出近 1.8 万亿美元，仍是世界最大的。它稍稍领先于中国，比日本制造业产出高 2/3，是德国制造业产出的 3 倍（李长久，2013）。2009 年年初美国政

府公布《重振美国制造业框架》，2011 年和 2012 年又相继启动《先进制造业伙伴计划》和《先进制造业国家战略计划》，着力实施"再工业化"。美国的"再工业化"计划主要力争在五个领域重点突破：生物技术、信息技术、新材料、可再生能源以及海洋和太空。这几个行业与德国的未来发展目标有多个重合之处，且美国在尖端科技领域世界领先，特别是在互联网领域拥有技术和商业模式上的绝对优势，从目前来看，"再工业化"计划实施的效果明显，跨国公司海外制造业开始回归美国，美国的经济也从危机中恢复。如果这种势头继续下去，德国制造业将在世界市场上丧失其优势地位。

在这一背景下，德国政府、经济与科技界在充分分析自身技术和产业优势的基础上，推出工业 4.0 计划，试图利用德国在生产技术上的强大优势，将制造业与互联网连接，通过开发信息物理融合系统为主体的核心技术，保持和扩大自己在制造业方面的国际竞争优势。

在加工制造业领域，德国有着悠久的多元化高质量生产传统，不仅有具有很强创新能力的高端生产技术制造商（如蒂森克虏伯）、提供世界先进水平嵌入式系统（如西门子）和企业管理软件（如 SAP）的大型企业，还拥有一大批被企业战略专家西蒙称为"隐形冠军"的中型企业，即在某一个细分的工业领域排全球前三名，在所在地区排第一名的企业。根据西蒙 2014 年的最新统计，在全球 2764 家中型领导企业中，德国占了 1307 家（47%），美国仅占 366 家，中国为 68 家（郝倩，2015）。所以在工业 3.0，即生产自动化和程序化方面，德国就处于世界领先地位。在智能化和数字化方面，德国企业也发展较快。根据毕马威咨询公司（KPMG）和德国信息技术、电信和新媒体协会的调查，受访的 554 家企业 2011—2016 年使用云计算的比例从 28% 提高到了 65%，且呈不断上升趋势①。这些发展成为德国想成为第四次产业革命领导者的底气。

另外，德国积极推进工业 4.0 计划还来源于其精英对于德国经济与科研体系的信心。工业 4.0 中的信息物理融合系统以及智能化设备并非是一

① Statista, *Nutzung von Cloud Computing in Unternehmen in Deutschland in den Jahren* 2011 bis 2016，http://de.statista.com/statistik/daten/studie/177484/umfrage/einsatz-von-cloud-computing-in-deutschen-unternehmen-2011/.

个技术难题，它无法与第一次工业革命时期的蒸汽机比肩。换言之，工业4.0计划虽然被看作是第四次工业革命，但其技术难以称为颠覆性，而是集成性的、渐进性的，类似的技术已在西门子等一些大型企业中得到运用。工业4.0的难点其实在于其系统工程的复杂性上：标准化、管理系统、上下游的衔接、产学研的组织等方面。因此，工业4.0远远超出了技术创新的范围，它需要政府与企业及科研机构之间广泛、深入的协调配合，进行管理创新、制度创新以及监管创新。而这正是作为复杂系统的德国创新体系的优势。

二　"中国制造2025"规划

在德国工业4.0的启发下，国家工信部和中国工程院牵头推出了《中国制造2025》，规划经李克强总理签批，由国务院于2015年5月8日公布。目前，从规模上中国已经是世界制造业第一大国，具有部类齐全、独立完整的制造业体系，但是中国制造业大而不强，缺乏自主创新能力，在关键核心技术与高端制造设备方面高度依赖国外资源。因此，中国迫切需要抓住新工业革命的契机，实现产业结构转变，变中国制造为中国创造。《中国制造2025》是一个顶层设计的中国制造业十年发展规划，是中国实施制造强国战略第一个十年的行动纲领。

根据国家工业和信息化部部长苗圩的阐释，"中国制造2025"可简单概括为"一二三四五五十"：

"一"，就是一个目标，中国要从制造业大国向制造业强国转变，最终要实现中国制造业强国的一个目标。

所谓"二"，就是通过两化融合发展来实现这个目标。党的十八大提出了用信息化和工业化深度融合来引领和带动整个制造业的发展，这也是中国制造业所要占据的一个制高点。

所谓"三"，就是要通过"三步走"的一个战略，大体上每一步用十年左右的时间来实现中国从制造业大国向制造业强国转变的目标：第一步，力争用十年时间，迈入制造强国行列；第二步，到2035年，中国制造业整体达到世界制造强国阵营中等水平；第三步，中华人民共和国成立一百年时，制造业大国地位更加巩固，综合实力进入世界制造强国前列。

所谓"四"，就是中国确定了四项原则。第一项原则是市场主导、政府引导。第二项原则是既立足当前，又着眼长远。第三项原则是全面推进、重点突破。第四项原则是自主发展和合作共赢。

所谓"五五"是有两个五，第一就是有五条方针，即创新驱动、质量为先、绿色发展、结构优化和人才为本。还有一个五就是实行五大工程。第一个就是制造业创新中心的建设工程；第二个就是强化基础的工程，我们叫强基工程；第三个是智能制造工程；第四个是绿色制造工程；第五个是高端装备创新工程。

最后就是十个领域，作为重点的领域，在技术上、在产业化上寻求突破。比如说新一代信息技术产业，比如说高端船舶和海洋工程，比如说航天航空这个领域，比如说新能源汽车领域等，选择了十个重点领域进行突破，这就是整个中国制造业中国制造 2025 的主要内容。

为了贯彻落实《中国制造 2025》，国务院 2015 年 7 月初成立了以马凯副总理为组长，20 多个政府部门参与的国家制造强国建设领导小组，已召开了三次领导小组会议，并组建了国家制造强国建设战略咨询委员会，建立了横向联合、纵向贯通的联动机制，积极调动多方力量和积极性。领导小组办公室设在工业和信息化部，承担领导小组日常工作。

经过一年多的努力，《中国制造 2025》的体系框架已经基本形成，制造强国建设由文件制定进入全面实施的新阶段。各部门、各地区制定出台了一批重要的配套指南和政策，组织实施了一批重大工程和项目。这主要包括：

1. 编制和发布了 1 + X 规划

1 指《中国制造 2025》，作为中国未来十年制造强国建设的行动纲领；X 指 11 个指南，即智能制造、工业强基、绿色制造、高端装备创新等 5 大工程实施指南，质量品牌、服务型制造 2 个行动指南和新材料、信息产业、医药工业、制造业人才 4 个发展指南，作为实施《中国制造 2025》的细化配套措施。

2. 制定出台了一批配套政策

各参与单位按照职能和分工要求，对《中国制造 2025》中的政策部分进行了细化，颁布实施了一批配套政策。如在财税金融政策方面，财政部、税务总局完善了企业研发费用加计扣除政策，进一步扩大了中小微企业税收优惠范围。这些配套政策的出台，主要是为了给制造业创新发展提供必要的合理支撑。

3. 加强对地方的指导，促进区域差异化发展

编制印发了《中国制造2025分省市实施指南（2016年度）》，积极引导地方产业差异化发展（《瞭望》新闻周刊）。

中国政府毫不回避《中国制造2025》与德国工业4.0的关联，用加快新一代信息通信技术与制造业的深度融合来引领和带动整个制造业的发展是计划始终贯彻的主题。在这一点上与德国工业4.0目标方向高度一致。当然中国与德国处于生产技术发展的不同时期，与德国在工业3.0基础上迈向4.0不同，中国制造业还有相当一部分停留在3.0甚至2.0。但是中国政府一直谋求与德国在制造业智能化方面深度合作，加快中国从制造业大国向制造业强国转变目标的实现。由于两国在制造业方面有些优势互补，所以双方政府在实现两个计划"对接"方面达成了一些共识。中国工业和信息化部与德国联邦经济和能源部（BMWi）于2015年7月签署的《推动中德企业开展智能制造及生产过程网络化合作的谅解备忘录》；中国科技部与德国联邦教育与研究部2016年1月签署的《关于在智能制造（"工业4.0"）和智能服务领域通过双边科技合作开发和推广创新方案的联合意向声明》。此外，两国的企业也对在智能制造等领域的合作持欢迎的态度，中国与德国在汽车、装备制造业等领域通过多年的合作已经有了较坚实的基础，最近围绕着生产自动化和智能制造双方又在中国各地成立了多处创新产业园，为中国制造2025与德国工业4.0的战略对接搭建了平台。

第五节　中国与德国中长期科技战略的比较

以上我们对目前中国与德国的国家中长期科技与创新战略进行了介绍与评述。下面我们对其进行比较，找出其对于回答本课题中心问题的贡献。

首先，我们能够从双方制定的科技创新战略中发现两国创新体系的路径依赖与演化。中国经过多年的市场化改革，已经不再有中央指令性计划，地方政府，特别是省一级政府在经济管理方面获得了很大的自主

权。但是中央政府没有放弃对于整体的经济与社会发展实行宏观指导。在这方面由国家发改委主持制定的"国家经济与社会发展的五年规划"至关重要。当然，在"五年规划"的指导下，各省市以及各职能部委还要制定相应地区与行业的发展规划。与德国相比，中国科技规划往往在企业的技术选择等方面规定得过多过细，限制了企业的创新空间。中国创新体系还面临着转型的任务，体制改革的重心是发挥企业的主体作用以及政府职能的转变。在这方面，政府在多大程度上退出经营领域或放弃对经济的直接干预十分关键。而强调企业为创新主体就是发挥市场在资源配置上的决定性作用，为科技规划注入自下而上的元素。"互联网＋"与"大众创业、万众创新"计划则是利用市场自发力量的尝试。在战略制定与实施中建立国家制造强国建设战略咨询委员会，调动各方面的智慧与积极性的方法是一个好的创举，可以避免官僚主义以及特殊利益集团左右政策制定过程。

德国创新体系的特色是在联邦与州政府之间、政府与工商界、科技界以及劳工界之间有着复杂的合作与协调机制。这在德国高科技战略的制定与实施过程中体现得淋漓尽致。这种相对独立分散系统有利于调动各方面的资源与积极性，但它的缺陷是力量比较分散，无法较迅速地实现目标。德国联邦政府在欧洲以及德国经济在尖端技术领域竞争力下降的形势下制定高科技战略是明确目标、集中力量的有力尝试。第三章的实证分析的结果表明，德国联邦政府对科技创新投入的增加对于促进技术进步与创新具有极大的作用。在现有资源条件的约束下，德国联邦政府通过制度与政策的变革去适应新的形势与挑战。中国是一个大一统的国家，历来有集中力量办大事的传统。但是处理好中央与地方的关系始终是一个重大的课题。改革开放以来，国家经济治理的总体方向是向地方倾斜。"十三五"规划以及"创新驱动发展战略"贯彻了中央政府一些新方针，即在继续发扬区域竞争对于中国体制转型与增长积极作用的同时，将科研创新领域的职权适当集中，重点抓好国家技术专项、国家重点实验室以及国家创新中心等一批国家重大工程的实施，争取在一些前沿技术领域和对于国计民生具有战略意义的领域实现突破。

其次，中国政府制定与实施国民经济与社会发展规划、科技计划与产业规划，坚持市场经济条件下的政府引导，在一定程度上是学习了亚洲新兴工业国家如早期的日本与韩国以及中国台湾地区的历史经验。但是对于西方发达国家早期的发展经验与亚洲高成长绩效国家的研究表明，制定与实施产业发展规划和政策一定要与时俱进。在经济发展大大落后于世界先进国家的赶超阶段，确定优先发展产业的次序，甚至组建和挑选一些标杆企业来实现国家的战略目标并给予其一定的保护和支持，从政治经济学角度来看有一定的必要性和合理性。一旦本国已经建立起较完整的工业体系，产业水平已经接近或达到世界前沿，产业政策就必须转换实行方式。中国目前工业化已经基本完成，但在一些高新科技领域与发达国家仍有相当差距，制造业大而不强。因此，国家发展规划提出强化科技与创新引领作用，尽快变中国制造为中国创造的目标。在这一新阶段，国家产业政策要更加偏重于科技与创新政策，加强对基础研究的投入，积累雄厚的知识基础，为自主创新提供科学源泉。对于一些前沿领域的技术开发政府可以给予一定的资助，但政府的资助应该是在技术发展的前竞争阶段，同时还要重点支持产学研合作开发和通用技术的扩散。对于已经普遍采用的技术，就要放开准入，用竞争政策而不是产业政策来规范企业的行为，鼓励企业进行产品创新、工艺创新、组织创新和商业模式创新，实现差异化竞争。政府则通过加强知识产权保护以及对于企业创新实行普惠性支持来提高企业创新的积极性。从"十三五"规划和"中国制造2025"计划的执行情况来看，政府仍然较多地沿用了传统产业政策的办法，这在一些中国落后于先进发达国家的领域也许适用，但是在一些中国制造业已经接近前沿的领域以及一些新兴领域（如新能源汽车）则应该更多地采用现代产业政策的方法，即投资基础设施、促进产学研合作、严格保护知识产权以及加强对人才的培养与使用，来促进产业的发展。

德国政府在历史上有支持科技和产业发展的传统。德国经济在"一战"前曾经达到了世界前沿水平。"二战"后，德国实行社会市场经济体制，其理性类型为市场自由＋竞争秩序，秉承秩序政策优先的原则，属于过程政策的联邦政府地区结构政策与产业结构政策主要出自社会公正与就业方面考虑，属于从属性的政策。特别是20世纪70年代开始，德国经过战后的赶超阶段在工业技术和现代管理水平上已经与处于前沿的美国相差无几，所以，有目标的产业促进政策几乎不再是政府的关注点。

近年来，由于在信息技术革命后与美日在决定未来的尖端科技领域差距的加大，在欧盟出台促进欧洲高科技发展战略措施的影响下，德国在一定程度上开始纠正其政策上的偏颇，特别是改变了以往将竞争政策与产业政策对立起来的做法。在高科技战略的引领下，出台了一系列促进企业创新和技术商业转化的政策，强调科学、技术以及创新之间的相互作用关系。德国联邦政府将其新战略及其相关政策组合统称为"战略性创新政策"并且重提产业政策。但是政策制定者同时强调他们的产业政策是"现代产业政策"，它立足于为有活力的增长创造有利的框架条件，这首先是为德国企业和从业人员在国际市场上竞争创造公平条件，其次是通过战略性的创新政策为未来的发展指出方向，政府对创新过程的支持包括所有的未来领导市场以及关键技术。在资助领域的选择上，聚焦于"横向课题"，支持跨领域的技术融合，由此，联邦政府与"选择赢家"的传统产业政策划清了界限。此外，多元化的政策制定者也尽量避免将高科技战略仅当作一个针对供给方的技术促进问题，而是将其与市场需要紧密联系在一起。在政策执行中，德国政府并不直接插手项目，而是利用各种中介组织机构，建立公共开发平台，促进技术的共同开发、企业相关能力的培养与提高以及技术的扩散与普及。

多年来，德国的创新体系总体上是技术扩散导向的，而不是使命导向的。近年来，联邦政府加强了对科技创新的引导，从2006年开始制定高科技战略。德国创新体系开始在一定程度上向使命导向型转变。而中国则在制定国家的科技发展战略中更加强调发挥中介组织的作用，建立横向联合、纵向贯通的联动机制，积极调动多方力量和积极性，努力将自上而下的方式与自下而上的方式结合起来，双方在政策理念上开始靠近。因此，两国政府应利用双边多渠道的对话机制加强交流，相互学习。

再次，由于中德两国推出创新驱动战略与高科技战略的共时性，战略在内容上有一些共同之处：一是两国的战略都吸收了国家创新体系范式的思想，强调科技和创新的综合性与系统性。比如，除经济与技术条件之外，两国都强调了社会参与和培育创新文化的重要性；二是两国都认为在原有基础上提高创新能力与国际竞争力不可能一蹴而就，所以，战略规划都具有长期性和阶段性，比较务实，接近实际情况。

最后，鉴于两国制度路径依赖以及观念与资源的限制，战略的实现还存在着一定的困难。在中国创新驱动战略的实施中，由于中国企业自主创新能力不足，很容易"新瓶装旧酒"，又一次走上地方政府主导的盲目上项目、搞组装、重规模的老路，导致高端产业低端化。比如，中国的机器人产业在短短几年间，在全国已建成或在建的机器人产业园超过40个，还有大量机器人产业园在筹备中。大量小、散、弱的企业靠政府补贴而生（《瞭望》新闻周刊）。创新驱动战略要求企业逐渐放弃跟踪模仿的路径，加大研发投入，练好内功，扎扎实实地做好一件事。但是各级政府习惯于插手企业的决策与经营，按照产业指导目录对企业的相关投资进行补贴，并对优先扶持的国有企业实施保护，即执行"挑选赢家"的传统产业政策。创新驱动战略要求政府采用新的产业促进方式，更多地支持产学研合作，大中小企业协同创新，创建为中小企业服务的第三方创新服务平台，组织开展试点示范等。用一句话总结就是：政府应该更多地做好服务，而不是指挥。但是目前中国各级政府对于现代产业政策的促进方式不熟悉，企业服务业不发达，人才缺乏，实现产业促进政策方式的转变需要时间。

德国创新体系有公共与私营部门之间较成功的合作机制，所以出台的高科技战略能够凝聚共识，特别是得到一些国际知名的大型企业的支持。但是利益诉求的多元化也使得一些政策目标显得过于保守。工业4.0是德国高科技战略的重点内容之一，德国研究与创新专家委员会在其《2016年创新评价报告》中指出，工业4.0计划目前过于偏重生产技术领域的效率提高，这只能保持和巩固德国经济已有的优势。专家们建议对数字化与网络化的促进应该更加聚焦于商业模式的创新，比如，智能服务天地（Smart Service World）、远程医疗（E-Health）。未来正是在商业模式方面孕育着颠覆性创新（比如，大数据和云计算在商业上的运用）（EFI，2016，15）。另外，只有发展依托数字化和网络化的新兴服务业才能创造更多的就业机会。但是要在德国全面推广"互联网+"，就需要在基础设施上加大投入，而这恰恰是德国经济的软肋。目前联邦政府计划在宽带建设上投入的100亿欧元是远远不够的，但是德国政府掌握的财政资源有限。而中小企业在德国经济中有着举足轻重的作用。目前，德国中小企业对于工业4.0持怀疑观望态度，根据德国中小企业经济协会的调查，德国目前仅有10%的中小企业涉及工业4.0。但是推动中小企业创新不仅需要政府实施一定的促进政策，还需要在税收、融资渠道等方面进行必要的改革。但是对于企业研发进行税负扣除的政策、推出股市创业板和加强私人风险投资的举措目前还在讨论之中。另外，德国政府对于高科技创业的支持仍显不足。

下面几章我们转向对中国与德国一些重要的创新政策措施进行比较。

第 五 章

中国与德国竞争政策的比较

第一节　竞争与竞争政策的发展

在市场经济条件下，政府经济政策的主要任务是为经济运行创造良好的框架条件，其中的核心是建立竞争秩序。保障国内与国际上公平的竞争条件和开放的市场也是创造性思想产生以及创新实施的前提（创新友好的框架条件）。因此，竞争政策是瓦尔特·欧肯意义上的"秩序政策"，其任务是保护竞争、建立竞争秩序以及禁止限制竞争的行为（Peters，2000，102）。从规范上，它比作为过程政策的产业政策具有优先权，具有基础性的地位。根据经合组织的定义，所谓竞争指的是多个企业与多样的企业努力最有效地发现和满足消费者需求的过程。一个对进入与退出没有显著障碍以及对价格与产量没有限制的市场可以被看作为竞争性的市场（OECD，2002a，393；Peters，2000，108）。由于绩效竞争往往十分严酷，所以从经验上看，企业有通过合谋、掠夺性定价、阻止进入、价格歧视等行为限制竞争的倾向。鉴于竞争在市场经济中的核心功能，所以重要的市场经济国家都通过立法来规范竞争行为，比如，美国的《反垄断法》，德国的《反限制竞争法》。反垄断法在各国的经济法规中都占有十分显著的地位，在德国它甚至被称为"经济宪法"。竞争政策与反限制竞争法规紧密联系在一起并且相互补充，竞争政策确定立法的目标，同时在法律基础上对竞争条件进行形塑。

竞争政策在过去 30 年取得了很大的进展，首先，在投资和贸易自由化的影响下，竞争日益激烈和全球化，因此，竞争政策超出了民族国家的范围，有了一个国际维度。虽然一些国家建立一个"世界卡特尔局"

的倡议仍然有些超前，可是世界主要贸易国家在世界贸易组织（WTO）以及其他国际组织框架内加强了对各国竞争政策的协调，努力为世界经济创造一个公平的竞争环境。其次，各国对竞争政策框架内的政府规制体系进行了反思。一些先前作为自然垄断被排除在竞争之外的公共事业部门被置于竞争之中：一些国家的政府改革了这些行业的结构，将竞争性的部分与非竞争性（网络）部分分置开来，使市场力量能够在其中发挥作用。这些市场也向外国供应商开放，致使这些行业的效率得到很大的提高。

一　关于创新与竞争关系的理论："熊彼特假说"成立吗？

　　根据瓦尔特·欧肯竞争秩序的思想，保证竞争，特别是创造一个有运作能力的价格体系，是市场经济的核心，所有一切其他经济政策措施不应当削弱竞争的普遍作用，都要"顺从市场"；不能做到这一点，任何经济政策都将失败。经济自由只有通过公平的、无歧视的市场竞争秩序来保障，而秩序自由主义理论的任务就是科学地为建立和维持一个新的、公正的秩序而创制法律。

　　瓦尔特·欧肯设想通过国家法制建立的是一种没有（公共以及私人）市场权力的"完全竞争的市场"（欧肯，2014，254）。瓦尔特·欧肯的这种竞争秩序的理想类型与新古典主义经济学通过演绎推理得出的一般均衡的观念不同，它主要来自他对 20 世纪前半叶自由放任的资本主义以及纳粹国家统制经济经验教训的反思。在现实中，私人权力与国家权力一样都可以成为经济自由的障碍。从今天现代市场经济的实践来看，瓦尔特·欧肯的思想似乎有些过时，因为"完全竞争的市场"——存在着大量的供给完全可替代商品的厂商与需求者且进入与退出完全自由市场——由于产品差别化、规模与范围经济、获利与创新激励以及动态效应等效率原因不仅不现实，而且是不可欲的（Peters，2000，177—178）。但是我们必须看到，欧肯思想的核心是提倡自由竞争，反对垄断。在这个意义上，他甚至对目前被普遍认可的专利权保护提出了批评，因为专利权实际上是赋予其发明者暂时的垄断权利（欧肯，2014，第十四章）。但是我们不能因为他的思想的激进主义成分而不予以重视（何梦笔，2014，6）。从经济发展史上看，鉴于技术进步，企业集中化的趋势越来越明显，所以反垄断的任务更加复杂与艰巨。作为制定与执行竞争政策的政府来说，能够正确地区分何为排挤竞争对手，从而实现垄断价格减少消费者福利的企业集中，何为增进效率的企业集中十分重要。在这一方面，所谓的"熊彼特假说"——垄断是社会为激励企业创新活动必要的付出——曾经是一些人判断是否要在市场上采取反垄断举措的理论依据。下面我们将回顾所谓熊彼特"悖论"的产生，并根据创新经济学的新发展对其进行阐释。

作为创新经济学的鼻祖，我们在前面已经对熊彼特的基本思想做了介绍。人们注意到熊彼特关于经济发展中技术进步动力的思想有一个演进的过程。于是就出现了所谓的"熊彼特Ⅰ"和"熊彼特Ⅱ"的区分（Antonelli，2008c，13）。熊彼特Ⅰ主要指其在1912年在《经济发展理论》德文版中表述的思想，在这部著作中，他将企业家作为创新机制的主要源泉。熊彼特将企业家（Unternehmer）的功能（Unternehmung）定义为"执行对生产要素的新组合"。在这个意义上其事实上的职业身份——他是独立的企业主、职业经理人抑或只是技术人员——并不重要，但是一般来讲，我们要将企业家与企业的出资人（Kapitalisten）区别开来（Schumpeter，1997，111—112）。企业家通过"执行新组合"打破静态循环经济创造"企业家利润"是创新的原始动力，而有远见的银行家通过提供贷款使企业能够实现商业活动的新方式是创新的补充条件。所以，企业家不是一种职业，比如，作为"职业经理人"（Manager）领导一个工厂，他更像战争中的"统帅"，制定和执行战略决策，而一般不参与企业的日常工作。因此，企业家是一种在一个群体中不多见的特殊类型的人，首先，他需要承担创新的风险，因为创新的结果，即能否创造出企业家利润通常是不确定的。其次，企业家的领导不是在传统组织层级上作为队长的带头行为或者在日常事务中对其他参与者进行监督，这些只是"经济师"（Wirte）的职能。而"企业家的特征是他们用特别方式看待事物——并不一定因为他们智识高超和眼光远大，而是他们具有对特定事物不一样和现实的理解的意志和力量，有敢吃第一只螃蟹、不畏风险和抗拒的能力，由此，他们用权威以及强大的人格魅力带动其他人同舟共济、勇往直前"（Schumpeter，1997，128—129）。最后，企业家不是某种新东西的发明家，他是实现发明家思想的执行者。在熊彼特Ⅰ那里，企业家是资本主义发展的实质，其产生主要是社会学力量作用的结果。

熊彼特Ⅱ的基础是熊彼特1942年发表的《资本主义、社会主义与民主》一书。在这部书中，他强调大型股份公司作为创新驱动者的作用。著名的"熊彼特假说"就出自这第二部著作。熊彼特认为，当资本主义进化到社会需求接近完全满足或由于技术绝对完善时，企业家的社会职能就会逐渐丧失。"这是因为，一方面做不属于熟悉的日常事务的事情现在比过去容易得多——创新本身已降为日常事务了。技术进步越来越成为受过训练的专家小组的业务……这样，经济进步日趋于与个人无关和自动化。机关和委员会的工作日渐取代个人的活动。"（熊彼特，1999，211—212）大型股份公司在现存市场建立起进入壁垒，其垄断力量减少了产品被模仿的风险，使超额利润能够快速积累，因此提高了企业投资有风险的研发活动的激励。超额利润的榨取使内部融资能够摆脱企业对外部金融市场的束缚，致使有经验的经理层的能力得以充分发挥（Antonelli，2008c，13）。

熊彼特的这个结论完全是他在观察到美国企业大型化的基础上得出的，其目的在于论证他这部著作中的主题：社会主义形式的社会将不可避免地从同样不可避免的资本主义社会的瓦解中出现。资本主义正在被它的成就所消灭（熊彼特，1999，10）。"因为资本主义企业由于它本身的成就使它的进步自动化，我们可以由此得出结论：它倾向于使自己变得多余——它会被自己的成就压得粉碎。完全官僚化了的巨型工业单位不但驱除中小型企业，'剥夺其业主'，而且到最后它还会撵走企业家，剥夺作为一个阶级的资产阶级。"（熊彼特，1999，214）在这里作为社会学家的熊彼特发挥了他的想象，他认为由于大型公司的出现，生产不断集中化，经济的发展将出现或多或少静止的状态（投资机会丧失），企业家将无事可做。但是熊彼特去世后的经济趋势并没有证实熊彼特的预言，大量的实证研究表明，在资本主义国家普遍实行的市场经济继续存在，而且恰恰依靠创新不断显示出活力，而中央集权的社会主义经济试验却相反遭到了失败。中小企业并没有消失，大型企业与中小企业并存并且在经济体系和结构中扮演着不同的角色，而不断掀起的创业高潮成为企业家精神的最好体现。从发达国家的实际情况来看，小企业——特别是初创企业继续发挥着熊彼特意义上的企业家精神，成为颠覆性创新的主要推手（例如，飞机和袖珍计算机）。而大型企业在职业经理人有计划的监督和管理下，对其产品和流程进行渐进式创新（产品性能改善、质量提高以及顾客更易于操作），将创新变为熊彼特描述的正规研发部门的日常事务。但是渐进创新的积累同样具有颠覆性的成果：1971—2003 年，英特尔公司微处理器的计算能力增长了 3 百万倍，达到每秒 30 亿次；1968—2003 年，在一片集成电路上嵌入的电子元件数量增加了 1 千万倍，致使一美元能够购买的电子元件数量增长了 50 亿倍（Baumol，2008，23—26）。经验证明，在现代资本主义经济中，即便是大型企业，企业家精神也并没有消失，不存在熊彼特Ⅰ与熊彼特Ⅱ的对立。

正像我们在第一章中阐述的，作为经济学家，熊彼特思想的核心是将经济发展看作一个动态的、非均衡的内生演化过程，"创造性毁灭"是熊彼特式竞争的标志。事实上，我们可以从他在 1928 年和 1947 年发表在两个核心期刊的论文中看到其思想的连续性和一致性。在这两篇文章中，他区分了企业对外部条件变化的"适应性反应"（瓦尔拉斯均衡）与"创造性反应"："创造性反应使社会与经济形势向好的方向转变或至少与消极适应时不同；它会创造出比它不存在时完全不同的形势"（Schumpeter，1947，149—150，转引自：Antonelli，2008c，15）。熊彼特的"创造性毁灭"，是一个由主动创新引起的动态过程，即新创新者进入和旧创新者退出的过程（阿格因和豪伊特，2011，14）。他强调创造性毁灭制造的非均衡状态对长期经济发展（增长）的重大作用，而不是新古典经济学推崇的一般均衡的静态资源配置效应，后者会带来增长停滞，至多能够解决一个经济体短期存在的问题。我们必须在这一前提背景下理解他对垄断必要性的分析以及对"完全竞争市场"的质疑，扬弃他对"社会主义必然从资本主义成功中脱胎而出"的脱离实际的逻辑推演。

首先，我们来看一看熊彼特的"垄断"指什么？垄断不是指那样的独家卖主，他们出售的产品与其他人出售的同类产品稍有不同，即目前经济或管理学教科书上讲的"异质多头竞争"或"异质寡头竞争"，而是指那些"面对一定需求表的独家卖主，这种需求表与独家卖主自己的行动完全无关，也与其他公司对它行动的反应完全无关"（这里熊彼特指企业面对需求和竞争者的策略行为）。如果我们下这样的定义，那么在完整的资本主义条件下（竞争自由、进入与退出市场的自由），其持续的时间很难长到足以对总产量的分析起任何作用,除非受到政府当局的支持(行政垄断)。因为即使铁路和电力公司也首先必须创造人民对它们的需求,在完成这一步后再保护市场对付竞争者。因此,熊彼特的垄断只能是暂时的垄断(熊彼特,1999,166—167)。

另外,根据熊彼特的论述,新生产方法或新商品本身并不构成垄断,新生产方法和产品必须与旧方法和产品竞争,直到它显示出显著的优越性并建立起永久性需求表时,才做到这一点(创造性毁灭)。因此,"在那些企业家利润之中包含或者可能包含一种真正垄断收益的因素,它是资本主义社会颁给成功革新者的奖金,这是正确的"。对一家企业而言,由专利权或垄断策略获得的独家卖主地位的重要价值,主要不在于有暂时根据垄断图式行事的机会,而在于它提供了应对市场暂时混乱的保护和保证企业执行长期计划的空间(熊彼特,1999,171)。因此,新方法和新产品的引进总是导致完全竞争的暂时中止。

因此,我以为并不存在认为垄断是创新前提的"熊彼特假说"。熊彼特所讲的垄断是企业通过采用新技术、新方法或者新组织形式获得的暂时的市场独占地位。随着技术的扩散和新进入者的竞争这种垄断地位就会消失,而新进入者由于具有更大的创新激励,会通过创新替代它,实现新一轮的创造性毁灭。与瓦尔特·欧肯的秩序自由主义一样,熊彼特同样赞成竞争是增长和提高社会福祉的源泉,竞争促使企业为生存而创新。他所质疑的是新古典主义主流经济学倡导的既不符合实际也不应该提倡的所谓"完全竞争"①。而鉴于创新成果的溢出效应和一定的公共产品性质,国家对于发明专利等给予保护及对企业创新行为给予适当的奖励则完全是另一个层面的问题(梯若尔,2015,563,578)。大量的实证研究证明,维护与型塑竞争秩序、有效的产权保护、金融体系等制度安排以及好的政府政策(比如,促进产学研用合作、政府采购与技术和环

---

① 在《资本主义、社会主义与民主》一书中,熊彼特一针见血地写道:"一个这样的理论架构(指新古典经济学的"完全竞争的市场"——作者按)可能在逻辑上无懈可击,也可能符合部分现实,但是它忽略了这个所有有关资本家行为中的最具有典型性的实质要素(指企业家创新行为——作者按),这就像一场《哈姆雷特》的话剧没有丹麦王子。"参见 Joseph A. Schumpeter, *Capitalism*, *Socialism* & *Democracy*, London and New York:Routledge, 1992, p. 86。

保标准制定）会促进潜在创新者的利益最大化（阿格因和豪伊特，2011，15）。这一认识对于我们对于中国与德国市场竞争政策的评价具有十分重要的规范意义。

最后，产业组织与新增长理论的较新理论与经验研究表明，即便是从短期来看，产品市场竞争降低企业创新激励的论断也与事实不完全吻合。事实上，市场竞争与企业创新的关系是复杂的、不确定的①。这些理论和实证研究成果对我们下面的政策分析具有启发意义。

二 实施促进创新的竞争政策

市场有效配置资源和形成兼容的激励机制这两个基本功能，都是要通过竞争才能实现的。也就是说，只有通过竞争，才能发现价格，使之真实反映供求状况和资源稀缺程度，从而引导资源实现优化配置和再配置；与此同时，也只有竞争的激励鞭策，才是推动企业努力提高自己的核心竞争力，为社会持续提供成本最低、质量最好的产品的最强大的力

---

① 梯若尔与阿格因在他们的著作中分别对竞争、垄断与创新的复杂关系进行了研究。根据梯若尔的分析，假定一个企业在产品市场处于一种垄断的环境，由于垄断定价的原因，它不可能全部占有社会剩余，所以它对于引进一项新产品的积极性很低。如果考察一种初始竞争的情形，大量企业起初卷入伯川德价格竞争，结果是所有企业赚取零利润。一个企业采用新技术并被授予一项专利，如果这项创新是剧烈的或主要的，这个创新的企业就可以排除其他企业制定垄断价格。所以，一个竞争企业创新的激励要大于一个垄断企业。这是因为垄断者在它进行创新时是"自我替代"，而竞争性企业通过创新变成垄断者。这一特性被称作"替代效应"。再考虑垄断者受到进入威胁的情形。如果在产出市场只有两个企业，在创新前，企业 1 是垄断者，企业 2 是潜在的"进入者"，那么创新对于进入者（唯一获得新技术者）比对垄断者更有价值。如果假定两个企业都没有取得对创新的垄断，这时两个现有的企业竞争，看谁能够先发明这项新技术，它们不仅必须考虑与创新相联系的利益，而且也要考虑如果自己不采用这项创新而由竞敌采用将会出现什么后果。但是这不会影响对潜在进入者创新价值的测算。由于潜在进入者起初在这个市场上不会取得任何利润，因而一旦它决定自己不采用这项创新，也就不会关心垄断者是否会采用的问题。另一方面，前面谈到该垄断者期望在自己不创新的情况下可以赚取一个超额利润，现在发现自己的利润被一个创新的进入者削减。在这种情况下"效率效应"将发挥作用，即一个垄断者获得的利润总是大于两个未合谋的寡头企业，所以，垄断者对于保留单一垄断者的刺激，大于进入者要成为双头垄断者的刺激。创新对于垄断者更有价值（梯若尔，2015，564—568）。根据阿格因的分析，竞争对生产率增长（创新）的影响依赖于所处的环境。在非平衡发展部门（即跟随者落后领先者较多的情况），表现为跟随者通过创新成功地赶上其竞争对手（熊彼特效应），那么竞争的增加将阻碍创新。但是，在平衡发展部门中，竞争对于生产率增长有正向影响，即更多的竞争促使并驾齐驱型企业从事创新，以期摆脱竞争限制利润的状况（摆脱竞争效应）（阿格因和豪伊特，2011，223）。

量（吴敬琏，2016）。所以，有效竞争的市场不仅能够使资源得到合理的配置，而且也能够促进"创造性毁灭"。而对于经济长期增长而言，后者更加重要。

前面提到，完全竞争的市场的条件过于苛刻，在现实经济中只有谷类市场和股票市场接近于这样的条件。但是在产业组织的分析中往往还是拿它作为一个基准，用来量度现实市场的不完善程度，为政府竞争政策纠正市场失灵提供依据。从产业组织的理论上看，第一个阶段是所谓的"哈佛传统"，它主要从市场结构出发，强调市场结构决定行为，行为产生绩效（结构—行为—绩效范式）。第二个阶段即"芝加哥传统"，它将信息经济学与博弈论的方法引入产业组织分析中来，强调不是市场结构，而是市场参与者的最优化行为决定了竞争的强度和对竞争的限制，从而导致了多样的市场结构（梯若尔，2015，1—2；盖法和葛诃，2013，442）。另外，美国经济学家约翰·莫里斯·克拉克（John Maurice Clark）提出了"可行市场竞争理论"（workable competition），他认为，一个潜在的进入就足够引起竞争压力并阻碍任何市场势力的形成，由此对市场结构决定行为和绩效的假说提出了挑战。在这些新理论看来，企业的合作与集中不能一般被认为是负面的，甚至对于企业的生存（survivor approach）来说是必需的、能够取得比完全竞争更好的绩效，比如，企业为了实现规模效益而实行的兼并，或者只有大企业才有足够的财力进行持续的研发投入，由此实现创新（Altmann，2003，209—210）。可以看出，产业组织理论的发展使其在一定程度上贴近熊彼特的分析。

从演化经济学的角度来看，创新是一个研究、学习和选择的过程。企业的竞争优势取决于过程及协调、组织学习、发展路径和动态产业选择制度（吴光飙，2004，7），因此，必须关注市场过程，而非市场结构。这应当使我们放弃任何在特定条件下与最优市场形势相关的一般模型，转而要求有更为细致、合适的理论来解释竞争与竞争限制问题，并因此需要针对竞争问题制定更为合适的政策。在产业组织理论中，假如一旦企业决定采用一项新技术，那么它就能获得与这项新技术相关的直接受益，即前面谈到的暂时的垄断租金。如果反垄断政策仅关注与垄断地位相关的市场势力，就会出现在技术领先和可能导致产品市场过度集中之间的选择。换句话说，在创新与竞争之间出现了困境（盖法和葛诃，2013，443）。另一方面，由于知识的分散性，大多数创新都是许多企业或机构以新形式相互协调的结果，而非一个主导创新型企业的单独行为。它包括一些企业和其他相关机构提供资源的联合，创新带来环境的改变等动态过程。在差异化的企业之间，增长收益的出现仅仅是一个短暂的竞争优势，它们不会系统性地卷入市场失灵，因而不需要系统性的规制干涉。在协调的过程中，竞争起到核心的作用。但竞争的目标不是实现任何最优的市场结构，而在于加强创新可行性（和成长性）条件（盖法和葛诃，2013，444—446）。当然，这不是说竞争政策或反垄断没有必要：虽然在任何创新过程中，企业合作是必要的（导致市场不完善，以"完全竞争"为基准而言！），但是这不应导致滥用市场势力从而阻碍创新选择（市场失灵）。这对反垄断当局提出了很高的要求（盖法和葛诃，2013，440）。对于高科技企业，垄断对于创新的负面影响尤其强烈，所以鼓励竞争（比如，通过对于中小科技型企业的促进）具有十分重要的作用。下面我们就根据上述理论对德国（欧盟）的竞争政策进行审视，并与中国的竞争政策实践进行比较。

第二节　德国、欧盟竞争政策与创新激励

为了能够正确地评价竞争政策或反垄断政策的绩效，我们首先有必要了解市场上市场势力形成的条件，然后再根据上述理论从创新角度判断哪些企业集中是有益的，哪些将会对创新造成伤害，从而应该通过反限制竞争政策加以制止。

一　企业集中的不同形式

前面讲到，完全竞争的市场与长期垄断在现实的市场经济中均是不现实的。从供给侧看，真实存在的是企业能够采用大量策略行为的异质多头竞争和寡头竞争。由于企业之间竞争激烈，为了提高效率、降低成本以及更好地利用技术进步的成果，企业为获得市场势力而付诸于集中化手段是完全可以理解的。从实践上看，企业集中有以下几种形式：

（一）合作（Kooperation）

企业合作市场势力集中的最弱形式，它指经济与法律意义上独立的企业之间为完成共同任务的自愿协议，这种协约也可以是非正式的。仅在这一点上，市场参与者放弃了个体决策权并由此对自身的经济独立性进行了自愿限制，但是在法律上协议方仍然是完全独立的单位。这种合作一般是有限的。它往往限制在企业行为的一个特定领域，最典型的例子就是为共同研发某一技术或流程在大企业之间结成的"战略联盟"或者"战略网络"，比如，宝马与戴姆勒公司在电动汽车领域的研发合作。但是在其他领域，它们仍然是激烈的竞争对手。这样的合作能够使企业之间优势互补，分摊研发开支以及在失败情况下的沉没成本。另外，这种合作往往采取有时间限制的项目形式。因此，从竞争政策的角度，对这样的企业势力集中是没有必要干预的。企业合作也分为纵向（汽车总装厂与其系统供应商之间的合作）、横向合作（同业企业之间建立的专利池，实现专利交叉许可）以及对角（diagonal）合作——合作的各方来自不同的领域。在目前全球化的时代，虽然还不能说不存在着各种形式的保护主义，但各国经济已经是你中有我、我中有你，因此这种企业的国际合作也越来越普遍。合资企业（equity joint ventures）成为国际合作的一种常见形式。

（二）卡特尔（Kartell）

卡特尔虽然也是经济上与法律上独立的企业订立的协议，同样是放弃自身一定的经济自主权，一般也是有专门领域和时间限制，但是与合作的不同在于它以限制与扭曲竞争为目的。因此，在各国的反垄断实践中，包括德国的《反对限制竞争法》对于卡特尔一般都是禁止的。但是关系到创新则有一些例外情况。我们在后面再详细说明。

（三）企业集团（康采恩，Konzern）

企业集团是比卡特尔更高一级的市场势力集中，它指一些法律上独立的企业在一个统一的领导下的联合。联合中的企业失去其经济上的独立地位，但是保留其在法律上的独立地位。"子公司"在其具体经济决策方面受到集团领导（"母公司"）的制约，但是往往还能够保留其原始的公司名称。企业的纵向联合即产业链、价值链的一体化，可以避免市场交易成本，因为产业上下游之间的市场交易可能由于投资的专有性被协约方"敲竹杠"（机会主义行为）。而企业的横向联合，即在产业链中同一环节企业的集中则主要是出于发挥"协同效应"（Synergy effects）的考虑。另外，还有混合型企业联合，通常指一个企业兼并一个与自己所在行业完全没有关系的企业，从而实现生产和销售的多元化，形成所谓的混合型企业集团（conglomerate），比较著名的世界性混合型企业集团有西门子、美国通用电气公司（GE）和韩国的现代、三星等。

　　一个企业要取得对另一个企业的控制并不一定要拥有其100%的股权。这里有两个门槛非常重要，一个是"多数控股"（51%），一个是取得"关键少数"（25%），即能够拒绝企业管理层的重大决定（75%以上股权）。当然，有时候一个公司也可能由于在产业链中事实上的优势地位而取得对另一企业的支配。另外，一个公司也可以通过交叉持股而取得对另一公司的控制，比如，A公司持有B公司35%的股权，持有C公司90%的股权；而C公司同时持有B公司20%的股权。另外，子公司还可以与一些"孙子公司"形成子集团。尽管有《公司法》《商法》以及《会计准则》的约束，这种嵌套式的股权结构也使得局外人对于集团公司企业之间的复杂关系缺乏了解，所以一般大型企业集团往往采取在集团最高层建立一个控股公司的形式，它负责对于所有公司的参股股份（资本）进行控制与管理。在集团公司的股东大会上，往往是大股东的意志得到贯彻，而小股东则往往放弃其投票的权利。

　　（四）企业兼并（Fusion）

　　最高一级的市场势力集中是企业兼并，即参与的企业实现完全的合并。这包括一个公司对另一公司完成100%股权的收购，以及几个公司通过换股等方式成立一个新公司两种方式。兼并与建立企业集团的区别在于：兼并必须是对于标的企业100%的收购。所以，在英语中用"Mergers & Acquisitions"来囊括企业集团和企业兼并这两种不同的市场势力的集中方式。在美国，通过兼并获得市场支配地位的企业往往被称为"托拉斯"（Trust）。

二　德国的竞争政策

　　由企业联合引起的市场势力集中——不仅在民族国家内部，而且在国际范围内——势不可当，而经济权力的集中会对竞争产生消极影响，这就引起了各国政府用竞争政策以及反垄断立法维护竞争秩序的要求。在市场经济中，竞争政策具有基础性的地位。

德国《反对限制竞争法》对于维系和促进市场竞争，提高经济运行效益起到了统领性的作用。德国《反对限制竞争法》1957 年颁布，1958年 1 月 1 日生效，后经过 8 次修改。其主管机关是联邦卡特尔局，以前办公地点为柏林，1999 年搬到波恩。联邦卡特尔局的主管部门是联邦经济与能源部，但是其工作不受政府部门的干预，主要任务就是反垄断，保持建立开放的市场，使更多的、无论大小的企业加入竞争的行列中。联邦卡特尔局负责监督德国各行各业的市场竞争状况，因此，按照行业将卡特尔局分成十大决策工作部门，每个部门负责 1—2 个行业。卡特尔局共有 320 名雇员。联邦卡特尔局在反限制竞争调查中具有检察院的权力，可以向企业质询，提出看业务文件的要求，并根据法规进行搜查、查处。在确认违反《反对限制竞争法》行为后可以直接决定收取罚金以及罚金的数额。因此，它拥有比美国司法部与全国贸易委员会（美国《反托拉斯法》的执法机构）更广泛的权限。1973 年德国政府还建立了由专家组成的反垄断委员会，以观察和评价企业集中对市场格局的影响。除弗莱堡学派秩序自由主义对德国战后经济体制形成的影响外，由于德国历史上有"卡特尔国家"的沉痛教训：1897 年帝国议会在"结社自由"原则下通过的企业有无条件结成卡特尔自由的法律对德国后来的经济与政治发展产生了灾难性的后果。因此，战后的德国特别强调竞争政策的重要性也就不足为怪了。

德国《反对限制竞争法》有三大支柱，其一在于禁止市场主体限制竞争的行为（卡特尔协议），其二在于禁止市场主体滥用市场垄断地位的行为，其三是控制企业间的兼并行为。企业限制竞争的行为主要包括企业间的价格联盟、企业生产领域和市场的划分等；市场主体滥用其垄断地位的行为主要体现为不合理的歧视、不合理的价格、独家经营和强迫搭售等；而控制企业间的集中行为是维系合理的市场竞争格局的重要手段。1999 年以后又引入对政府采购中投标者的保护。下面分别来看一下它们的具体内容。

（一）卡特尔禁令

卡特尔指法律和经济上独立的企业之间的共谋行为。根据德国《反对限制竞争法》，卡特尔在原则上是禁止的。这首先是指企业之间在价格与产量上结成的共谋。也包括在竞标公共采购方面结成的共谋。但是为了鼓励创新，《反对限制竞争法》也规定了例外的情况：合理化卡特尔、标准卡特尔以及专业化卡特尔在得到联邦卡塔尔局核准的情况下是允许的。特别是《反对限制竞争法》第 3 条规定了允许"中小企业之间的合作联合"。因为中小企业的合作不仅不会限制竞争，而且会促进竞争。

但是《反对限制竞争法》也允许带有贸易保护主义倾向的出口价格同盟以及进口联合抵制，以及以保持就业岗位为由的所谓结构危机联盟，从而使僵化的经济结构（比如，鲁尔区的煤炭）得以长期保留。另外，卡特尔禁令也不适用于一些关系国计民生的重要领域，比如德国铁路以及德国电信（在电信自由化之前）。

从执行上来看，在寡头竞争的情况下，当局很难将价格共谋与所谓没有协约的"协同一致行动"（Paralleles Verhalten）区分开来。后者带来的在价格上的一致行动是市场结构内生的。

（二）兼并监督与控制

反垄断法并不禁止经营者取得市场支配地位，但是，具有市场支配地位的经营者，由于拥有强大的经济实力和经营能力，能够控制相关市场上商品的价格、数量和其他交易条件，这种支配地位对市场竞争是一种潜在的威胁，如果其滥用这一市场支配地位，从事排除、限制竞争的行为，将会严重影响市场竞争秩序。因此，反垄断法对经营者滥用市场支配地位，排除、限制竞争的行为予以严格禁止。

联邦卡特尔局的这项任务是在 1973 年对《反对限制竞争法》第二次修订后引入的。它规定：企业的兼并（也包括购买其他企业的部分股权，即组成企业集团）需要公示，而且如果企业达到一定的规模，那么其兼并需要联邦卡特尔局的审批。如果卡特尔局认定企业兼并后会形成市场支配地位，它就可以使用它的职权禁止这次并购。认定的标准是兼并后企业的市场份额，一个企业不能超过市场份额的 33%，三个以下的企业不能超过 50%，五个以下的企业不能超过 66%。但是如果企业的规模超过了这个规定，企业也可以提供在市场寡头之间存在着竞争关系的证据，从而取得卡特尔局的许可。因为实际上如果在寡头市场中存在着并驾齐驱的企业（neck to neck competition），那么其竞争程度经常会超过多头竞

争的市场，比如，由波音和空中客车控制的双头竞争（Schmalen &
Pechtl，2006，77）。

在对并购进行监督中，企业的规模扮演着重要的角色。对于中小企
业的并购联邦卡特尔局采取宽容的态度：如果并购企业所在市场的整体
销售额不超过 1500 万欧元；或参与企业的世界市场份额不超过 5 亿欧元，
并且参与企业中没有企业在德国的销售额超过 2500 万欧元；或者一个存
在了 5 年、销售额不到 1000 万欧元的企业与另一家企业实现合并时，则
不需要向联邦卡特尔局备案。

从执行上来看，在认定中存在的问题是如何划分"相关市场"（rele-
vant market）。通常认定的方法：如果参与并购的企业在市场上出售的产
品和服务是能够相互替代的，那么就可认为是其相关市场。但从产品出
发，其实不存在完全可以替代的产品。从空间上来看，有些企业仅在地
区性的市场上运作，而有些企业则在整个欧洲，乃至全球市场上出售产
品和服务，从而增加了认定的难度。比如，在美国微软反垄断的案例中，
一些公司（特别是网景公司）控告微软利用其在视窗上的垄断地位将 IE
浏览器进行捆绑销售。这里就存在着对相关市场的确定问题：原告将相
关市场定义为英特尔兼容计算机和浏览器操作系统，而被告认为微软与
网景之间的竞争是关于平台的竞争，市场扩大为整个信息与通信产业运
作的平台，所以将 IE 浏览器整合到视窗系统是一个合理的改进。后来，
美国竞争监管当局接受了被告的立场（盖法和葛诃，2013，448）。

如果一项并购具有"重大的国民经济意义"，那么德国联邦经济部长
可以推翻联邦卡特尔局的禁令予以批准（部长特许），这同样也适用于企
业间的卡特尔协议。但同时要求由独立专家组成的垄断委员会进行独立
的审查并提出自己赞成与否定的意见。在联邦德国历史上，已经出现了
几起重大的、经济部长特许的并购案：比如，戴姆勒—奔驰公司收购当
时的军火制造商 ABB（1989），依昂公司（E-On）收购鲁尔天然气公司
（2002）。

（三）滥用市场权力监督

如果一家企业通过自身的成功（创新，减少成本、增加销售）取得
市场支配地位，这在原则上是无可厚非的。在这种情况下，竞争监管的
任务就在于防止其滥用其市场优势地位，这包括价格歧视、捆绑销售、

进货（需求方市场垄断）与出货抵制、低价倾销等。联邦卡特尔局在得到申诉后，经过调查，可以禁止这些行为并提出对受害者的补偿数量。但是这一般面临着原告的取证困难。

三　欧洲联盟的竞争政策

1957 年德国、法国等六个欧洲国家在罗马签署《欧洲经济共同体条约》，以后欧洲共同体不断扩大，1993 年，当时欧洲共同体的 15 个国家签署的《马斯特里赫特条约》生效，欧洲联盟成立。欧盟竞争政策基于欧洲经济共同体条约。建立一个单一和统一的市场，实行货物、人员、服务和资本在共同体内部的跨国自由流动一开始就是欧洲共同体的核心目标。为了建立确保欧共体内部市场竞争不被扭曲，维持一个合理的市场结构，提高经济效益，欧洲联盟的竞争政策的职权随着欧洲单一市场的建成和成员国的扩大不断加强，欧洲联盟的竞争法规则不断得以完善。

欧盟竞争政策的法律据称主要包括禁止限制竞争协议（原欧共体条约第 81 条）、禁止滥用市场支配地位（第 82 条）、原则禁止国家补贴（第 87—89 条）。欧盟理事会在 1989 年 12 月又制定了《企业合并控制条例》。实际上就与德国《反限制竞争法》的三大支柱相对应。整个竞争法律体系除欧共体条约外，还包括据此制定的部长理事会和委员会的条例、指令和决定。

欧盟竞争法对于推动单一市场、建立统一的欧盟大市场发挥了重要作用。为适应经济发展和欧盟扩大的需要，从 1999 年开始，欧盟委员会对欧盟竞争法进行了"一揽子"改革，并得到欧洲议会和成员国的表决同意，付诸实施。2002 年在欧盟竞争法中引入了卡特尔宽大处理制度。新的《关于实施欧共体条约第 81、82 条的第 1/2003 号决议》和《关于企业合并控制的第 139/2004 号决议》对竞争法的三大支柱禁止限制竞争协议、禁止滥用市场垄断地位和企业合并控制进行了修改，并从 2004 年5 月 1 日起开始实施。

当前的欧盟竞争法律制度的主要内容如下。

（一）禁止限制竞争协议（卡特尔）

欧盟条约第 81 条第（1）款原则禁止一切可能影响成员国之间贸易，以阻止、限制或扭曲竞争为目的或产生此结果的协议、决定或协同一致的行动。同时第（3）款规定了限制竞争协议的豁免须符合四个条件：有利于提高产品的生产销售或有利于经济发展和技术进步；消费者可以分享效率提高带来的收益；为达到上述目的而限制竞争是不可避免的；没有排除相关企业产品竞争的可能性。另外，对于横向协议市场份额不超过10%，纵向协议市场份额不超过15%，混合协议市场份额不超过10%的，由于其对竞争的影响小可忽略不计。对符合第81条第（3）款豁免条件的协议、决定或协同一致的行动，须由企业向欧盟委员会申请以取得个别豁免（Individual Exemption），除非其符合种类豁免（Block Exemption）的条例规定。2004年修改后的实施条例规定豁免无须申请，由企业在订立合同前自己判断。

（二）禁止滥用市场支配地位

根据欧盟条约第82条规定，构成滥用市场支配地位需要三个条件：一家或多家企业在共同市场具有支配地位；滥用支配地位；对成员国之间的贸易具有现实或潜在的影响。支配地位、滥用和滥用获得的利益包括在相邻市场。第82条列举了过高定价、掠夺性定价、价格歧视、拒绝交易、搭售、限制生产销售或技术开发等滥用支配地位的行为，但并不限于这些情形。

（三）企业合并反垄断审查

欧洲统一大市场建成后，对于企业兼并的监控的职权就越来越转移到欧盟委员会的手中。

欧盟有关合并审查的立法主要有：修订后的《合并条例》[以欧盟理事会第139/2004号决议（2004年）取代第4064/89号决议（1989年）]，以及同时颁布的《横向合并评估指南》和《合并调查最佳实践指南》。2004年5月1日开始，有关合并反垄断审查制度的变化主要有三方面：

1. 实体上的变化——评估合并的标准

新《合并条例》第2条规定："集中如果在共同市场或其大部分将严重妨碍有效竞争，特别是通过产生或加强市场支配地位的形式，将被宣布与共同市场不相容。"与修改前"产生或加强市场支配地位，以至于严重妨碍有效竞争"相比，新条例将一切严重妨碍有效竞争的合并交易纳入规制范围，产生或加强市场支配地位只是其中的一种形式。这意味着欧盟委员会更加强调合并对竞争的影响，而非市场支配地位本身，这与美国的标准趋于一致。条例规定，如果参与合并的企业的市场份额不大，合并不会影响市场的有效竞争，合并就可以在第一阶段得到通过；如果参与合并的企业在欧盟市场的份额不超过25%，在不影响适用条约第81、82条的前提条件下，合并可以通过审查；如果合并后企业的市场份额在25%—40%，除非特殊情况，一般也认为不可能产生市场支配地位。在委员会的实践中，绝大多数的市场支配地位产生于合并后企业的市场份额达到40%—75%。如果超过75%，虽然不是绝对垄断，但一般会被认为产生或者加强市场支配地位。除了根据市场份额评估企业合并对竞争的影响外，还要结合消费者的需求、产品供应、潜在的竞争对手、市场进入障碍等因素做出分析。

同德国《反限制竞争法》一致，在对卡特尔以及企业并购的监控中也对其对相关市场的影响放在重要的地位。中小企业的联合不受这些条款的约束。企业协议或联合所涉及的市场不超过相关市场的5%，或者参与企业的销售额不超过2亿欧元，属于此列。从2000年起，通过种类豁免条例，欧盟委员会将所有欧共体条约第81条禁止的纵向企业联合协议豁免，如果其市场份额不到相关市场份额的30%，且没有纵向价格约束及联合进口抵制。

欧盟《合并条例》及相关条例的修订一方面体现了前面谈到的竞争政策理论的新发展。另一方面也是顺应实践的要求：为避免垄断，欧委会长期实行竞争政策，对成员国企业的每一宗联合和并购案都要进行严格的审查。如果查出有垄断市场和价格的倾向，欧委会就会拒绝申报的企业进行联合和并购。在此情况下，被拒绝的企业不得擅自联合和并购；否则将受到法律起诉，并被处以巨额罚款。欧委会的这一政策在欧盟各国有效地抑制了企业试图垄断市场和价格的行为。但是，一段时期以来，出于增加经济效益和提高竞争力的考虑，越来越多的欧盟企业申请进行联合、并购或建立价格同盟。因此，遭到欧委会拒绝联合和并购的或受到反垄断调查的企业也越来越多。这就引起了不少欧盟成员国对于欧盟机构过于官僚和规制过于烦琐的批评。这迫使欧盟委员会在执行限制企业兼并政策和反垄断法规方面采取更灵活态度。另外，欧盟委员会的这项修改决定也受到一些权威人士呼吁协调欧盟竞争和产业政策的影响。欧盟委员会为提高某些行业的国际竞争力，提出要塑造欧盟的"国家冠军"" 欧洲冠军"，即有竞争力的巨型企业，从而对企业之间的兼并采取容忍的态度（孙彦红，2012，148）。

2. 程序上的变化——更具灵活性的审查期间

合并申报的时间予以提前，以前需要有约束力的协议，现在只需要意向书和当事人完成交易的诚信（Good Faith）即可。这样给予当事人更多的灵活性来选择什么时候将交易提交委员会或竞争当局审查，但未经批准不得实施合并交易的限制依然未变。

3. 管辖权上的变化——明确了欧盟委员会和成员国的案件划分，体现了作为欧盟制度元规则的"辅助原则"（subsidiarity principle）

一般而言，欧盟委员会只对具有共同体意义的合并交易具有管辖权，即所有合并当事方世界范围内销售总和超过 50 亿欧元，且至少两个合并当事方中任何一方在欧盟范围内的销售额超过 2.5 亿欧元。这一申报门槛并未改变，但新条例赋予当事方选择的权利，即合并当事方可以在申报前请求将交易提交欧盟委员会或成员国竞争当局。如果一项交易需要在至少三个以上成员国予以申报，合并当事方可以请求将交易提交欧盟委员会，经有关竞争当局同意，欧盟委员会行使排他管辖权。新的《合并条例》强化了"一站式申报"——向欧盟委员会申报在所有 25 个成员国中具有法律效力，从而使合并当事人降低交易成本，减少官僚体制和法律上的不确定性。

（四）法律责任与救济

违反第 81 条的协议条款无效（并非全部协议无效），其法律责任由成员国的国内法决定。欧盟委员会可以对该企业处以其全球销售额 10% 以下的罚款。由于卡特尔形式越来越隐蔽，证据也越来越难以获得，欧盟委员会自 2002 年起公布实施宽大处理政策：对于向欧盟委员会提供重要证据的参与卡特尔的当事人，第一个自首的企业减免 30% —50% 的罚款，第二个自首的企业减免 20% —30% 的罚款，第三个自首的企业减免 20% 以下的罚款。据欧盟竞争总司介绍，这种查处卡特尔的方法在实践中很有效果。

任何被侵害的公司可以在一国的法院根据该国的司法程序要求赔偿损失。对于欧盟委员会决定不服的，企业可以向欧洲初审法院提起诉讼。欧洲法院只对初审法院判决上诉的法律问题进行审查。成员国竞争主管机关的决定按照国内司法程序审查或诉讼，不能再上诉到欧盟层面的法院。

欧盟委员会强调指出，实施反垄断法的经验是高额罚款，使违法的企业无利可图甚至破产。

（五）国家补贴

为避免成员国运用公共资源扭曲企业间的竞争，影响第 81 条、第 82 条的实施效果，欧共体条约第 87—89 条规定了国家补贴规则。第 87 条原则禁止国家向特定产业和企业提供补贴，无论这种补贴是以政府资助、利息减免、税收减免、国家保证、提供产品或服务的优惠或其他任何形式。同时也规定了例外情形，如果补贴对整个欧盟受益，则补贴可以被允许，比如对个体消费者提供的具有社会性的补贴；为补偿因自然灾害和意外情况造成损失而提供的补贴；为推动欠发达地区的经济发展提供的补贴；为执行符合欧共体共同利益的重要项目而提供的补贴；等等。欧盟委员会有权对现存和拟议中的成员国提供的国家补贴进行审查，以确定其是否与共同市场相容。一旦发现与共同市场不相容，欧盟委员会有权要求成员国通过适当的国内程序恢复原状，并要求受惠者向公共当局返还所受资助。欧盟委员会审查成员国补贴的专属权利要基于成员国的授权。

四　德国市场开放改革对竞争的促进

从 20 世纪 90 年代开始，德国掀起了一轮市场开放的改革。在先前所谓自然垄断或者关系国计民生的公共服务网络行业（铁路交通、电力、电信、燃气、航空运输）开始打破垄断，引入竞争，并为此对《反限制竞争法》进行了修改（1999 年，第六次修改），取消了电力经济等可以缔结卡特尔的例外规定。供电企业不能再与地方政府缔结垄断性的排他协议以及供电区域划分协议。根据欧盟的新规定，供电企业有义务将其他发电企业的电传送至它们的顾客。但是这些新发电企业使用网络需要与供电网络提供商通过谈判达成价格协议。如果有自己发电厂商的网络提供商在这种情况下向作为竞争对手的其他发电厂商索要高价，联邦卡特尔局则可以在申诉下启动"滥用市场支配地位"的调查。由此，用电顾客（特别是用电大户）能够在不同的电力供应商之间进行选择。德国电信的电信网络的垄断也被打破，它必须将自身的网络向其他增值服务供应商开放（比如固话网络中的长话服务）。为了防止它对其竞争对手的价格歧视，联邦政府成立了"网络经济规制署"，对德国电信等大网络运营商的定价机制进行监控（Schmalen & Pechtl，2006，121—122）。

电力供应、电信、燃气以及以后德国铁路的自由化、私有化与解除规制不仅促进了这些行业的发展，创造了新的工作岗位，使消费者直接受益（由于竞争带来的普遍价格下降）。另外，在电信和电力等行业放开准入，也大大刺激了这些领域的公共与私人投资，从而直接促进了技术进步，比如，移动通信的迅猛发展，从而进一步促进了行业内的竞争。

德国的自由化改革得益于欧洲联盟内部整体的市场化改革的大环境。1993年欧盟宣布欧洲统一大市场建成，在单一市场内部逐步实现货物、资本、服务与人员的自由流动。在欧洲单一市场的建成后，欧盟机构大力推进公共服务行业的市场开放和自由化。近年来，欧委会在盟内大力推进各成员国相互开放各自的公共服务行业，如电信、铁路交通、能源供应、民航运输等。经过多年的努力，欧盟在公共服务行业的市场开放方面取得了长足的进步。2004年6月，欧委会通过关于煤气和电力供应完全自由化的指令，使成员国之间完全实现了电力和煤气贸易、供应、输配的自由化，彻底打破了成员国原有本国公司对此的垄断。由于打破垄断引入竞争机制，欧盟内的国际长途资费从1999年至2004年下降了45%，这表明只有打破垄断、引入竞争，公共服务行业的价格才能降下来。作为反例：市内电话资费近5年来几乎没有下降，宽带网接入的70%也仍然控制在本国大的电信商手中。欧盟在2002年对汽车销售的种类豁免条例进行了修改，允许一个销售商在一个零售店中同时经营不同的汽车品牌，而且他也可以将销售与保养分开来经营。另外，非协议汽车修理厂也允许获得汽车的原始零部件，汽车生产厂商不允许禁止供货。联系到德国1973年在《反限制竞争法》的第三次修订中对第二手纵向价格约束的禁止，即生产厂家不允许强迫其销售商按照其规定的价格出售该厂家的产品和零部件（但允许提出"价格建议"），这些解除规制的改革对于限制大型生产企业的市场权力，鼓励竞争起到了巨大的作用。

从这一节的分析可以看到，对于市场经济的运行来说，竞争监督固然十分重要，但是放开市场，建立一个更加自由的竞争秩序的举措也不容忽视。有效率的竞争可以通过"创造性的毁灭"来保障，而国家的任务是取消国际与国内的保护主义措施，制造有利于创新的生态环境。

第三节　中国竞争政策与德国竞争政策的比较

中国的市场化改革采取了渐进性道路，正像前面已经指出的，自1978年中国开始改革开放以来，中国经济长达40年的高速与持续的增长正是得益于引入了竞争，特别是地区之间的竞争以及国际竞争。但是由于中国制度变革的自发性和非计划性，与像德国这样的发达国家相比，中国经济还比较缺乏秩序性。为了实现建立统一、开放、竞争、有序的大市场的目标，必须坚持秩序政策的基础性地位。

其实中国政府与立法机构对于制定一部符合中国实际的《反垄断法》十分重视：1994年，全国人民代表大会常务委员会（中国的立法机构）就开始启动了《反垄断法》的立法过程，到2008年8月1日该法律正式生效经过了长达14年的酝酿和讨论（在联邦德国建国初期围绕着《反限制竞争法》的争论持续了7年的时间）。这期间，中国加入了世界贸易组织，从原则上接受了世界公认的市场经济规则，这对于《反垄断法》的立法工作无疑具有巨大的推动作用。2007年8月30日《反垄断法》终于获得人大常委会的通过。这在中国社会主义市场经济建设的进程中无疑是一个里程碑式的突破。

在下面比较中，我将不详细地列举中国《反垄断法》的内容，因为实际上作为一个仍还是十分原则性的法律文件，中国立法者注意汲取发达国家反限制竞争的经验，《反垄断法》的内容与德国《反限制竞争法》十分相近。对于限制竞争行为的三种形式以及相应的规范措施（"三大支柱"）在经济理论与法律实践上并没有很大的争议。与德国《反限制竞争法》相比，中国《反垄断法》明确将"为改进技术、研究开发新产品的"的垄断协议（卡特尔）列为例外情况，表现出更强烈的促进技术进步的愿望。另外，在推定经营者是否具有市场支配地位时，采用了比德国更宽松的标准，与美国和欧盟的标准大体相同。但是中国作为一个从集中统制经济向市场经济转型的国家面临着与德国不同的挑战，从而导致中国《反垄断法》的特殊性：这就是"行政垄断"。

在成熟市场经济国家中，国家制定《反限制竞争法》的主要目的是对民营公司利用市场势力限制竞争的规制，但是在像中国这样的转型经济国家，由于以往的集中统制经济管理方式还没有完全消除，所以在民营公司（包括外资企业）限制竞争行为（自由进入市场的垄断）出现的同时，还存在着一系列由政府规章以及政府部门引发的垄断行为。

行政垄断可以定义为"一种以行政权力为基础的垄断"（洪银兴，2005，307），在中国它主要有两种表现形式：1）行业垄断；2）地方保护主义。前一种形成的原因比较复杂；后一种对于创新和建立统一、开放的市场十分有害。

行业垄断的主要特征是限制其他企业进入市场。限制进入市场的垄断主要有两种类型：一种是自然垄断企业，这些行业由于其投资巨大及不可分性往往只需要少数甚至一家供应者。根据上一节的论述，我们知道在过往认为是自然垄断行业中引入竞争已经不存在技术上的问题，而且各国解除规则、开放市场的结果十分有效。另一种是非自然垄断行业，主要是国家根据对国民经济命脉控制的需要以及国家安全的考虑，对某些行业进行管制、限制进入。其方式是或者只允许国有企业进入，或者是由国有主管部门进行条条管制（洪银兴，2005，306）。在中国，如铁路、电信、电力等行业属于行业垄断，在电信（非移动通信）、电力的领域虽然基础服务已经不仅只有一家公司提供，但是由于地区分割的原因，基本上仍然处于行业垄断状态。在其他一些关系国民经济命脉的领域，如石油、银行业、大型化工等虽然已经呈现出寡头竞争的状态，但是由于对于民营企业和外资企业进入限制或者是极高的门槛，实际上竞争十分不充分。另外，与民营企业相比较，国有企业还往往享受在资金、技术和国家补贴方面的优惠待遇。

在前面理论阐述中已经指出，在自由进入的市场，长期维持垄断地位并获取超额利润是相对难的，替代效应与效率效应将迫使厂商采取接近竞争性市场的行为。即使存在暂时的垄断势力，也是受到市场制约的。真正具有危害性的垄断来自行政垄断。行政垄断具有几个特征：1）行业垄断产生于集中管理经济，垄断者不是通过市场竞争优胜劣汰而形成，比如中国石油总公司实际上是由过去中央计划时代的国家石油部脱胎而成的；而中国石油化工集团则是先前的国家化学工业部。2）垄断势力的产生和行使与行政权力结合，国家大型国有企业（包括中央一级以及省一级）具有行政级别；董事长与总裁是国家干部，由中央组织部直接任命。3）受管制的领域广、程度深。这不但使企业行动受到各种束缚，而且使很多行业的进入成本高昂且异常缓慢。这种管制特别体现在各级政府的产业政策上，比如，1994 年颁布的汽车产业政策就曾经对整车厂商的最低生产数量进行了明确的规定。其实企业是否愿意进入某一行业，投资多少、生产多少应该由企业自身来决定。只要企业是自负盈亏的独立实体就不会不顾一切地贸然进入一个它不可能赚钱的行业。4）垄断者由国有企业组成，它们与上级主管部门（比如，国资委）、当地政府往往政企不分，形成相互依赖关系，成为强大的、一般比私人垄断更加坚固的市场垄断势力。垄断企业与行政权力的结合容易导致腐败，是"权贵资本主义"的温床。5）由于国有企业受到国家的保护，往往缺乏其市场退出机制，据不完全统计，目前存在着约 2000 家"僵尸企业"，对于社会资源造成极大的浪费。

　　前面第二章提到，"社会主义市场经济"与其他类型的市场经济的最大不同是其坚持生产资料公有制的原则。中国共产党领导建设的"社会主义市场经济"一大特征是发挥国有经济主导作用，不断增强国有经济活力、控制力、影响力。中国《反垄断法》总则中对此的相关表述为："国有经济占控制地位关系国民经济命脉和国家安全的行业以及依法实行专营专卖的行业，国家对其经营者的合法经营活动予以保护，并对经营者的经营行为及其商品和服务的价格依法实施监管和调控，维护消费者利益，促进技术进步。"[1] 但法律同时规定："前款规定行业的经营者应当依法经营，诚实守信，严格自律，接受社会公众的监督，不得利用其控制地位或者专营专卖地位损害消费者利益。"[2] 保持国有经济（包括大型国有企业和重要的公立研究机构）对于国民经济的控制力与国家的宪法目标一致，本来无可厚非。但是这里的要害是《反垄断法》并没有对国有经济的主体进行必要的划分，即哪些属于公益性企业（公交、地铁、

---

[1]　《中华人民共和国反垄断法》第一章总则第七条（http://www.law-lib.com/law/law_view.asp？id=212679）。

[2]　同上。

环卫、国防设施、卫生保健、义务教育，其中属于自然垄断性行业包括输电、管道燃气、自来水、铁路、水利）；哪些属于营利性企业（电信、石油开采和冶炼、汽车、电子、钢铁、装备制造、新型建材、医药、金融等）。以上条款应该说适用于非营利性国有企业。而后者属于竞争性行业，应该允许其他所有制企业进入，与国有企业进行公平竞争。而实际情况是虽然《反垄断法》也提出垄断性国有企业不得利用其控制地位损害消费者利益，但是国有经济在很多情况下仍然享受超国民待遇，受到各级政府的呵护。另外，从产权角度看，在竞争领域，国有经济在关键领域具有控制地位并不意味着需要国有独资，应该大力发展混合经济，改善公司治理结构，从而提高国有控股企业的绩效。在自然垄断行业应该借鉴欧美国家的经验，通过解除政府管制打破垄断，引入竞争。

行政垄断的另一个表现是地方保护主义。根据亚当·斯密的论述，经济增长和国民财富增加的源泉是社会分工，分工提高经济生产活动的效率，而社会分工的深度则取决于市场的扩大。所以建设统一的市场，这不仅包括商品市场，也包括各类要素市场，是建设社会主义市场经济体系以及国家与区域创新体系的关键环节。欧洲统一市场的建设，初步实现了产品、服务、资本和人员自由流动的四大自由，大大推动了欧洲经济的发展。而中国由于市场化改革"放权让利"的路径依赖，国内市场地区分割和保护严重，统一的市场还远未形成。

中国市场的地区分割有其历史背景。前面已经谈到，中国集中计划经济的特色是既有中央政府主管部门从上到下的"条条"分割，又有各地方政府的"块块"分割。中国的市场化导向的经济体制改革是微观先行，从下到上展开的。中国的改革从农村开始，农村改革和发展乡镇企业打破了之前自给自足的自然经济，但是市场的形成主要在区域范围内，是地区封闭的市场。中国幅员辽阔，当时的交通运输、通信等基础设施条件也使全国统一市场难以运作。另外，为了调动地方政府改革的积极性，并由此减轻中央政府的财政负担。中央政府采用了"放权让利"的改革方针，使得地方社会发展福利水平、居民收入水平、公共产品的供给能力等逐渐与中央政府的调配、调拨脱钩，与本地区的经济发展水平密切联系在一起。所以，地方政府实际上成为地方利益的总代表，其经济职能明显体现在对本地市场的保护上。因此，所谓的市场分割实际上是一种地方保护主义，由于可以将其明确定义为地方政府利用行政力量保护本地市场，形成区域间的市场分割，所以它是行政垄断的一种表现形式。

中国由于地方保护主义导致的市场分割使中国的竞争政策面对一些与发达国家十分不同的状况。比如，在对制定《反垄断法》的讨论当中，有专家曾经提出，中国市场的集中度还十分不够（一个极端典型的例子是1999年中国汽车制造业曾经有115个整车厂）。所以，制定和执行一部《反垄断法》不是当务之急。但是许多行业拥有众多规模不足的厂家不是由于"竞争过度"，而是由于地方保护。不仅如此，这种市场的地方分割阻止了人力资本与知识的流动，各级政府对本地区企业的保护和补贴，对区外企业的歧视和阻止其产品进入造成局部的市场垄断势力。缺乏竞争也必然导致企业创新动力不足，对行政当局的依赖以及寻租行为。

鉴于这种状况的严重性，《反垄断法》包括了针对以地方保护主义为主要表现形式的反行政垄断的条款，为在这一领域竞争政策的实施提供法律依据，但是制定相关内容却颇具周折。一些法律专家认为，由于其特殊性，对行政垄断的管制不属于《反垄断法》规范的范围，它实际上涉及的是一个政府管理体制改革的问题。但是鉴于它对市场竞争的极端重要性，这方面的内容最终还是被纳入《反垄断法》文本之中。

《反垄断法》第五章"滥用行政权力排除、限制竞争"中规定：

行政机关和被授权的公共组织，不得滥用行政权力，实施五种行为：①对外地商品设定歧视性收费项目、实行歧视性收费标准，或者规定歧视性价格；②对外地商品规定与本地同类商品不同的技术要求、检验标准，或者对外地商品采取重复检验、重复认证等歧视性技术措施，限制外地商品进入本地市场；③采取专门针对外地商品的行政许可，限制外地商品进入本地市场；④设置关卡或者采取其他手段，阻碍外地商品进入或者本地商品运出；⑤妨碍商品在地区之间自由流通的其他行为①。

但是在对行政垄断的法律责任追究上存在着争议，经过多次讨论，

---

① 《中华人民共和国反垄断法》第五章（http：//www.law-lib.com/law/law_ view.asp？id=212679）。

最后在三审时，在"由上级机关责令改正；对直接负责的主管人员和其他直接责任人员依法给予处分"的基础上，增加"反垄断执法机构可以向有关上级机关提出依法处理的建议"的规定。这是因为，对于"行政垄断"的责任追究一般不是法院和法官的职权，而必须在政府官员体制内通过上下级关系来问责。而反垄断执法机构则只能有"向有关上级领导提出处理建议"的权限。不能不说，由于在中国行政权力仍然十分强大的环境背景下，《反垄断法》对行政垄断的约束比较有限。

因此，我们认为，《反垄断法》的制定与实施反映了中国市场化改革的阶段性成果。虽然法律明确要求国有经济要合规经营，但是在国有经济对于整体经济的控制范围和程度上表述不够准确、具体。对竞争领域国有企业给予保护，实际上违反了市场竞争秩序的公平原则。另外，在产业政策的旗帜下，各级政府以创新需要企业适当集中为借口搞行政主导的企业合并（拉郎配），完全无视市场经济的运作规律，造成十分严重的恶果。企业之间的合并应该是企业依据自身所在市场的状况开展的自主行为。另外，还没有经验研究证明，创新与行业的集中化程度之间具有因果关系。最近几年出现的产能过剩的危机，在一定程度上也是各级政府大量推行产业政策以及区域市场分割的结果。

将"行政垄断"纳入《反垄断法》的规则范围内是在中国具体条件下竞争政策的一个特色。但是仅凭目前《反垄断法》的相关规定，并不能真正解决地方保护主义对建立统一市场以及创新的破坏作用。说到底，中国市场秩序混乱不仅仅是一个政府竞争政策的问题，而且也是一个体制问题。要想根治，必须全面推进经济体制以及政府体制的改革。2008年《反垄断法》实施以来，中国经济的自由化和市场化程度有很大的提高，在许多竞争性领域，全国统一市场已经逐渐形成。党的十八届三中全会提出了全面深化改革的任务，全会公报强调要建设统一开放、竞争有序的市场体系，发挥市场在资源配置上的决定性作用。这标志着中国决策层对于市场经济体制认识的进一步深化。目前，国有企业改革已经到了关键阶段，国企分类与发展混合所有制成为改革的核心目标。在严厉打击腐败的同时，政府体制改革势在必行。中国领导层认识到，只有明确廓清市场经济体制下政府与市场的关系，才能标本兼治，从根本上杜绝严重的腐败行为，建立一个法治的市场经济体制，使竞争政策真正发挥其秩序政策的基础作用。

当然，随着中国市场的不断对外开放，民营公司的限制竞争行为，特别是在华投资的大型国际公司和跨国公司滥用市场支配地位的行为也越来越值得关注。比如，像德国大众、宝马、奥迪、美国通用和法国雪铁龙等汽车制造商长期强迫其在中国的销售商接受它们规定的零部件价格，有些零部件的价格高出整车相应部件的十多倍，同时拒绝向非协议修理商提供原始零部件。这些行为已经违反了中国《反垄断法》的相关规定，因此受到中国反垄断当局（发改委价格监督局）的调查并处以罚款。

最后，在国际层面上，目前中国在与美国和欧盟这两个最大的贸易伙伴就签订双边投资协定进行谈判，中国政府承诺在负面清单和准入前国民待遇的基础上完成这项谈判。从竞争政策角度看，这意味着我们在对美国及欧盟企业的市场准入上做出更大的让步，废止目前在对国外商品或产商规定与国内同类商品或产商不同的技术要求、检验标准，或者对国外商品采取重复检验、重复认证等歧视性技术措施，建立一个对于所有企业——无论其所有制及国别——一视同仁的公平竞争环境，涉及国家安全的领域除外。

第四节　德国与欧盟竞争政策对中国的启示——从创新的视角

随着中国市场经济体制的不断确立，维护市场秩序的竞争政策将越来越重要。从德国与欧盟的实践来看，为了适应创新的要求，竞争政策必须与时俱进。

首先，一个有利于创新竞争政策的目标不在于实现所谓最佳市场结构，而在于加强创新的可行性条件。从创新的角度来看，市场是开放的，特别是那些高成长性的新兴市场，所以任何对市场界限过于狭隘的界定都是值得商榷的（上述网景控告微软的案例），它将不利于创新竞争。另外，暂时垄断与超额利润是"创造性毁灭"的必然结果。创新是一个企业间协调与竞争的动态过程，异质性的企业既联合又竞争，竞争的目的不仅仅在于使得在市场与技术环境给定的环境下实现供需平衡（静态配置效益），还在于进行结构与技术的调整从而获得由于市场扩张而创造的新机会（盖法和葛诃，2013，446）。因此，竞争政策不应一般地反对市场势力的获得与加强，比如，企业间的研发合作，产业链上的纵向协议（共同投资、共享信息等）以及扩大自身技术与产业实力的并购，而仅禁止不正当的滥用市场势力。另外，从德国企业并购控制的实践来看，联邦卡特尔局在做出裁决时，不仅只考虑参与企业所占的市场份额，还同时结合消费者的需求、产品供应、潜在的竞争对手、市场进入障碍等因素进行分析（《反限制竞争法》第 36 条）。在一些案例中，虽然企业合并后的市场份额已经达到了市场支配地位，但是由于"合并后竞争条件改善带来的益处大于市场支配地位而带来的坏处"，因此，合并仍然被批准。例如，1977 年卡尔施泰特（Karstadt）收购耐卡尔曼（Neckermann）：收购后在邮购和旅游零售市场上保持了多家企业的竞争，这一优点大于在百货商店领域形成的市场支配地位（Schmalen & Pechtl，2006，115）。对于"经济部长特许"的意义则存在着争议，但是其需要进行公开的公众讨论，以及由独立专家组成的"垄断委员会"的认可，联邦经济部长行使这一职权一般十分谨慎。到目前为止，在联邦德国的历史上这样的"特许"不超过 10 例（Altmann，2003，235）。

当然，我们并不否认创新垄断激励的负面作用，即在一定程度上阻止了创新成果的扩散。因此，在如何设计独占专利权的时间长度方面，仍然有许多研究空间。但是我们知道，无论一项创新成果是否申请专利，都无法避免地存在着外部性。所以，政府在实施竞争政策时，应该考虑到创新激励的问题，避免企业之间过度竞争导致的创新不足或者创新过多（梯若尔，2015，576—577）。

其次，鼓励创新，政府不仅要控制限制竞争的行为，而且还要开放市场，消除一些市场的准入障碍。德国与欧盟 20 世纪 90 年代的公共事业与自然垄断行业的解除规制改革，打破了垄断，释放了市场的活力，同时也迫使先前的市场在位者不得不创新。最终创造了更多的就业机会并为消费者带来了更多的福利。

中国的公共事业以及部分关系国计民生的基础和资源性行业经过几轮改革已经实现了公司化，一些行业如银行、电信、石油等也引入了一些竞争。但是这些行业由于历史的原因基本上是国有企业的一统天下。

久而久之形成了与管理部门相互依赖的利益集团，从而为进一步的市场开放设置障碍，市场准入不充分，对已进入和想进入该行业的民营企业实行歧视。在寡头垄断的市场环境下，在位企业的创新动力不足，效益低下，有些甚至政企不分，官本位盛行，缺乏活力。这种局面导致中国一些基础服务的价格不合理（例如，电费、水费），浪费严重；另外一些则价格畸高（如部分银行服务，通信与上网费），严重损害消费者利益。因此，中国竞争政策的当务之急是尽快建立在法治基础上的公平、开放的市场秩序，进一步放开竞争领域和部分公共事业部门的市场准入，对不同所有制的企业一视同仁，让它们在同一竞技场上进行绩效竞争，真正实现优胜劣汰。

最后，要协调好竞争政策与产业政策的关系。欧洲联盟秉承德国社会市场经济的根本理念，从其前身欧洲共同体（亦称"欧洲共同市场"）开始就在其条约中加入了反限制竞争的条款，将维护公平、公开、统一的市场秩序，为企业绩效竞争创造法律制度框架条件作为其经济政策的重点。随着欧洲单一市场的不断深化与扩大，维护竞争性市场、打破各成员国之间经济壁垒的任务越来越艰巨，但是欧盟委员会在建设内部市场方面取得了举世瞩目的成绩，欧盟的竞争政策功不可没，它也成为协调各成员国竞争政策的基础。另一方面，欧洲经济共同体以及后来欧洲联盟的建立至少部分地基于欧洲只有联合才能形成合力与像美国、日本乃至中国竞争的认识，因此，欧洲联合在实现共同市场的同时也是产业政策的联合，在政府的支持下，法、德、西、英联合开发了"空中客车"大型民用客机，取得了比较满意的成就；而欧洲煤钢联营在20世纪70年代欧洲出现煤炭与钢铁生产过剩危机时，却通过默许各国的国家补贴延缓了产业结构调整的步伐。20世纪90年代以来，欧洲联盟放弃了传统的直接干预型产业政策，开始实施"现代产业政策"。从理念上看，它强调市场导向的原则，强调为工业提升竞争力和结构转型创造良好的环境。从实施方式上看，该政策以横向政策（跨部门政策）为主，强调为所有或大多数制造业部门创造有利的发展环境，而横向政策在各具体部门的应用又形成了富有新内涵的部门政策，从而与传统的"挑选赢家"的产业政策划清界限；从政策重点上看，政策具有明显的前瞻性，特别强调技术、知识和创新活动对于制造业产业结构和竞争力提升的重要性（孙彦红，2012，188—189），是一种"战略性创新政策"（见德国的高科技战略）。今天，欧盟主要通过竞争政策来协调各成员国的产业结构升级；欧盟委员会并没有实施产业政策的直接工具。而各成员国的产业政策是一种间接诱导性政策，政府主要扮演着"节目主持人"的角色。在其中特别强调发挥国家与区域创新体系的作用。

中国从 20 世纪 70 年代末起从集中计划经济向市场经济体制转型，政府对产业结构、产业布局以及产业组织的管理从政府直接控制逐渐转化为实施以项目审批（产业园的建立，大型企业的投资、外国直接投资）为主的日韩型产业政策。各级政府（根据项目的重要性、投资的数额等）审批的依据是国家发改委协调制定的并不断更新的《国家重点发展的产业、产品和技术目录》。可以说，比较起以前集中计划经济时代的指令性计划这是一个不小的进步，特别是在中国工业化的初期和追赶期发挥了一定的作用。但是——如前所述——这种"产业目录"对于产业和技术发展往往规定得过死和过细，往往限制了企业的自主性和创新空间。在实施过程中，"挑选赢家"的方式往往偏重于国有企业，歧视其他所有制的企业，因而违反了市场经济公平竞争的原则。目前，中国已经确立了"创新驱动的发展战略"，而市场公平竞争是创新发展的根本前提。因此，我们十分有必要学习发达国家促进产业结构调整的经验。

当然，发挥竞争政策的基础作用并不是要忽视其他促进创新驱动的经济政策。这将是下面各章节的主题。

第 六 章

中国与德国的创新金融支持
政策比较

第一节 德国的资本市场

一 金融对创新的关键作用

根据熊彼特的理论，静态的循环流转经济不会产生经济发展，这必须依赖于对于生产要素执行新组合。现代经济发展的根本动力来自企业家为获得独占利润而对生产要素执行新组合，但他们往往缺乏资金去购置必需的生产资料。但是现有的资源已经在循环流转经济中被充分利用，所以企业家要执行新组合就必须将资源从现有用途中分离出来，那么由谁来完成这一任务呢？熊彼特在这里突出了银行家的作用，银行替代了传统的"资本家"，其创造的信用（无论采取什么样的金融形式，如贷款、期票或者活期账户上的进账）是企业家执行新组合的典型来源。由于这些支付手段不属于循环经济中的循环货币，银行家不是"购买力"这种商品的交易者，而是它的生产者，他是那些执行新组合的人与生产资料所有者之间的媒介，是交换经济的监督人（Schumpeter，1997，109—110）。

但是在创新的资金来源方面，也同样出现了所谓的熊彼特Ⅰ与熊彼特Ⅱ的区别。在《资本主义、社会主义与民主》中，熊彼特不再强调企业家的核心作用，将"大型企业"当作经济过程最强力的引擎。"完美科层制的巨大工业单元"使创新过程越来越合理化和常规化，成为有经验的团队的日常事务。由于垄断导致的超额利润使内部融资成为企业获得资源的主要手段，大型企业已经不再特别需要银行融资。但是正像我们在前面已经指出，对于大型企业在经济发展，即创新中的作用的洞见是熊彼特原始创新思想的深化，大型企业与中小企业以及初创企业在创新中各自扮演着不同的角色，融资方式的不同是成功企业对于自身特点以及外部环境变化的创造性反应。因此，建立多层次、多渠道和多元化的资本市场满足不同的创新类型的需要应该成为政府创新政策的重点之一。

　　所谓融资是指企业从不同的渠道为企业筹措资金。而资金是指用来为企业生产更多财富的一种财富形式。从融资的方式来看，企业融资主要分为内源融资和外源融资。内源融资的资金来源于企业的内部积累（主要为留存收益和折旧），内源融资一般成本低，基本无风险，而且对企业的自主性不产生影响。因此，是一些大型企业或者是创新型中型企业（例如，德国的"隐形冠军"）研发资金的主要来源。外源融资则一般来源于企业以外的各个方面。由于中小企业——尤其是新建企业（包括创新型 start-ups）——盈利能力弱，一般没有内部积累，无法进行内源融资，所以创立中小企业或追加投资的计划只有依靠外源融资来解决。外源融资则又分为股权融资（或称自有资本融资）和债权融资（银行信贷、企业发行债券等）（陈晓红，2003，39；Schmalen & Pechtl，2006，602）。以下我们就从创新的角度对德国与中国资本市场的特点以及政府的创新金融支持政策进行描述、分析和比较。由于政府的创新融资支持主要集中在企业的初创阶段，因此对这一领域的分析就成为我们的重点。

二　德国资本市场的结构与特点

　　德国拥有一套十分具有特色的融资体系，融资模式以信贷融资为主。德国的银行业十分发达，共拥有各类银行 2000 多家。在其中全能银行占有主导地位。

　　德国银行分为综合（全能）银行和专业银行两大类。而全能银行按照银行组织形式又分为商业银行、（公立）储蓄银行和合作银行三大类。商业银行采取股份有限公司的形式，主要包括大银行（目前只有德意志银行和商业银行等四家）、区域性银行以及外国银行分行。这类银行虽然数量较少，但是实力雄厚，其资产占德国银行业总资产额的 47%。其业务范围较广泛，并主要从事跨国经营。储蓄银行在德国已有 200 多年的历史，是依据地方公法成立的公法性质的金融机构，其债权由公共机构（地方政府和专门的社团）担保。储蓄银行具有面向联邦、州和地方（市/县等）多层次组织机构，主要服务于地方经济的发展。地方储蓄所主要的业务为吸储和为企业提供中长期贷款。隶属于储蓄银行和地方汇划中心的州立银行则为德国州政府执行其基础实施政策和产业政策服务。合作社是德国一种特有的经济组织形式，产生于 19 世纪中期。它不以营利为目的，而是以合作社社员互利互助为目的，为社员提供专门服务。目前，德国共有上千家各类合作银行，主要分农村信用合作银行及城市信用合作银行两大类。储蓄银行和合作银行规模小、数量多，其资产总额占据德国银行营业额的半壁江山，主要面向占德国企业 99.7% 的中小企业和个体户。典型的融资形式是银行和企业间的"关系型信贷"模式（relational financing），而德国的 Hausbank（"往来银行"或称"管家银行"）体系是关系信贷原则的基础，通过银企间长期合作建立起来的互信关系和银行对企业资信状况的了解，降低信贷成本和风险。

在欧洲，特别是欧元区金融市场一体化的情况下，德国保留了由商业银行、储蓄银行和合作银行三大支柱构成的商业银行体系。这曾经遭遇了许多非议，很多专家认为，德国这种金融体系过于保守，储蓄银行与合作银行规模太小，只能在所在的区域内运营，无法适应全球化与欧洲经济一体化的发展。但是事实证明，这种多元化的银行格局不仅可以较灵活地应对各种不同的信贷需求，而且也能够较好地应对金融风险。根据德国央行和金融监管局对 20 家德国银行的调查，在金融危机爆发时，德国银行体系所持不良证券的规模接近 3000 亿欧元，其中 1/4 应被减记。除大量购买美国次贷债券的地产融资抵押银行以及为中小企业提供信贷的德国工业信贷银行外，问题最严重的是几家大商业银行。而业务范围主要在国内的公有储蓄银行和合作银行情况相对较好，坏账不多。

德国还设有只能从事营业许可证所规定的特定金融业务以及其他具有特殊职能的专业银行，包括抵押按揭银行、基建信贷联合会、投资公司和德意志清算代理处等，约占银行业务的 15%。其中住房储蓄银行极具特色，在帮助居民购买自有住房方面起到重要作用，有力地预防了房地产投机的发生。

对于创新融资来说，最重要的专业银行是由政府全资所有的政策性银行——德国复兴信贷银行，它是德国第三大银行（2015 年资产额 5030 亿欧元，从业人员 5966 人），在对企业创新支持方面扮演着重要的角色。

国际金融业中的"全能银行"模式诞生在德国。全能银行（亦称"综合银行"）实行混业经营，全能银行自身可以涉足金融领域的任何业务，不仅包括银行的存、贷、汇业务和投资银行的债券、股票发行以及各类证券、外汇、贵金属交易、项目融资等业务，而且可以进行保险、抵押、证券经纪、基金等资产管理、咨询以及电子金融服务等。目前，混业经营已成为世界金融业的发展方向。德国全能银行具有业务领域多元化、业务网络覆盖面大、与股票市场联系紧密以及与其他金融机构（保险业）相互持股的特点。另外，德国大银行与大工业企业关系密切，直接或间接地持有这些企业的债务类有价证券和股本类有价证券，作为大股东进入公司董事会，或作为股东代理机构参加这些公司的股东大会，行使股东权利。这种全能型银行与生产企业通过控股组成的财团保证德国大企业集团（汽车、化工和电气）在业务扩充和研发投入方面可以得到稳定的资金，从而通过持续推出渐进创新的新产品在制造业领域保持国际竞争优势。

近年来，随着经济全球化和欧洲一体化的深入，德国银行面临着更加激烈的竞争压力，这迫使大银行不断地实现业务整合，进行经营战略调整，突出业务强项。在激烈的竞争压力下，德国大银行纷纷抛售了持有的大工业集团的股份，"一荣俱荣一损俱损"的"德国股份公司"的控制模式开始弱化。德国主要的大工业集团转向了债券市场和股票市场融资。另一方面，以实力最强的德意志银行为代表，大银行开始强化全球性的业务，逐步放弃传统的吸储放贷，将重点放到投资银行业务方面。但是以储蓄银行和合作银行为代表地区性信贷机构仍然坚守其阵地，为作为德国经济支柱的中小企业提供全方位的金融支持。

德国股票市场主要是位于法兰克福的德国股票交易所，另外还有一些位于区域经济中心的区域性股票市场，如汉堡和斯图加特的股票市场。德国股票交易所是德国股票的主板市场，不同的股票指数为市场交易者提供市场总体发展的行情。最重要的指数是 DAX（德国股票指数），它是在一个交易时点 30 家最大与销售额最高的德国公司（蓝筹股）股票的平均价格。除此之外，还有 MDAX，它表示 70 家在市值和股市交易额上仅次于蓝筹股的德国公司股票的平均价格。在德国除了主板市场还有为中小企业服务的二板市场（geregelter Markt）和三板市场（geregelter Freiverkehr 场外交易市场），但真正挂牌上市的公司并不多，仅占所有上市公司总数的 36.5%，融资额更是仅占股票市值总额的 4.5% [①]。为给信息和生物等高科技领域的成长企业创造直接上市融资的机会，1997 年德国在法兰克福二版市场框架内开辟了仿效于美国 NASDAQ 的"新市场"（Neuer Markt）。截至 2002 年，在"新市场"上市的企业已达 300 余家。但以后互联网泡沫破灭，"新市场"挂牌企业的质量急剧下降，交易清淡。

由于中小企业的自有资本一般比较薄弱，没有内部积累，也就无法进行内源融资，只有依靠外源融资来解决资金需求，创业阶段尤其如此。德国中小企业融资主要形式仍旧是银行贷款，其中重要原因是德国股市不发达，缺少为中小企业直接融资的渠道。往来银行原则和国家政策银行经营市场化是德国以银行贷款为主的中小企业投融资体系没有产生大量坏账的重要原因，担保体制的健全是另一个原因。但是由于信息不对称而导致的逆向选择和道德风险问题，银行一般不愿承担过大的风险，银行发放一般商业贷款往往需要企业提供抵押，这导致了德国中小企业，特别是初创企业融资难的问题比较突出。而直接股权融资和风险投资基金则可以改变德国中小企业直接融资比例不高的状况，从而成为政府扶持的重点。

第二节　德国政府的创新融资支持

前面提到，企业融资通常分为内源融资和外源融资。内源融资的资金来源于企业的内部积累，外源融资分为银行信贷、股权融资和债券融资。企业发展一般有四个阶段，种子期、创立期、扩张期、成熟期。不同阶段的资金筹措渠道不同。在德国，种子期的企业往往采取自筹资金的方式，如企业主自己的储蓄等，扩张期和成熟期随着资金需求增大，

---

① 数据来源：Jahresbericht der Deutsche Börse，1994。

一般会考虑外源融资，如债务融资或银行贷款（史世伟，2004，60）。但创新型企业的情况比较特殊，在 2014 年德国联邦教育与研究部推出的《新高科技战略——为德国而创新》（以下简称《新高科技战略》）提到，从事创新型产品和技术革新的企业往往会遭遇融资难的困境。因为产品风险高、创业者与潜在的投资方信息不对称，企业申请一般商业贷款难度往往较大，需要政府的公共扶持措施来为这类企业提供帮助，打造多元化的融资体系。

一　政府的支持措施

（一）政策性银行的融资支持

德国政府对中小企业的融资支持主要通过德国复兴信贷银行（Kreditanstalt für Wiederaufbau，KfW）来执行。

德国复兴信贷银行成立于 1948 年，初始资本来自马歇尔计划。这家银行是联邦政府和州政府全资拥有的政策性银行，目前由 4 个业务本部和 5 个子公司组成，曾经为德国战后经济重建、实现经济奇迹发挥了关键作用。后来的重要使命之一是代表联邦经济合作和发展部（Bundesminister für wirtschaftliche Zusammenarbeit und Entwicklung，BMZ）在发展中国家进行金融合作。2015 年，在这一领域发放的资金额达 793 亿欧元（徐铮，2014，79）。自 20 世纪 70 年代开始，对中小企业和创新的促进成为 KfW 的工作重心之一。德国清算银行（Deutsche Ausgleichsbank，DtA）成立于 1950 年，主要职责是对中小企业和起步项目发放贷款并行使调控银行的职能。因为两个机构的任务有些重叠，2003年 8 月，KfW 兼并 DtA，将各自负责的中小企业业务统一转给新成立的复兴信贷银行/中小企业银行（KfW Mittelstandsbank），该机构随之成为负责所有中小企业金融服务的窗口，为其提供资金支持（包括贷款、选择性贷款、获得股份、咨询等）。2015 年，该机构中小企业促进的项目额达 204 亿欧元[①]。

复兴信贷银行对中小企业的资金支持主要有以下几种方式：

[①] *KfW im Überblick-Zahlen und Fakten*，KfW Bankengruppe，2017，https：//www.kfw.de/PDF/Download-Center/Konzernthemen/KfW-im-Überblick/KfW-im-Ueberblick.pdf.

1. 对企业在资本市场贷款的利息补贴和直接投资补助

通过政府提供的信贷可以减轻企业的利息负担,因为政府信贷通常利率较低,同时伴随其他较优惠的贷款条件。直接投资补助则是对投资购置或生产的资产(如厂房、机器)按照一定的资助比例给予税收减免或实行特殊折旧。这些补助是无须偿还的,但资助率一般不超过20%。

从资助的发放方式上看,政府政策银行的资助贷款不能直接发放给企业,而要经由往来银行来执行。往来银行负责对其企业客户的资质和抵押物进行调查,然后向资助银行提出申请。所以说,资助银行与往来银行的合作是德国中小企业融资支持必不可少的环节。与政府资助银行合作的德国银行大约有350家。在德国三足鼎立的银行体制中,地区或城市所有的储蓄银行、州立银行和合作银行是中小企业信贷的主要来源。而近年来商业银行,包括几家大银行(德意志银行、德国商业银行和巴伐利亚联合抵押银行)也开始重视对中小企业的信贷业务。所以政府资助银行实际上可以利用整个银行体系来运行其项目。一般来说,每个银行根据它的资产情况从资助银行得到一定的资助贷款额度以及个别贷款的最高限额。如果往来银行在审查后向资助银行提交了贷款申请,那么它同时还要做出为拖欠债务承担全部风险的声明。当然,为了减少信贷风险,往来银行可以申请最高达50%的责任免除,但这样最终贷款的利率则要上升0.75%。虽然资助贷款来自国家资助银行,但是否为企业客户提交贷款申请,则完全由往来银行来决定。接到往来银行的贷款申请以后,复兴信贷银行有关部门的贷款批准委员会决定是否放款。在贷款申请被批准后,往来银行同相关企业按照复兴信贷银行项目的条件签订贷款协议。从往来银行的角度来看,虽然从这种转贷业务中没有什么特别好处,但它降低了企业的融资成本,从而成为企业向往来银行继续贷款,以补足所需的催化剂(资助贷款一般有最高限额,一般不超过500万欧元)。往来银行则从向企业发放的商业贷款中获利,由于往来银行要为全部贷款承担责任,所以它们往往为转移风险向担保银行申请担保。可以看出,往来银行原则大大地减少了政府政策银行的贷款风险。

2. 对创新型中小企业进行股权融资资助,补充其自有资本

复兴信贷银行的股权融资资助项目:欧洲复兴计划创业基金会(2004年11月起),与主要投资人(风险投资或天使投资人)共同资助

创新型企业，当前资金规模为 7.22 亿欧元，由德国复兴信贷银行管理，每年为 50 家企业提供 5000 万欧元资金。然而，资助银行并不直接向企业参股（全资所有的技术参股有限公司 tbg 除外）①，而是向风险投资公司投入长期信贷或承担部分股份损失风险（最高至 50%）。对企业的参股则完全由投资公司自己来决定，目前复兴信贷银行同大约 250 个风险投资公司合作。而复兴信贷银行的技术参股公司（tbg）则采取特殊的融资模式，直接对高新企业参股。从而给高科技中小企业带来宝贵的、无风险的自有资金。

德国复兴信贷银行还通过欧洲复兴计划的自有资本援助项目和创业援助项目帮助自主创业者和新建企业（创业后 3 年）获得类似于自有资本的资金。所谓"夹层资本"（Mezzanine）；在金融领域，夹层资本表示一种介于长期信贷和自有资本之间的融资形式，它一般以向企业发放一笔长期贷款的形式出现，但从广义来讲也包括隐名参股、享益证券甚至于可转换债券和股票期权。它的主要特点是：（1）不需要抵押；（2）不改变企业的所有权结构；（3）如企业破产，放贷人的权益在其他债权人之后。Mezzanine 最大的好处是它可以在企业的财务报表中作为自有资本来看待。这样，企业的资质和融资结构就有很大的改善。由于自有资本的增加，也有利于企业向信贷机构获得更多的贷款。近年来，由于德国准备实行国际清算银行对银行贷款资质审查更严格的标准（《巴塞尔协议II》，*Basel* II），各家银行在对中小企业借贷进行评估时都更加注重它们的自有资本率，德国政府的 Mezzanine 信贷就显得特别重要（史世伟，2004，61）。

表 6 – 1 企业外源融资的类型

	自有资本	夹层资本	外来资本
融资者的责任	至少是投入资金的总额；公司股份	根据具体项目的融资条款而定	公司信用
公司经营情况是否影响收益	是	是	否

---

① 技术参股有限公司：Technologie-Beteiligungsgesellschaft mbh，简称 TBG。

续表

	自有资本	夹层资本	外来资本
是否占有股份	是	是	否
所获参与公司管理的权利	获得与投资额相匹配的权利（参与决定权、投票权和控制权）	可能会有投票权和控制权	无
投资期限	无具体期限	有期限	有期限
担保	无	无	信用担保等

资料来源：Wöhe, Günter and Jürgen Bilstein, *Grundzüge der Unternehmensfinanzierung*, Verlag Franz Vahlen GmbH, München, 2009, 174。

3. 利用风险投资市场，开展资产证券化业务

2000 年以来，复兴信贷银行开始联合德国各类银行开展资产证券化业务，启动了平台"Promise"（促进中小企业信贷证券化）。资产证券化（英语：securitization，德语：Verbriefung）是一种近十年来开始被广泛采用的一种新兴的金融工具。从银行的角度来看，资产证券化至少有两个好处：（1）可以化解金融风险；大量的长期贷款放在资产负债表上，可能会变成不良资产。通过风险交易可以将这些债权以及与此相关的风险出售给愿意承担更大风险的人。（2）由于部分债权从资产负债表中取出，银行的资产结构得到改善，从而增加了新的流动性。而银行新的流动资金的增加又为它们向其中小企业客户扩大信贷创造了条件（Glüter & Böhm，2003，37—38）。

4. 联合社会力量，建立担保银行

为了使无法提供抵押的自主创业者和新企业能够得到信贷，德国还建立了担保银行。在德国，担保银行是经济自助组织，它的最初倡议来自工商会和手工业协会并得到联邦经济部的支持。德国有 82 个地区性工商会和 55 个手工业协会，覆盖了整个德国。然而，作为一种资金密集型的金融行业，担保银行必须有相应的资本金做保证。工商会和手工业协会的唯一收入是会员缴纳的会费，无力承担巨额资金。所以，对担保业务感兴趣的银行和储蓄银行被邀请成为担保银行的股东，使担保银行得到扩大担保业务所需的资金。其余的股东还有不同行业的行会、不同经济部门的各种协会和一些保险公司。根据德国《信贷制度法》，受理担保

也属于银行业务。所以虽然担保银行不保存货币，也不放贷，但它像德国其他类型的银行一样，受联邦金融监管局的监督。联邦政府对担保银行的贡献体现在：（1）作为非营利机构担保银行不缴纳企业所得税；（2）考虑到担保银行的资金与中小企业对担保服务要求的差距，联邦政府和州政府对担保银行所做的担保进行一定份额的再担保：在老联邦州最大担保份额为 65%（联邦承担 39%，州承担 26%）；在新联邦州为80%（分别为 48% 和 32%）；（3）联邦政府通过马歇尔计划（ERP）专有资产基金，向担保银行发放低息长期贷款，以冲销部分担保损失（12.5%）（德国技术合作公司，2002，64—66；柯力德和夏汛鸽，2001，93）。担保银行的组织原则上以州为单位，目前德国共有 23 家担保银行。

　　5. 通过高科技创业者基金支持创新

　　为了激发创业热情、帮助企业度过发展的初期阶段、增加创新型企业的数量，2005 年，由联邦经济和能源部牵头成立了高科技创业者基金，为资本密集型的初创科技企业提供风险投资。基金采取官民合作的形式（Public Private Partnership，PPP），发起人除了联邦经济和能源部、德国复兴信贷银行之外，还包括巴斯夫、博世（Robert Bosch GmbH）、戴姆勒（Daimler）、德国邮政（Deutsche Post DHL）等 18 家企业，其中约 87% 的资金来自政府，13% 来自企业，目前资金总额约为 5.7 亿欧元。私人企业参与的好处在于接受资助的初创企业在基金资助结束后，如果运营良好，能够继续获得由企业提供的风险资金。自 2005 年以来得到资助的企业超过 450 家，加上后续 900 多轮的资金募集，资本金额超过 11 亿欧元。其中 60 多家受资助公司的股份已经顺利在资本市场出售。每家受资助企业最多可获得 200 万欧元，利息目前为 6%，可以延迟 4 年付清。资助的范围主要是"种子阶段"（成立时间不到 1 年，占 25%）以及初创阶段的高科技公司。除资金外，基金会还提供发展战略支持，超过 1500 名专家帮助企业制定战略和执行方案。申请企业需要满足的条件主要有，自有资本需占到资助资金的 10%，满足欧盟关于小企业的定义（雇员人数不超过 50 人，年销售额不高于 1000 万欧元），办公地点在德国境内，受资助者不限国籍，产品技术有明显的竞争优势和可持续的获利能力[1]。

---

① 数据来源：*High-tech-Gründerfonds*，http：//high-tech-gruenderfonds. de/de/#facts-figures。

6. 为创新型企业开拓市场提供资金支持

为了帮助企业寻求贸易机会、拓展市场，特别是外国市场，德国政府采取拨放专款等措施支持创新型企业发展。例如政府联邦经济与出口管理局（Bundesamt für Wirtschaft und Ausfuhrkontrolle，BAFA）就实施帮助初创期的创新型企业参加国际会展的项目。

受资助的企业需要满足的条件与"风险资本投资补贴计划"（见后）颇为相似：公司要在产品或者生产工艺上有创新之处；符合欧盟定义的小企业标准，即员工人数少于50人，年营业额少于1000万欧元；成立时间少于10年；不同之处是，企业必须为德国企业，总部和办公地点在德国境内。

政府会在展位租金和展位建设上给予资金支持。2016年，被资助的参展企业只需负担相关费用的30%—40%。自2017年开始，这个比例上升到了40%—50%，并且规定，同一次展会最多只能有3家企业接受资助①。

采取类似思路的还有联邦经济和能源部，但做法更细致全面，不只是资金扶持。开拓市场包括市场考察、产品展示或者与当地政府、客户等沟通环节。联邦经济和能源部为整个过程提供支持。以市场考察阶段为例，首先需要确定目标国家、目标行业，例如波兰的垃圾处理产业。核心步骤是向外国从事相关领域的人进行技术和服务介绍。政府会组织专业的研讨会，邀请德国和目标国家的专家参与，进行市场分析。之后相关的信息会提供给参与市场考察的企业并向社会公开。之后组织为期4—5天的考察行程，与潜在的合作伙伴面对面沟通（Get-together-Veranstaltung）。参与的企业控制在8—12家，其中如果中小企业的数量达不到8家，大型企业也可以参与。其间的费用由联邦经济和能源部提供。但各家企业也会根据各自的规模负担一定的金额，例如，年收入少于100万欧元、员工人数少于10人的企业负担的费用为500欧元。但参加考察的人员的差旅、住宿等费用由所属企业负责，这体现了良好的政企合作的模式②。

---

① http：//www. bafa. de/bafa/de/wirtschaftsfoerderung/messeprogramm_ junge_ innovative_ un-ternehmen/index. html.

② http：//www. bafa. de/bafa/de/wirtschaftsfoerderung/markterschliessungsprogramm/index. html.

7. 促进股票交易市场的发展

《新高科技战略》中提到，联邦政府要积极探索措施，吸引国内外的成长型企业在德国上市，吸收国际资本。与德国证券交易所和其他市场参与者一起，促进德国的首次公开募股（IPO）市场的再次繁荣。

二　民间融资创新活跃，政府积极引导

1. 众筹（Crowdinvesting und Crowdfunding）：创业和创新融资的新渠道

众筹作为一种新型的融资方式发源于美国，自 2011 年开始在德国发展起来。《新高科技战略》中提到，今天德国越来越多的民众出于自发的意愿、以众筹的形式发动、投资创新项目。政府应该积极引导。

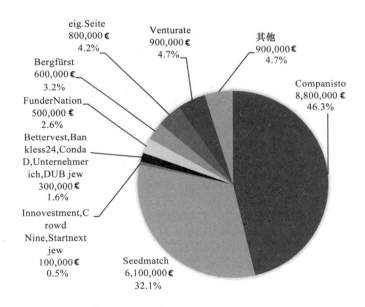

图6-1　德国各众筹平台投资初创企业/中小企业资金情况及市场份额

资料来源：http://www.crowdfunding.de/crowdinvesting-marktreport-2015/。

Crowdfunding 即通常说的众筹，某个项目通过一个互联网平台向群众募资。投资人的回报通常是产品的优先使用权或者项目内的小礼物。而Crowdinvesting 是其中的一种特殊形式，投资人会参与企业管理，通过分

得利润获得回报，更具有投资的意味，也是中小企业通过公众融资的主要方式。目前德国活跃着许多众筹平台，其中 Companisto 和 Seedmatch 为市场领导者，在中小企业和初创企业众筹市场上占据大半江山。

Der Crowdinvesting Marktreport 2015 表明，2011—2015 年德国共有 301 个项目通过 Crowdinvesting 筹集资金，总金额为 8890 万欧元，其中 2015 年为 4890 万欧元，是 2014 年的 1.69 倍。房地产行业表现最为抢眼，共筹资 2260 万欧元，其次是中小企业和初创企业，筹资金额达到 1900 万欧元①，增幅最大的也是这两类。整个众筹在 2015 年资金总额为 1.14 亿欧元。

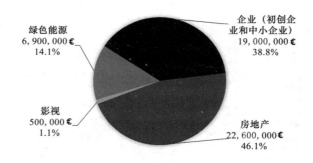

图 6 - 2　2015 年各行业吸收众筹资本金额情况及市场份额

资料来源：http：//www. crowdfunding. de/crowdinvesting-marktreport – 2015/。

最新数据显示，2016 年 1 月到 9 月，各类创业者、企业共通过众筹方式共获得 1.019 亿欧元，上年同期这一数字为 8140 万欧元，涨幅为 25%。融资项目共计 864 个，与上年同期 909 个相比，略有下降。其中房地产领域吸金能力最强，前三季度共获得 710 万欧元②。

2. 风险投资的发展有所增强

整体而言，欧洲的风险投资金额和交易数量与其他大洲相比都要少得多。据数据分析公司 CBInsights 和会计审计公司毕马威联合发布的

---

① http：//www. crowdfunding. de/crowdinvesting-marktreport – 2015/.

② https：//www. fuer-gruender. de/kapital/eigenkapital/crowd-funding/monitor/.

《2015 年全球风险投资数据报告》显示，2015 年，全球风险投资总金额为 1285 亿美元。发生在欧洲的约为 120 亿美元，其中英国占一半。

目前德国有大约 110 家风投公司和机构，其中 90 家是德国资本协会（Bundesverband Deutscher Kapitalgesellschaften）的会员①。2014 年该协会颁布了《风险资本法》（Venture-Capital-Gesetz），以改善德国风险投资市场发展的框架条件。

该协会发布的数据表明，2014 年，全球风险投资总金额为 890 亿美元，其中欧洲境内为 80 亿欧元，德国为 6.5 亿欧元，共有 700 多家企业获得融资。因此，即使在欧洲国家内，德国的风险投资发展也较为弱小，而且其中 69% 的企业初创阶段的资金来源于公共机构。可以说，风险投资的缺乏是德国国家创新体系的核心劣势。这应与德国比较保守、畏惧失败的文化有关联，在企业家的培养方面也有所欠缺（Velling，2014，6）。

就地区而言，投资规模最大的是柏林，2.4 亿欧元，巴伐利亚州以 1.4 亿欧元位居第二位。就行业而言，通信技术以 24% 的份额占据首位（KPMG & CB Insights，2016）。德国资本协会发布的投资金额为协会内的投资公司、机构的投资金额，不包括协会外的公司以及天使投资人的投资活动，但鉴于 110 家风投机构中 90 家为协会会员，统计数据仍然具有一定的代表性。

为了促进德国风险资本市场发展，特别是引导风险资本投向创新型中小企业，政府方面也采取了积极措施。其中联邦经济与出口管理局出台的"风险资本投资补贴计划"（INVEST-Zuschuss für Wagniskapital）最为突出。

该计划于 2014 年 4 月 22 日正式启动，是 2013 年 5 月开始的"风险资本投资补贴计划"项目的改良版和升级版，旨在沟通企业和投资者，支持处于初创期的创新型企业找到投资人，帮助个体投资人、特别是天使投资人找到合适的投资项目。到 2016 年，总共投入了 15 亿欧元②。

根据该计划，总投资金额的 20% 会作为补贴退还给投资人，前提是投资人需与企业全方面共同分担风险，投资金额不低于 10000 欧元，且双

---

① https：//www.fuer-gruender.de/kapital/eigenkapital/venture-capital/weitere-vc-gesellschaften/.

② http：//www.business-angels.de/invest-zuschuss-fuer-wagniskapital/.

方合作至少持续 3 年。单个投资人每年能够得到的补贴金额上限为 5 万欧元。企业自行申请该补贴计划，有了授权后，联邦经济与出口管理局会在官方网站将企业信息和投资人从中可获得的补贴情况公布出来，以此扩大企业获得风险投资的机会。而投资人通过 20% 退还补贴会降低自身的资金风险，并且如果投资人 3 年后出售公司股权，或者公司经营不善甚至创业失败，投资人也无须交还补贴。

该计划旨在帮助创新型中小企业获得风险投资，申请该项补贴的企业需要满足的条件：公司规模较小，雇员人数少于 50 人，年销售额低于 1000 万欧元；必须在商业登记簿（Handelsregister）上登记并根据商业登记簿条例（Handelsregisteranzug）登记为创新行业；成立时间少于 10 年；总部在欧盟国家，至少在德国有办公地点或者分公司①。

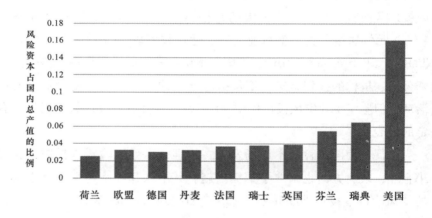

图 6 - 3　发达经济体风险资本的国际比较（2012）

资料来源：European Venture Capital Association 2012，IWF 2012。

第三节　中国金融体系建立及改革过程

由于中国金融体系经历了由集中计划到市场经济的转轨，因而有必要对其演化和历史变迁进行回顾：

———————————

① http：//www. bafa. de/bafa/de/wirtschaftsfoerderung/invest/.

一 1949—1978 年：新中国金融体系初建和"大一统"金融体系模式

中华人民共和国成立前，中国货币制度混乱，通货膨胀严重。中华人民共和国成立后，人民政府建立了人民币位制度，实现了货币主权的完整和货币制度的统一。采取有力措施，抑制住了通货膨胀。同时，对旧的金融体系进行社会主义改造，中国人民银行①接管了国民党的官僚资本金融机构。私人银行和钱庄于 1952 年 12 月组成了统一的公私合的营银行。在农村大力发展农村信用合作组织，以支持农业生产、解决农民生活困难问题。

1953 年，中国全面建立集中计划经济体制，金融领域也实行了"大一统"模式。基本上只有中国人民银行一家金融机构，它既是中央银行，又是商业银行。公私合营银行于 1955 年开始专营储蓄，并与中国人民银行有关机构合并。农村信用合作社长期作为中国人民银行的基层机构存在。今天的几大国有银行在当时的情况是，中国银行②是中国人民银行的下属单位。中国农业银行曾于 1955 年和 1963 年两度成立，但又两度撤销。中国建设银行③于 1954 年成立，归财政部领导，专门办理财政基建拨款，不经营一般的存贷款业务。

二 1978 年至今：金融体系改革发展过程

（一）1978—1984 年，恢复金融体系的基本功能

随着改革开放方针的实施，与计划经济相适应的高度集中的国家银行体系已经不能满足经济发展的需要。1978 年，中国人民银行从财政部独立出来，恢复了中国人民银行系统、银行秩序和规章制度。国民经济各部门对资金和金融服务的需求迅速增长，金融业务和金融机构逐渐发

---

① 中国人民银行成立于 1948 年 12 月 1 日，在华北银行、北海银行和西北农民银行的基础上合并而成。当时中国人民解放军节节胜利，解放区规模日益扩大，产生了统一货币的需要，故成立中国人民银行。

② 中国银行成立于 1912 年，由孙中山批准成立。1950 年 4 月，划归中国人民银行总行领导。

③ 中国建设银行原名中国人民建设银行，1996 年改为现名。

展。为了加强对农村经济的扶持,1979 年 2 月,国务院发出《关于恢复中国农业银行的通知》,决定正式恢复中国农业银行。同年 3 月,中国银行从中国人民银行分设出来。之后,国内保险业务恢复,各类信托投资公司相继成立,形成了金融机构多元化和金融业务多样化的局面。

随着多种所有制形式的发展,银行贷款的对象不再仅限于国有企业。1981 年中国人民银行印发了《关于城镇集体企业、个体工业贷款的若干管理规定》,规定可以向城镇集体工业、个体手工业者发放流动贷款。

(二)1984—1992 年,构建现代金融体系的雏形

伴随着经济体制改革不断突破,金融体制改革也进入一个新阶段。1983 年 9 月 17 日,国务院出台《关于中国人民银行专门行使中央银行职能的决定》,正式建立中央银行制度。1984 年 1 月,中国工商银行设立,承接中国人民银行过去办理的工商信贷和储蓄业务。积极发展股份制银行。1986 年,交通银行重新组建,这是第一家以股份制形式组织起来的商业银行。1987 年,第一家由企业集团发起设立的银行——中信实业银行宣告成立,第一家由地方金融机构和企业共同出资的区域性商业银行——深圳发展银行开始营业。后来还先后成立了中国招商银行、中国民生银行等股份制银行。这些产权多样的商业银行与四大国有银行一起,构成了中国银行业的多层次格局。其中,2013 年四大国有银行与准国有的交通银行的总资产占中国银行业总资产的 43.34%。

资本市场和新型金融中介逐步引入。1990 年 12 月 19 日,上海证券交易所成立,1991 年 7 月 30 日,深圳证券交易所成立。标志着中国股票交易逐渐步入规范发展阶段。同时,作为资本市场主要中介机构的证券公司和证券投资基金相继建立。但是直至今天,银行业仍旧占有中国金融总资产的 90%,银行仍然是中国金融体系的主体。

(三)1993—2002 年,金融体系进行治理整顿和全面改革

金融体系改革发展的过程中虽成果显著,但不规范现象日益突出;几次通货膨胀的教训也使得人们认识到完善金融制度的必要性。主要措施有强化中央银行的地位,颁布《中国人民银行法》,为其发挥职能提供法律保障。推进国有专业银行的商业化改革,成立 3 家政策性银行来分离专业银行的政策性金融业务,例如,中国建设银行将政策性基本建设

贷款业务移交给国家开发银行；1995 年，全国人大通过了《中华人民共和国商业银行法》，确立了四大国有专业银行的平等地位和商业银行的性质。

（四）2003 年以来，金融体系进一步改革和迅速发展

2003 年 10 月，党的十六届三中全会做出《中共中央关于完善社会主义市场经济体制若干问题的决定》，经济体制改革向纵深发展。中国金融业也进入了一个新的发展阶段。

金融机构改革迈出重大步伐。大型国有银行相继进行股份制改革：2001 年，中国银行重组了香港中银集团，成立"中国银行（香港）有限公司"。2002 年 7 月，在香港联交所上市，成为内地首家在境外上市的国有银行。2004 年 9 月，中国建设银行股份有限公司正式挂牌，分别于2005 年 10 月和 2007 年 9 月在香港和上海上市。2005 年 7 月，中国工商银行宣布完成财务重组计划，2006 年 10 月在上海证券交易所和香港联交所挂牌上市。中国农业银行于 2009 年 1 月完成工商变更登记手续，由国有独资商业银行改制为股份有限公司。

金融市场快速发展。股票市场筹资功能不断完善，市场参与主体、交易品种较快增长，交易规模不断扩大。深圳证券交易所于 2005 年 5 月设立中小企业板，2009 年 3 月推出创业板，2014 年，"新三板"（企业股权场外交易市场）试点扩大至全国，股票市场层次得到丰富，上市公司的行业布局日趋多元。

中国金融体系已经经历了 60 多年的循序发展，特别是最近 30 余年的改革和探索后，树立了建立由银行、证券、保险、信托等机构组成的功能齐全、形式多样、互为补充的多元化、多层次金融机构体系的目标（张建华，2010，14）。这一目标目前已经初具雏形，但是中国金融体制仍然还不健全，特别表现在一、中国银行机构大而集中，总数不超过1000 家，缺乏机制灵活的中小型银行及其他为小微企业服务的金融机构。以银行为主的融资模式比较适合大型企业的资金需求，大型企业固定资产充足，可以用于抵押，一般有较好的信用记录，因此银行信贷成本低，而且安全，所以银企合作成为大中型企业的专利。根据统计，大型银行对小企业的贷款成本是大企业的 8—10 倍，小企业的不良贷款率是整个商业银行不良贷款率的 6—8 倍，客观上形成了银行排斥中小企业的内在因

素，中小企业每年从银行获得的信贷仅占整个信贷规模的 10%。从前面的论述我们知道，中小企业是企业家的企业，没有信用支持，中小企业生存困难，"大众创业、万众创新"的目标就难以实现。二、信用体系不健全，银企双方信息不对称。小企业自身财务不规范，信用记录缺失，银行通过第三方获得小企业信用数据周期长、成本高。三、融资渠道窄，目前资本市场体系还不完善，多层次市场建设滞后，特别是企业债券市场发展十分落后。企业在资本市场对信贷依赖过大（林汉川等，2012，18）。

第四节   中国创新企业的资本市场融资方式

对于种子阶段和初创阶段科技型创新企业而言，由于信息不对称（出资人需要了解和理解特别专门的技术知识，而那些需要资金的初创团队既不能也不愿意提供相应的信息）、高风险（市场、技术和管理风险）、缺少抵押物以及高交易成本（由于缺乏历史信用数据，标准的信贷评估方式不适用，无法确定利率水平和相应的金融服务），间接融资方式即通过银行等金融中介机构以及通过发行债券来融资几乎不可能。创新型企业一般需要风险投资的支持。风险投资体系是一种特殊的融资活动，它不只是一种投融资体系，而是一种集资金融通、企业管理、科技开发和市场开拓等诸多因素于一体的综合性投融资活动，需要特殊的生长环境。成长阶段的创新型企业也可以通过直接融资方式，即通过由资金供给方购买融资主体发行的金融产品来实现融资，融资主体发行的金融产品主要包括股票和资产证券化等形式。但是目前中国全社会融资总额中间接融资与直接融资的比例大致为 10∶2，直接融资在社会融资中所占比重过小。中小企业每年仅有 1.3% 的融资额来自直接融资（杜轶龙，2012，2），融资比例严重失衡。所以，提高直接融资的渠道和比例成为支持科技创新投融资体系的核心。

直接融资指股权融资，主要通过相应的资本市场来进行（比如美国的 NSDAQ），它可以为科技创新型企业提供直接融资渠道，同时它也为风险投资提供退出的渠道。

一　中国的创新型企业的股权融资

（一）中小企业板块

中小企业板块是为达不到沪深主板市场的企业而设立的。但是除了规模比主板小，其他上市标准与主板完全一样，实践中其主要服务对象是已处于成熟期、具有一定规模的科技创新型企业。中小企业板截至2016 年 6 月，上市公司数目为 791 家，上市公司总价值为 9412044.66 百万元[①]。

（二）创业板

创业板市场（又称"二板市场"）作为区别于主板市场的新兴证券交易市场，服务对象主要是处于成长期的创新型中小企业、高科技中小企业、新兴中小企业。其入市门槛远低于主板市场，更注重上市公司的行业前景和未来发展潜力，但同时也具有较高的风险。

2009 年 10 月 30 日，中国的创业板市场正式运作，首批上市 28 家企业，采用了两种市场标准，两年连续盈利且净利润积累不少于 1000 万元人民币并且持续增长；或者最近一年盈利且净利润不少于 500 万元人民币，最近一年营业收入不低于 5000 万元，最近两年营业收入增长率均不低于 30%。截至 2016 年 8 月 12 日，上市总公司数为 525 家，市价总值超过 5000 亿元。而且行业分布广泛，前三位的行业为机器设备、信息技术和电子（王鑫，2011，20）。

创业板市场的建立有利于解决中小企业融资难的问题，也为风险投资提供退出渠道，使资本市场体系更加完善。

（三）新三板

由于"中小企业板"与"创业板"的进入门槛过高，中国在 2006 年正式开设"新三板"市场，旨在为科技型中小企业提供一个股权挂牌转让与定向融资的平台，帮助企业完成从初创期到成熟期的过渡。

新三板市场发展历程：

2006 年 1 月 16 日，新三板在中国证监会的统一批复下正式成立，在中关村进行试点工作。2010 年 1 月 13 日，时任证监会主席尚福林在全国

[①] http：//www.szse.cn/main/files/2016/07/04/RM6101.html.

证券期货监管会议上表示，新三板要加快全国性的建设。2012 年 8 月，国务院批示新三板扩展至上海、武汉、天津等地，标志着新三板市场向全国范围的场外交易市场扩展。2013 年 6 月 19 日，国务院确定将全国中小企业股份转让系统试点扩大至全国。2014 年 1 月 24 日，首批全国 285 家企业集体挂牌，全国股份转让系统挂牌企业数达到 621 家，新三板对科技型中小企业的影响及覆盖率推广至全国，企业股份转让体系进入高速、创新的发展阶段（张世宇，2015，38）。

较之于主板市场，新三板挂牌标准较低，不设财务门槛。只要公司拥有明晰的股权结构、健全的公司结构、合规的经营范围、按时进行充分的信息披露，都可以通过主办券商的资格推介在新三板挂牌。此外，与主板、创业板相比，新三板挂牌成本低、周期短。因而，自 2006 年试点展开后，受到中小企业的热捧。截至 2016 年 8 月 13 日，新三板挂牌企业数量为 8604 家，总股本 5213.01 亿股，成交金额 23425.98 亿元[①]。

表 6 - 2   2013—2015 年新三板市场统计情况

	2015 年	2014 年	2013 年
挂牌规模			
挂牌公司家数	5129	1572	356
总股本（亿股）	2959.51	658.35	97.17
总市值（亿元）	24584.42	4591.42	553.06
股票发行			
发行次数	2547	329	60
发行股数（亿股）	229.9	26.52	2.92
融资金额（亿元）	1213.38	132.09	10.02
股票转让			
成交金额（亿元）	1910.62	130.36	8.14
成交数量（亿股）	278.91	22.82	2.02
换手率（%）	53.88	19.67	4.47

---

① http://www.chinaipo.com/stock/.

续表

	2015 年	2014 年	2013 年
市盈率（倍）	47.23	35.27	21.44
投资者账户数量			
机构投资者（户）	22717	4695	1088
个人投资者（户）	198625	43980	7436

资料来源：林汉川、秦志辉、池仁勇：《中国中小企业发展报告 2016》，北京大学出版社 2016 年版，第 9 页。

作为科技型中小企业的一个过渡性融资平台，如果企业在新三板上市后发展良好，可以升级到创业板上市，最终发展至主板市场上市。这也是中国构建多层次的资本市场体系进行的有益探索。

（四）风险投资

风险投资也是科技型中小企业的重要融资渠道。根据美国风险投资协会的定义，风险投资（Venture Capital）是指金融投资者对迅速发展的、竞争潜力巨大的新兴产业的中小企业投入的一种权益资本（赵玉林，2006）。不同于一般的投资行为，其投资的根本目的不是为了获取企业股权，而是通过提供资金，参与企业的经营管理。企业发展成熟后推动企业在特定的资本市场上市，进而卖出股权以回收前期投入的资本，实现资本增值和回收。正是由于科技型中小企业具有高成长性和高回报预期，对风险投资产生了必然的内在吸引力，成为风险资本的主要投资对象。

中国 2014 年风险投资总额达到 155 亿美元。创业风险投资市场的投资金额最多的三大行业是互联网、通信和信息技术，在总投资金额中占依次为 49%、19% 和 19%。其他投入较高的行业还有医疗、制造业和金融，六大行业所获得的投资金额累计超过 1800 亿人民币[①]。

中国的风险投资虽然近年来发展迅速，但相对于创新型中小企业的发展需求来说总量依然偏小。中国的风险资本额占 GDP 比例约为 0.03%，美国的比例为 1.5%（孙天立，2012，127—128），可见中国风险投资的发挥空间还有待拓展。特别是由于创新企业成长初期的高风险，

---

① http://www.chyxx.com/industry/201509/342324.html.

这个阶段的风险资本仍旧发展不足。

表6-3 全国创业风险投资机构数量（2011—2014） 单位：家

年份	2011	2012	2013	2014
各类创业风险投资机构总量	1096	1183	1408	1551
其中：创投企业	860	942	1095	1167
创业风险投资管理企业	236	241	313	384

资料来源：科技部火炬中心网，http://www.innocom.gov.cn/kjb/tjnb/list.shtml。

（五）天使投资

天使投资（Angel Capital）的概念发源于美国，原本指有钱人出资资助百老汇尚未出名的年轻演员，使得他们如同幸运地遇到天使一般可能一夜成名、实现自己的艺术理想（于洋，2013，46）。现在指投资者以股权投资的形式对高风险、高收益的企业早期投资。企业成熟后，天使投资会以更高的价格将股份专卖给风险投资公司或者在企业上市后出售。

与其他融资方式相比，天使投资对企业的调查程序较简单，能够快速地做出投资决定，成为创新型中小企业获得外源性股权融资的重要途径。一般来说，天使投资人主要是成功的企业家、创业者，他们在提供资金支持的同时还能给予企业战略规划、公关人脉等方面的帮助。

（六）境外市场融资

上市交易是中小企业融资的重要方式，也是创新型企业成长壮大过程中的必然选择。中国资本市场由于起步时间晚、发展历程短、监管水平尚待提高，以及受现存审批制等因素的影响，很多亟须融资的中小创新型企业无法在短时间内实现挂牌交易，于是海外上市成为它们的重要选择（林汉川等，2012，219）。

美国纳斯达克市场实际上分为三个市场层面，纳斯达克全球市场、纳斯达克全球精选市场和纳斯达克资本市场。三个市场采取不同的上市标准，其中纳斯达克资本市场是专门面向处于成长期的科技型中小企业，其上市条件比纳斯达克全球市场要宽松很多。例如在财务指标上，纳斯达克资本市场为企业的股东权益高于500万美元或者企业股票的市值高于5000万美元或者企业最近一年或者是最近的三年中有两年以上企业的净利润高于 75 万美元。而纳斯达克全球市场的标准之一为最近一年或者最近三年中有两年以上企业的股东权益高于 1500 万（杜轶龙，2012，46）。

英国 AIM 市场对上市公司的准入条件则更为宽松，对公司的最低市值、最低盈利水平、公众持股数、经营历史均无硬性要求，对上市公司的审核主要是通过保荐人完成的。保荐人需要在伦敦证券交易所注册过，其评价一家企业是否适合上市主要看以下方面：企业应拥有良好的短期盈利能力，应拥有优秀的管理团队，应有充分的论据说明该企业的产品拥有巨大的市场前景，公司股权应可以自由流通等。另外，中国香港与新加坡的股市也成为中国成长性企业寻求资本的场所。从 20 世纪末开始，国内中小企业先后奔赴中国香港及新加坡、加拿大和美国等境外地区上市，引发了海外投资者对"中国概念股"的追捧。截至 2011 年年底，共有 254 家中国企业在美国市场上市，其中绝大多数都属于科技型中小企业。中国企业走向境外市场，实现融资渠道国际化，符合中国全面对外开放的总战略。但是中国概念股在美国并不是一帆风顺，特别是从 2011 年以来，一些机构投资者做空中国企业，引发了中国概念股大规模的停牌退市潮（杜轶龙，2012，219）。究其原因还是因为中国一些境外上市企业的质量不高，有些缺乏诚信，存在着严重的财务造假现象；另外，就是中国企业对于发达国家成熟股市的运作规则不熟悉。它们的遭遇为中国尽快完善和规范中国资本市场敲响了警钟。

二　中国高科技创新型企业的债券融资

2007 年 11 月，经国务院批准，由国家开发银行提供无条件不可撤销的连带责任担保，深圳 20 家企业联合发行总额为 10 亿元的"2007 深圳市中小企业集合债券"[①]。2009 年 11 月，中国人民银行和中国银行间市场交易商协会为了方便中小企业融资，推出了中小企业集合票据。这些举措在解决了三个企业独立发行企业债券规模不足、信用风险较高的同时，也因为集合产生了较高的发行协调成本，同时各发行企业大多不愿承担连带偿债责任，基本是"分别负债，按份责任"，使得中小企业集合债券和集合票据成了"集合"名下的各企业的独立融资行为，风险属性依然

---

① http：//bond. jrj. com. cn/2009/12/3012276729745. shtml.

较高（毛欢喜，2010，48—49）。并且科技型中小企业融资主要为了新技术和产品的研发，实效性很强，而集合债券和集合票据的发行模式要求必须有足够多的企业在发债方面达成意向并找到担保人，对于企业来说实效性无法掌控。因而规模较小，2012 年，中小企业集合债和集合票据仅占中国债券市场存量总份额的 0.01% 和 0.07%[①]。

因此，在渡过种子期和初创期后，股权融资方式占中国科技创新型企业资本市场融资的绝大部分。以中小板、创业板、新三板市场为主的支持科技创新中小企业的境内多层次资本市场已经初步建立。

三　"众筹"在中国的发展

众筹于 2009 年兴起于美国，指一群人通过互联网为某一项目或某一创意提供资金支持（李雪静，2013，73）。世界银行预测到 2025 年全球众筹市场规模将达到 960 亿美元，其中中国市场 500 亿美元（胡吉祥，2014，4）。

依据其运行的复杂程度，以及涉及的利益相关者的数量和法律环境，众筹可划分为三种模式：模式一是捐赠与赞助模式，大多出于公益目的，不要求项目回报；模式二是预售模式，产品或服务在创造出来前，发布在网站上吸引投资者，投资者选择投资后，会在规定期限内收到该产品或服务；模式三是债权与股权投资模式，该模式与预售模式有许多相同之处，根本上的不同是回报方式——预售模式的报酬必须是非现金或者股权式的，债权和股权制模式下，筹资者需要给予投资者债权或者股权（孟韬，2014，52；路阳，2015，13）。由此可见，债券和股权式融资更符合投资行为的定义，也是创新型企业、初创企业获得融资的主要方式。

国内众筹的起步时间较晚，首家众筹平台是成立于 2011 年 7 月的"点名时间"；2011 年 11 月上线的天使汇是国内首家股权制众筹平台。截至 2014 年 9 月，中国共有 21 家互联网股权众筹平台，发布融资项目共49381 个，融资成功的项目 333 个，融资金额合计 154623 万元，以数量为标准的情况下，项目获融资率为 0.67%。其中，天使汇、创投圈、原始会 3 家占据绝对市场地位，融资金额合计 13.2 亿元，占 21 家融资总

---

① 　Wind 资讯。

额的 85.4%（路阳，2015，18）。虽然发展时间较短，但速度非常迅猛，以文化项目众筹为例，2011 年文化项目众筹成功案例不足 10 个，而2013 年将近 150 个，文化项目众筹融资金额从 2011 年的 6.2 万元增长到2013 年的 1278.9 万元（刘俊棋，2014，32）。

下面重点介绍"天使汇"，它是目前众筹行业的领军代表。上文提到截至 2014 年 9 月，全国众筹平台共融资 13.2 亿元，而其中"天使汇"为 10.03 亿元，行业主导地位非常明显。天使汇（Angel Crunch）众筹成立于 2011 年 11 月，其原型是美国的 Angel List，作为国内首家发布天使投资人众筹规则的众筹平台，成立一年时间里完成融资项目 48 个，共完成融资 8000 万元人民币。2013 年 1 月，天使汇推出"快速团购优质创业公司股权"的合投功能，上线仅 14 天就成功地为创业项目 Lava Radio 募集 335 万元人民币。从天使汇网站[1]上可以看到，天使汇融资项目多为科技创新项目。对比其他传统的融资方式，众筹具有特别的优势。首先利用互联网能够实现海量信息共享，融资渠道广；融资程序得到简化，减少中间信息不对称的干扰以及无效对接的时间消耗，提高匹配的成功率，降低了时间成本；参与投资的人群范围广，能够调动广大民间资本，有助于建设多层次资本市场，拓宽中小企业融资渠道。但目前国内众筹行业的弊端和问题也是显而易见的，例如，相关的基础法律滞后，制度土壤匮乏。众筹曾经一度游离于非法集资的边缘，立法机关需要更明确地界定二者的范畴，加强监管，使众筹脱离非法集资的阴影。

第五节　中国政府对创新融资的扶持

前面提到，高科技创新型企业的融资面临着信息不对称等市场失灵现象，因此，政府对此采取一定的扶助措施是必不可少的。下面我们就将近年来中央政府采取的一些支持举措做一个简单的梳理。

一　《科技型中小企业技术创新基金》的建立与运作

1999 年，国务院批准设立了科技型中小企业技术创新基金（以下简

---

①　http://angelcrunch.com/.

称创新基金）。创新基金由科技部主管、财政部监管，通过无偿资助、贷款贴息和资本金注入三种方式，支持科技型中小企业创新创业，已形成了资助种子期、初创期企业的技术创新项目、资助中小企业公共技术服务机构的补助资金项目和引导社会资本投向早期科技型中小企业的创业投资引导基金项目①。目标是促进科技成果的转化，培育一批具有中国特色的科技型中小企业，加快高新技术产业化进程。

科技型中小企业技术创新基金作为中央政府的专项基金，按照市场经济的客观规律进行运作，扶持各种所有制类型的科技型中小企业，并有效地吸引地方政府、企业、风险投资基金和金融机构对科技型中小企业进行投资，逐步推动建立起符合市场经济客观规律的高新技术产业化投资机制，从而进一步优化科技投资资源，营造有利于科技型中小企业创新和发展的良好环境。创新基金是国家科技计划体系中唯一一项不是支持科研院所，不是支持大企业，而是定位为支持科技型中小企业技术创新的专项计划。

创新基金将重点支持产业化初期（种子期和初创期）、技术含量高、市场前景好、风险较大、商业性资金进入尚不具备条件、最需要由政府支持的科技型中小企业项目，并将为其进入产业化扩张和商业性资本的介入起到铺垫和引导的作用。因此，创新基金将以创新和产业化为宗旨，以市场为导向，上连"863 计划""攻关计划"等国家指令性研究发展计划和科技人员的创新成果，下接"火炬计划"等高技术产业化指导性计划和商业性创业投资者，在促进科技成果产业化，培育和扶持科技型中小企业的同时，推动建立起符合市场经济客观规律、支持科技型中小企业技术创新的新型投资机制。

主管部门从 1999 年开始每年发布年度报告，最新的报告为 2014 年 9 月发布的《科技型中小企业技术创新基金 2013 年度报告》。报告指出，截至 2013 年年底，创新基金累计中央财政预算投入 268.26 亿元，累计支持项目 46282 项，为推动中小企业转型升级、优化科技创新创业环境、加快经济发展方式转变做出了实质性的重要贡献。

2007 年 12 月 29 日，《科学技术进步法》经十届全国人大常委会修订

---

① http：//www. innofund. gov. cn/2/jjjj/about. shtml.

通过，自 2008 年 7 月 1 日起施行，创新基金被写入其中。创新基金最终被写入《科学技术进步法》，意味着设立创新基金支持科技型中小企业创新得到了法律保障，是国家支持科技型中小企业技术创新的又一进步。

科技型中小企业创业投资引导基金成立于 2007 年，根据《科技型中小企业创业投资引导基金管理暂行办法》（以下简称《办法》），首个国家级创业投资引导基金正式启动。该基金专项用于引导创业投资基金向初创期科技型中小企业投资。其资金来源为，中央财政科技型中小企业技术创新基金；从所支持的创业投资基金回收的资金和社会捐赠的资金。基金按照项目选择市场化、资金使用公共化、提供服务专业化的原则运作。基金的引导方式为阶段参股、跟进投资、风险补助和投资保障。

科技型创业投资引导基金突破了以往的传统财政支持方式，突出了市场化、公共化、专业化的原则。其市场化原则主要体现在两个方面。一是《办法》规定，引导基金以股权投资方式进行，在创业投资中只占有较小的比例（最高不超过 25%），不能成为第一大股东，不参与创业投资基金日常管理。这样既保证了引导作用，也避免了对所参股创业投资基金的行政干预。二是引导基金在选择支持对象时，不直接选择项目，而是通过设定客观条件，公开选择创业投资基金，至于这些基金接受引导基金支持后，具体投资哪些项目，则由其从投资者的角度自行判断和决定，引导基金不干预，从而使政府部门突破"选项目"的困扰。

引导基金的公共化原则主要体现在引导基金对社会资金的撬动作用。引导基金不以营利为目的，通过将部分投资收益让利于投资者或者为投资者提供补助的方式，吸引社会资金向初创期中小企业投资。这可以不仅使更多的企业收益，更为重要的是可以使财政资金的辐射面更广，从而使中小企业的融资环境从总体上得到改善。投资决策具有很强的专业性。新出台的《办法》把着力点放在对创业投资基金的判断标准上，保证所支持的是确实有能力的、专业化的并以支持中国高新技术产业发展为主要方向的创业投资基金。为了保障引导基金的规范运作，《办法》还规定，对所要支持的创业投资基金，在财政部、科技部官方网站上及有关媒体进行公示，公示无异议的再予以支持，财政部、科技部将委托第三方机构，对引导基金的整个运作情况进行绩效评价。

表6 - 4　　　　　　　创业投资引导基金实施情况（2014）

（单位：项、家、万元）

项目类别		立项数	支持金额	涉及创业投资机构	设计创业投资项目	创业投资金额
风险补助项目		142	13175	142	462	292200
投资保障项目	投资前	255	23125	88	255	136800
	投资后	88	13700	33	88	33600
阶段参股项目		35	145500	42	0	701565
合计		520	195500	305	805	1164165

资料来源：科技部火炬中心网，http：//www.innocom.gov.cn/kjb/tjnb/list.shtml。

二　建立《中小企业国际市场开拓基金》，鼓励中小企业参与国际竞争

为鼓励中小企业积极参与国际市场竞争，促进中小企业的健康发展，发挥中小企业在国民经济和社会发展中的重要作用，自 2001 年起，国家正式设立"中小企业国际市场开拓资金"，该项政策以广大中小企业为扶持对象，专用于支持中小企业开拓国际市场的各种活动。原国家外经贸部（现国家商务部）和财政部于 2001 年联合颁布《中小企业国际市场开拓资金管理（试行）办法》和《中小企业国际市场开拓资金管理办法实施细则（暂行)》，对市场开拓资金的相关政策做出具体规定。2006 年中小企业国际市场开拓资金政策做了修改，规定中小企业申请项目数在一年内不得超过 10 个项目，每个中小企业得到国家的资金支持在 5 年内不得超过 50 万元至 70 万元。2010 年商务部联合财政部新发布了中小企业国际市场开拓资金管理办法（财企〔2010〕87 号），将申请企业项目的中小企业由原来的"上年度海关统计出口额 1500 万美元以下"，调整为"上年度海关统计进出口额 4500 万美元以下"。

该项目主要支持中小企业和为中小企业服务的企业、社会团体及事业单位开展开拓国际市场的相关活动，包括参加境外展览会、管理体系认证、产品认证、国际市场宣传推介、创建企业网站、广告商标注册、境外市场考察、国际市场分析、境外投（议）标、境外展览会（团体）项目、企业培训。

三　支持建立和完善资本市场，鼓励科技型创新企业上市

2006 年国务院颁布《国家中长期科学和技术发展规划纲要（2006—2020 年）》，其中提到，要实施促进创新创业的金融政策。具体措施为，建立和完善创业风险投资机制，起草和制定促进创业风险投资健康发展的法律法规及相关政策。积极推进创业板市场建设，建立加速科技产业化的多层次资本市场体系。鼓励有条件的高科技企业在国内主板和中小企业板上市，努力为高科技中小企业在海外上市创造便利条件。为高科技创业风险投资企业跨境资金运作创造更加宽松的金融、外汇政策环境。在国家高新技术产业开发区内，开展对未上市高新技术企业股权流通的试点工作，逐步建立技术产权交易市场。探索以政府财政资金为引导，政策性金融、商业性金融资金投入为主的方式，采取积极措施，促进更多资本进入创业风险投资市场。建立全国性的科技创业风险投资行业自律组织，鼓励金融机构对国家重大科技产业化项目、科技成果转化项目等给予优惠的信贷支持，建立健全鼓励中小企业技术创新的知识产权信用担保制度和其他信用担保制度，为中小企业融资创造良好条件。搭建多种形式的科技金融合作平台，政府引导各类金融机构和民间资金参与科技开发。鼓励金融机构改善和加强对高新技术企业，特别是对科技型中小企业的金融服务。鼓励保险公司加大产品和服务创新力度，为科技创新提供全面的风险保障[1]。

四　加强对小微企业的融资支持

2012 年 12 月，科技部印发《国家科技企业孵化器"十二五"发展规划》，提出了进一步支持小微企业（企业从业人员不超过 100 人，资产总额不超过 3000 万元）健康发展重点工作部门分工方案。如加大对小型微型企业的财税支持力度，联合财政部、税务总局落实各项税收优惠政策；充分发挥现有中小企业专项资金的支持引导作用，2012 年将资金总规模由 128.7 亿元扩大至 141.7 亿元，以后逐年增加。财政部会同工业和信息化部、科技部、商务部，增强专项资金针对性、连续性和可操作性，突

---

[1]　http：//www. gov. cn/zwgk/2006－02/14/content_ 191891. htm.

出资金使用重点，向小型微型企业和中西部倾斜。依法设立国家中小企业发展基金会，国家安排资金 150 亿元，分 5 年到位，主要用于引导地方、创业投资机构及其他社会资金支持处于初创期的小型微型企业等①。2015 年 9 月，为更好地鼓励"大众创业、万众创新"，政府将国家中小企业发展资金规模增至 600 亿元。

努力缓解小型微型企业融资困难，落实支持小型微型企业发展的各项金融政策。银行业金融机构对小型微型企业贷款的增速不低于全部贷款平均增速，增量高于上年同期水平，对达到要求的小金融机构继续执行较低存款准备金率。商业银行应对符合国家产业政策和信贷政策的小型微型企业给予信贷支持。鼓励金融机构建立科学合理的小型微型企业贷款定价机制，在合法、合规和风险可控前提下，由商业银行自主确定贷款利率，对创新型和创业型小型微型企业可优先予以支持。建立小企业信贷奖励考核制度，落实已出台的小型微型企业金融服务的差异化监管政策，适当提高对小型微型企业贷款不良率的容忍度。优先支持符合条件的商业银行发行专项用于小型微型企业贷款的金融债券（银监会、人民银行负责），进一步研究完善小企业贷款呆账核销有关规定，简化呆账核销程序，提高小型微型企业贷款呆账核销效率（财政部、人民银行、银监会负责），积极发展商圈融资、供应链融资等融资方式（商务部、银监会负责），加强对小型微型企业贷款的统计监测（人民银行、银监会负责）。

2015 年 12 月，财政部印发《政府投资基金暂行管理办法》的通知，规范政府投资管理行为。其中写道，各级财政部门应在以下领域设立投资基金，第一条即支持创新创业，增加创业投资资本的供给，鼓励创业投资企业投资处于种子期、起步期等创业早期的企业。第二条，支持中小企业发展，改善企业服务环境和融资环境，激发企业创业创新活力，增强经济持续发展内生动力②。

---

① http：//www. most. gov. cn/mostinfo/xinxifenlei/fgzc/gfxwj/gfxwj2012/201301/t20130114 _ 99073. htm.

② http：//www. moc. gov. cn/sj/caiwushjs/caiwukj _ cws/kjgl _ cws/201512/t20151214 _ 1947297. html.

五　加快发展适合为小微企业融资的金融机构，拓宽融资渠道

加快发展小金融机构。在加强监管和防范风险的前提下，适当放宽民间资本、外资、国际组织资金参股设立小金融机构的条件（银监会、人民银行负责），适当放宽小额贷款公司单一投资者持股比例限制（银监会、人民银行负责），支持和鼓励符合条件的银行业金融机构重点到中西部设立村镇银行。强化小金融机构主要为小型微型企业服务的市场定位，创新金融产品和服务方式，优化业务流程，提高服务效率。引导小金融机构增加服务网点，向县域和乡镇延伸（银监会、人民银行负责）。符合条件的小额贷款公司可根据有关规定改制为村镇银行（银监会、人民银行负责）。

拓宽融资渠道。搭建方便快捷的融资平台，支持符合条件的小企业上市融资。加快统一监管的场外交易市场建设步伐（"新三板"），为尚不符合上市条件的小型微型企业提供资本市场配置资源的服务（证监会负责）。支持符合条件的小企业发行债券，推进多层次债券市场建设，发挥债券市场对微观主体的资金支持作用。积极稳妥发展私募股权投资和创业投资等融资工具，完善创业投资扶持机制，支持初创型和创新型小型微型企业发展（发展改革委牵头）。逐步扩大小型微型企业集合票据、集合债券、集合信托和短期融资券等发行规模（人民银行、发展和改革委员会、银监会按照职责分工负责）。支持小型微型企业采取知识产权质押、仓单质押、商铺经营权质押、商业信用保险保单质押、商业保理、典当等多种方式融资。鼓励为小型微型企业提供设备融资租赁服务（银监会、人民银行、科技部、财政部、工业和信息化部、商务部、工商总局、知识产权局按照职责分工负责）。积极发展小型微型企业贷款保证保险和信用保险。加快小型微型企业融资服务体系建设（保监会牵头，人民银行、银监会参加）。深入开展科技和金融结合试点，为创新型小型微型企业创造良好的投融资环境（科技部、人民银行、银监会、证监会、保监会负责）①。

---

① http://www.most.gov.cn/mostinfo/xinxifenlei/fgzc/gfxwj/gfxwj2012/201301/t20130114_99073.htm.

六 为支持融资担保机构建立再担保体系

担保机构的快速发展客观上要求建立再担保体系。截至 2008 年年底，全国已有中小企业信用担保机构 6000 多家，为缓解中小企业融资难的状况做出了极其重要贡献。中国中小企业信用担保机构虽然发展较快，但整体实力较弱，抵御风险能力不强。为促进中国信用担保业的健康发展，担保机构风险控制和再担保体系建设成为当务之急。为此，国务院 2005 年出台《鼓励和扶持非公有制经济发展的指导意见》，2006 年年底国务院办公厅转发国家发改委等部门《关于加强中小企业信用担保体系建设意见的通知》，2007 年 4 月国家发改委中小企业司（现归口到国家工信部）起草的《关于开展中小企业信用再担保工作的指导意见》开始在行业内广泛征求意见。所有这些政策的出台都是对中国建立再担保体系强有力的支持。2015 年 8 月 13 日，国务院印发《关于促进融资担保行业加快发展的意见》提出，发挥政府政策导向作用，研究论证国家融资担保基金通过股权投资、技术支持等方式，支持省级再担保机构发展。各省（区、市）人民政府要按照政府主导、专业管理、市场运作的原则，推动省级再担保机构以股权投资和再担保业务为纽带，构建统一的融资担保体系；完善再担保机制，提升辖内融资担保机构的管理水平和抗风险能力，统一管理要求和服务标准，扩大小微企业和"三农"融资担保业务规模。

2008 年 11 月 16 日，全国第一家政府出资设立的省市级再担保公司——北京中小企业信用再担保有限责任公司在京成立。2009 年 2 月 18 日，注册资金 20 亿元的广东省中小企业信用再担保有限公司在广州正式成立。截至 2014 年年底，有 24 个省（市、区）建立了再担保机构或明确了再担保职能的融资机构，另有江西、广西、重庆和四川 4 省（市、区）正在积极筹建中，只有海南、西藏与新疆 3 省（区）还未明确本地区再担保职能的承接机构。

第六节 德国与中国创新融资体系和 融资政策的比较

德国与中国政府对于创新融资的支持体现在两个方面：其一，对于建立和发展融资体系和创新融资的框架条件、生态环境的政策；其二，对于企业创新融资的直接支持。下面分别进行比较。

一　德国与中国创新融资体系及政府相关政策的比较

德国与中国在外源融资方面都是以商业银行为主的模式，但是德国的银行体系十分健全，各类银行分工明确，大银行管大企业，小银行管小企业。另外，德国信用体系健全，储蓄银行与合作银行嵌入区域性的合作网络中，"往来银行"的原则使银行对本地区的制造业企业的经营状况十分了解，能够对其进行"量体裁衣"式的服务，避免金融风险。而中国以国有或国有控股的大银行为主体的银行体系往往偏好大企业，或者地方政府重点扶持的企业，以此减少信贷的违约风险。另外，它们还承担着一部分国家的政策性信贷任务，为维持社会稳定，给一些"僵尸企业"输血。而大量急需资金的中小企业却很难从银行体系取得支持。近年来，各级政府在建立中小金融服务机构方面做出了不少努力，积极放宽银行业准入标准，推动村镇银行、贷款公司、资金互助社等地区性中小金融机构的发展，释放民间资本和民间金融机构的市场活力，完善融资担保体系。但是信用体系的建立不是一朝一夕的事情，由于民间资本市场不断出现的"跑路"危机，政府在发放银行牌照上也特别谨慎。所以说，虽然中小企业融资难有所缓解，但是中国的银行等金融媒介不是高风险的创新公司，特别是初创型高科技创新企业的通行方式。德国的企业债市场比较发达，但是能够在市场上发债券的也主要是大中型企业，中小企业从成本考虑往往不会选择债权融资。中国一些中小企业联合发行组合债券，是一种扩展融资渠道的有益尝试，但是成果也十分有限。

当然，即使在银行、个人信用与融资担保体系比较健全的德国，中小企业，特别是初创期高科技企业融资难的问题仍旧存在。而德国建立专门的国家政策性银行支持中小企业发展的经验值得中国借鉴。中国政府在经济领域始终发挥着"发展国家"的积极作用，曾经建立了"国家开发银行"这样的为大型基础设施和重点工业项目进行政策融资的金融机构，而且大型国有商业银行在一定程度上也担负着为国家建设服务的重任。但是在建立一个类似于德国的复兴信贷银行这样专门为中小企业提供优惠贷款的政策性银行上却十分迟疑，这与中国政府在推动国家战略中始终偏好大型企业，特别是"国家队"密切相关。但是鉴于中小企业，特别是小微企业在创新中的重要作用，为实现经济结构转变和创新驱动战略，政府必须要实现从"抓大放小"向"抓大促小"的政策转变。

作为德国政府全资的中小企业融资支持机构，德国复兴信贷银行通过多样化的手段在中小企业、特别是高科技中小创新型企业的融资方面发挥了不可替代的作用。银行化运营是其绩效的根本保障，这不仅起到了带动民间资本的"四两拨千斤"的效果，同时也使在银行规模扩大的同时没有给国家财政造成负担。这一经验十分值得中国那些名义上已经是"企业"，但在实际上还是等级森严的机关管理模式的大型金融机构学习。

德国银行业的发展有悠久的历史，且居民储蓄率高，理财理念保守，万能银行能够满足人们各方面的需求，因此银行就成为德国人投资理财的首选，对股票市场的参与不踊跃。即便是参与，也青睐于股价相对稳定的蓝筹股，投资的主要目的是参与公司的分红，而不是从股价的涨落上获益。而中国却相反，股民的风险偏好明显更高。因此，对于风险高的创业板的投资热情十分高涨，使创业板也确实成为创新型企业获得资金以及风险资本退出的重要手段，使一些企业家的梦想成为现实。门槛更低的"新三板"为尚不具备在创业板上市的科技型小微企业提供了一个产权交易和融资的平台，推广后交易十分活跃。另外，随着国内股票市场的扩容和多元化，中国科技型创新企业近年来境外上市的步伐有所减缓，但是不可否认美国纳斯达克市场为中国最早一批创新型企业，像新浪、网易、搜狐等提供了融资平台和知名度。可以说，相对于德国，中国创新型企业通过股票市场直接融资的前景更好，而德国的强项在于其发达且多元化的银行体系。这种制度优势也正与其技术诀窍导向的渐进创新的融资需要相符合。当然，中国股市建立的时间不长，交易仍然不够规范，因此需要在扩容和多元化的同时，加大立法和执法的力度，引导股票市场更好地为实体经济，特别是从模仿到自主创新的结构转型服务。

由于市场巨大和较为开放，中国风险资本的发展与德国相比也较为出色，一些重要的创新企业如阿里巴巴、腾讯、百度、京东等依靠风投公司获得了宝贵的启动资金。这是我们的比较优势，需要继续深化运用。

信息与通信技术以及互联网的飞速发展，催生了互联网金融这一金融创新。无论在德国还是在中国，线上 P2P 与"众筹"等新融资工具都得到一定的发展。但是相比德国来说，中国在个人信用体系、网络安全、互联网立法等方面都还比较滞后，所以近期这方面的发展潜力不如德国。

二　德国与中国政府创新融资直接支持的比较

两国政府都十分重视对于科技型创新企业的融资支持，纠正市场失灵，直接的支持都是通过政府建立的相应专项基金来进行，重点都是对于种子期和初创期的科技型创新团队的支持。中国的《科技型中小企业技术创新基金》采取的方式比较广泛，投入的资金也比较多。而德国的《高科技创业者基金》则主要采取对种子期和初创期的科技型创新团队给予无偿资金赞助的方式，受益团队通过竞赛产生。另外，基金还组织专家团队对初创企业家进行咨询和培训，这在中国的政府基金项目中是没有的。中国后来又成立了《科技型中小企业创业投资引导基金》，通过给予私人风险投资公司补贴来减少其对初创企业股权投资的成本，既节约资金，也避免了政府自己"挑选赢家"的困扰。联邦经济与出口管理局在 2013 年出台的"风险资本投资补贴计划"（INVEST）也采取了相似的市场化做法对风险资本和天使投资人进行支持，但是比中国的相应计划晚了 6 年。说明中国政府更早、更积极地促进风险资本这种创新融资手段的发展。

另外，德国与中国不同之处还在于德国的《高科技创业者基金》吸收了私营企业参加，体现了德国"协调合作式市场经济"体制的制度特色，而中国却完全是政府主导。中国中央政府与地方政府是领导与被领导的关系，中央相关部委（这里是国家科技部）采取了某项举措，省地市政府就要采取同样的政策，这样各省也都纷纷建立了自己的《科技型中小企业技术创新基金》。但是在德国这样的联邦制国家，各州政府的促进政策则有一定的独立性，并不需要与联邦政府保持一致。

总的来说，两国政府的直接资助集中在私人投资不愿介入的、风险极大的高科技创新种子期和初创期，起到了"雪中送炭"的效果。

第七节　集群案例一：德国巴伐利亚州
高新产业集群内的企业融资

一　导言

巴伐利亚州位于德国东南部，面积 70551 平方公里，人口约 1260 万，是德国面积第一大州，人口第二大州，慕尼黑和纽伦堡是其最大的城市。巴伐利亚州同时也是德国最富裕的联邦州之一，2016 年巴伐利亚 GDP 为 4767.6 亿欧元，在德国十六个联邦州中排名第二。在 2008 年经济危机中巴伐利亚州也表现较为出色，2012 年 11 月巴伐利亚州失业率是 3.4%，低于德国平均失业率 6.5%，是德国失业率最低的联邦州①。

在 20 世纪 60 年代巴伐利亚州的产业结构还是以农业为主，之后州政府确立了农业州向高科技州转变的战略，现在巴伐利亚州已经拥有 23 个科技创业中心，成为欧洲高科技产业中心，其中首府慕尼黑以其领先的研发能力和科研环境被称为"欧洲的硅谷"，与巴黎、伦敦并称为欧洲三大高科技产业基地。

巴伐利亚州产业集群有如下特点：

一是集群布局以大城市为中心，辐射周边中小城市。该州汽车业、电子、化工等行业形成了以几家大型跨国公司为核心、连接产业链上其他企业发展的产业集群，生物技术、环保技术等形成了以中小企业为主的网状集群。巴州产业集群集中在 5 大城市，其中慕尼黑及周边地区 9 个、纽伦堡地区 6 个、奥格斯堡 2 个、雷根斯堡和维尔茨堡各 1 个②。二是集群发展受到政府引导。在这方面又体现出了德国社会市场经济模式的特点，巴伐利亚州政府虽然不直接干预集群的建设，但进行框架指导。从 20 世纪 60 年代经济结构转型开始，政府便树立从农业向工业转型的战略，到了 90 年代，政府开始扶植生命科学、信息技术、新材料和电子机械等高科技产业的发展，以推动产业再次转型。2006 年起，巴州政府在

---

① http：//www. pub. arbeitsagentur. de/hst/services/statistik/000000/html/start/karten/aloq _ kreis. html.

② http：//ccn. mofcom. gov. cn/spbg/show. php？ id = 7865.

"巴伐利亚创新联盟"的框架下全面推进产业集群政策，推动产学研合作，促进相关产业集群化发展，扶植高科技产业集群、生产型产业集群和综合技术集群的发展。

巴伐利亚政府最重要的集群政策就是由巴伐利亚经济、基础设施、交通和技术部负责的"集群攻势"计划（Cluster-Offensive），该计划旨在深化企业、研究机构、服务机构和投资人的关系网络，第一期从 2006 年到 2011 年，共投入 4500 万欧元，第二期从 2012 年到 2015 年，计划投入 2160 万欧元。"集群攻势"计划的一个重点就是扶植帮助那些缺少资本金和创新能力的中小企业。"集群攻势"主要集中于巴州具有竞争性的 19 个行业领域，促进该州内产业集群的发展，其中慕尼黑生物产业集群是它们典型的代表。下面我们将以慕尼黑生物产业集群为案例，具体介绍产业集群内中小企业融资的各种方式。

二 慕尼黑生物产业集群概述

慕尼黑生物产业集群起源于 20 世纪 70 年代慕尼黑大学 Großhadern 附属医院和马克斯·普朗克生物化学研究所的建立。80 年代中期，慕尼黑基因研究中心成立。到 80 年代末 90 年代初，第一批企业开始在集群内成立，包括 Mikrogen、Micromet、MorphoSys 和 MediGene 等。尽管如今德国已经有超过 25 个生物产业集群，但慕尼黑生物产业集群是最为领先的集群之一。

集群位于慕尼黑市及其南部郊区的马丁斯瑞德（Martinsried），拥有近 350 家生命科学企业，其中有 129 家中小企业，集群包含两所德国精英大学——慕尼黑大学和慕尼黑工业大学，慕尼黑亥姆霍兹研究中心和三所马克斯—普朗克研究所，两所大学附属医院和 60 所其他医院，另外还有两个生物技术创新中心等。慕尼黑生物集群为研究机构和生物技术产业建立了一个紧密的网络，研究领域主要是绿色生物技术（农业）和红色生物技术（制药和医疗应用技术），其中红色生物技术是重中之重。现在集群中 52% 的企业是和红色生物技术有关。

2010 年，慕尼黑生物集群的未来战略 m^4 在德国联邦教育和研究部举办的尖端集群评选中凭借其"个性化治疗和目标导向型疗法"获胜，今后 m^4 战略将成为慕尼黑产业集群发展的重点，因此慕尼黑生物集群也被称作慕尼黑生物技术集群 m^4（Münchner Biotech Cluster m^4）。m^4 战略将本地最重要的四个合作伙伴——研究机构、生物技术和制药企业、医院以及集群管理者融为一体，目标是优化药物和医疗的研发过程，通过"个性化治疗"提高新药物对每个个体的效用和安全性。慕尼黑生物产业集群的研究重点是个性化治疗，也就是通过基因等信息来制定个人的治疗方法，个性化治疗是当今生物科技的前沿技术，慕尼黑生物集群现在已有 30 个这类项目，它们将学术研究同企业，尤其是中小企业紧密联系到一起。在企业融资问题上，m^4 的获胜使其在包括融资等多个领域获得政府和其他机构的大力支持，联邦教育及研究部将在今后 5 年提供约 4000万欧元的资金支持，巴伐利亚州政府提供 1200 万欧元，另外预计企业和私人投资人也将投资 4000 万欧元，因此，未来 5 年慕尼黑生物集群将会获得约 1 亿欧元的资金支持。

慕尼黑生物产业集群的管理机构是生物技术集群发展有限责任公司（BioM Biotech Cluster Development GmbH），该公司成立于 2007 年，是慕尼黑地区第一个生物企业的集聚区，同时也为在慕尼黑寻找单个合作伙伴的企业提供服务。在州的层面，生物技术集群发展有限责任公司同巴伐利亚生物技术集群（Bayerisches Cluster Biotechnologie）在"集群攻势"政策框架内进行合作，目的是为所有巴州生物集群建立一个巨大的联系网络。此外，Bio^M 还参与欧盟 ABCEurope 计划，以加强欧盟内各国生物技术集群间以及集群内企业的合作，促进国际协作和国际创新。

中小企业在慕尼黑产业集群中占有重要地位，这些中小企业大多是从慕尼黑大学、慕尼黑工业大学、马克斯—普朗克生物研究所和亥姆霍兹中心等顶尖学术研究机构分立出来的公司，另外还有跨国医疗制药企业的供应商和服务商。图 6-4、图 6-5 展示了近年来慕尼黑生物集群里中小型生物企业的具体发展情况。

从图 6-4 可以看出，近五年来企业数和雇员数都呈上升趋势，虽然还未达到 2002 年的高峰期峰值，但如果考虑到 2008 年以来的经济危机对全球经济基本面造成的重大影响，该集群内企业数量和雇员数量逆势小幅增长还是一个令人满意的成绩。主要原因有以下两点：一是德国在这次经济危机中表现较为出色，经济总体并未受到重大打击；二是近年来联邦政府和州政府加大对集群的扶植力度，包括政策的倾斜和资金的支持；三是这些中小企业一般都具有领先的科技技术水平和创新能力，抵抗风险能力强。

　　图 6-5 的生物企业分布表明，中小企业在生物集群中占有很大比例，慕尼黑生物技术集群 m⁴ 发布的报告显示，有 2/3 的生物企业是中小企业。这些企业由于大多是顶尖的科研机构分立出来的，因此一方面这些企业拥有高超的研发能力和技术水平，另一方面研究机构的科研成果可以更为便捷地转入实际生产，使得产学研结合得更加紧密。

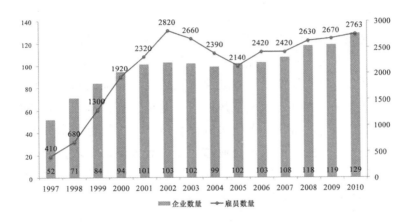

图 6-4　慕尼黑生物集群里中小型生物企业的企业数量和雇员数量

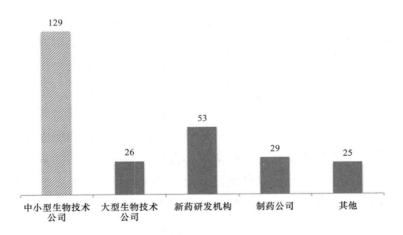

图 6-5　慕尼黑生物集群中生物技术企业数量

资料来源：Biotechnology in Munich, Munich Biotech Cluster m⁴。

三 集群内中小企业融资手段分析

慕尼黑生物产业集群通过多种方式帮助中小企业获得融资支持,包括建立专门的融资机构,和其他创业基金、风险投资基金以及银行等金融机构合作,还有政府的多种融资项目扶植。慕尼黑生物集群企业的融资手段同样因企业成长阶段的不同而有所差别,以下是生物企业最主要最有特点的几种融资方式。

(一)慕尼黑天使投资网络

慕尼黑天使投资网络(Munich Network-Netzwerk München e. V.)包括了多支慕尼黑地区的天使投资基金,它们主要投资创新型的技术企业,投资金额从 2.5 万—100 万欧元不等,大多是以自有资本的形式进入企业,除了资金,这些天使投资者还会提供创业和企业运营的指导。这些天使投资基金保持着和巴伐利亚风险投资基金、高科技创业者基金以及德国复兴信贷银行的合作。天使投资无疑是早期生物企业十分理想的融资手段,一方面天使投资人对企业透明度没有太高的要求,另一方面这些投资人会优先考虑生物技术等高科技企业,并会给予创业者指导。

(二)慕尼黑生物技术发展股份公司

慕尼黑生物技术发展股份公司(慕尼黑生物技术发展股份公司,Munich Biotech Development)是慕尼黑生物技术有限公司(BioM GmbH)的下属公司,成立于 1997 年,总部位于慕尼黑南部郊区马丁斯瑞德,是一家咨询企业和持股企业。慕尼黑生物技术发展股份公司主要通过种子融资项目帮助种子期和创立期的生物企业进行药品研发和生产经营,投资的资金来源于慕尼黑生物技术发展股份公司的自有资本。

慕尼黑生物技术发展股份公司实际上就是一家风险投资公司,因此它具有前文所介绍的风险投资公司的性质:第一,信息透明度方面,慕尼黑生物技术发展股份公司在投资前都会对企业进行严格的审核,同时由于公司本身也只专注于投资生物企业,因此公司员工大多都是生物技术方面的专家,而且公司就坐落于慕尼黑生物产业集群的中心,同企业互动频繁,相互十分了解,信任度也高,因而信息不对称性会大大降低。第二,投资成本与风险上,慕尼黑生物技术发展股份公司作为风险投资公司就是对投资进行投资,有一定的风险对于这类公司不是最大的问题。

第三，作为持股企业，慕尼黑生物技术发展股份公司的投资都是以股权投资的形式出现，因此这对于初期企业寻求增加自有资本率来说是十分有利的，同时风险投资公司并不以控股公司为目的，而是要在未来退出盈利。慕尼黑生物技术发展股份公司现在拥有 11 家生物企业的股份，每一家企业的投资额从 1 万—50 万欧元不等，这 11 家都在巴伐利亚州，其中 10 家都在慕尼黑生物产业集群中。

（三）高科技创业者基金

德国高科技创业者基金是由德国联邦政府、大型跨国企业巴斯夫、德国电信、西门子以及德国复兴信贷银行共同建立的，和慕尼黑生物技术发展股份公司类似。高科技创业者基金投资的企业是处于种子期或创立期的创新型企业，这些企业根据欧盟的规定，员工数不超过 50 人，年营业额不超过 1000 万欧元。高科技创业者基金采取同慕尼黑生物技术发展股份公司合作的方式，如今已经投资了 8 家慕尼黑生物产业集群中的生物类型企业。在投资成本与风险和自有资本率上，该基金与慕尼黑生物技术发展股份公司基本一致，只是高科技创业者基金的投资范围遍及全德国的中小企业，企业类型包括各类高新技术企业，而不是像慕尼黑生物技术发展股份公司扎根于巴伐利亚州的生物技术企业，这方面的差异导致高科技创业者基金在有效信息的获取率上低于慕尼黑生物技术发展股份公司。

（四）巴伐利亚风险资本投资公司（Bayern Kapital）

巴伐利亚风险资本投资公司成立于 1995 年，成立的背景就是巴伐利亚州政府提出的"未来攻势"计划，公司主要投资巴伐利亚州新成立的技术创新型企业，受资助的企业遍及从种子期到扩张期。该风投公司有四大类融资项目：巴伐利亚种子基金（Seedfonds Bayern）、初创集群基金（Clusterfonds Start Up!）、创新集群基金（Clusterfonds Innovation）和 EFRE 集群基金（Clusterfonds EFRE）。四种融资项目在信息不对称性上的分析都与前文类似，并且都是股本的形式出现，只是融资成本与风险和自有资本率方面，三种基金各有不同。

1. 巴伐利亚种子基金

巴伐利亚种子基金分为两种，一种是同高新技术创业基金合作，第一轮融资金额为 60 万欧元，其中 40 万欧元来自高新技术创业基金，20

万欧元来自巴伐利亚风险投资公司。基金会以显名股东的身份占据总股本的 18%，投资的回报率要求是 10%，期限为 7 年。还有一个重要的前提是企业所有者必须已经拥有 8 万欧元的自有资本，但其中的 4 万欧元可以先从投资者那里融资。

另一种是由种子基金单独出资，最高额 25 万欧元。风投公司以隐名股权的形式投资，投资周期是从投资日到 2020 年年底，企业所有者需要已经拥有 2.5 万欧元的自有资本。

2. 初创集群基金

初创集群基金的出现是为了弥补企业在种子期和创立期之间的融资空白。初创集群基金提供的资金最高可达 50 万欧元，投资人以显名股东的身份拥有公司 10% 的股份，投资周期同为 7 年，投资回报率为 10%，融资者必须已经拥有 10 万欧元的自有资本。

3. 创新集群基金和 EFRE 集群基金

这两种基金的要求类似，投资金额最高可达 200 万欧元，可以以显名股东或隐名股东形式投资，具体拥有的公司股份和投资期限以及其他具体细节都根据主要投资人与企业协商而定。此外，这两种基金还提供天使投资资金，资助额最高达 200 万欧元。

以上三种基金的进入时间与企业成长周期时间一致，最早进入的种子基金对股份的要求很高，因为早期的企业信息不透明度高，未来发展不确定性大，投资者希望增加自己的话语权监督企业运作，保证投资安全。三种基金的投资周期和回报率大致相同，但回报率都高于同期银行利率，一方面说来，小型生物技术企业难以获得银行贷款，因此不得不接受这样的高偿还率；另一方面，慕尼黑集群中的这些创新型生物企业前期需要大量资金的投入以支持研发和开拓市场，如果成功便会获得高额利润，这样高投入高回报的高科技企业正需要风险偏好型的风险投资基金。

（五）巴伐利亚促进银行（LfA Förderbank Bayern）

巴伐利亚促进银行成立于 1951 年，最早是为了帮助巴伐利亚州战后重建而设立的，现在这家银行主要为巴伐利亚州的中小企业提供融资支持，其中为慕尼黑生物集群企业提供融资的主要是 BayTOU 项目，其合作伙伴是巴州经济部和巴伐利亚风险投资公司。但这个项目要求申请融资的企业必须已经成立六年以上，至少有 10 名雇员，企业的新产品或新技术在市场上具有竞争性。

从企业发展阶段来看，促进银行的贷款更多地着眼于扩张期和成熟期的企业，这也是包括德国复兴信贷银行在内的银行贷款的普遍特征，即对信息透明度和企业规模要求较高，初期的企业很难获得银行贷款，即使这些银行是侧重扶植中小企业的、带有政策性质的银行。同时这些巴州促进银行这类地方性银行根植于当地的产业环境，对慕尼黑当地的企业都有较为深入的了解，另外与地方性投资公司"巴伐利亚资本"的合作也有利于银行获取企业的有效信息。

以上就是慕尼黑生物产业集群中的企业最有特点、最重要的几种融资手段，当然除此以外还有许多其他的手段，如内部筹集、夹层资本和上市以及其他政府部门或金融机构提供的资助项目等，表 6 - 5 是对这些融资手段的一个总结。

表 6 - 5　　　　慕尼黑生物产业集群中的企业最有特点、最重要的
几种融资手段

种子期	创立期	扩张期	成熟期
—自筹资本 —天使投资 —慕尼黑生物技术发展股份公司投资 —高科技创业者基金 —巴伐利亚种子基金	—自筹资本 —风险投资（如慕尼黑生物技术发展股份公司） —创新集群基金 —EFRE 集群基金 —复兴信贷银行 ERP 启动基金	—股权融资（如私募基金、巴伐利亚股权投资公司 BayBG） —夹层资本 —信贷融资	
—初创集群基金		—上市融资	

图 6 - 6 展示了不同时期内生物技术企业的盈亏平均状况。从图 6 - 6 中可以看出，生物科技企业在种子期和创立期通常都处于亏损状态，到了创立期的后期才逐渐开始盈利。这也正是此类高科技创新型企业的普遍特点，在企业发展前期除了需要开拓市场，相比于传统企业，高科技企业需要更多的资金用于产品研发，几乎难以盈利，投资风险远高于一

般企业，但未来如果企业运行顺利，则会获得高昂回报。银行贷款由于
过于看中企业的财务报表和抵押品而很少会投资这类高风险企业，即便
是地方性银行也会对贷款设定诸多限制条件。这类企业亏损阶段的融资
手段多以风险投资和其他扶植性基金为主，并且投资者多是根植于当地、
并且具有丰富生命科学专业知识的专门基金。这打破了德国传统的以信
贷融资为主的融资模式，这也正说明新产业的出现和旧有产业的升级改
造需要创造新的融资手段。

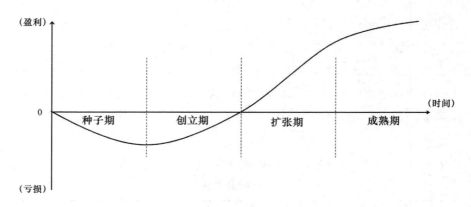

图 6 - 6　慕尼黑生物技术集群企业盈利变化

资料来源：http://www.bayernkapital.de/。

　　巴伐利亚州是德国经济最为发达又比较重视高新技术发展的联邦州
之一，风险投资基金和私募股权基金都很活跃，据统计，2012 年第三季
度有 34% 的私募投资资金进入了巴伐利亚州的 65 家企业，是德国吸收私
募基金最多的联邦州（BVK，2012，2）。巴州高科技产业的发展能够领
跑整个德国有赖于拥有这样一批善于挖掘企业潜力的投资者。慕尼黑生
物产业集群作为欧洲高科技产业集群的代表，其中小企业融资方式的变
化可以被看作未来 5—10 年德国前沿创新型企业融资手段革新的样板。在
全球经济形势走低的背景下，如何满足产业集群内高科技企业的融资诉
求，对这个核心问题慕尼黑生物产业集群的发展提供了一个较满意的
答案。

第七章

中国与德国中小企业创新
促进政策的比较

　　进入 21 世纪以来，以知识经济为基础的创新竞争愈演愈烈。一方面欧盟与美日在前沿科技领域的差距不断加大；另一方面又承受着新兴工业国家不断加强的追赶压力。为了应对未来挑战，2006 年，德国联邦政府推出了德国有史以来第一个国家高科技战略，并在后来对其延续并加以完善。在实现政府高科技战略目标的计划方面，对于创新型中小企业的促进占有核心的地位。这是与德国政府一贯重视对中小企业的政策扶助分不开的。2006 年中国政府制定了《国家中长期科学技术发展规划纲要》（2006—2020 年），提出了中国特色国家创新体系建设重点之一是建设以企业为主体、产学研结合的技术创新体系，并将其作为全面推进国家创新体系建设的突破口。要营造良好的创新环境，扶持中小企业的技术创新活动。在这一章我们将对两国最近几年实施的中小企业创新促进政策进行叙述、分析与比较。针对中小企业创新的金融政策我们已经在上一章讨论过，这一章就不再赘述了。

第一节　中小企业的定义及特征

　　中小企业是德国创新体系的重要支柱之一，在德国经济中的地位举足轻重。德国中小企业的数量占全部企业的 99.6%，其雇员数占雇员总人数的 60%，创造国内生产总增加值的 51.8%，并且有 83.2% 的职业培训是在中小企业完成的①。中小企业在德国工业产值创造中发挥着不可忽视的作用。

截至 2015 年年底，中国实有各类市场主体 7746.9 万户，注册资本（金）175.5 万亿元。其中全国企业总数为 1959.5 万户，个体工商户为 5165.2 万户（2015 年 5 月）。内资企业总数为 1912.6 万户，其中私人企业达 1684.5 万户。个体工商户数量庞大，在各类市场主体中的比例超过 70%，但占注册资本总量仅为 2.36%，内资企业数量占比为 26.33%，而注册资本占比高达 89.33%，其中私营企业是内资企业的核心组成部分（88%）（林汉川等，2016，3—4）。中小企业占企业总数的 99%，它所提供的工业总产值和实现利税分别占全国总数的 60% 和 40%，并提供了大约 75% 城镇就业机会。其中小微企业（个体工商户中的主体）对国内生产总值的贡献为 30%，并创造 2.37 亿个就业岗位。从数字可以看出，同德国一样，中小企业是中国经济的中坚力量。

由于中小企业的异质性与多样性，在实践或相关法律条文中，其定义也是多种多样的。在研究中，通常根据质与量方面的特征来对中小企业进行划分。

一　数量特征

最常见的数量划分指标是营业额和雇员人数，表 7 - 1 列举了一些欧盟和德国法律及相关机构常用的中小企业定义。

表 7 - 1　　　　　　　　　　欧盟和德国常用中小企业定义

法律及机构	相关定义
德国商法典第 267 条第 2 款，中型企业的限定	资产负债表总额 < 1925 万欧元/年 营业额 < 3850 万欧元/年 年均雇员人数 < 250 人
德国复兴信贷银行中小企业项目	年营业额（含集团企业） < 5 亿欧元

---

① http：//www.bmwi.de/DE/Themen/Mittelstand/Mittelstandspolitik/politik-fuer-den-mittel-stand.html.

续表

法律及机构	相关定义		
欧盟委员会建议	微型企业	雇员人数 <10 人	年销售额≤200 万欧元
	小型企业	雇员人数 <50 人	年销售额≤1000 万欧元
	中型企业	雇员人数 <250 人	年销售额≤5000 万欧元
波恩中小企业研究所	微型企业	雇员人数 <10 人	年销售额 <100 万欧元
	中小型企业	雇员人数 10—499 人	年销售额 100 万—1 亿欧元
德国联邦政府	参考欧盟委员会建议		
联邦中小企业协会	大型企业雇员人数应在 500 人以上		

资料来源：德国复兴信贷银行、欧盟委员会、波恩中小企业研究所、德国联邦经济与出口管制局、联邦中小企业协会。

可以看出，德国机构对于中小企业的定义标准较欧盟的宽泛，这主要是因为德国较大中型企业在经济中发挥的重要作用。

2011 年，中国中央政府各主要部委联合研究制定了《中小企业划型标准规定》，使中国的中小企业划分标准更加符合国际惯例，新划型标准如表 7 - 2 所示：

表 7 - 2　　　　　　　　2011 年中小企业新划型标准特点

新划型标准特点	内容
划型标准门槛提高	工业企业营业收入标准由原来的 3 个亿提高到 4 个亿，人数指标由原来的 2000 人下降为 1000 人
囊括行业更广	除《国民经济行业分类》中金融业、教育、卫生、公共管理和社会组织、国际组织以外的行业均有涉及
增加微型企业标准	明确微型企业一般在 20 人或 10 人以下
划分标准指标简化	从原标准的 3 个简化为 2 个或 1 个，采用从业人员、营业收入两个指标
将个体工商户纳入中小企业范围	新标准将个体工商户纳入标准范围，参照新标准执行

资料来源：《中小企业划型标准规定》。

二 质量特征

区分中小企业与大型企业时，除上文列举的数量特征外，一些质量特征也具有很重要的参考价值，并且会对中小企业创新活动产生影响。

第一，中小企业在产品服务及融资结构方面多样化程度低。产品服务缺乏多样性使得中小企业对顾客和供应商的依赖性较高，企业发展受需求变动和竞争对手的影响较大，因此，经营风险也比较大。此外，中小企业的竞争优势往往集中于缝隙市场或产品，也因此成为德国经济的重要组成部分。

第二，中小企业中的大多数是家族企业，所有权和经营权往往是不分离的。在这种模式之下，企业经营的成败很大程度上取决于企业所有者的个人能力。经验表明，许多中小企业的破产正是由于管理或经营失误造成的。在许多情况下，中小企业的这一特征还体现在公私事务缺乏明确的界限，例如地产、楼房、专利许可等企业经营的基础以企业所有者名下的私人财产形式存在。

第三，与大型企业或上市公司相比，中小企业融资困难，难以进入资本市场。通常情况下，企业所有者以自己的财产为企业承担责任，因此也承担了很高的风险。除此之外，企业的自有资本往往来自一些非正式渠道，例如企业所有者的亲朋好友或是商业伙伴。虽然上市具备理论上的可能性，但其高昂的成本及附带的对信息披露的要求令大部分中小企业望而却步。外来资金方面，由于中小企业在与信贷机构谈判中的相对弱势地位极其相对较高的破产风险（数据显示，2011 年破产的德国企业中，有 96% 是雇员人数低于 20 人的企业），其融资成本（利息）往往高于大型企业（Aif，2013，11）。

第二节　高科技战略下德国联邦政府中小企业创新政策

一　德国联邦政府新的中小企业创新政策的成因

德国作为欧盟经济大国及世界工业化强国，经济增长十分依赖创新，长期以来是世界上研发强度最高和创新成果最多的国家之一，国内对于其创新体系和创新政策近年来也有不少探讨。中小企业是创新的主力军，很多颠覆性创新成果来自中小企业，这在德国也不例外。因此，促进中小企业创新活动历来是德国各级政府经济促进政策的重点之一。在德国一些具有国际竞争力的行业中，中小企业不仅向市场提供大量的创新产品，还提供新的工艺流程和面向未来的创新服务。但是，德国在一些关乎未来发展的前沿科技领域的创新相对薄弱，这些领域大多是中小企业占绝对主导的。一方面，中小企业因其规模小、管理层次少和管理幅度小，组织机构简单，决策及时快捷、效率高、反应迅速。另一方面，中小企业资金相对较少，科研力量相对薄弱，设备有限，较难应付创新的高不确定性。根据欧洲经济研究中心 2014 年的一项调查，近年来，中小企业在德国创新总支出中所占的份额一直处于下降趋势，20 世纪 90 年代后半段曾达到 35%，2007 年为 29%，2013 年则进一步下降为 24%，并且为研发支出做贡献的主要是规模稍大的中型企业，小型企业的创新支出的下降更明显。2014—2015 年大企业大多计划进一步增加创新预算，而中小企业则计划缩减创新开支。这样的创新活力差异还体现在创新强度上（创新支出占营业额的百分比）：1995—2013 年，尽管经历过经济波动，大企业的创新强度还是从 3.0% 增长到 4.7%，中小企业的创新强度反而降低了 1 个百分点，2013 年为 1.65%，过去 7 年均为下降趋势。创新强度低的后果则是创新成果少，2013 年，大企业的新产品销售额占总额的 42%，中小企业仅为 15%。研究密集型产业的大企业依靠创新实现了 5.2% 的成本削减，中小企业仅为 2.6%（Rammer et al.，2015）。因此，加大对中小企业创新活动的支持刻不容缓。

由于中小企业创新在德国经济中的重要作用，德国政府历来重视对于中小企业的创新促进，有"一揽子"促进中小企业创新的项目规划。但是以往的创新促进往往分散在不同的促进项目中，这保证了德国在广泛的制造业具有领先优势，但重点不突出，目的不明确，在一定程度上导致了前沿研究领域的创新不足。另外，由于欧盟、联邦政府以及各州政府都有自己的中小企业促进计划，项目繁复，申请程序复杂，官僚主义严重（"项目丛林"），致使中小企业望而却步。许多针对企业的创新促进并没有惠及中小企业，往往是掌握更多资源的大企业才能成功申请（史世伟，2003）。

在高科技战略的指引下，联邦政府对业已存在的中小企业创新促进项目进行了优化整合，推出了新的创新促进计划。其中最重要的是中小企业创新集中计划（Zentrales Innovationsprogramm Mittelstand，ZIM）以及中小企业创新计划（KMU-innovativ）。另外，针对创业难的问题，德国联邦政府还出台了一系列支持创业的项目计划。下面将对这两项最具代表性的计划以及联邦政府的创业计划进行介绍与分析。

二　联邦政府的中小企业创新计划

（一）"中小企业创新计划"的提出及政策理念

中小企业创新计划①于 2007 年提出，紧随 2006 高科技战略的发布，由联邦教育与研究部负责实施，政府意图通过该项目简化中小企业创新资助资金的申请和审批程序，资助范围包括对德国的未来发展至关重要的技术领域，涵盖生物、纳米、医疗、信息与通信、生产工艺、资源和能效与公共安全七个科研领域。

尖端研究使得中小企业能够凭借新产品和工艺流程在市场中获得成功。在开发新市场的过程中，中小企业尤为灵活和反应迅速，新研究领域恰恰是依靠速度取胜，因此，中小企业在这方面具有明显的优势。以生物和纳米技术为例，最重要的创新动力主要来自中小企业，服务行业的中小企业研发的积极性也很高。

在德国，中小企业在很多行业都是技术进步的先驱者，但尖端研究的风险对中小企业来说往往是难以承担的。因此，联邦教育与研究部通过中小企业创新计划来为中小企业提供科研资助，以此来促进重要未来领域中的研究和创新。此外，该项目还为申请企业提供专业可靠的咨询服务，整个审批程序也十分简单，除中小企业外，初创企业也可申请。

（二）中小企业创新计划的主要内容和政策要点

中小企业创新计划主要包括以下领域：

生物技术：该领域是高科技战略强调的核心技术和未来发展重点领域，高科技战略鼓励核心技术在企业——尤其是中小企业——中的发展和应用，而其他重点领域诸如医疗、健康等也以生物技术为基础，因此

---

① http：//www. bmbf. de/de/20659. php.

中小企业创新计划关注这一领域符合高科技战略理念和中小企业创新发展需要。

德国目前有大约 700 家致力于研究生物技术的企业，其中 570 家专注这一领域，其经营状况完全或很大程度上取决于现代生物技术发展进程。这些企业几乎都是雇员少于 250 人的中小企业。中小企业创新计划框架下的"生物技术——Bio Chance"支持中小企业在生物技术领域的研发活动，包括想扩大经营范围，进入该领域的企业。

biotechnologie. de 的年度调查显示，这 570 家德国生物技术企业 2013 年的研发支出达到 9 亿欧元，按照将近 30 亿欧元的销售额计算比例，生物技术企业的研发支出比例位居前列。高投入是高度创新的产品和企业未来成功的基础，然而，生物技术领域的创新流程尤其漫长、昂贵且风险很高，前面关于中小企业创新特征的论述也表明中小企业难以独自承担研发的成本和风险，因此，生物技术企业很大程度上依赖风险投资和公共资助：根据行业内企业公布的数据，2013 年该领域企业共获得 5000 亿欧元的公共资助和 1370 亿欧元的风险投资，并实现 2180 亿欧元的交易所市值涨幅。

联邦教育与研究部从 20 世纪 90 年代便开始支持生物技术领域的中小企业发展，评估报告显示其政策颇具成效，申请者满意度颇高，政、产、金、用的协调合作推动了该领域的发展。中小企业创新计划将继续实施这些成功的促进措施，并扩大到其他技术领域。

纳米技术：和生物技术一样，纳米技术同样是高科技战略大力支持的核心技术和未来发展重点领域，能够为德国带来巨大的技术和经济发展潜力。目前德国有大约 740 家致力于开发、应用和销售纳米技术产品的创新企业，创造了约 5 万个就业岗位，这一数据还在不断增大。行业专家表示，2015 年该行业世界范围内的市场总量可达到 1 万亿欧元，发展潜力巨大。在纳米技术与新材料领域的创新流程中，中小企业扮演着关键角色。它们往往能填补基础研究、应用研究、产品和应用开发这一价值创造链的空缺，它们通常为大企业生产零部件或提供定制系统解决方案或服务。

在尖端技术领域的全球竞争日渐激烈的背景下，中小企业面临的发展风险急剧增大，例如更长的测试、审批和试验期，而中小企业本身就有许多可能阻碍创新的结构特征。联邦教育与研究部意图通过相应的促进政策提高尖端研究领域的中小企业的创新能力，"Nano Chance"项目旨在加强纳米技术领域的产业基础，为中小企业在纳米技术市场中立足提供支持，包括对企业成立、商业模式转型及扩大产品范围等的支持，同样效果显著。

医疗技术：医疗技术是德国极具创新和增长能力的领域。除少数大企业外，约1200家中小企业共同组成了该行业的支柱。联邦教育与研究部中小企业创新计划框架下的医疗技术支持重点关注研究成果的经济转化以及高风险科研项目。

医疗技术领域约有11.7万名从业人员，年销售额可达230亿欧元，其中1/3来自3年内开发的产品。然而，医药企业仍面临着诸多挑战：日益显著的跨学科性、研发程序不断增加的复杂性以及监管挑战等。因此，研发活动伴随的风险对医疗技术领域的中小企业来说尤为显著，联邦教育与研究部为此制定了专门的促进措施，并尽量简化申请程序，避免官僚化。

信息和通信技术：信息和通信行业（信息与通信）是德国国民经济的重要因素，高科技战略重点关注的未来领域包括数据化和信息技术，除了在国民经济中的重要作用外，信息与通信行业与人们的生活息息相关，是解决未来社会发展问题、提高人们生活水平的重要出发点，而德国在信息与通信研究成果的工业应用方面尚有未挖掘的潜力。信息与通信行业中，中小企业占绝对主导：90%的德国信息与通信技术企业是中小企业，它们是重要的创新驱动力，研究成果转化的重要接口。

联邦教育与研究部的促进政策"中小企业—信息与通信创新进取"旨在提高中小企业在尖端研究领域的创新潜力，并通过加快和简化申请和审批程序及扩大咨询服务范围更多地吸引首次申请资助的企业，帮助中小企业在信息与通信市场立足，具备更强的竞争力。

生产工艺：德国是世界领先的生产制造业强国，在德国，2/3的经济成果是由生产和生产相关的服务创造的。在未来竞争力方面，研究、发展和培训扮演着关键角色。中小企业是创新的发动机，研究成果转化的接口，联邦教育与研究部促进措施的目标在于提高中小企业——尤其是研发"新星"和高科技中小企业——的创新能力，在"未来生产研究"计划框架下吸引更多中小企业参与进来。

资源和能效：该领域同样是高科技战略多次强调的，对资源和能源的需求以及气候变迁将在未来几年给经济、政治和社会造成巨大压力，环保技术将成为一项关键因素，其发展的推动者往往是中小企业。在许多行业，德国企业——尤其是中小企业——处于领先地位。联邦教育与研究部开展了诸如"可持续发展研究""未来生产研究""工业和社会原材料创新"等促进项目，通过简便的申请程序吸引更多的中小企业参与进来。

公共安全：联邦教育与研究部自 2007 年开始关注公共安全。联邦政府近期项目"公共安全研究 2012—2017"旨在保护社会免受诸如自然灾害、恐怖袭击、有组织犯罪等的威胁。公共安全是一项非常重要的未来项目，关乎生活质量和经济繁荣，因此，也被列为高科技战略框架下的六大重点领域。中小企业创新项目的相关措施鼓励中小企业从事公共安全研究，共同为未来社会发展寻求创新解决方案。

（三）中小企业创新计划的实施方法

中小企业创新计划的申请和实施步骤如表 7 - 3 所示：

表 7 - 3　　　　　　　　中小企业创新计划的申请步骤

不超过 6 个月（两个规定提交日期的间隔）	咨询（可选）	向"导航服务"和（或）项目执行人进行电话咨询： ·项目主题分类 ·参照欧盟中小企业标准的项目参与资格解释 ·向不符合参与资格者提供其他资助渠道 ·格式和内容相关问题
	第一申请阶段	向项目执行人递交项目提纲： ·根据内容和范围规定通过网站 www. kmu-innovativ. de 提交项目提纲（无时间限制） ·将上传至网站的项目提纲打印并签字（可加入补充说明）并于规定日期（4. 15 或 10. 15）提交项目执行人 ·或者：在规定日期向项目执行人邮寄已签字的项目提纲并发送电子版
2 个月* （项目执行者审批）		项目提纲评估及筛选： ·根据标准目录规定 ·如有必要，邀请独立专家参与决策
		公布筛选结果： ·提交项目提纲两个月内书面通知申请者筛选结果 ·项目执行人要求通过筛选者提交正式申请

续表

2 个 月（项目申请者正式申请）	第二申请阶段	提交正式申请： ·使用在线申请系统"easy"（www. kp. dir. de/profi/eas-y/bmbf），提供申请表格、准则、备忘录等
2 个 月（项目执行者审批）		申请审批及资助决定： ·完成完整申请程序后两个月内公布审批结果

资料来源：ZEW，Prognos AG and ifm：*Systemevaluierung "KMU-innovativ" -Abschlussbericht*，Mannheim/Berlin，2011。

联邦教育与研究部的资助可以达到项目总经费的 50%，总额不超过 10 万欧元/年，截至目前，参与的企业有一半左右为首次提出申请。根据联邦教育与研究部网站发布的最新数据，目前已批准 7.5 亿欧元资助款项，用于 1100 多个单独或联合项目，中小企业创新计划为中小企业提供的资助也占到联邦教育与研究部所有中小企业资助的 1/4 左右，其政策实施收到许多积极的反响。

三 中小企业创新集中计划

（一）"中小企业创新集中计划"的提出

"中小企业创新集中计划"德文为 Zentrales Innovationsprogramm Mittelstand，简称为 ZIM。中小企业创新促进是德国高科技战略框架下的一项重点。如上文所述，中小企业具有高度灵活性、员工积极性高、官僚化程度低、以市场为导向等有利于创新的特点，是德国创新的发动机和经济发展背后的"隐形冠军"。然而它们同时也面临着资金匮乏、缺乏战略性计划、缺乏专业研发部门等一系列问题，因此，德国政府采取了许多措施来鼓励其创新并积极与大学、科研机构等合作，其中"中小企业创新集中计划"是最主要、覆盖范围最广的中小企业创新促进措施。

ZIM 是一项覆盖全国范围、不限制技术领域和行业的促进项目，支持对象除中小企业外，还包括与之密切合作的研究机构。该项目整合了多个以往的促进项目，由联邦经济和能源部负责，于 2008 年 7 月开始实施。2015 年 1 月，联邦经济和能源部发布了最新的 ZIM 计划实施方针，以下与项目内容与实施方法均编译自联邦经济和能源部网站发布的最新信息。

其政策理念也很清晰：持续提高中小企业的创新能力和竞争力，创造就业岗位。企业的高水准研究和创新活动得到支持，在此基础上开发新的产品和服务，能够参与全球竞争。而企业与研究机构的密切合作能够加快先进技术在经济中的转化。该促进项目应遵循辅助原则①，在欧盟框架下以国家资助的形式支持研究、发展和创新活动。

ZIM 计划的主要目标有：降低研发活动的技术和经济风险，鼓励中小企业更多地参与市场导向的研究、发展和创新活动，加强中小企业与研究机构的合作，进一步推动技术转化，并提高创新合作网络中的研发合作和参与；将研发成果转化为真正进入市场的创新；改善中小企业的创新、合作与网络管理。ZIM 计划同时还服务于联邦政府 2012 年 5 月 31 日发布的最新创新纲领。

（二）中小企业创新集中计划的主要内容和政策要点

1. ZIM 计划中的中小企业划分参照欧盟标准，还可进一步划分为小型和中型企业，具体参见表 7 - 4：

表 7 - 4　　　　　　　　ZIM 计划的小型和中型企业划分标准

	小型企业	中型企业
雇员人数	少于 50 人	少于 250 人
年营业额	低于 1000 万欧元	低于 5000 万欧元
资产负债表总额	低于 1000 万欧元	低于 4300 万欧元

在此划分基础上，ZIM 资助的项目可分为三类：单个项目、合作项目

---

① 辅助原则（Principle of subsidiarity），又称从属原则、辅助性原则或补充性原则，即指共同体应在条约所授予的权力和制定目标的界限之内采取行动。在那些不属于共同体单独权限的领域里，按照从属原则，仅在所提议的行动目标不能由各成员国有效达到，而由于所提议行动的规模或影响只能由共同体更好地达到时，共同体才采取行动。共同体所采取的任何行动不能超出为达到本条约所规定目标的必要行动度。1991 年，《马斯特里赫特条约》正式引入从属原则，以条约的形式确立了从属原则在欧盟中的法律地位。

与合作网络，其具体内容和政策要点如下。

2. ZIM—单个项目

支持单个企业开发新产品、流程或服务的项目，不受技术领域和行业限制。此外，企业创新相关的服务及咨询也在资助范围内。项目形式有：（1）EP：单个企业内部的研发项目；（2）DL：企业创新相关的服务及咨询。

德国有许多开展经常性和持续性创新活动的中小企业，也有勇于创新但缺乏资金的中小企业，其中许多企业致力于高科技战略鼓励和支持的领域。坚持创新能够推动企业不断发展和进步，为德国经济繁荣和人民生活水平提高贡献力量，还能创造就业岗位，因此，联邦政府支持中小企业内部各类创新项目，目的在于发展和强化企业内部的创新能力，这也是合作项目和合作网络的基础。

3. ZIM—合作项目

支持企业间或企业与研究机构之间的合作研发项目。其中企业应符合欧盟的中小企业标准，相应的研发机构则包括公立（大学、第一章提到的马普协会、弗劳恩霍夫协会等研究机构、承担研发任务的联邦及州机构等）及其他私人的非营利性研究机构。为支持创新成果的应用，企业创新相关的服务及咨询也在支持范围内。

创新体系理论提到，创新并不是一个线性过程，而是各参与者共同组成的互动网络，此外，制度、框架条件、机遇等因素也扮演着重要角色。以前德国的创新体系存在一些弊端，企业的创新活动大多以应用和市场为导向，大学和科研机构的科研水平虽然很高，但与市场之间存在脱节现象。此外，中小企业受人财物力所限，合作项目能够帮助和鼓励它们更多地参与到创新活动中来。因此，加强企业与大学、科研机构在创新价值链上的合作，能够增强科研活动的导向性和针对性，吸引更多的创新参与者，加快创新成果转化为创新产品、工艺流程或服务。

联邦政府在整合中小企业促进政策时，虽然本着简化和统一的原则，但对合作项目参与者的要求并没有降低，各合作伙伴之间应是平等、协调的合作关系，所有参与者都应产生创新成果，这也保证了政策实施的质量。合作项目形式有：（1）KU：至少两个企业参与的研发合作项目；（2）KF：至少一个企业和至少一个研究机构参与的研发合作项目；

（3）VP：KF 的特殊形式，至少四个中小企业和至少两个研究机构参与的关键技术联合项目；（4）KA：企业委托给研发伙伴的研发项目；（5）DL：企业创新相关的服务及咨询。

4. ZIM—合作网络

支持合作网络管理和合作网络中产生的单个研发及合作项目，其申请资格审核标准适用单个企业及合作项目的相关规定。合作网络应由至少 6 个中小企业组成，此外，研究机构、大学、其他类型企业及机构也可包括在内。具备合作网络管理申请资格的一般为受合作网络中企业委托的外部机构。此项促进措施由两个阶段组成：

阶段一：

拟定合作网络规划与协议

↓

建立合作网络

↓

制定技术上的发展路径图

阶段二：

根据发展路径图实施合作网络规划及发展计划

↓

为市场流通做准备，稳固合作网络

高科技战略的五大基本要素之一便是"网络化和转化"，创新友好的框架条件也包括开放式的创新和知识获取，科学知识的获取是科研活动的基本条件，也是在创新活动中实现科研成果的转化以及激发新想法的重要条件，新知识的传播能够促使更多的企业、大学和研究机构产生新知识，从而有利于创新，合作网络为此提供了良好的条件。

与单个或合作项目不同，合作网络是最复杂也是要求最高的，促进措施有很多前提，首先是对项目的要求：合作网络必须开发新产品、流程或技术服务，其功能、参数或特征必须明显优于现有产品、流程和技术服务；该产品应以国际水准和技术为导向，能够提高企业的技术水平和创新能力；该项目承担较大但可估算的技术风险；企业的竞争力得到持续提高，能够创造和确保新的市场机会和就业岗位；该项目若无政策支持便无法（尽快）实现。需要避免的是：在其他促进政策框架内进行；在申请得到批准前便开始进行；接受第三方委托而进行。

其次是对人员的要求：参与项目的人员须具备所需技能、被正常雇用并能得到认可。最后还要对企业和机构的要求：拥有足够的专业科学技术人员；在调配人员参与科研活动后仍能维持正常运转；以往的促进项目按规定结束；财务状况正常。企业还需满足额外条件：完成成立过程并筹措到规定比例的自有资本。由此可见，和高科技战略的着眼点一样，合作网络项目的出发点和最终目的都是创新。

（三）中小企业创新集中计划的实施方法

1. 具备资助资格的项目成本类型（所有项目均适用）

直接人力成本；与项目有关的第三方委托成本（最高不超过直接人力成本的 25%）；其他成本（与直接人力成本有关的全部附加费用，企业最多可达 100%，研究机构不超过 75%）。

2. 资助比例

科研项目：企业可获得项目成本 35%—55% 的资金，单个项目不超过 35 万欧元；研究机构为 90%—100%，单个 KF（至少一个企业和至少一个研究机构参与的）研发合作项目不超过 17.5 万欧元，联合项目不超过 35 万欧元。

创新相关的服务及咨询：项目成本（不超过 5 万欧元）的 50%；出口导向的项目成果的国际化，单个项目不超过 7.5 万欧元。

单个及合作项目的最高资助比例：对单个及合作项目的资助以部分资助的形式进行，项目补贴无须偿还，资助金额按照占成本的比例计算，最高比例见表 7−5：

表 7−5　　　　　ZIM 计划单个及合作项目的最高资助比例

	EP	KA	KU	KF^{2,4}VP^{2,4}
小型企业[1]				
旧联邦州①	40%	40%	45%	45%

① 除勃兰登堡、梅克伦堡—前波莫瑞、萨克森、萨克森—安哈尔特、图林根和柏林外的其他联邦州。

续表

	EP	KA	KU	KF[2,4]VP[2,4]
新联邦州①和柏林	45%	45%	50%	50%
中型企业				
旧联邦州	35%	35%	40%	40%
新联邦州和柏林	45%[3]（35%）	45%[3]（35%）	45%	45%
研究机构				
全国范围内	100%[2]（90%）			

注：1. 参考上文中型和小型企业划分标准。

2. 企业与研究机构合作的情况下，企业如果承诺其科研成果经济收益的10%用于承担项目经费，则可获得合作项目的额外资助，研究机构获得的资助比例为100%，如果企业放弃额外资助，则研究机构获得的资助比例为90%。

3. 该比例仅在企业科研项目产生显著的产业研究成果时适用。

4. 企业与外国合作伙伴共同开展合作研究项目时，资助比例可提高5%，作为交易成本补偿。

合作网络管理资助比例是累减的，第一年的资助比例为90%，第二年为70%，第三年为50%，第四年（可选）为30%。

此外，资助的最高金额不超过35万欧元，阶段一不超过15万欧元。进入阶段二的前提是：成功完成阶段一；为阶段二制定好合作网络规划、技术发展路径图及发展项目，并于3个月内实施。

3. 申请及审批程序

申请须阐述清楚目标设定、解决途径及费用估算，项目管理机构提供免费咨询和评估。审批由联邦经济技术部及项目管理机构负责。审批程序如下：

单个及合作项目：

（可选）接受项目管理机构的咨询及评估

———————————

① 德国新联邦州指的是在1990年10月3日两德统一时加入联邦德国，来自原德意志民主共和国的5个州。这些新加入联邦德国的州在1952年曾被东德政府废除，在1990年重新建立。分别包括勃兰登堡、梅克伦堡—前波莫瑞、萨克森、萨克森—安哈尔特以及图林根。尽管很多柏林居民来自东德，柏林在东、西柏林合并后一般也不被认为是新联邦州之一。

↓

对项目管理机构提出申请

↓

项目管理机构对申请进行修改

↓

联邦经济技术部和项目管理机构共同决定

合作网络：

合作网络设想（市场需求、技术解决方案、项目伙伴等）

↓

（可选）接受项目管理机构的咨询及评估

↓

成立管理小组，提交阶段一申请

↓

项目管理机构对申请进行修改

↓

（可选）向项目管理机构展示

↓

对阶段一做出资助决定

↓

发展路径图

↓

阶段一结算和报告，提交阶段二申请

↓

申请在阶段二进行企业研发项目

↓

项目管理机构对申请进行修改，与联邦经济技术部共同决定

↓

在合作网络管理的协调下进行研发项目

↓

（可选）申请创新服务或开展其他研发项目

↓

项目管理机构对申请进行修改，与联邦经济技术部共同决定

↓

提供应用合作网络研发活动成果的证明

↓

项目管理机构审核成果应用

4. 成果控制和中止资助

原则上所有项目申请都必须包含创新成果的市场进入计划，以便理解和控制项目目标，确定技术和经济上的目标原则。这些内容会连同相应的支出情况在中期报告中呈现，作为项目期间和结束时成果控制的基础。

ZIM 计划的一大优点在于行业、技术和课题的开放性：企业可自行选取研究课题与合作对象。此外，该计划的申请和汇报过程去官僚化效果明显，程序简单而且迅速，受到经济界和科学界的普遍欢迎。根据联邦经济能源部网站发布的研究报告，一半左右的促进项目的实施者是 1—49 人的小型企业，有 2/3 的企业项目是合作项目。ZIM 促进项目对企业发展的帮助非常明显：近 2/3 的企业的销售额在项目实施期间上涨了至少 5%，近 2/3 的项目实现了其设定的技术目标和进入新市场的目标，包括欧盟其他国家和欧盟外国家的市场。平均每个 ZIM 项目创造了 1.6 个新的就业岗位，大部分在企业的研发部门内。ZIM 计划对企业创新能力和创新活动的影响也是持续的：2/3 的项目使得企业在项目结束后继续提高研发投入，4/5 的项目结束后，研发类的工作岗位依然得到保留甚至继续增加（Depner et al.，2014，5）。

从申请和实施数据来看，合作项目是绝对重点。截至 2013 年 3 月 31 日，ZIM 计划共收到 30377 份申请，其中 71.9% 是合作项目，通过审批的有 21260 份，通过比例为 70%，其中 71.4% 是合作项目，资助总额为 27.24 亿欧元，其中 75% 是给合作项目的（Aif，2013，23）。与以往相比，整合后的 ZIM 计划更加完善和优化，实施效果也更好。ZIM 计划还将继续进行下去，进一步提高德国中小企业的创新能力和竞争力。

四　创业及初创企业支持计划

德国政府自 20 世纪 80 年代起就开始对研发机构和高科技创业企业进行直接投资，对创新引发创业的支持是德国中小企业创新政策的一个重要方面。根据前面提到的欧洲经济研究中心的调查，近年来，德国创新型初创企业有所减少。这部分着重关注德国政府近年的创业及初创企业支持计划，主要有以下几个：

（1）欧洲投资基金/欧洲复兴计划的基金内基金（2004 年 1 月起）：由欧洲投资基金会管理，2010 年资产规模已达到 10 亿欧元，参与初期和成长期的风险投资，每年投资 7500 万欧元。

（2）欧洲复兴计划创业基金会（2004 年 11 月起）：联合投资基金会，与主要投资人（风险投资或天使投资人）共同资助创新型企业，当前资金规模为 7.22 亿欧元，由德国复兴信贷银行管理，每年为 50 家企业提供 5000 万欧元资金。

（3）高科技创业基金会（High-Tech Start-Up Fund，2005 年 9 月起）：种子基金、科技初创企业主要投资者，每年为 45 家企业提供 3000 万欧元资金。

（4）欧洲天使基金会（2012 年 1 月起）：联合投资基金会，由欧洲投资基金会管理，为天使投资人及其他非机构投资人提供资助创新型中小企业的资本，每年为 10 名天使投资人提供 2000 万欧元资金。

（5）INVEST – 风险资本补助（2013 年 5 月起）：由德国联邦经济与出口管制局负责，每名投资创新型初创企业 3 年以上的私人投资者（天使投资人）可获得投资额 20% 的补偿，每年为 500—1000 个投资案例提供 2000 万欧元资金（Velling，2014，4）。

第三节　结构转型下的中国中小企业创新促进政策

一　提高中小企业创新能力的重要性

在"十三五"规划以及《国家创新驱动发展战略纲要》中，中共中央、国务院都提出了"创新驱动的发展战略"，这将成为中国近阶段的经济与社会发展的首要任务以及到 2050 年的长期发展规划。《国家创新驱动发展战略纲要》指出，中国许多产业仍处于全球价值链的中低端，一些关键核心技术受制于人，发达国家在科学前沿和高技术领域仍然占据明显领先优势，中国支撑产业升级、引领未来发展的科学技术储备亟待加强。适应创新驱动的体制机制亟待建立健全，企业创新动力不足，创新体系整体效能不高，经济发展尚未真正转到依靠创新的轨道。科技人才队伍大而不强，领军人才和高技能人才缺乏，创新型企业家群体亟须发展壮大。激励创新的市场环境和社会氛围仍需进一步培育和优化。虽然从"战略纲要"上看，中国政府将大型企业（"国家冠军"）作为实现创新驱动战略的核心力量。但是也提出了深入推进大众创业万众创新，鼓励发展中小微企业，引导领军企业联合中小企业和科研单位系统布局创新链等目标，强调中小企业在创新链条上的重要性。因此，大力发展中小企业的创新能力，有利于促进中国经济的可持续发展。

提高中小企业的创新能力至少有以下几点重要意义。

（一）有利于中国产业结构的调整和经济增长方式的转变

改革开放 40 年，中国的经济结构调整取得了可喜的成绩，部分解决了产业结构失衡与不合理现象，但与发达国家走过的阶段相比，与改革要达到的目标相比，现阶段中国经济结构还存在的诸多问题和不足。首先，中国经济结构三大部类中，第二产业的比重仍然过高，但是近年来新注册市场主体的产业结构持续优化，第三产业快速发展。2015 年全国新登记企业中，第一产业为 21.5 万户，第二产业为 64.7 万户，第三产业为 357.8 万户。第三产业比 2014 年增长了 24.5%，大大高于第二产业 6.3% 的增速。其次，中国地区发展不平衡，东西部差距仍旧较大；2015 年中国新登记企业增长较快的地区集中在东部和西部，东部、西部、中部、东北地区新增企业分别为 256.5 万户、89.7 万户、77.9 万户、21.6 万户。东部地区继续是国内经济最发达的地区，西方地区取得了长足的进步，而东北地区结构调整的挑战极其严峻。

所以说，中国中小企业在促进经济增长方式转变方面发挥着独特作用。中小企业为数众多，分布广，是国民经济持续增长的主要推动力。近年来，中小企业与初创企业在现代服务业（如工业设计、文化创意）和信息技术（信息通信、互联网、软件、大数据等）的发展十分迅速，"互联网＋"等新产业、新业态的快速发展，为经济结构调整注入了新活力。2015 年，信息传输、软件和信息技术服务业新登记企业 24 万户，比上年增长 63.9%，文化、体育和娱乐也全万户，增长 58.5%，金融业 7.3 万户，增长 60.7%，教育 1.4 万户，增长了 1 倍，卫生和社会工作 0.9 万户，也增长 1 倍（林汉川等，2016，6）。

（二）有利于促进中国产业优化升级，由模仿向自主创新迈进

中小企业结构调整是中国经济结构战略性调整、国民经济战略性重组的重要组成部分。首先，创新战略能够引导中小企业发挥自身的优势，专注于研制部分特定的产品，走"专、精、特、新"的发展道路，在细分的市场上占有一席之地，使其生产效率高于社会平均水平，从而优化中国产业结构，提高中国经济质量。日本、德国等发达国家有许多中小企业，专门生产某一系列、某一方面甚至某一种零部件，做得深、做得精、做得新，在本国市场乃至国际市场上具有很强的竞争力，成为某一领域的"隐形冠军"。其次，激励创新有利于中小企业的组织结构的调整，建立中小企业与大企业之间稳定高效的分工协作关系，从发达国家看，在大型与中小企业间，分工、协作和专业化生产已经达到了零部件、工艺和辅助生产专业化的程度，而这样高水平的分工又通过有效的产业组织形式在企业之间形成有效的联结，最终形成产业内的协同效应，从而产生了极高的生产效率和产业竞争力。中小企业技术研发水平的提高，可以大大促进大型企业与中小企业协作配套网络的形成。最后，创新激励有利于科技型中小企业的发展。前面已经提到，同大企业相比，中小企业面临着更大的竞争压力，因而创新的动力超过大企业。中小企业用工灵活，拥有一项专利、一种特长，就会形成一个新的增长点。发达国家的经验证明，高新技术产业和装备制造业比较适合中小企业的创新和发展。

（三）有利于经济与社会的全面发展

中国中小企业的创新活动对产业结构调整、地区结构调整以及节能减排和建设新农村等方面均意义重大，从而国家应从战略上考虑，大力促进中小企业的创新和高科技活动。

二　中国中小企业创新的特点与面临的主要问题

（一）中国中小企业技术创新的作用与特点

在中国，中小企业是发展高新技术和技术创新的主力军，中国65%的发明专利、80%以上新产品开发，是由中小企业完成。无论是电子信息、生物医药、新材料等高新技术领域，还是在信息咨询、创意设计、现代物流等新兴服务业，中小企业技术创新都十分活跃。近年来，中小

企业正在摆脱人们心目中的"低、小、散、差"形象，用技术和组织创新向"专、精、特、新"方向发展。特别是中小企业的主体民营企业在创新业绩上增长迅猛。据国家专利局数据，"十一五"期间，民营企业专利申请占中国专利制度实施以来民营企业专利申请的75%，占同期全国专利申请的37%；全国专利申请中，民营企业占41%，明显高于国有企业的23%和外商及港、澳、台地区企业的11.9%。在全国最具创新活力的深圳市，90%以上的研发人员在企业，90%的研发经费来自企业，90%以上的专利由企业申请，企业中有90%以上是民营企业（郭树言和欧新黔，2008，289）。

表7-6至表7-8是中国中小企业的研发数据，由于统计方面的原因，我们只有中型企业的数据：

表7-6　　　　　　　　中型企业研发投入情况

	2009年	2010年	2011年	2012年	2013年	2014年
中型企业R&D经费内部支出（万元）	2864064	3079237	2813899	3589777	4133576	4560731
大中型企业R&D经费内部支出（万元）	7740499	9678300	12378062	14914940	17343666	19221544
比率	37%	32%	23%	24%	24%	24%
中型企业R&D人员折合全时当量（人年）	135203	143623	123388	152546	164571	171097
大中型企业R&D人员折合全时当量（人年）	320033	399074	426718	525614	559229.1	572536.9
比率	42%	36%	29%	29%	29%	30%

表7-7　　　　　　　　中型企业技术创新情况

	2009年	2010年	2011年	2012年	2013年	2014年
中型企业新产品销售收入（万元）	39196366	45207011	29055512	37440854	46041520	52384879

续表

	2009 年	2010 年	2011 年	2012 年	2013 年	2014 年
大中型企业新产品销售收入（万元）	125950003	163647630	203845209	237653174	290288371	328451936
比率	31%	28%	14%	16%	16%	16%
中型企业拥有发明专利数（项）	8855	13244	13532	18853	23281	30897
大中型企业拥有发明专利数（项）	31830	50166	67428	97878	115884	147927
比率	28%	26%	20%	19%	20%	21%
中型企业专利申请数（项）	19443	22595	23171	32903	35283	39307
大中型企业专利申请数（项）	51513	59683	77725	97200	102532	120077
比率	38%	38%	30%	34%	34%	33%

表 7-8　　　　中型企业和大中型 R&D 经费内部支出资金来源比

	2009 年	2010 年	2011 年	2012 年	2013 年	2014 年
中型企业 R&D 经费内部支出中政府资金（万元）	225217	245907	205515	289286	353615	356428
大中型企业 R&D 经费内部支出中政府资金（万元）	599962	784202	1015195	1306089	1468301	1589370
比率	38%	31%	20%	22%	24%	22%
中型企业 R&D 经费内部支出中企业资金（万元）	2531450	2691553	2532924	3197331	3680924	4099906
大中型企业 R&D 经费内部支出中企业资金（万元）	6946418	8511872	10965421	13319615	15533794	17290805
比率	36%	32%	23%	24%	24%	24%

资料来源：《中国高技术产业统计年鉴》。

　　但是我们应该清醒地认识到，中国中小企业技术创新的总体水平还很低，与国内大企业及国外企业相比，在创新投入、研发能力和成果转化等方面还存在着巨大的差距。从现实情况看，大多数中小企业仍没有摆脱外延为主的发展模式，低水平重复较多，缺乏应有的技术创新实力，尚难以走上以创新求发展的道路。从上面的数字中可以看出，与大型企业相比，中小企业申请的专利中实用新型与设计专利占80%，发明专利仅占20%左右。近年来，由于结构转型的加快，竞争日趋激烈，中小企业研发投入和人员投入停滞不前，甚至有所下降。在2008年世界金融危机后，经过后危机的治理和调整，中国经济进入"新常态"，处于"三期叠加"的关键转型阶段，经济下行压力加大，经济"旧常态"下的传统增长模式难以为继。所以，在新形势下，中小企业，特别是制造业中小企业面临的创新压力倍增。

　　（二）中国中小企业技术创新面临的主要问题

　　在中国，中小企业的创新活动面临的问题主要是：从中小企业开展技术和组织创新的内部条件来看：

　　1. 中小企业缺乏技术创新人才

　　在国内中小企业中，具有大专以上学历的职工占职工总数不足10%，初中以下学历的职工占60%左右。技术开发人才严重缺乏，不少技术人才集中在大企业或科研机构，大部分技术人才不愿到中小企业工作，一些优秀人才一旦在中小企业崭露头角，又常常被大企业挖去，造成中小企业技术创新中断和成果的流失以及人才的流失。实证调查表明，人才的缺乏是制约中小企业创新活动的最主要的因素（徐晓菊，2008，48—49）。

　　2. 创新资金的来源不足

　　发展高新技术和技术创新存在着较大的技术风险、商务风险和市场风险，投资较多。而中小企业融资环境差，严重制约了中小企业开展技术和组织创新。

　　3. 企业技术创新的投入不足

　　部分中小企业的领导重规模、抢速度、轻视效率，重产值、数量，轻视产品的技术含量，普遍看重企业的当前利益，而不顾长远利益，导致它们对技术创新不够重视，技术创新意识薄弱。从目前情况来看，中国中小企业主要集中在劳动密集性产业，而中国要素市场处于中低端，这导致一些中小企业过度依靠低价竞争，一味拼价格、拼劳力、拼资源、拼土地、拼环境，跟风和重复建设严重，但企业技术创新的压力不足。由于中国知识产权保护体系尚不够完善，致使假冒风盛行，这更助长了一些企业领导的短视行为，不愿意在产品性能和质量、品牌塑造等方面下苦功。

4. 技术和管理信息不畅

除高新技术领域的中小企业外，中国中小企业普遍存在着缺乏信息和技术源的弱点。由于人才与资金不足，中小企业一般不能大规模、全方位地搜集新技术信息和建立自己的信息网络，往往很难及时捕捉有潜力的发展动态，通常无力购买或保护已购买的技术专利。这些因素致使中小企业很难利用外部创新环境，吸引高校和科研院所与其进行长期稳定的产学研合作创新，进一步削弱中小企业的技术源。

5. 法人治理结构的制衡机制存在缺陷，致使企业技术和组织创新的激励机制缺位

国内的中小企业，包括科技型中小企业的组织形式以"家族企业"和"亲友企业"为主，由于技术诀窍、发明专利不能入股，高层管理和技术人员的收入以工资、福利、奖金为主，公司价值的变动与科技人员的收入不挂钩，技术创新缺乏长期持久的产权激励。另外，除由于领导者的短视导致人力资源管理的低效外，企业普遍缺乏创新的企业文化。创建企业文化，对企业创新至关重要。而我们一些中小企业没有自己的企业文化精神，没有自己的信仰，企业领导者片面认为物质利益高于一切，只要满足员工的物质需求，就可以维系好员工与企业的关系。为此，只注重建立一套个人与企业的利益体系，靠钱和物质刺激去激励员工队伍，这种做法虽然有一定成效，却忽视了精神激励，忽视了人除物质享受，还有思想和事业追求。

从中小企业开展创新活动的外部环境来看，存在着中小企业技术服务体系不完善，缺乏一个政府对中小企业开展技术创新和发展高新技术的政策框架，融资环境差以及产学研脱节等问题。可以说，上述中小企业开展创新活动的内部局限是中小企业带有普遍性的问题，这是由中小企业一些先天的特点所决定的。参考发达国家对中小企业技术创新政策支持体系的经验，都是从以上这些方面入手，针对中小企业创新能力较弱的特点，努力为中小企业创新制造有利的外部环境，这包括：从立法上，制定

有利于中小企业技术创新的法律体系；从财力上，给予中小企业发展高新技术和技术创新资金资助；从税收上，给予中小企业在创业初期更多的税收减免和优惠；从体制上，建立技术创新服务体系，为中小企业的创新活动制造一个良好的氛围。概括说来，在促进中小企业创新方面，建立和完善针对中小企业的国家创新体系，纠正"市场失灵"，是问题的关键；但在制度建设和政策实施中，也要注意防止"政府失灵"。

三　近年来中国中央政府实施的中小企业创新促进政策

自 20 世纪 70 年代末中国实行改革开放政策后，特别是 90 年代以来，中国政府先后制定了一系列加速发展中小企业的政策，包括为中小企业营造公平竞争环境的政策、鼓励创业和促进科技成果转化的政策、优惠的财政税收政策、金融支持政策（上一章已经详述）、科技人才引进及激励政策、知识产权保护方面的政策等。

（一）支持中小企业发展高新技术和技术创新的法律法规与政策框架

1. 法律法规层面

从发达国家的经验来看，建立一整套对中小企业创新资助的法律框架十分重要。从竞争秩序的原则出发，一种好的经济制度必须保证公平和有效率的竞争。一般来说，中小企业由于规模小，不可能对市场竞争产生限制，也不可能对国家政策施加影响，如要补贴或实行贸易壁垒等，但大企业却能够这样做，国家由于担心大企业破产所产生的负面社会效应而不得不满足它们的要求，从而破坏了有效率的竞争原则。大量的中小企业的存在可以防止少数的供给者和需求者对市场实行控制并滥用这种控制。这里所说的"足够数量"，并不是要以"尽可能多的"中小企业为目标，而是在很大程度上要在一个市场形成大型和中小型企业的适当比例。所以，国家要通过制定和实施针对中小企业发展的法律法规，促进中小企业创新，提高中小企业的竞争力。

美国是实行中小企业扶助政策最典型的国家之一。美国在 1953 年通过的《小企业法》中对支持中小企业高新技术的研发有原则上的阐述，而 1982 年通过的《小企业技术创新开发法》又明确规定，联邦政府机构在签订研发合约时，小企业必须占有法律规定的最低百分比。德国各届政府历来都很重视中小企业的技术进步。为了纠正中小企业同大企业相比在竞争上的劣势，作为经济宪法的《反限制竞争法》规定，中小企业可以不受限制地在技术创新和合理化方面结成合作联盟。1976 年，德国联邦政府还颁布了《中小企业结构政策的专项条例》。另外，联邦各州都根据自身的条件制定了自己的《中小企业促进法》，配套的法律体系使政府对中小扶助的各个方面都有章可循。

2002 年 6 月，全国人大通过了《中华人民共和国中小企业促进法》，2003 年 1 月开始实施，从制度层面确认了对中小企业扶持的方向。这标志着中国支持中小企业发展全面进入法治化的阶段。

2. 政策框架

为加强对中小企业发展的统筹规划，"十二五"规划（2011—2015 年）首次安排专节论述中小企业的发展，提出要加快转变中小企业的发展方式；国家工信部 2011 年 9 月 22 日正式发布了《"十二五"中小企业成长规划》（以下简称《成长规划》），《成长规划》指出，"十二五"时期中小企业成长的指导思想是：深入贯彻落实科学发展观，紧紧围绕加快转变经济发展方式主线，不断完善政策法规体系，营造环境，改善服务，大力扶持小型微型企业发展，鼓励、支持和引导中小企业进一步优化结构和转型成长，提高技术创新能力和企业管理水平，推动中小企业走上内生增长、创新驱动的发展轨道。《成长规划》提出了中小企业发展的五项主要任务：①进一步增强创业创新活力和吸纳就业能力；②进一步优化产业结构；③进一步提高"专精特新"和产业集群发展水平；④进一步提升企业管理水平；⑤进一步完善中小企业服务体系。2011 年 5 月 12 日，科技部出台了《关于进一步促进科技型中小企业创新发展的若干意见》，明确指出要进一步支持科技型中小企业增强创新能力，促进创新发展，发挥其在推进经济结构战略性调整、加快转变经济发展方式和建设创新型国家中的重要作用。2011 年 7 月 23 日，国家发改委下发《关于印发鼓励和引导民营企业发展战略性新兴产业的实施意见的通知》，通知要求，要清理规范现有针对民营企业和民间资本的准入条件，推进战略性新兴产业扶持资金等公共资源对民营企业同等对待，支持民营企业提升创新能力，扶持科技成果产业化和市场示范应用、鼓励发展新型业态。2011 年 10 月 20 日，科技部等八部委又出台《关于促进科技和金融结合加快实施自主创新战略的若干意见》，为创新的金融支持提供了政策框架。

"十三五"规划（2016—2020 年）进一步提出"深入推进大众创业万众创新"的理念。将扶持小微企业的发展直接与创新驱动结合起来。《规划纲要》指出，把大众创业万众创新融入发展各领域各环节，鼓励各类主体开发新技术、新产品、新业态、新模式，打造发展新引擎。实施"双创"行动计划，鼓励发展面向大众、服务中小微企业的低成本、便利化、开放式服务平台，打造一批"双创"示范基地和城市。加强信息资源整合，向企业开放专利信息资源和科研基地。鼓励大型企业建立技术转移和服务平台，向创业者提供技术支撑服务。完善创业培育服务，打造创业服务与创业投资结合、线上与线下结合的开放式服务载体，更好发挥政府创业投资引导基金作用。

自 20 世纪 80 年代以来，中国政府制定了两项计划类政策，即"星火计划"（中国依靠科学技术促进农村经济发展的计划）和"火炬计划"，成为重要的科技和创新扶持项目。

"星火计划"是经中国政府批准实施的第一个依靠科学技术促进农村经济发展的计划，1986 年开始实施。"星火计划"旨在通过扩散先进技术、提供先进的技术设备、培训人员等方式促进乡镇企业的技术创新、促进科技成果向农村转化和应用。2012 年，全国各级星火计划共立项 13445 项，其中国家级星火计划项目 1392 项，占总项目的 10.35%；省级项目 2258 项，占总项目的 16.80%；地市级项目 3113 项目，占总项目的 23.15%；县级项目 6682 项，占总项目的 49.70%。2012 年星火计划项目经费各级投入总额达到 396 亿元。其中，国家级星火计划项目总投资 133.04 亿元，省级总投资 80.30 亿元，地市级 65.71 亿元，县级 117.02 亿元。其中政府拨款、单位自筹、银行贷款分别累计为 24.11 亿元、254.58 亿元、117.37 亿元。"星火计划"实施多年来，为加快农村经济发展方式向依靠科技进步方向转变做出了一定的贡献。

"火炬计划"是国家科技部 1988 年推出的一个旨在促进高新技术产品的开发及商品化、产业化的指导性计划。火炬计划的具体组织实施单位是科学技术部火炬高技术产业开发中心（简称"火炬中心"）成立于 1989 年 10 月，是隶属于国家科学技术部的独立事业法人单位。"火炬计划"包括的范围很广，它实际上是促进高科技产业发展的一系列政策工具的集合，其中的重点是促进国家高新区的建立和发展。它催生的高新技术企业像联想、华为、海尔等，已经从最初的中小企业发展为大型企业集团。它为中国高新技术产业发展的体系、机制和环境的建立做出了决定性的贡献。"火炬计划"还包括为企业——其中大多数为中小企业——技术改造和创新提供资助的项目，分为"产业化示范项目""产业化环境建设项目""创新型产业集群项目"以及"科技服务体系项目"，由各省、直辖市主管部门主持申请和实施。科技型中小企业技术创新基金（相关内容见上一章）的运作也由科技部火炬中心负责。它同时也是中国创新集群政策、产学研合作促进政策、高科技创业支持政策（孵化器）以及技术市场建设的主要载体。"火炬计划"运作的特点是中央政府主要起到计划与业务指导的作用，主要依靠地方政府实施，资金部分上由中央政府财政支持（促进项目），部分上依靠市场化运作筹措。因此，"火炬计划"已经成为中国国家与区域创新体系的重要组成部分。在下面关于创新集群的政策的论述中，我们还将对"火炬计划"进行进一步的研究和阐释。

（二）实施激励中小企业创新活动的财税政策

给予企业在创新研发方面一定的税收减免是国际上的通行做法。就税收减免政策而言，中国现行科技税收政策存在一些缺陷。一是税收优惠政策对高新技术产业的促进力度不足。高新技术产业，特别是在初创时期风险很大，如果不能从税收方面提高足够的激励，将造成投资不足。因而，在进一步落实国家关于促进技术创新、加速科技成果转化以及设备更新等各项税收优惠政策的基础上，应积极鼓励和支持企业开发新产品、新工艺和新技术，加大企业研究开发投入的税前扣除等激励政策的力度，实施促进高新技术企业发展的税收优惠政策。二是中国"生产型"增值税（营业税）对企业购入固定资产的进项税金不予扣除，加之中国税法中所允许的折旧率往往低于实际的折旧率。高新技术产品技术设备、劳动工具技术含量高，成本价值大，而且更新快，增值税不能免除、设备折旧期限长便对更新设备、技术改造起到消极的作用。因此，《国家中长期科技发展规划纲要》（2006—2020 年）指出，为了鼓励企业增加研究开发投入，增强技术创新能力，必须加快实施消费型增值税，将企业购置的设备已征税款纳入增值税抵扣范围。结合企业所得税和企业财务制度改革，鼓励企业建立技术研究开发专项资金制度。允许企业加速研究开发仪器设备的折旧。对购买先进科学研究仪器和设备给予必要税收扶持政策。与此同时，要完善对高新技术产业的所得税优惠，提高对高技术产业的有效激励。根据《纪要》的精神，中央政府出台了若干配套政策鼓励加大研发投入。这包括：一、中小企业技术开发费税前扣除，按照《国务院关于实施〈国家中长期科学和技术发展规划纲要（2006—2020年）〉若干配套政策》（国发〔2006〕6号）和《财政部、国家税务总局关于企业技术创新有关企业所得税优惠政策的通知》（财税〔2006〕88号）执行。二、中小企业投资建设属于国家鼓励发展的内外资项目，其投资总额内进口的自用设备，以及随设备进口的技术和配套件、备件，按照《国务院关于调整进口设备税收政策的通知》（国发〔1997〕37号）的有关规定，免征关税和进口环节增值税。2008年实施的新建企业所得税率为25%，而经认定的高新技术企业税率为15%。截至2012年年底，全国共有高新技术企业近5万家（49283家）[①]。

　　大力扶持小型微型企业发展是2015年12月中央政府提出的"供给侧改革"的重要任务之一。2008年，中国小微企业税率仍为20%。从2013年8月1日起，对小微企业中月销售额不超过2万元的增值税小规模纳税人和营业税纳税人，暂免征收增值税和营业税。自2015年1月1日至2017年12月31日，对年应纳税所得额低于20万元（含20万元）的小型微利企业，其所得减按50%计入应纳税所得额，按20%的税率缴纳企业所得税。将小微企业减半征收企业所得税政策，延长至2015年年底并扩大范围；将符合条件的国家中小企业公共技术服务示范平台纳入

---

　　① 根据国家科技部等2016年颁布的《高新技术企业认定管理办法》，高新技术企业需满足下列条件：（一）企业申请认定时须注册成立一年以上。（二）企业通过自主研发、受让、受赠、并购等方式，获得对其主要产品（服务）在技术上发挥核心支持作用的知识产权的所有权。（三）对企业主要产品（服务）发挥核心支持作用的技术属于《国家重点支持的高新技术领域》规定的范围。（四）企业从事研发和相关技术创新活动的科技人员占企业当年职工总数的比例不低于10%。（五）企业近三个会计年度（实际经营期不满三年的按实际经营时间计算，下同）的研究开发费用总额占同期销售收入总额的比例符合如下要求：1. 最近一年销售收入小于5000万元（含）的企业，比例不低于5%；2. 最近一年销售收入在5000万元至2亿元（含）的企业，比例不低于4%；3. 最近一年销售收入在2亿元以上的企业，比例不低于3%。其中，企业在中国境内发生的研究开发费用总额占全部研究开发费用总额的比例不低于60%。（六）近一年高新技术产品（服务）收入占企业同期总收入的比例不低于60%。

科技开发用品进口税收优惠政策范围。可见 2013 年以来，新一届中央政府对于小微企业的税收减免力度不断加大。

在"营改增"方面，2011 年，经国务院批准，财政部、国家税务总局联合下发营业税改增值税试点方案。从 2012 年 1 月 1 日起，在上海交通运输业和部分现代服务业开展营业税改征增值税（以下简称"营改增"）试点。自 2012 年 8 月 1 日起至年底，国务院将扩大"营改增"试点至 8 省市；2013 年 8 月 1 日，"营改增"范围已推广到全国试行，将广播影视服务业纳入试点范围。2014 年 1 月 1 日起，将铁路运输和邮政服务业纳入营业税改征增值税试点，至此交通运输业已全部纳入"营改增"范围；2016 年 3 月 18 日召开的国务院常务会议决定，自 2016 年 5 月 1 日起，中国将全面推开营改增试点，将建筑业、房地产业、金融业、生活服务业全部纳入"营改增"试点，至此，营业税退出历史舞台，增值税制度将更加规范。这是自 1994 年分税制改革以来，财税体制的又一次深刻变革。根据预测，2016 年，已纳入"营改增"的行业减税规模估计有 2000 亿元，金融业、房地产和建筑业、生活服务业等行业减税规模或接近 4000 亿元，2016 年"营改增"减税总规模接近 6000 亿元。

（三）保护知识产权的政策

知识产权制度是一项基本制度，对创造有利于创新的制度和政策环境带有根本性的意义。

在中国改革前的科研体系中，没有知识产权制度，因此，广大科技人员缺乏创新的激励。20 世纪 80 年代中国引入知识产权体系后，知识产权事业发展迅速，同时形成了一个产权转让的技术市场。知识产权可以使发明者获得在一定时期内对其专利的独占使用权，如果转让，接受者则必须支付专利使用费。依法保护知识产权对于技术和管理创新提供必要的激励。由于中国知识产权制度不完善，尽管有多种保护知识产权法律的存在，知识产权被盗的现象仍然十分严重。而一旦知识产权被盗，发明者就会丧失从创新投资中获益的机会，挫伤其参与技术创新活动的积极性。同大企业相比，中小企业知识产权保护还面临两个特殊困难：一是中小企业不像大企业那样自觉地用专利注册来保护其发明创造，这主要是因为中小企业难以承担申请专利所需要的较高费用、较多人力和时间以及担心技术秘密的泄露等，这在一定程度上暴露了现有专利制度的缺陷，比如程序过于复杂。二是中小企业难以承担知识产权纠纷所需要的巨额诉讼费用。因此，中小企业多选择通过产品更快的更新换代来实现对自己技术诀窍的保护。但随着中小企业更多地进入高新技术领域，知识产权的申请将增多，知识产权的保护将变得更加重要。由此，2008年2月5日，国家发改委、教育部、科技部、财政部、人事部、人民银行、海关总署、国家税务总局、银监会、国家统计局、国家知识产权局、中科院制定了《关于支持中小企业技术创新的若干政策》，鼓励发明创造和标准制定。根据该文件，各级知识产权部门应按照有关规定对个人或小企业的国内外发明专利申请、维持等费用予以减免或给予资助。鼓励具有专利技术的中小企业参与行业标准制定。对中小企业参与行业技术标准制定发生的费用，给予一定比例的资助，加强知识产权服务与管理。各级中小企业管理部门要配合知识产权部门落实《专利法》，广泛开展知识产权宣传、培训活动，提高中小企业知识产权保护意识；建立区域性专利辅导服务系统，为中小企业提供专利查询、申报指导、管理与维护等服务；建立知识产权维权援助中心，为中小企业提供专利诉讼与代理等援助服务。加大对侵权行为的监督、处罚力度。为了加大对企业自主知识产权的保护，2006年以来，科技部、知识产权局开展了"专利服务中小企业"活动，普及专利知识，提高企业专利意识，建立健全知识产权保护机制。到目前为止，已经在北京、佛山、西安、安阳、葫芦岛、福州、重庆、天津、济宁、淄博等10多个城市举行，取得了良好的效果。

（四）利用政府采购扶持中小企业的创新活动

为了保证公平竞争，落实中小企业的市场准入制度，帮助中小企业克服金融危机的冲击，在中央政府的鼓励下，各级政府纷纷出台政策措施，加大政府采购中小企业自主知识产权产品的力度。政府采购（也称公共采购）指各级政府机关及公营企事业单位基于公共建设业务或经营的需要，在财政的监督下，以法定的方式、方法和程序，对货物、工程或服务的购买。自中国政府采购制度实施以来，其政策导向作用不容忽视。正如中国《政府采购法》第9条规定，政府采购应当有助于实现国家的经济和社会发展政策目标，包括环境，扶持不发达地区和少数民族地区，促进中小企业发展。因而，中国《中小企业促进法》也将政府采购这项扶持措施纳入有关法律条例中。美国作为较早实施政府采购的国家，其政府采购中小企业政策在促进美国中小企业的发展方面起着极为重要的作用。美国政府采购法规定，应尽可能向上述小型企业提供政府采购合同或分包合同。在政府采购合同比例上，美国小企业法规定：一般小型企业每年获取合同金额应不少于总合同金额的 23%。中国现行法律制度关于政府采购中小企业政策规定过于原则，不具操作性，使得政府采购中小企业政策实施效果不尽如人意。因此，在 2008 年 2 月中央六部委和其他职能部门发布的《关于支持中小企业技术创新的若干政策》中明确规定政府采购支持自主创新；各级国家机关、事业单位、社团组织在政府采购活动中，在同等条件下，对列入《政府采购自主创新产品目录》的中小企业产品应当优先采购。不久以前，浙江省出台了《关于建立政府优先强制采购节能环保和自主创新产品制度的通知》，通知中明确规定，采购预算在公开招标数额标准以下的项目，原则上限于中小企业供应商参加；公开招标数额标准以上的项目，在同等条件下，应当将中标成交资格优先授予中小企业供应商，或在采购相应文件中明确或承诺将部分合同分包给中小企业实施的供应商；采购预算较大的单一产品或服务项目，可以拆分成若干个标项进行采购，为中小企业参与竞争创造有利条件。

2011 年 12 月 31 日，国务院出台了《政府采购促进中小企业发展暂行办法》（以下简称《办法》）。《办法》规定，任何单位和个人不得阻挠和限制中小企业自由进入本地区和本行业的政府采购市场；负有编制部门预算职责的各部门应当预留本部门年度政府采购项目预算总额的 30%以上，专门面向中小企业采购，其中，预留给小型和微型企业的比例不低于 60%。这项政策对于政府采购促进中小企业发展作出了实质性的规定。

（五）建立和健全中小企业创新服务体系

在中国国家创新体系中，支持中小企业创新的社会化技术创新支撑服务体系是最为薄弱的"链条"。"十三五"规划提出，政府要通过建设创新创业的公共服务平台对于企业的创新驱动战略给予支持。

因此，自 21 世纪初期以来，从最初 10 个城市试点建设，到工信部将中小企业服务体系建设纳入"十二五"规划，各级政府对于中小企业重要性的认识不断加深，中小企业服务体系建设已经引起了广泛的关注与重视。2011 年 11 月,国家科技部、工信部等部门联合发布了《关于加快推进中小企业服务体系建设的指导意见》,指导和推进中小企业服务体系的发展。在中央政府大力推动中小企业服务体系发展的同时,各级地方政府也出台了一些相应的配套文件。据不完全统计,截至 2012 年,全国已经有 20 多个省区市在促进中小企业发展的地方法规中,对服务体系建设做出了目前的规定。这为中小企业服务体系发展创造了良好的政策环境。目前,从中小企业服务机构的数量的发展(从 2003 年至 2010 年,省区市相关机构从 169 家增至 898 家)和运营以及中小企业服务体系管理机构的建立来看,中国中小企业服务体系的框架已经基本形成。

下面就中小企业服务体系对于创新有影响的几项专业服务发展做一简述。

1. 建立中小企业创新创业公共服务平台

国家发改委中小企业司(现国家信产部中小企业司)将建立中小企业技术创新公共支持平台作为国家"十一五"计划(2006—2010 年)期间扶持中小企业技术创新的重要政策。

中小企业公共技术服务平台,是指依托产业集群或优势产业,专门为中小企业提供技术信息、咨询、开发、试验、推广以及产品研制、设计、加工、检测、共性技术和关键技术研发等公共技术支持服务的,具有独立法人资格的机构或实体。根据中小企业司的布属,建立公共支持平台是完善中小企业创新创业服务体系的核心内容和重要基础,它的建立和运作按照"政府支持、市场化运作、开放式服务"的原则。六部委《关于支持中小企业技术创新的若干政策》(2007 年)则强调,建立公共技术支持平台,各地要根据区域中小企业的产业特点,引导和促进中小企业转变发展方式,打破"小而全",提倡分工协作。重点支持在中小企业相对集中的产业集群或具有产业优势的地区,建立为中小企业服务的公共技术支持平台。鼓励企业和社会各方面积极参与中小企业公共技术平台建设。目前,公共服务平台发展具有一定规模,服务能力明显增强。

2007—2009 年,中央预算内资金支持了 153 个公共服务平台的建设。2010 年投入 2.3 亿元支持了 85 个公共服务平台的建设。截至 2010 年 8 月,已有 21 个省区市出台了推动平台建设的文件,已认定的服务平台达 858 家。

在公共服务平台的建设模式方面,各地积极探索如政府出资、企业改建、行业协会主办、机构联办等模式。目前，中小企业服务平台大多建在产业集群或面向区域优势和特色产业上，有力地支持着产业聚集区的中小企业和区域经济的发展。在全国几千个农村中小企业产业集群（有些学者称为专业镇）中，至少50%以上的产业集群建立了各种形式的公共服务平台或者科技和创新服务平台。在浙江省，据初步统计，已经建立各类中小企业创新服务平台539个。在广东省，截至2010年，在309个专业镇中已经有65%以上的专业镇建立了公共服务平台，专业镇共建创新服务平台196个，拥有科技服务机构1229个，为13386家企业提供技术服务。

多数平台与高校、科研院所及相关机构保持了良好的关系。据工信部问卷调查结果显示，86.25%的平台由长期技术合作伙伴，66.67%的平台与大学建立了长期合作伙伴关系。其次，与科研机构、集群龙头企业、科技研发企业建立长期技术合作伙伴关系的分别占44.44%、29.63%、18.52%。（《中国中小企业发展报告2012》，302—303）高校科研机构为平台提供了技术资源，增强了公共服务平台的服务能力。

从国外支持中小企业的经验来看，各国政府都非常注重建立由外围实体参与的合作网络。建立广泛的合作网络是各国政府在中小企业创新政策方面履行对市场的整合和引导作用、贴近企业的必然选择。实践证明，仅靠政府资源，远不能满足中小企业创新的要求。广泛的合作网络有助于以政府的带动引领作用弥补市场资源配置机制上的不完善。政府和市场相配合，构成对中小企业创新的全方位体系化支持。德国中小企业促进体系避免各级政府大包大揽的方式，充分鼓励和调动社会各界力量，建立一整套由各级政府组织、公法机构、社会团体等组成的中小企业社会化服务体系。政府一般不直接面对企业。德国工商会和行业联合会是德国中小企业社会化服务体系的中心。工商会是德国的自治团体，在人事和财政上有独立性并承担独立的自治任务。依据公法设立的工商会为企业提供以下服务：一是代表政府对会员企业行使部分监督、审核、管理、协调的职能，接受政府委托执行有关促进企业发展的项目，如补贴、贷款、担保等。二是职业培训。包括高级管理人员进修、职业资格教育和专业技能培训。三是信息咨询，主要是政策咨询和管理咨询。工商会不仅在每个联邦州，而且在每一个市县都有独立机构。而按照私法

组织的自愿性的行业协会，则针对会员开展服务，并为其服务收取一定的费用。比如为推动中小企业进行科研和技术创新，专门成立的联邦政府支持的德国工业研究联合会，它由包括 5 万家中小企业的 108 个科研机构组成，合作研究得到政府资金的赞助。意大利各地方政府依托历史形成的传统中小企业专业区来设置服务中心，为专业区中的企业做技术、市场信息、职业培训和市场营销等服务。这些机构的相当人员是从大企业出来的工程技术人员，与大企业有着密切的联系。这些服务中心大都有自己的实验室，通过对已有软件与硬件的组配，创造出新的生产系统和产品，设计出有生命力的新工艺流程方案，以适合中小企业进行技术开发和创新的需要，使得它们在国际市场上具有较强的竞争力。

2. 加强人力资源服务

创新需要人才。发达国家都十分重视对创新人才的投资，这包括扩大和改革职业教育体系、促进终身学习过程和职业进修、加强对女性的职业教育、加强对人力资本的投资、加强大学和科研机构在科研和教育方面的国际竞争与合作以及吸引国外专家与人才。中小企业的创新活动成效与可持续性取决于中国企业家的素质和一支优秀的经营管理人员队伍。目前，全国中小企业经营者及专业人员队伍迅速增加，对这部分人的教育，即对于中小企业的人力资源服务成为各级政府迫切任务。

2003 年 8 月，工信部开始实施作为组织的中小企业专项服务工程的"国家中小企业银河培训工程"。它以中小企业经营者和创业者为主要培训对象，是中小企业的温暖工程和智力支持工程，受益面广，体现了各级政府对中小企业发展的重视和支持，带动了全社会对中小企业培训和人才工作的重视。2003—2010 年，中小企业银河培训工程中央财政累计投入约 1.8 亿元，完成 30 万人的免费集中培训、50 万人次的远程网络培训以及 110 万人次的信息化培训，并带动了地方投入专项资金近 600 万人次的培训，成为中小企业经营管理人员素质提升的重要途径，培育了一批中小企业服务体系建设的专业性人次，为中小企业服务体系的长远发展储备了较为可观的人力资本。

3. 推动实施中小企业信息化

20 世纪 90 年代以来，随着信息技术的不断进步和应用的普及，信息化已经成为全球经济社会发展的显著特征。进入 21 世纪，信息技术、通信技术和网络技术高度融合，进一步促进了企业传统生产方式和经营模式的变革，信息化水平已经成为衡量一个国家和地区的综合竞争力、生产力水平和发展潜力的重要标志。

中小企业信息化的建设和发展对于提高广大中小企业的竞争力和开拓市场能力的作用是不言而喻的。近年来，中国中小企业信息化取得了长足进步，但与经济发展的形势需求，与发达国家相比还有较大差距，中国的中小企业信息化仍处于初级阶段，在信息技术普及和电子商务应用方面水平较低、投入资金不足、专业技术人员缺乏。从外部环境看，促进中小企业信息化的法规、政策环境不完善，社会化服务体系不健全，信息化产品和服务还不能满足中小企业经济、简便、适用、易维护等特殊需求等也影响着中小企业信息化的进程。

2005 年以来，国家发改委中小企业司、信息产业部信息化推进司、国务院信息办推广应用组充分发挥各自的职能优势，遵照"政府倡导、企业主体、社会参与"的原则，建立联合工作机制，共同启动实施"中小企业信息化推进工程"，由政府搭建平台，市场化运作，组织协调社会中介机构、大型 IT 企业和新闻媒体，开展对中小企业信息化建设的支持和服务。国家中小企业信息化推进工程的主要内容包括：①探索适合中国特色的中小企业信息化道路，研究制定促进中小企业信息化建设的政策意见。②开展中小企业信息化状况及应用需求调查和信息化建设典型案例遴选。③对百万中小企业免费培训，纳入"国家中小企业银河培训工程"。④推动百万中小企业上网，利用中国中小企业信息网免费为中小企业建立网站，帮助中小企业开展网上技术产品交流和交易。⑤举办中小企业信息化推进论坛，交流和探讨中小企业信息化政策取向、发展状况和趋势，推广中小企业信息化建设的典型经验，奖励在信息化建设方面做出突出成绩的中小企业。⑥举办中小企业信息化展览、信息发布、推广先进、适用的信息技术和产品，加强大型 IT 企业与中小企业的交流与合作。⑦培育、支持和完善中小企业信息化服务体系。⑧支持信息化建设示范中小企业优先申报国家中小企业发展专项资金和信息产业部电子产业发展资金支持项目。这一工程是对市场经济条件下推动中小企业信息化有效途径的积极探索。

目前，中小企业信息服务系统已由 2000 年一个国家总站扩展到大约

50个省级分站、900多个二级分站，畅通了中小企业信息获取渠道。

另外，中小企业服务体系还包括投融资服务、创业服务等，内容在不断丰富。

四　中国中小企业服务体系的缺陷

必须看到，虽然中国中小企业服务体系发展十分迅猛，成效显著，但毕竟建立时间不长，仍还存在着服务体系机构定位不明确、投资不足、提供服务的规模和质量不高等问题。前面已经提到，中小企业创新的主要障碍为人才少、资金缺、信息不灵；这既有中小企业自身的原因，也有社会外部环境支持不到位的原因。正如熊彼特曾经指出，技术创新不仅是一个发生在企业内部的技术过程，也是一个社会过程，是一种高度社会化的活动，创新资源、创新行为主体协同关系形成之前，相互之间有一个搜寻、选择与被选择过程。中小企业技术创新能力弱，特别需要社会化技术服务体系，如政府、有关组织及中介机构提供的服务，其中作为市场机制运行主体之一的、独立于政府与企业之外的中介服务机构格外重要。目前中国服务于中小企业技术创新的社会化服务体系不完善、不规范。技术服务以政府导向和公益性为主，社会化和市场化程度较低。这表现在：①大部分技术服务机构是根据各级政府文件精神成立的，官办和半官办色彩较浓，对政府的依赖性较强，缺乏创新意识和服务意识。②技术服务体系政出多门和分散管理导致重复建设和市场分割。技术服务机构数量多、规模小、专业化水平低，彼此独立，协同效应小，且行为不规范，服务功能单一。造成中小企业之间协作联系薄弱，无法建立起相互的专业化分工协作、技术与营销网络。③政府资助的一些共性技术研究开发机构大都设在大学和科研院所，而大部分研究机构转制为企业化经营，如果没有特殊的管理办法和保障机制，这类机构难以发挥共性技术研发平台和技术扩散的作用。④缺乏高素质的专业人才，相当一部分咨询研究人员的经验和素质不能满足市场的要求。根据目前这种状况，为了促进中小企业的创新能力和技术进步，进一步完善和创新中小企业服务体系有着十分重要的意义。特别是要充分发挥政府引导和市场机制的两方面作用，充分利用中介组织，逐步建立多层次、多渠道的中小企业服务体系。

此外，中国中小企业的创新发展需要依赖整个政策环境的改善，中小企业创新服务体系是其中的重要内容，但还必须包括税收、融资等方面政策的实质性进展。

第四节　德国与中国中小企业创新促进政策的比较

德国目前主要的中小企业促进政策是在高科技战略的框架下制定的，联邦政府及相关部门作出了"顶层设计"。中小企业创新计划确定的前沿科技领域符合高科技战略，ZIM 计划的规划和要求也清楚地体现了政府的战略目标。近年来，中国中央政府非常重视科技和创新，对科技进步做出了战略布局，对于创新资助的力度也不断加大。但是中小企业技术服务体系不完善，缺乏一个政府对中小企业开展技术创新和发展高新技术的政策体系。所以，政府政策的重点主要在于为中小企业创新发展创造硬软件基础设施上，一些政府的政策指导往往比较偏重宏观，尚缺乏像德国那样较完善和配套的制度法律框架和比较明确的战略促进目标和成熟的政策设计和实施手段。

首先，在中小企业服务体系的运作方面，德国政府往往借助社会力量，特别是市场化的服务中介，构成对中小企业创新的全方位体系化支持。政府一般不直接面对企业。德国工商会和行业联合会是德国中小企业社会化服务体系的中心。在促进项目管理方面，德国政府只是项目的规划者，具体招标和审批等工作由政府委托的专门的项目执行人或者管理机构来做。这些中介机构的存在保证了项目执行的专业化管理，同时也有效地防止了在项目审批等程序中的官僚主义与腐败行为。

目前，在中小企业服务体系建设方面，中央成立了由工信部牵头的管理协调机构，在地方政府层面，与工信部中小企业司相对应的有中小企业厅（局、处）等专门机构来负责促进中小企业的发展。所以政府主导的色彩十分浓厚。政府扶持的社会服务机构尚未充分发挥作用。不少商业性中介机构最初都是政府部门或事业单位分条块创办的，所以原来的条块分割的痕迹依然存在并且行政色彩较浓，服务意识不强。中国政府应该借鉴德国的经验，大力发展为企业服务、贴近市场的科技中介机构（独立法人），加快各行业协会去行政化的步伐，将项目管理交给这些专业机构去做。此外，中国的中小企业促进计划也存在政出多门、管理混乱、项目繁复，申请程序复杂等问题，需要向德国政府在实行"中小企业创新计划"和"中小企业集中计划"那样集中项目类别、简化审批程序，为中小企业"雪中送炭"。

当然，中国强大的政府资源也使一些政策的推出比较及时和顺畅。这特别体现在通过对中小企业的税费减免来激励创新上面。而这项政策在德国已经讨论多年，但是仍然没有拿出具体方案，付诸实施。

其次，德国联邦政府高科技战略指导下的对中小企业创新促进的两项重点计划，一项注重与高科技战略选择的"未来课题"的对接；另一项注重支持产学研创新合作。两项计划都强调成果市场转化的目标。我们知道，创新不是建立多少科技园、申请了多少发明专利，而是推出了多少被市场所接受的新产品、新工艺以及新商业模式。中国有些部门和地区在创新工程建设方面存在着重形式、不重成果的倾向。好大喜功，重复建设明显。因此，中小企业服务体系要更加贴近市场，政府的促进政策也要更多地从中小企业创新的需求出发，根据中小企业的切实需要来实行资助。对于中小企业的创新活动做出有针对性的指导。服务要切合实际，中国大多数中小企业的发展水平仍旧较低，所以，服务要接地气，要能够因地制宜。在经济发达的珠江三角洲对于制造业产业集群中小企业的扶助与在浙江劳动密集型的专业镇中的中小企业服务体系的方式和方法应有根本的不同。

再次，德国研发支出有 2/3 来自企业，政府的研发出资处于次要地位。但适当的政府资助能够为企业创新活动减少风险与成本，起到四两拨千斤的作用。所以，德国政府的项目资金资助一般都采取官民合作形式，要求项目资助企业进行相应的资金配套。在这里研究的两个促进计划中，政府的出资最高可以达到项目经费的 50%。中国对中小企业服务体系投入不足，对中小企业资助的经费太少的问题长期得不到解决。一方面，各级政府要引起重视；另一方面也要调动各方面的力量。特别是企业自身进行研发的积极性。

德国两项促进计划在扩大政策覆盖范围、简化申请和审批程序、吸引更多参与者的同时，还注重项目的成果控制。创新项目的最终目标是将成果转化为进入市场的创新产品或服务，在项目的设计中对创新成果的市场进入计划、技术和经济上的目标、项目的报告制度等要有严格的规定并且聘请独立的评估机构对项目成果进行阶段性以及事前和事后的全面评估，有效避免钱花出去了，但是成果乏善可陈。

最后，建立公共技术服务平台，是解决中小企业技术困难的主要方式之一。技术进步滞后一直是制约中小企业可持续发展的重要因素，中小企业在生产发展过程中遇到的生产性、开发性技术难题，急需社会化的技术服务平台为它们量身定制、提供服务。通过平台，可以整合产学研等社会资源，为中小企业提供共性技术服务，从根本上解决中小企业的技术难题。在平台的服务形式和法律地位上，德国有非常成功的经验（比如德国工业研究联合会），中国可以借鉴其他国家的一些做法。但也要注意制度演化的路径依赖，不可完全照搬别人的经验。

第 八 章

中国与德国创新集群促进政策的比较

这一章将主要研究近年来在新的创新理论引导下两国政府对于"集群"的促进。由于集群主要由中小企业组成①，所以集群促进政策必然会与中小企业促进政策有所交叉，但是我们认为对于集群的促进政策还是能够作为一个独立的政策领域加以研究和推进。

第一节　从产业集聚到创新集群："集群"与国家与区域创新体系

早在 19 世纪末，英国经济学家马歇尔和德国经济学家韦伯就已经注意到经济体在地理上的集聚对于绩效的影响，产业集群以其规模效应和知识溢出的功能成为一些发达国家区域经济发展的主要模式。20 世纪 80 年代末，一些国家产业集群的创新效应凸显，比如引领通信与信息革命的美国硅谷、德国巴符州的汽车集群。由此一些学者提出了"创新集群"或"创新型集群"（innovative cluster）的概念。在对创新集群的研究中，倡导国家创新体系研究方法的经合组织无疑扮演了重要的角色。经合组织将集群定义为"简化的国家创新体系"（reduced NIS）②。经合组织的

---

① 这在高科技集群和传统的专业化特色产业集群尤其明显。即便是以大企业主体的所谓"中卫式集群"如丰田模式，围绕这总装企业形成的产业链、价值链仍然主要由中小企业组成。

② 这个概念也将国家创新体系与（大国）地区创新体系串联起来，即所谓"双重简化的国家创新体系"（OECD，2001，8）。集群既是简化的国家创新体系，也是简化的区域创新体系。

研究者认为，集群的概念实际上包含了现代创新过程的所有重要维度。根据经合组织的定义，集群指"在一个创造附加值的生产链上相互连接的独立企业、知识生产机构（大学、研究所、技术供给公司）、中介机构（例如技术提供者和咨询服务）、客户组成的网络"（OECD，2002，25—26）。"简化的国家创新体系"有两个含义：①"规模缩小的国家创新体系"（reduced-scale NIS），它指集群完整地体现出某个国家创新体系的全部特征。这样的集群更可能出现在几乎所有集群活动都围绕着一个起主导作用的单一集群展开的较小国家（比如芬兰的信息通信技术集群）。②"形式简约的国家创新体系"（reduced-form NIS），指用模型抓住体现国家创新体系内在关系的核心及其基本功能，而忽略一些在分析较大系统时不可避免的情景依存的联系和细节（OECD，2001，14）。

经合组织创新与科技政策研究小组的集群分析方法借鉴了迈克尔·波特的思想。迈克尔·波特提出了钻石体系模型，钻石体系会形成"产业集群"，一国之内的优势产业以组群的方式，借助各式各样的环节联系在一起，而不是平均分散在经济体中（波特，2007，117）。也就是说，一个国家的经济是由不同的产业集群代表的一些简化的国家创新体系组成的。这些"小"的创新体系必然包含着一个国家总的国家创新体系的部分特征。

因此，经合组织将集群定义为"缩小的或简化的国家创新体系"就将国家创新体系与区域创新体系串联起来了（"双重简化国家创新体系"）。目前，关于产业集群并没有一个国际和国内公认的定义。经合组织集群概念强调创新是产业集群的本质特征，在一定程度上为集群和集群政策的发展确定了方向。尤振来、李春娟对国内外产业集群的分类进行了研究和综述，他们认为，造成对产业集群定义不统一的原因是其本身的复杂性和人们研究角度的多样性（尤振来和李春娟，2008，161）。他们将产业集群的分类归纳为从企业联系的方式（波特），从交易成本节约方式等10种方式（尤振来和李春娟，2008，163）。同时，他们认为这些众多视角中，迈克尔·波特提出的定义是被学者们认可程度最高的。经合组织提出的定义建立在迈克尔·波特定义的基础上，但也有新的发展：它将集群同创新体系联系起来，就为集群研究提供了一个系统分析的视角，能够较好地综合集群的个别特性。另外，它明确了产业集群的本质就是创新。项后军、江飞涛在他们的论文中研究了集群内部竞—合关系并得出了在由一两个核心企业和一批配套企业组成的产业集群中，核心企业之间以竞争为主，而核心企业与相应的配套企业间以合作为主。它们进行了抽样问卷调查，并在论文中进行了实证计量分析。但问题在于产业集群是否一定是这样的形式呢？如果这种类型的产业集群只是集群的一种特殊形式，那么论文的政策含义又何在呢？作者没有对产业集群作出定义，但从论述的思路上看似乎赞同迈克尔·波特的定义。

尤振来、李春娟将产业集群定义为"处于同一价值链上的，在特定地理位置上并植根于该区域的存在着横向和纵向联系的中小企业和相关支持机构组成的具有强大创新能力的中间组织"（尤振来和李春娟，2008，162）。钟书华则直接采用了"创新集群"的概念，将它定义为"由企业、大学、研究机构、风险投资机构、中介服务组织等构成，通过产业链、价值链和知识链形成战略联盟和各种合作，具有集聚经济和大量知识溢出的特征的技术—经济网络"（钟书华，2008，3），可以看出，他们的产业集群的概念与经合组织是一脉相承的。作为经济地理学家的王缉慈则将产业集群的概念分为狭义和广义两种。狭义的产业集群是"作为提高生产力的商业环境以及区域竞争力和创新的决定因素而提出的，其初始概念是创新性集群的概念"，它是以中小型企业为主的地方生产系统，主要特征是内部行为主体的结网和互动。泛化的产业集群则包括基于低成本而创新不足的企业群居现象、大企业为核心的产业集群和非产业的集群，即知识集群和技术集群（王缉慈，2001，10）。

迈克尔·波特与经合组织创新与科技政策研究小组的集群定义强调了"价值链连接"的概念。迈克尔·波特指出，集群一方面是"地域上的产业集中"；另一方面是在集群内部呈现的"由客户到供应商的垂直关系，或由市场、技术到营销网络的水平关系"（波特，2007，132）。

可以看出，集群的概念包括了产业（价值）链的地理集中和组织网络关系两个维度。在迈克尔·波特的定义中强调了集群主体之间的有效联系，但对集群地理范围的描述相对宽泛："集群的地理范围从单一的城市到州、国家甚至多个国家组成的网络"（孟芳和臧良运，2011，18）。而不同的"集群"概念之间最主要的区别在于对集群概念中地理集中和组织网络关系两个维度的认知侧重点不同。迈克尔·波特对集群的定义在地理范围上比较模糊成为后来很多学者批评的对象，但从今天现实中集群的发展看，迈克尔·波特这种模糊化处理是非常必要的；否则很难使集群的理论应用到高度差异化的不同地区以及在全球化背景下集群的国际化（所谓的"无边界集群"）。

"创新集群"的概念更加注重"集群"的组织网络维度。市场规模的扩大与经济全球化使社会专业化和分工的程度越来越高，生产的碎片化使全球生产网络的扩张具有"大区域离散、小区域集聚"的特点（王辑慈，2010，97）。而社会的知识则越来越分散，整合这些分散的知识需要更多的资源，因此为提高经济绩效需要对制度和经济组织进行创新，降低生产和交易成本（North，1990，38）。20 世纪 70 年代中期以后，新技术的应用和全球竞争使过去大规模工业化时期垂直一体化（泰勒主义）的企业组织变得低效和僵化，企业之间发展了转包、战略联盟等关系，产生了完全不同的经济组织（王辑慈，2010，5）。

强调组织网络的维度就不能不提到以奥利弗·威廉姆森（Oliver E. Williamson）为代表的交易成本经济学和企业组织理论以及沃尔特·鲍威尔（Walter W. Powell）的社会网络理论的贡献。根据不同的合约类型，奥利弗·威廉姆森将经济组织分为市场（古典合约）、科层（雇佣合约）与介于两者之间的混合形式三种基本形式（新古典合约）（Williamson，1996，168）。虽然奥利弗·威廉姆森没有给予"混合形式"一种或几种明确的形态，但他认为这种混合组织形式是一种不同于市场和科层的独特的（discrete）组织形式。合作网络就是这样一种混合形式。但是作为经济组织形式的网络的具体构成则没有一个统一的标准。它既可以是两个企业间建立的合资企业，也可以是多个企业组建的研发联盟，也可以是所谓的"虚拟公司"等。可以说它实际上包括所有经济和法律上独立的企业之间的合作形式（Killich，2007，18；鲍威尔和格罗达尔，2009，70）。网络组织为何成为创新的中心呢？首先，这是由知识的特性决定的。现代知识经济学认为知识具有很多种类，它的划分取决于其默示性（Tacitness）、不可分性（Indivisibility）、互补性（Complementarity）以及专属性（Appropriability）的程度（Antonelli，2008b，568—569）。重要的创新产生于补充和异质的知识和能力的"新"组合，合作网络由专业化在价值链特定的节点或知识基础上异质的、在能力上相互补充的企业以及其他关联机构组成。由于知识的分散化及异质特征，创新主体在创新合作中需要一定的"开放性"（Openness）（Foray，1997，76；Bode & Alig，2012，26）。而实践证明，创新集群为开放性创新提供了最佳的制度环境。其次，开放性创新不仅需要相应的制度，而且也需要相应的开放性文化。美国加利福尼亚州硅谷的成功与波士顿128公路的衰落是开放性文化与封闭性文化的最好例证（Saxenian，1996）。再次，由于创新的高投入和结果的不确定性，单个企业鉴于很高的代理成本难以承担其风险（Antonelli，2008b，575）。最后，由于全球化造成的竞争加剧使产品的生命周期越来越短。因此，如果企业研发新产品的时间过长，为企业留下的通过新产品销售收入收回投资的期限就越短，时效性成为企业竞争优势的重要因素（Muller et al.，2012，161）。这就要求对新产品的研发在产业链、供应链上同步进行。在技术发展迅速、知识来源分布广泛的领域，任何一家企业都不可能拥有能在所有领域内保持领先并给市场带来重大创新的全部技能（鲍威尔和格罗达尔，2009，61）。

正是因为创新所需要知识的异质性和结果的不确定性，合作者之间存在着很强的信息不对称，知识的生成与扩散会带来很高的交易成本。从而为降低交易成本，需要根据不同的情况采取不同的组织与治理模式。创新合作需要一定的前提，很好的知识产权保护是创新重要的制度环境。政府要对尊重私人产权、对不因为各种原因剥夺私人产权做出可信的承诺。如果合作各方面对的是编码化的知识（例如专利），具有强专属性（strong appropriability）的特征，那么可以采取购买专利或使用许可证的方法。如果涉及成果较难编码化的问题（默示知识，weaker appropriability），导致相关者（供货商、顾客、竞争对手）可以无偿地获取专有知识和信息的经济价值（知识溢出），对知识的投资不能得到法律的保护或者名义上的保护不能有效地执行，就会在事前削弱进行这类合作的激励，在事后当事人则倾向于选择能够更好保护知识产权的制度性治理结构，比如纵向一体化的科层结构（Williamson，1996，199—200）。在创新合作的实践中，人们大量遇到的恰恰是介于这两者之间、我们称之为可表述的（articulable）知识。在这种情况下，各方在合作中的依赖性很强，因此介于市场与科层之间混合形式的网络组织就成为最优选择（Antonelli，2008b，579）。

表 8 - 1   **知识特性与治理模式的关系**

知识的特性	默示知识	编码化的知识	介于两者之间的知识
治理模式	纵向一体化	市场交易	网络组织

资料来源: Antonelli, Cristiano, "The business governance of localized knowledge: an information economics approach for the economics of knowledge", in: Chisiano Antonelli (ed.): *The Economics of Innovation: Critical Concepts in Economics*. London and New York: Routledge, Volume Ⅲ, Innovation and Knowledge: The Arrovian Legacy, 2008, p. 577.

但是在企业和机构将内部知识与外部知识进行相互交流和学习中，信息不对称仍然存在，不能排除某一方"搭便车"的可能性。为了合作创新取得更好的结果，需要一些合适的正式与非正式的制度安排：

（一）对网络中双方或多方合作协议和知识产权安排进行制度创新

网络中的合作伙伴虽然是独立自主的企业和机构，但网络合作使它们建立了相互依赖的关系。在普通的市场交换中，双方交换的产品和支付通常通过协商用协议的形式固定下来，双方由于相互依赖而产生的风险就被限制到最低程度。但是在创新网络中，合作的收益无法在事前确定，因此，一种新的不完全合约形式——程序性合约（procedural contracts）——应运而生。程序性合约规定了合作各方的程序责任，而不是内容责任[①]。在内容方面的职责无法完全确定的情况下，它规定了合作方在行动的次序和时间等方面的行为责任。由此避免了合作伙伴（比如企业与大学）投入大量的精力和时间对一般为长期的合作协议不断进行重新谈判，增加交易成本。另外，为支持科研人员在合作伙伴中的合理流动，科研机构还在雇佣合同中引入了非独占性条款。在知识产权方面，制度创新体现在引入"通用公共许可证"（GPL）。这种许可证取消了相应的产权和专利知识的独占性，但是使用者有告知专利拥有者其使用的义务，在使用时明示可追溯的前导知识并使第三者能够运用这些知识。合作伙伴能够共享基础知识并通过对基础知识的专属化应用实现双赢（Antonelli，2008b，576—577）。政府促进产学研合作，就必须对这类

---

① 奥利弗·威廉姆森将这种内容的不确定性称为"留有余地"的原则（Excuse doctrine）。

"开放性创新"制度提供支持。

（二）构建地理区域和/或技术领域内的创新集群，促进知识的非正式传播

首先，在集群中，企业、大学及其研究机构的知识交流和相互学习建立在地理或技术上"近"的基础上，这使它们之间的信任度更高，更愿意将各自拥有的信息分享，以利于产业链上下游之间、生产者与用户之间甚至竞争对手之间知识与技术诀窍的非正式交易与传播。在这类交易中互惠性成为共同的规范与准则，这种互惠关系特别适用于具有相同或相似的文化或意识形态背景的人群，主体之间容易形成基于感情与互惠的高度信任关系和紧密的社会网络。组成网络的人群越单调，人们之间的信任度越高，保持网络制度安排就越容易。其次，地理或技术上的临近导致的重复互动可以减少机会主义行为（避免"囚徒困境"），同时减少沟通成本。最后，地理或技术上的临近还可以促进劳动力市场的连接，有利于具有相似技术和资质背景人员默示知识的传播（"创新集群建设的理论与实践"研究组，以后简称"研究组"，2012，17；Antonelli，2008b，596；Powell，1996，255—256）。由于知识外溢具有正的外部性，因此，积极支持创新集群的形成与壮大成为政府公共政策的一项内容。

另一方面，当一个网络中的参与者主要由相似和互补的主体组成，而且信息①只是在一个小团体内传播时，就可能存在大量冗余连接，网络可能由于同质化会变得具有限制性和僵化，容易陷入技术锁定的创新困境中（鲍威尔和格罗达尔，2009，80）。网络一般区别为稀疏网络（网络中只有一小部分节点相连接，也称为"结构洞"）、分散网络（不存在着直接连接到大量其他节点的节点）和密集网络（包含了若干子节点，当中的节点过分连接，造成大量的冗余路径）（Schilling & Phelps，2009，97）。而网络的集群化就是平衡这三种网络类型的特点，对网络连接实行优化。方法是在实现网络内节点的广泛连接和缩短连接路径长度的同时，不破坏子节点连接的密集性（强联系，一定的冗余联系是建立信任的基础）；另外，支持网络中那些直接连接到其他节点的"中心"节点（hubs）的出现。这种弱联系（间接联系）网络可以促进非冗余和最新信

---

① 我们将知识定义为"编码化的信息"。

息的传播，集群内部的创新主体可以突破小节点集连接的束缚，使不同社会关系相互沟通与合作，集群可以依靠不断地开拓网络中的结构洞，改变网络的结构，获得新的异质性信息，从而提高集群的创新能力（研究组，2012，17—18）。这样的集群化路径在一定的环境下可以通过企业联盟自发地实现，比如围绕着一些核心企业形成的产业集群（例如德国巴符州围绕着戴姆勒集团的汽车集群）。但是考虑集群内企业结网——特别是中小企业之间——以及集群之间合作所必须付出的高交易成本，需要政府通过公共政策，充分发挥集群管理机构、行业协会与中介机构的作用，对网络的结构施加影响（Gordon & McCann，2000，528；Schilling & Phelps，2009，117）。因此，可以说社会网络是促进企业创新的重要因素，而地理上的"近"，即产业或企业集聚是社会网络建立以及发挥作用的必要条件，但并非充分条件。

因此，创新集群是一种特殊的企业间和企业与相关研发和服务机构间的网络，以创新资源的集中性和知识溢出效应吸引特定产业或领域内各类相关主体参与，其基本目标在于追求集群内创新能力的提高以及创新成果的商业化，因此它与主要基于规模经济和成本优势的产业集群有所不同（钟书华，2008，7；研究组，2012，4）。后者主要是通过区域与企业之间的竞争自下而上自发产生（如中国东南沿海一带的"块状经济"），而前者则需要通过政府自上而下地策动（如中关村自主创新示范区）。也就是说，创新集群是产业集群进一步演化的结果，但是并不存在着从产业集聚（19世纪90年代）——产业集群（20世纪70年代）——创新集群（20世纪90年代）的必然演化逻辑（研究组，2012，5）。

由于经合组织将创新集群与国家与区域创新体系联系在一起，就为将复杂系统进路（详见第一章）运用到创新集群分析开辟了道路。复杂系统的理论融合了价值链分析与社会网络分析的视角，同时引入了系统演进、适应性自组织、路径依赖、系统内部各异质性要素之间非线性相互作用、与外部环境交换物质和能量而产生解决集群内复杂问题的正反馈过程等维度，大大丰富了集群研究的理论框架同时为公共政策的设计与实施提供了规范基础[①]。

---

① 关于创新集群分析以及其政策含义三大理论工具的综述见"研究组"，2012年。

　　图 8-1 说明了创新集群的起源、演化历程以及与区域创新体系的关系。在中国背景下，特别值得关注的是科技园区向创新集群的演化。改革开放以来，中国地方政府在中央的支持下建立了各种类型的科技园区，仅国家级就已经达到 147 个。但是科技园区还不会自动地上升为创新集群。从目前中国大多数科技园区来看，无论从园区内的高新科技企业数量（一般为 30% 左右），企业之间、企业与相关机构之间的结网程度，还是园区管理水平都与创新集群的要求相去甚远。集群建设模式为国家高新区的转型发展提供了示范引领，尤其为新升级的高新区发挥了战略引导作用。因此，各级政府如何促进创新集群的建立和发展就成为一个十分具有战略意义的课题。在这方面，德国政府的集群策动取得了一些有益的经验。

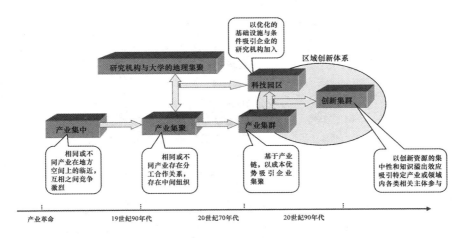

图 8-1　创新集群的起源与演化历程

资料来源："创新集群建设的理论与实践"研究组《创新集群建设的理论与实践》，科学出版社 2012 年版，第 5 页。

第二节　德国的创新集群促进政策

一　创新集群促进政策在德国经济政策中的定位

　　在德国，创新促进属于结构政策和增长政策的范畴。根据德国秩序自由主义理念，经济政策的首要目标是为市场竞争创造公平的框架条件，各项具体的经济政策从属于这一根本目标。

从表 8-2 可以看出,增长政策主要是从宏观层面对企业的研发创新和技术改造给予一定的补贴,没有行业和区域的区别。

结构政策包括地区结构政策,部门结构政策(或称产业政策)以及企业规模结构政策(中小企业促进政策)。

表 8-2 德国经济政策的分类

着眼点	作用层面	政策领域		
		秩序政策	结构政策	过程政策
企业家庭市场	微观	—企业基本法 —员工共决法 **—竞争秩序(竞争政策,解除规制)**		—消费者政策 —(例外的)行政定价政策 —个体分配政策(转移支付)
行业区域	中观	—市场规制政策(例外领域) —空间秩序规划	**—行业结构政策/产业政策(科研、技术与创新政策、农业政策、能源政策、交通政策)** **—地区结构政策(区位政策、小城镇政策、基础设施政策、环境政策)** **—企业结构政策(中小企业促进)**	
国民经济循环量总体经济	宏观	—财政法(财政秩序) —货币法(银行、货币和外汇体系) —对外经济秩序(外贸和国际服务往来的法规)		—景气与稳定政策(货币与信贷政策,反周期的财政政策) —就业政策(劳动市场与工资政策) **—增长政策(合理化与创新投资补贴、要素流动促进)** —对外经济政策

注:*加粗斜体字表示与创新促进直接相关的政策。

资料来源:根据 Peters, Hans-Rudolf, *Wirtschaftspolitik.* 2, Auflage, München:Oldenburg, 1995, p. 14, 3. Auflage, 2000, p. 12. 自行整理。

　　促进地区经济发展和改善区域经济结构是欧盟及其成员国经济政策的重要组成部分。2011 年欧盟地区结构政策的支出占欧盟预算的 45.5%，是欧盟最大的开支项目。在德国，一般来说，区域政策的计划和实施由州政府执行，联邦政府根据 1970 年生效的《改善区域经济结构共同任务法》负责 50% 的财政经费支持。传统上欧盟的地区结构政策的目标是缩小欧盟各地区之间的发展差距，2000 年欧盟提出"里斯本战略"后，欧盟的区域政策发生了重大的战略改变，区域平衡的目标由增长的目标所取代，结构政策的重点开始转向对研究和技术发展的投资以及对企业创新的资助上，特别强调对增长核心区域的建设。侧重通过"促进强者更强"，发展知识经济，提高区域国际竞争力，保障就业。德国的区域结构政策在欧盟的框架下发生了向创新促进倾斜的改变并推出了专门针对结构薄弱的德国东部地区的创新促进措施，如 InnoRegio（见图 8-2）。

　　欧盟的产业政策也对德国的产业政策产生了重大的影响。20 世纪七八十年代实行的维持性结构政策（比如对煤炭和造船业的政府补贴）以及适应性结构政策（比如对钢铁业的生产配额管理）开始逐渐退出历史舞台，取而代之的是形塑性结构政策，即面向未来的结构促进政策，因此，科研、技术与创新政策成为政府部门结构政策的重要组成部分（Eickhof，1998）。另外，在促进的"未来领域"方面，主要选择跨行业的"横向主题"，这在联邦政府的高科技战略中有十分明显的体现。

　　20 世纪 80 年代以来，德国开始认识到其经济在科技创新方面与美日差距加大，政府的研发与科技投入开始不断增加。政府（欧盟、联邦与州）的研发和科技资助包括对于大学和科研院所基础研究，对企业的研发以及建立公立科研机构的支持，一般包括普惠和项目招标两个方面。两种方法各有利弊。2006 年，德国联邦政府推出了历史上第一个全国范围内的《德国高科技战略》（2006—2009 年），而后德国联邦政府又于 2010 年 7 月正式通过了《思想·创新·增长——德国 2020 高技术战略》，开始对德国未来的发展部署新的战略方案（详见第二章）。重点支持中小企业创新、研究机构与企业结成创新联盟以及建设创新集群；促进跨行业技术的发展和应用，鼓励建立开放性共用技术平台以及软件源代码的公开。2007 年，欧盟将促进产业集群发展列为其产业政策的重心（Vieregge & Dammer，2007，22—24）。欧盟产业政策是一个非常笼统的范畴，它甚至没有自己的预算手段。其资金主要来自欧盟科技框架计划（科技政策）和欧盟结构基金（区域政策）。近年来开始重视对特定产业部门的促进（孙彦红，2012）。德国科技与创新政策的调整在一定程度上欧盟内部政策协调的产物。通过促进创新集群建设将部门结构政策与区域结构政策结合起来，加强联邦促进政策与州和地方促进政策的协调，使促进研究机构与企业的创新合作以及集群发展成为德国政府科技政策、区域政策和创新政策的核心（陈强和赵程程，2011，58）。同时，政府还将创新促进政策与中小企业促进政策联系在一起，通过集群网络和创业资助扶持中小企业。

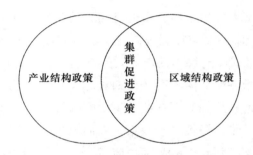

图 8 - 2　集群促进政策在德国经济政策中的地位

二　近年来德国政府创新集群政策的构建和实施

与经济发展的区域特色相关，德国历史上已经形成不少地区性产业集群。特别成功的是大家熟知的巴登—符腾堡州的汽车工业。围绕着戴姆勒—奔驰形成了一群汽车配套企业以及电子企业和机械加工企业，集群内的核心企业、相关企业和支持机构共享同一个知识和技术基础，区域上的邻近使编码（codified）知识和非编码（uncodified）知识能够在相互信任的前提下更快地传播，从而产生了技术和非技术创新的溢出效应和协同效应。同汽车业相关的培训体系十分发达，当地的大学也设置了相关的系所，满足汽车所需知识的特殊需求，配套完整、人才储备充足的价值链保证了德国汽车行业较持久的国际竞争力。当然，目前德国汽车业的国际化进程已经十分深入，集群网络已经不完全限制在巴登—符腾堡州的地域之内。其他被认为是产业集群的还有图特林根地区的医学技术研发、斯图加特周边地区的机器及装备制造产业链、慕尼黑地区的生物技术、德累斯顿周边的"芯片区"等。

德国在其传统优势产业，即高科技次新领域（乘用车、化工、机械制造）自发形成了围绕着产业链、价值链和创新链的合作网络，这不仅使得德国产业界保持着强劲的应用性研发实力，也使得德国产业长期享受着学习曲线在国际分工中的效益。然而，由于新兴产业在市场与技术发展路径上的不确定性，给作为经济组织形态的主体——企业，带来大量的风险。在这种背景下，那些由来自公共与私营研究部门与经济主体共同组建、成为一种创新性组织形态的集群，就需要政府策动，并对它们之间具有较大研发风险的科研合作进行协调。德国政府自 1993 年开始实施的集群政策有力地促进了新兴产业创新集群的发展。

从 1993 年开始，德国联邦政府和州政府开展了一系列扶持集群和促进集群化的政策（见图 8-3），产业和区域结构改善是政府集群政策的目标。BioRegio 计划的目的是振兴 20 世纪 80 年代开始发展的生物技术产业。为了提升德国东部的竞争力，联邦政府启动了专门针对东部的创新集群计划，如 InnoRegio。联邦政府的集群策动在产业发展和区域竞争力提高方面初见成效，在实施方法上也积累了经验（比如后来成为普遍规则的竞赛手段）。各联邦州也相继采取了一系列符合本地区产业发展的集群策动项目。下面分别来进行探讨。

联邦层面：

在德国的国家创新体系中，弗劳恩霍夫协会下属的 60 多家研究所作为基础科学研究与企业应用之间的桥梁发挥了不可替代的作用。2006 年，弗劳恩霍夫协会根据其专业研究所分散在德国各地的特点开始组建创新集群，目标是建立围绕某一特定主题的区域网络，建立创新集群的依据是经济界、公共机构（大学和州政府）及弗劳恩霍夫研究所的实力。所有创新集群都组建一个由高校、科研机构和工业企业的研究人员与工程师的研发合作平台，构成了具有专业技术领域优势的区域研发核心（研究组，2012，110—111），形成一个网络的"中心"节点。2007 年，联邦政府借鉴弗劳恩霍夫创新集群的经验，推出了以发展高科技战略为核心的尖端集群竞赛。项目由德国联邦教育与研究部负责，每隔一年半举办一次，共举办了三次，每次从参赛的 20 多个集群中评选出最多五个尖端产业集群。截至 2012 年，一共选出了 15 个以政府高科技战略中某一主题为优势的尖端集群①。竞赛优胜者在 5 年内可获得共计 4000 万欧元资金。而获奖集群需要筹措数量相同的自筹资金配套。因此，联邦政府共投入 6 亿欧元，项目总计获得资金 12 亿欧元。集群管理机构利用这些资金进行项目招标，通过此方式为企业和企业之间，企业与研究机构和大学之间结成创新网络提供激励。尖端集群竞赛推进了德国创新集群的发展，在德国产生了巨大的示范效应。

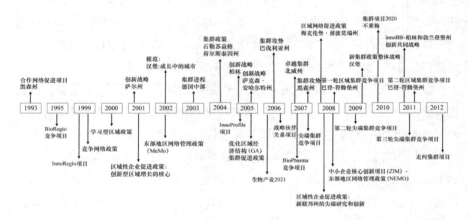

图 8 - 3 德国近年来联邦层面和州层面的集群政策

资料来源：Hantsch, Sophie, Helmut Kergel, Thomas Lämmer-Gamp, Gerd Meier zu Köcker and Michael Nerger, *Cluster management excellence in Germany*. European Secretariat for Cluster Analysis (ESCA), Berlin, 2013, p. 1。

除了负责初期的选拔和拨款，德国联邦教育与研究部还与德国莱茵—威斯特法伦经济研究所（RWI）等研究机构合作，对获得奖励的集群进行效果评估。2014 年该所对尖端集群竞赛以及受资助的 15 个集群进行了最新的评估，并发表了一份报告。根据这份报告，在 2008 年 11 月到 2014 年 4 月期间，这些集群共成功进行了 900 项创新，其中有 300 项已投入市场。共申请专利 300 项。这些项目在专业期刊发表了 1100 篇文章，

---

① 德国尖端集群分布：BMBF, Deutschlands Spitzencluster-Germany's Leading-Edge Clusters. Berlin, https：//www. bmbf. de/pub/Deutschlands_ Spitzencluster. pdf, 2015, p. 9。

完成了 450 篇博士论文和大学授课资格论文（Habilitation）以及 1000 篇本科论文和硕士论文。同时还孵化出了 40 家新公司。因此这份报告认为，尖端集群竞赛在创新促进方面取得了较大的成功，保障了德国未来在科研和经济领域的优势地位，并对就业和经济水平的提高产生了直接的影响（RWI，2014）。在这 15 个集群中，有 3 个来自德国东部地区，这说明德国联邦与东部州政府的区域创新促进取得了一定的成效。

联邦政府实施的集群政策还有：

"区域企业促进"项目（Unternehmen Region），同样由德国联邦教育与研究部负责。该项目将在过去若干年内（2001—2012 年）制定的一系列针对东德地区的促进项目统一归纳在区域企业促进项目内。其目的是通过多种促进政策为具有核心竞争力的地区①创造框架条件，使其能够发展成为以市场为导向的更高层次的集群。这些促进项目虽然各有侧重，但都必须符合联邦教育与研究部制定的统一标准：

（1）促进区域层面最具创新潜力的增长点。

（2）注重经济、科研、教育与政府管理的结合，强调共同创新、战略创新。

（3）促进以市场为导向的创新。

区域企业促进作为一个时间跨度比较大的政策集，除了延续德国政府在集群促进政策上的一贯思路以外，也不断进行反思和改进，尤其是默克尔政府上台以后，首先将单一的促进工具整合在一起，并且更加注重市场导向。政策制定者希望尽量把政府行为限制在框架政策领域，减少对市场的干预，避免像初期促进政策那样出现政府"双重选择"的情况（政府既确定要促进的技术，又要选择促进的地区），进而减少政府失灵。

走向集群（Go-Cluster）项目，由联邦经济、技术与能源部负责（2012 年启动）。目的在于促进创新型集群管理理念，使德国的产业集群在集群管理方面满足欧盟优秀集群的标准，同时通过联合优秀集群，传递成功经验，促进集群间的相互学习，为集群发展树立标杆。联邦经济与技术部为每一个项目提供最多 2.5 万欧元的资金支持并定期提供国际集

---

① 事先识别出的具备核心竞争力的地区（Kernkompetenzen）。

群政策趋势分析以及相应的政策咨询，促进集群管理水平进一步提升。走向集群项目目前已经覆盖到德国89个优秀集群，其中涵盖约5500个中小企业，1300多个大型企业，以及1500多所高校和科研机构。

德国集群信息平台，由联邦教育与研究部与联邦经济与技术部共同打造的网络平台，2013年3月正式上线。该平台将两大部门的信息资源进行整合，提供了欧盟、联邦、地方以及集群层面的集群促进政策以及促进活动信息，并将其发展成为一个集群参与主体和学者沟通交流的对话论坛。

与其他政策类似，包括德国在内的欧盟国家的集群政策近年来也逐步纳入欧盟科技与创新政策的统一框架下（见图8-4）。欧盟为国家与区域层面的政策提供框架条件、支持合作和补充。而德国在联邦层面以高科技战略为指导，由联邦经济与能源部和联邦教育与研究部共同制定具体政策。

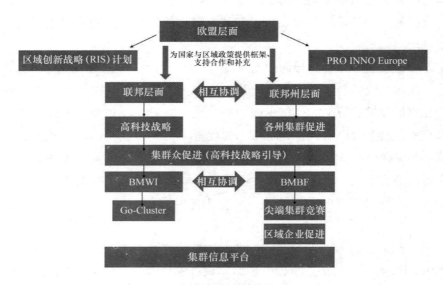

图8-4 德国创新集群政策的组织示意

联邦州层面：

在集群促进领域德国采用了多层管理的思路，在联邦层面明确集群促进发展方向，确定评价标准，完善框架条件，具体对各地集群结构、集群管理的促进则由州政府进行规划、落实。虽然集群促进政策已经成为联邦州层面经济政策的重要组成部分，但这并不意味着德国采用"唯一"的集群政策，也不意味着德国各州政府对集群促进政策有统一的理解。

相比巴伐利亚、北威州等老联邦州，新联邦州的集群和集群促进政策起步较晚，不受以前政策的路径依赖，其集群促进政策既结合了本地区区位优势又反映了联邦政府最新的集群促进思路，有明显的后发优势。因此成为我们关注的重点。

因此在本书的案例部分将选择柏林—勃兰登堡创新区为例，研究德国州层面集群促进政策。

三　创新集群国际化——德国创新集群政策的新目标和新举措

2015 年 6 月 30 日到 7 月 1 日，德国联邦教育与研究部在柏林举行了第三届国际集群会议，有来自业界、学界和政界的 500 多名嘉宾参加[①]。在会议上，联邦教育与研究部总结了近些年德国创新领域的发展状况，并介绍了当前的集群政策。根据会议发布的信息，德国集群政策未来主要有两个发展趋势，一是跨区域的集群合作，二是集群内尖端技术领域实现突破，达到世界领先水平。在创新集群国际合作方面，德国采取了确实的促进措施。

欧盟 28 个成员国中有众多优秀的大学、研究中心以及企业。但是如果缺乏一个强有力的创新政策，则各国的科研重点之间将会缺少相互协调，并造成业务重叠。这会降低整个欧盟的研发效率，导致欧盟的整体竞争力的下降。这是欧盟与中国、美国这样的主权国家之间的一个重要差异。因此，欧盟需要建立跨欧范围的集合教育、研发和产业的网络，消弭地方差异，改变这种碎片化的局面（王宇，2015，6）。

如上文所述，德国的创新政策由联邦层面和各州协调制定和执行，而除此之外，在欧盟层面也制定了更加顶层的创新和科技政策。2014 年，欧盟正式启动了新的科研与创新框架计划——"地平线 2020"（Horizon

---

① https：//www.bmbf.de/de/die－3－internationale-clusterkonferenz－2015－in-berlin－538.html.

2020），计划共投入 870 亿欧元的资助资金，目标是将欧洲建设成为一个创新型的社会，提高经济竞争力以及保证未来的可持续发展。该战略将持续到 2020 年。资助领域分为三部分：一是基础研究；二是工业领域的创新，特别是中小企业；三是与人类社会直接相关的研究，例如能源、气候环境等。资助对象是欧盟内的科研项目，但是这些科研项目必须由来自至少 3 个国家的至少 3 个相互独立的机构共同参与（BMBF，2016a）。从这一点上可以看出，欧盟顶层的创新政策就是鼓励各国之间进行跨区域的创新合作，希望为整个欧洲建立起一套统一的科研和创新框架条件。

而集群促进作为欧洲创新政策的重要一环，在其中发挥着重要作用。欧洲现在有约 2000 个集群，其中有 150 个在就业、规模、专注度和专业程度上都是世界领先的，欧洲 38% 的工作岗位都在集群当中①。2014 年，欧盟委员会在一份征求意见的通讯文件中提到了"为了欧洲工业的复兴"这一概念，其中特别提到了集群的关键作用，强调要借助集群推动跨行业跨国界的合作，帮助中小企业更好地进入世界市场，融入跨欧洲价值链的世界级集群（European Commission，2014）。在"地平线 2020"计划框架下，欧盟建立了一系列平台网络和服务机构增加欧盟各成员国的集群间的交流合作，例如欧盟集群平台（EU Cluster Portal）、欧洲集群合作平台（European Cluster Collaboration Platform）、欧洲卓越集群计划（European Cluster Excellence Initiative）。

除了加强欧盟内的集群合作，德国还希望能够扩大德国创新集群在国际上的影响力。例如在世界知名的高科技集群硅谷共有约 50 万名员工、7000 家企业，年销售额为 1800 亿欧元。而德国的重要软件集群莱茵—美因—内卡地区有 8000 家企业、80000 名员工，年销售额为 420 亿欧元②。德国的这一集群的员工数量只有硅谷的 1/6，但却创造了硅谷销售额的 1/4（BMBF，2015a），也就是说，从效率和竞争力上看，莱茵—美因—内卡地区不输于硅谷，但在国际上却远远没有硅谷知名。德国有

①　European Commission，*EU Cluster Portal*，http：//ec. europa. eu/growth/smes/cluster/index_ en. htm.

②　Rhein-Main-Neckar-Region（http：//www. software-cluster. org/）.

良好的工业基础、区位优势以及优秀的集群，提高国际上的知名度可以吸引更多优秀的科研人才来到德国，进一步提高自身的创新能力。

2015年，德国开始着手推行德国集群的国际化战略。6月，一项名为"尖端集群、未来项目和可比较网络的国际化"项目（以下简称"尖端集群国际化"）的竞赛评选活动正式启动，这一项目由德国联邦教育与研究部发起，德国尤里希研究中心（Forschungszentrum Jülich）参与其中，目的是为了加强德国集群与世界其他国家的合作，通过国际网络提高创新能力和企业竞争力，并使德国在世界高科技产品出口的市场上保持领先地位。这一项目成了德国高科技政策的重要组成部分。同时，"尖端集群国际化"也是德国联邦教育与研究部为应对国际挑战而实施的"国际合作"行动计划的一部分。"国际合作"行动计划指出，由于德国如今面临的科技体系和创新体系方面的全球竞争越来越激烈，必须要通过加强国际协作来推动德国科学与研究的国际化。该战略由多个科研和创新合作项目组成，集群网络的国际化成为其重要一环（BMBF，2014b）。

"尖端集群国际化"的具体目标是：

——加强与外国伙伴的合作并实现资源和能力上的互补，从而提高尖端集群、未来项目和创新网络的实力。

——通过以市场为导向的国际合作开展新的项目和研发活动，提高尖端集群、未来项目和网络（特别是中小企业）的竞争力，应对全球性的挑战。

——加强国际科研和创新合作的管理水平，特别是开放性创新、知识管理、跨文化能力和知识产权保护方面的能力。

——发展和贯彻创新性的国际合作执行方式，巩固当前的管理结构（BMBF，2014a）。

该竞赛项目计划执行3期，每期选出约10个获胜的德国与外国合作的集群项目，每个集群将在之后的5年最多可获得共计400万欧元的资金支持。这些集群由一个独立的评审委员会进行选拔和评估，评审委员会成员来自学界、政府、业界，评委会主席由德意志学术交流中心主席玛格丽特·温特曼特尔（Margret Wintermantel）担任。首批获得资助的11个集群项目已于2015年6月揭晓，这些集群涉及生物、电子、航空、材料、医学、软件等领域。第一批资助于2015年年底2016年年初开始。第二轮和第三轮评选也将会在今后举行。

四 "多维度催化"：德国创新集群政策的特征

可以用"多维度催化"来概括德国联邦与州政府的创新集群政策。首先，虽然政府的集群策动起初是"自上而下"设计的，但是政府采用了竞赛的方法，政府资助的依据是该区域业已存在一定的相关产业和机构的集聚，已经有了在特定技术领域或价值链关系的合作网络或建立此种网络的条件，所以实际上采用的是需求导向的"自下而上"的路径（Benner，2013）。政府本身并不制订详细的集群计划，在政府资助的激励下，区域间围绕集群发展战略展开竞争，而由集群发展专家制定选拔标准、独立第三方专家进行评估的方法比政府"自上而下"直接挑选更好地调动了各区域和地方政府、社团等相关者参与集群竞赛的积极性，更有利于集群制定出科学的发展理念和可行的发展战略。即便是参赛集群没有被选中，其发展战略也能为以后的集群发展提供参考。而后，联邦政府以"尖端集群"为标杆进一步启动新的创新集群策动项目，将尖端集群的经验介绍推广。在建立集群蔚然成风后，联邦政府及时建立信息平台，推动集群主体的信息交流、相互学习和竞争。在集群启动阶段，专门成立的由地方相关者组成的集群工作小组负责召集工作，发挥区域创新体系的作用。政府在集群策动中仅仅扮演了"催化剂"的角色。

其次，创新集群的成功在于其内部网络的优化。为此集群需要一个强有力的集群管理机构。德国创新集群的管理机构多种多样，在机构组织比较密集的环境下，区域与地方政府充分利用社会性公共机构，比如弗劳恩霍夫协会的作用。工商会或者行业协会等民间社会性机构也可以担负起集群职业管理机构的职能（Benner，2013）。此外，除前面谈到的自愿集群领袖（比如一家大企业集团或一所中心医院）之外，集群工作组在一定情况下选择了雇用一个职业的集群经理。集群管理机构在制定集群规划、召开集群会议、组建合作平台、策动和管理集群内合作项目、集群品牌建设以及集群外部合作（包括国际合作）方面发挥重要的作用。集群管理机构也重视推动集群内部社会资本和人际网络的建立和发展。德国创新集群管理机构的存在使网络内部的强联系和弱联系得到平衡，通过项目招标建立新的连接、增加带宽以及缩短节点连接的距离，从而降低创新成本。德国政府的集群促进政策充分显示了"多维度"特征，这体现在纵向维度（通过促进项目减少企业价值链接网的成本）、横向维度（通过搭建平台鼓励集群内有竞争关系的企业实现合作）、权力维度（通过发挥利益无关的第三方组织的作用限制自身的强干预）、制度维度（培育集群内正式制度与非正式制度的形成与执行，减少交易成本）、外部维度（通过集群竞赛鼓励集群间竞争，促进集群国际化）（Bathelt & Dewald，2008）。

第三节　中国的创新集群促进政策：国家高新区演化的新方向

2013 年 3 月 12 日，国家科技部发布了《科技部关于印发国家高新技术产业开发区创新驱动战略提升行动实施方案的通知》，组织实施国家高新技术产业开发区创新驱动战略提升行动（以下简称"国家高新区战略提升行动"）。其中着力发展创新型产业集群成为重点任务之一。为此，科技部在之前还制订了"创新型产业集群建设工程实施方案"（2011 年）。

改革开放 30 多年来，产业集群在中国有很大的发展，成为中国经济的一支重要力量，比如浙江义乌的小商品、温州的男鞋或者福建晋江的运动鞋集群。但是，中国的大多数集群并不是建立在基于创新的竞争优势上，更多的是依靠低成本的比较优势。产品技术含量不高、缺乏核心自主知识产权和产品定价权。根据我们在前面的定义，这些"块状经济"是产业集聚或者至多是产业集群。这与这些集群专业化所处的行业或行业集合无关，即便是属于战略性新兴产业的光伏，国内的企业也主要从事组装生产，没有掌握核心技术，处于产业链、价值链的低端，所以也不能称为创新型产业集群。另外，作为科技园区的国家高新区并不能必然成长为依靠创新驱动的集群。但是它们毕竟集中了中国的科技和创新要素，具有实施这项任务的先天优势。下面我们首先描述和分析国家高新区的现实状况，然后分析和展望政府实施的相关政策能否实现创新集群"从无到有"的目标。

一　中国高新技术产业开发区的发展历程

科技园是中国诸多产业园区中最具成长性的类型之一，它一般是指集聚高新技术企业的产业园区，在中国被称为高新技术产业开发区，它不同于国家级经济开发区（简称经开区），经开区的开设是适应接纳国际资本和产业转移的需要。初衷主要是吸引外资、引进先进的制造业，扩大出口创汇，替代先进材料和零部件的进口，比较著名的有苏州工业园区以及北京经济技术开发区（亦庄）。高新区的目标则是高新科技的产业化、市场化。公开数据显示，截至 2015 年 9 月，全国拥有 519 家国家级产业园区，其中高新区 147 家、经开区 219 家、出口加工区 63 家、边境经济合作区 16 家、保税区 13 家，其他园区 61 家。

中国从 20 世纪 80 年代开始建设高新科技园区，主要是借鉴了发达国家——特别是美国——发展高新科技的经验。科技创新园区是知识、技术、人才的高度集中和融科研、教育、生产为一体的科技资源开发区域。科技园区的本质内涵应当有如下三点：第一，科技园区的核心定位应当是产业聚集区，其核心组成部分是各类高科技企业，其核心要素包括高科技人才与成果以及成熟的产业链，在该聚集区内，通过科技与产业的结合，实现科技产业化；第二，科技园区的核心功能是创新，其通过产学研的密切合作，成为具有持续创新能力的创新集聚区；第三，科技园区应当具备较为成熟的内部生活社区，以便满足园区内高素质人才的各类需求（深圳市科技创新委/中鹏智创新管理研究院，2013，22）。

为了更好地鼓励科技企业进行创新，不少国家都开发出了集中管理的科技创新园区，让个人、科技企业、大学和研究机构可以在园区内成立科技创新公司。世界上第一个科学园区起源于 20 世纪 50 年代，就是现在美国的硅谷。比较著名的还有日本的筑波科学城、瑞典的基斯塔科技园、德国慕尼黑科学园、英国苏格兰高科技区、中国台湾新竹科技园以及新加坡国家高科技区等。

1988 年 5 月 10 日，国务院批复《北京市新技术产业开发试验区暂行条例》，位于北京中关村的北京市新技术产业开发试验区诞生，这是由国务院批准成立的中国第一家国家高新技术产业开发区。1988 年 8 月 6—8 日，国家科委在北京召开第一次火炬计划工作会议。以建设国家高新区为重要内容的火炬计划正式开始实施。1988 年 8 月 28 日，国家税务局下发《关于对属于火炬计划开发范围内的高技术、新技术产品给予减征或免征产品税、增值税优惠的通知》。1991 年 3 月 6 日，国务院批准 26 个高新技术产业开发区为国家高新技术产业开发区，明确国家高新区由国家科委审定区域面积、范围和归口管理，从而确定中央政府在确定高新区中的主导地位。1991 年 5 月 29 日，国家科委下发通知，决定成立国家科委发展高技术产业领导小组。同时决定国家科委（现在的国家科技部）火炬办与火炬中心合并，负责组织实施火炬计划的全部工作，并对国家高新技术产业开发区进行归口管理和具体指导。至此，作为科学技术体制改革以及依靠科学技术推动经济发展的试验场，国家级高新区建设的领导、组织和管理框架结构基本完成。

采取特殊优惠政策来实现国家的重要经济目标是中国 30 多年来改革开放战略的重要经验。在高新区建设上当然也不例外。在高新区发展的 20 多年来，除上面提到的对高新区内高科技企业根据高科技企业认证标准实行税收减免外，还实行了一系列其他优惠政策。它们包括：1991 年 10 月 7 日，海关总署发布《对国家高新技术产业开发区进出口贸易的管理办法》，决定对国家高新技术产业开发区进出口货物实施优惠政策。1994 年 6 月 9 日，中国证监会正式批复同意中山火炬高新技术实业股份有限公司向社会公开发行股票。该公司是国家高新技术产业开发区中首家公开发行股票并以开发建设高新区为主业的股份公司。1995 年 12 月 22 日，中华人民共和国中关村海关正式开关。这是中国第一个建立在国家高新技术产业开发区内的海关。1998 年 3 月 18 日，国家科委印发《关于加强国家高新技术产业开发区知识产权工作的若干意见》。1998 年 5 月 7 日，科技部、国家工商局印发《〈关于以高新技术成果出资入股若干问题的规定〉实施办法》。2006 年 1 月 23 日，经国务院批准，中关村科技园区率先启动"未上市高新技术企业进入证券公司代办股份转让系统"试点工作。2007 年 12 月 29 日，全国人大常委会通过修订的《中华人民共和国科学技术进步法》，首次明确国家设立科技型中小企业创新基金，资助中小企业开展技术创新。2008 年 12 月 28 日，中关村科技园区、西安高新技术产业开发区、上海张江高科技园区、武汉东湖新技术开发区、无锡高新技术产业开发区获批海外高层次人才创新创业基地，即千人计划基地。2009 年 10 月 23 日，中国创业板在深圳举行开板仪式。在首批上市的 28 家企业中，高新技术企业 24 家，孵化器企业 13 家。优惠政策力度的不断增强，地方政府投资科技园区的积极性大大提高，使越来越多的高科技企业和人才向高新区聚集。

此外，随着高新区的发展以及国家对高新技术发展规律认识的深化，高新区的功能也在不断扩大。1997 年 5 月 23 日，国家科委在北京举行国家火炬计划软件产业基地命名授牌仪式，为首批 4 个国家火炬计划软件产业基地及下属 15 个骨干软件企业授牌。这些软件产业基地均建于国家高新技术开发区内。1997 年 7 月 29 日，经国务院批准，国家杨凌农业高新技术产业示范区宣布成立，并纳入国家高新区管理系列。1997 年 9 月 15—17 日，中国政府宣布将北京、苏州、合肥、西安 4 个国家高新技术产业开发区作为向亚太经合组织成员特别开放的第一批科技工业园区。1999 年 7 月 30—31 日，科技部、教育部在北京联合召开大学科技园发展战略研讨会，决定促进高新区内大学科技园的发展。2000 年 5 月 9 日，科技部、外经贸部、国家经贸委、信产部（现工信部）联合召开全国科技兴贸工作会议，并授予首批 16 个国家高新技术产业开发区为高新技术产品出口基地。2000 年 10 月 26—27 日，科技部、人事部、教育部、国家外专局确认首批 9 个留学人员创业园为国家留学人员创业园示范试点。2002 年 6 月 29 日，全国人大常委会审议通过《中华人民共和国中小企业促进法》。其中在"技术创新"一章明确提出"推进建立各类技术服务机构，建立生产力促进中心和科技企业孵化基地""积极发展科技型中小企业"。这大大地推进了各园区内"科技企业孵化器"的建设。国务院发布《国家中长期科学和技术发展规划纲要》（2006—2020 年）（以下简称《纲要》），《纲要》提出建立"创新型国家"和加强自主创新的任务，在《纲要》的精神下，2006 年 6 月 14 日，建设世界一流高科技园区试点工作正式启动。北京中关村、上海张江、深圳、西安、武汉、成都 6 个国家高新技术产业开发区成为首批试点园区。2008 年 8 月 7 日，根据《国家技术转移示范机构管理办法》和《国家技术转移示范机构评价指标体系（试行）》，科技部认定首批 76 家国家技术转移示范机构。2009 年 3 月 13 日，国务院批复支持中关村科技园区建设国家自主创新示范区，要求把中关村建设成为具有全球影响力的科技创新中心。以后又先后批准了几家国家自主创新示范区（上海张江、武汉东湖等）。国务院于 2007 年开始对相关省级高新区进行升级，第一家获得升级的是浙江宁波高新区，国家级高新区建设的步伐明显加快，2007—2016 年共有 90 多家省级高新区升级为国家级高新区。

从上面的国家高新区演化的过程可以看出，启动创新型产业集群建设工程是中国国家高新区模式的高科技产业化战略的最新发展。是在高新区、特色产业基地、软件园、孵化器、大学科技园等一系列创新创业载体形成后，又一个新的制度创新探索。

从 1988 年北京中关村获批成为中国第一家国家级高新技术开发区以来，中央政府共批准和从省级高新区升级到国家高新区 147 家，其踪迹遍及全国。截至 2014 年年底，当时的 115 + 1 国家高新区内共有企业 74275 个，共有从业人员 1527.2 万人，创造总营业收入 226754.5 亿元，其中工业总产值为 169936.9 亿元，创造净利润为 15052.5 亿元，上缴税额 13202.1 亿元，出口 4351.4 亿美元。国家高新区的国内生产总值占全国国内生产总值的 11.1%（2013 年），工业总产值占全国工业总产值达 62.6%。出口占国内总出口额的 30.2%①。

表 8 - 3　　　　　国家高新区企业主要经济指标

年份	国家高新区数（个）	入统企业数（个）	年末从业人员（万人）	总收入（亿元）	工业总产值（亿元）	净利润（亿元）	上缴税额（亿元）	出口创汇（亿美元）
2004	53	38565	448.4	27466.3	22638.9	1422.8	1239.6	823.8
2005	53	41990	521.2	34415.6	28957.6	1603.2	1615.8	1116.5
2006	53	45828	573.7	43320	35899	2128.5	1977.1	1361
2007	54	48472	650.2	54925.2	44376.9	3159.3	2614.1	1728.1
2008	54	52632	716.5	65985.7	52684.7	3304.2	3198.7	2015.2
2009	56	53692	810.5	78706.9	61151.4	4465.4	3994.6	2007.2
2010	83	55243	960.3	105917.3	84318.2	6855.9	5446.8	2648
2011	88	57033	1073.6	133425.1	105679.6	8484.2	6816.7	3180.6

① 科技部火炬中心网站，http://www.innocom.gov.cn/kjb/tjnb/list.shtml，作者自行计算。

续表

年份	国家高新区数（个）	入统企业数（个）	年末从业人员（万人）	总收入（亿元）	工业总产值（亿元）	净利润（亿元）	上缴税额（亿元）	出口创汇（亿美元）
2012	105	63926	1269.5	165689.9	128603.9	10243.2	9580.5	3760.4
2013	114	71180	1460.2	199648.9	151367.6	12443.6	11043.1	4133.3
2014	115	74275	1527.2	226754.5	169936.9	15052.5	13202.1	4351.4

资料来源：科技部火炬中心网站（http://www.innocom.gov.cn/kjb/tjnb/list.shtml）。

二 通过提升高新区创新能力建设创新型产业集群

（一）提升高新区创新能力建设创新型产业集群的可行性

20世纪80年代末，为顺应国际竞争新形势和新技术革命的发展潮流，高新技术产业园区在中国应运而生。但是中国高新区在发展初期，由于依靠政府支持和政策优惠，大都走"以地引资、以地养区"的粗放式外延发展道路，高新技术产业的集约程度明显不足。高新区实施的地方政府主要热衷于"招商引资"，大兴土木，为境外和国内发达地区的企业进驻提供硬件环境，在政绩驱动下，许多高新区盲目扩大规模，重复建设，成为不折不扣的房地产开发"造城"项目。

许多高新区在争相发展一般性高技术工程、新材料、新能源等项目时，片面追求结构的高度化而忽视了合理化，导致产业结构雷同，比较优势不明显，高新区内部产业之间缺乏应有的关联，高新技术企业集聚度不高，没有形成产业链条相互关联，不利于产业群体的整体竞争力提高，难以实现经济外部性和经济发展的规模效应。由于高新区内部企业之间没能形成"优势互补、良性竞争"的机制，加之园区提供过度优惠政策，导致园区企业自主创新动力不强，园区内部高新技术企业未能真正成为技术创新的主体，企业主要精力用于高新技术产品的贸易上，进行低层次、重复性的经营竞争，缺乏现代技术内涵。随着国家高新区的不断扩容，国家优惠政策不断缩减，不再具有起初的吸引力，高新区依靠自生能力来发展迫在眉睫。在国家"创新驱动战略"的指引下，对国家高新区提出了"二次创业"的任务，需要国家高新区的发展思路由发展企业向发展产业转变，以主导产业、特色产业、优势产业为重点，通过凝聚资源、优化配置，围绕产业链扶持重点企业、骨干企业、科技型企业，推动产业集群尤其是创新型产业集群的形成，充分发挥集群效应，不断提升发展实力和产业的国际竞争力。

　　当然，在直面上述问题的同时，我们也不能够抹杀 20 多年来国家高新区建设的取得的成绩。经过 20 年的发展，国家高新区已成为创新要素高度集中的区域，成为中国高新技术产业化和战略性新兴产业培育的重要载体，成为区域经济发展的增长极与亮点，在许多城市，高新区更是成为推动产业发展和新城区建设的重要职能部门，得到了所在地区政府的高度重视。由于地区发展的不平衡和初始条件的不同，高新区的发展出现了一些分化现象。2007 年以来许多原来的省级高新区升级为国家级高新区，这对于促进地方竞争有一定的好处，但是也存在着降低标准之嫌。新老国家高新区升级时的定位不一样。老一批国家高新区前身都是省级高新区或者科技试验区，是以"发展高科技、实现产业化"为宗旨。而新升级国家高新区中，由省级高新区升级的有 23 家，占新升级的38.3%；由省级经开区或工业园升级的有 31 家，占新升级的 51.7%；还有 6 个省级专业园区。由此可知，按照国家建设高新区的条件要求，有半数以上新升级国家高新区在发展战略功能定位上处于"先天不足"（宋捷，2015）。因此，在高新区发展规划上，实行差异化战略是必要的。这在科技部火炬中心对高新区的不同定位中已经有所体现：从新提升高新区到创新型科技园区、创新型特色园区、世界一流高科技园区以及国家自主创新示范区，国家高新区发展中贯彻了梯度发展的思路。这必然也会运用到创新集群建设的政策方面。

　　从工作层面考虑，火炬中心对于创新型产业集群的定义是：围绕战略性新兴产业，通过制度建设和机制创新，以科技资源带动各种生产要素和创新资源集聚，形成以科技型中小企业、高新技术企业和创新人才为主体，以知识或技术密集型产品为主要内容，以创新组织网络、商业模式和创新文化为依托的产业集群。

　　根据火炬中心的分析，创新型产业集群具有四项核心要素：企业、服务体系、公共政策和载体。这四项要素也是 20 多年来火炬工作的四项主要任务。所以，由科技部火炬中心负责实施这项工作就成为顺理成章的事情。当然需要其他部门的配合（发改委、工信部、农林部、财政部等）。在高层协调方面有刘延东副总理挂帅的国家科技体制改革和创新体系建设领导小组。可以说，科技部火炬中心在这四项主要任务方面都取得不错的成绩。现在提出建设创新型产业集群，就需要将这四项任务结合起来。火炬中心的专家们对此已经有了较深刻的认识。这里特别需要提到的是在建设高新区载体中发展特色产业基地的工作与创新型集群的发展有着密切的联系。由于国家高新区内（包括在高新区发展中走在前列的如中关村科技园）的行业比较分散，与我们通常意义上的"集群"的概念不相吻合。所以在计划产业基地基础上建设创新型产业集群就成为必然选择。国家火炬计划产业基地具有创新能力强、主导产业特色鲜明、产业链关联度大等特点，截至 2013 年年底，共有计划特色产业基地 341 家。在计划产业基地中，计划软件产业基地（"软件园"）占有突出的位置，目前共有 41 家。这也与中国行业创新上的国际竞争优势相一致。一些早期认定的软件园经过 20 年的培育发展已经具有一定的地方根植性，具备了建设成为创新型产业集群的基本条件。当然在将创新集群行业重点放在信息产业的同时，根据梯度发展的原则，也不排除在一些科技发达地区如北京、上海、武汉、西安、深圳等地在战略性新兴产业其他领域建设创新型产业集群，比如中关村国家自主创新示范区规划的"一区十六园"就包括了中关村高端医疗器械产业园、中关村国防科技园、中关村生命科学园等。

（二）中国国家级高新区升级为创新型产业集群的政策维度

我们根据上面提到的巴特尔特与德瓦尔德（Bathelt & Dewald，2008）的集群促进的区域政策关联理论来为中国创新集群建设中政府促进提出一些思路。巴特尔特与德瓦尔德认为，科学合理的集群促进政策不应该脱离当地集群的实际情况来制定，要将具体集群参与主体、组织结构、社会经济关系、集群发展路径依赖等多方面关联起来综合分析考虑。他们强调"情境依存的计划"（kontextbezogene Planung）是十分必要的，而这种计划也应当照顾到已存在的与其他地区的集群参与主体的关联以及过往发展经验的关联。他们还认为，集群促进政策中除进行资金上的激励和基础设施建设的保障外还要特别注意促进有自我适配能力的互动网络的建立。他们结合多级管理思想提出从纵向维度、横向维度、权力维度、制度维度和外部维度对集群政策加以分析的方法（Bathelt & Dewald，

2008）。

1. 纵向维度

集群促进政策的纵向维度是指对行业结构以及沿着价值链方向的政策设计和促进。其目标是加强在相同或相近价值链内的生产商、供应商、科研组织之间的合作，同时避免产生政府主导的"从上至下"模式。从德国的实践来看，德国政府将集群促进政策的纵向维度促进措施严格限定在具有很强外部性的领域，政府承担行业发展所必需的、但对单一企业来说成本过高的项目。这一思路与中国目前政策设计是一致的。根据科技部颁发的《创新型产业集群建设工程实施方案（试行）》，在实施创新型产业集群建设工程中，政府应明确哪些该做、哪些不该做，把着力点放在引导、示范和提供公共服务上。通过制定科学、合理的规划，提供单纯依靠市场无法实现的公共服务，为产业、企业指引发展方向。坚持自下而上与自上而下相结合。在实际操作中，比如北京市政府在建设中关村特色产业基地中，放弃了过去那种政府出资将基地建设承包给建筑商的模式，在"产业项目＋基地"的思路下，政府出资的中关村发展集团与中国建筑共同出资承建中关村生命科学园三期项目，采取市场化运作，以股权投资方式支持科技成果转化和产业化，支持高新技术企业做强做大，同时发挥国有资本放大作用，支持重大项目落地和产业基础设施建设。在产业链和产业集群投资上，中关村发展集团在系统分析产业链和产业集群分布的基础上，有选择地投资产业链关键节点企业和能够形成产业集群效应的企业。目前已经完成对物联网产业链和智能交通、云计算产业的集群投资。

2. 横向维度

横向维度是指对集群内部存在竞争关系的企业之间合作进行政策设计和促进。对于存在竞争关系的集群企业，德国政府促进思路是以其共同利益为核心，推动其间网络建设，促进专业人员流动并提供经济支持。尤其是在有战略意义的领域内，通过频繁组织专家交流意见，激发行业内对技术发展趋势和市场机遇的讨论，讨论结果作为集群战略定位以及发展战略的参照。集群管理机构对网络建设和技术转移的支持最主要的工具是创新座谈会，创新座谈会的目的是为区域企业和学者讨论技术相关话题提供平台。横向维度的促进政策制定与实施凸显了集群管理机构的重要性。由于中国的历史传统和政治体制，高新区一般都由地方政府行政部门来管理，这一方面有利于政府政策意图的贯彻，但另一方面不利于社会横向联系的协调与组织。因此，建立多种类型的经济社团组织的很有必要。在这方面中关村高新区也积累一些宝贵的经验。2003年，在中关村园区内成立了"中关村社会组织联合会"，截至2014年2月，联合会拥有的会员单位数量已达64家，成员协会拥有会员企业2万余家，企业经营领域覆盖了电子信息、生物医药、节能环保等高新技术产业领域，创业投资技术交易、知识产权保护等中介服务领域。联合会活动有利于会员进行横向交流，结成技术战略联盟。发挥社团组织的作用也对完善科技服务体系，强化产业集群品牌建设和人才建设，吸引和培育科技型企业有不可或缺的作用。但是普遍来看，这方面的工作仍旧需要继续加强。

表8－4 中关村正式注册社会组织发展状况

	2011	2012	2013	2014
协会（含商会）	30	37	40	49
产业联盟		10	22	50
民办非企业单位	—	10	20	37
基金会	—	1	3	5
总计	—	58	85	141
其中：经济类社会组织总计	30	47	62	99
经济类社会组织数量比上年增长的百分比（%）		56.7	31.9	59.7

资料来源：《关于进一步促进中关村经济类社会组织发展的若干政策建议》，天则经济研究所课题组，2015年3月。

3. 权力维度

权力维度是指在集群内部构建一种权力结构使得政治资源和经济需求相协调，尤其是要通过权力维度设计避免政府"看得见的手"对市场秩序过度干预，造成政府失灵。在德国的背景下，这主要包括强调中立第三方的作用，即集群管理机构既不应该直接代表政府，也不应该是集群内某家利益集团的代表；以及项目资助的原则。通过促进政策项目化的方法明确界定政府介入经济促进的范围和职责。项目导向还有利于政府促进政策的严格落实、推进以及适时的退出。在中国的背景下，权力维度主要体现在处理好中央政府与地方政府的关系。《创新型产业集群建设工程实施方案（试行）》指出，要坚持国家战略与地方目标相结合。建设创新型产业集群，体现了党中央、国务院关于推动经济发展转方式、调结构，充分发挥科技支撑作用、建设创新型国家的战略要求。同时，集群的建设主体是地方政府，实施创新型产业集群建设工程，还必须充分尊重、体现地方政府的意志，发挥地方政府的主导作用。根据复杂系统理论，创新型集群需要地方根植性，在地方政府的大力支持下，高新区具备了建立创新型产业集群的基本要素。所以，建设创新型产业集群一定要结合地方实际。集群申报，主要采取自下而上的方式，地方政府和省级科技行政管理部门根据本地区实际，向科技部申报创新型产业集群。通过这种方式可以了解各集群的基本情况、地方政府对于产业集群建设工作的考虑。另一方面，集群建设不是挂牌子工程，需要遵循自上而下的思路，重点在于申报通过后，围绕创新型产业集群的工作思路，切实贯彻创新驱动的发展理念，科技部门和地方政府共同编制工作方案，制定措施，推进集群发展，以期尽快达到创新型产业集群的建设目标。

4. 制度维度

制度维度是指集群发展需要的正式制度以及非正式制度。正式制度一般由政府在集群策动初期牵头建立，一般分为组织制度、标准制度、目标制度。而非正式制度的建立也非常有必要，它有利于在集群主体之间建立"信任"。当集群主体之间强大的信任关系形成足够的"社会资本"时，其约定俗成规则的力量可以超过正式制度结构。因此，很多学者认为建立正式制度和规则仅仅是集群繁荣的最基本保障，重要的还是在此基础上发展出来的非正式关系网络和集群共识。这种建立在地域基础上的"社会资本"在中国一些从农村发展起来的劳动密集型产业集群中广泛发挥作用。但是在政府策动的创新集群中仍还需要建立，比如创新文化。这需要一个较长期的过程。在正式规则的建立方面，德国政府的做法是让集群主体广泛参与。在中国，这就与上面提到的大力促进集群内社会团体的发展有关，鼓励它们积极参与集群规则的制定。

5. 外部维度

外部维度主要是促进集群间竞争与合作以及集群的国际化，防止集群结构过于刚性以及集群政策的"锁定效应"。在这两方面，德国政府都做了不少工作（见上一节）。中国集群间竞争较激烈，但是合作仍然不多。从前面国家高新区发展历程可以看出，"国际化"从高新区发展肇始就是其定位的重要组成部分（产业化、市场化和国际化），加强高新区的国际联系，吸引海外优秀企业、高端人才和资金入园一直是高新区上级领导和主管部门追求的目标。相比之下，高新区企业"走出去"还刚刚起步。

这些维度都是相互关联的。所以对它们的促进要讲求平衡，不能顾此失彼，否则将达不到预期的效果。而对它们的全方位促进将使整个系统的功效加倍。可以看出，集群政策关联理论的基础就是演化经济学复杂系统思想。

三 "试点推广"：中国政府创新集群政策的特征

坚持"先行先试"是中国改革开放战略的重要经验。无论是经济特区、经济开发区，还是综合配套改革试验区等，在中国改革开放进程中都发挥出示范、引领作用。国家高新区的发展历程也验证了这一路径依赖。通过"试错"来寻找解决复杂问题的途径是"先行先试"战略的思想与理论基础。这一战略方针被继续运用到中国政府的创新集群建设促进上。

科技部于2011年启动实施创新型产业集群试点建设工作，创新型产业集群建设方案的发布，引起了地方政府的高度重视和积极响应。首批有31个省、市、自治区推荐申报了74家集群，经专家组的咨询推荐，确定了32家产业集群作为创新型产业集群试点单位（北京中关村移动互联网创新型产业集群、武汉东湖高新区国家地球空间信息及应用服务创新型产业集群、深圳高新区下一代互联网创新型产业集群等），39家产业集群为创新型产业集群培育单位（丰台轨道交通产业集群、张江生物医药产业集群等）。

科技部火炬中心认为，这些集群绝大部分都是所在城市、高新区的支柱产业和发展重点，但总体发展水平和建设规划与创新型产业集群设定的目标还存在一定差距。为此，设定了遴选试点与培育示范两个步骤来推进集群建设。通过遴选试点，形成火炬工作与地方政府共同的支持重点，从集群的建设发展规划入手，围绕战略性新兴产业的细分领域，明确集群的产业定位、阶段目标、发展空间和政策举措；引导地方政府将集群建设纳入经济社会发展规划，建立由政府各个职能部门共同参与、分工明晰、高效运行的工作推进机制，形成相应的资源集聚和政策支撑体系；围绕产业链促进龙头企业、中小企业、服务体系形成市场化的配套协同关系，提升集群产业整体技术水平和创新能力。力争在 3 年内，达到创新型产业集群的认定标准、实现示范效应。

通过几年的不断探索，创新型产业集群已经成为实施创新驱动发展战略和推动大众创业、万众创新的核心载体，成为促进产业转型升级和打造经济新引擎的重要抓手。据不完全统计，2014 年，32 家试点集群和 39 家培育集群内企业营业总收入超过 34546.8 亿元，出口总额 1432.8 亿美元，实际上缴税费总额 1785.3 亿元内，71 家集群共有企业 12757 家，其中高新技术企业 4088 家，占总数的近 1/3；从业人员 296 万人，其中大专以上 156.1 万人，占总数的一半以上；共有科技企业孵化器 167 家，国家级技术转移机构 76 家；当年获得发明专利授权 17254 件，平均每个集群 243 件，形成国家或行业标准 848 项，平均每个集群近 12 项[①]。

第四节　德国与中国创新集群政策的比较

尽管两国在经济发展阶段、政治和经济治理结构以及历史和文化方面有很大的不同，但是在政府的创新型产业集群政策的目标和实施方式上有许多相似之处。

首先，两国在集群策动和促进上都采取了"从上至下"与"从下至上"相结合，即国家战略目标、地方组织实施与市场导向相结合的方针。这对于中国这样的转型国家尤为重要。经济活动是由独立经济主体分散性计划还是由一个中央行政机构集中计划来调节，是两种不同经济秩序

---

① 科技部火炬中心，http：//www. chinatorch. gov. cn/cyjq/index. shtml。

类型的分水岭。中国中央政府能够自觉地放弃从上至下的垂直领导，坚持在创新集群管理方面的地方主导，而将自身的作用限制在战略目标的制定上，这不能不说是一大进步。而地方政府与当地企业联系紧密，集群发展由市场导向。由于两国政治与行政体制的不同，在中央与地方的关系方面也有所不同：德国是联邦层面与州层面共同行动，不存在集群的等级差别。而中国是单一体制，国家级高新区高于省级高新区。国家级高新区的管理虽然是由地方政府负责（管委会），但是要接受中央政府的归口业务指导。在中央与地方政府的推动下，由高新区及其衍生载体——国家自主创新示范区、国家可持续发展实验区、科技企业孵化器、生产力促进中心直至 2011 年开始培育的创新型产业集群——组成的区域创新体系与以中央政府机构组成的中央政府科技体系（中科院、国家重点实验室、国家级创新中心等）良性互动，形成了中国国家创新体系的显著特征。

其次，与中国更加依靠各级政府管理不同，德国更加重视独立的"第三方"的作用。例如"尖端集群"作为资助对象并不是由国家直接挑选，而是通过竞赛的方式由独立的专家组成的"裁判团"评估产生。而在中国则是由地方政府来决定。这主要是因为中国的作为经济与科学界利益代表的社会团体发育不完全，科技园区创新服务体系还不完善。根据作为复杂系统的创新集群的运作规律，政府应该尽量放手，更好地发挥集群成员自组织的作用。

再次，德国政府集群政策的特点是：资助具有持续性，充分考虑到新兴产业生命周期较长，需要较长期的资助和计划的承继；但中国由于财政体系的一些弊端，地方政府的财政资金比较缺乏，而依靠"土地财政"往往是"一锤子买卖"，初期大干快上，但难以支撑较长期的资金投入。而中央政府促进地方经济发展的财政支持主要采取项目资助的方式，随意性较大（"跑部运动"），缺少像德国联邦政府与联邦州之间在区域政策方面共摊资金的"共同行动法"（1970 年）制度保障。所以，中国政府对于创新集群建设的支持更多地通过税收减免等优惠政策，但是这一方面由于批准的创新集群越来越多而缺乏吸引力，另一方面搞不好会违反市场经济秩序的公平竞争原则。这方面的缺陷最终需要通过国家财政体制与政府管理体制改革来解决。

最后，如果科技园或集群长期依靠政府税收减免或资助来维持，其发展是不可持续的。因此，德国政府对于集群的资助限制在集群启动阶段（最多5—10年，逐渐减少）。而且由于产学研有机结合会互利多赢，政府的创新合作项目资助采取官民合作的方式，加入集群的企业和其他机构要对等的投资。而且在集群渡过启动阶段后，集群的活动费用由集群主体自行承担。目前，中国发达地区的国家高新区也出现了融资创新，融资方式的多样化，融资比较灵活。但是对于一些较落后地区创新驱动发展，政府在一定时期的直接资金支持是必不可少的。

第五节　集群案例二：德国东部尖端集群"BioEconomy"

创新实质上产生于网络化的合作活动，德国在其传统优势产业，即高技术领域（乘用车、化工、机械制造）自发形成了围绕着产业链、价值链和创新链的合作网络，这不仅使得德国产业界保持着强劲的应用性研发实力，也使得德国产业长期享受着学习曲线在国际分工中的效益。然而，新兴产业在市场与技术发展路径上的不确定性，给作为经济组织形态的主体——企业，带来了大量的风险。在这种背景下，那些由来自公共与私营研究部门与经济主体共同组建、成为一种创新型组织形态的集群，就需要政府策动，并对它们之间具有较大研发风险的科研合作进行协调。这成为推动新兴产业链的一种有效尝试。这种模式在新联邦州萨克森—安哈尔特州与萨克森州共同建立的BioEconomy集群有着极致的体现。

当然，该集群的建立并非由政府指令性地对当地经济进行改造升级，而是依托于当地已有的化工产业基础，以及利用当地天然的山毛榉林木资源，重点发展以山毛榉材为原料的第二代生物化工产业。第一代生物化工产业以玉米等粮食作物为代表，它在社会舆论中引发了"油箱与饭碗"之争，因此广遭诟病。随着生物技术的发展，从2014年开始，以麦秆、草、木材等农林废料为原料的第二代生物技术开始进入产业化生产阶段。在该集群筹建中，由于新兴产业链缔造中的风险与不确定性，作为公立机构的弗劳恩霍夫协会的研究所起到了举足轻重的推动作用。虽然不能以此归纳德国创新集群的全貌，但这是德国创新集群形成与运作的一种重要的模式。

早在100年前，位于德国中部的萨克森—安哈尔特州的洛伊纳与比特尔费尔德等地就共同构筑了德国中部著名的化工三角区。但在后来的东德计划经济时代，由于投资不足、技术落后，以及国际产业链的变迁，这里产业萧条，污染严重。受益于两德统一后的政策扶持，这里获得大量联邦政府的产业与科技补贴，一直延续至今。例如，两德统一后，这里成为拜耳阿司匹林的生产基地。尽管如此，这里并不像德国西部的勒沃库森或路德维希港的化工产业集群，完全依托于拜耳或巴斯夫自身的产业链条，而是由多家企业共同组成，因而，在管理上有较大的开放性。这使新兴产业链的形成有了很好的产业结构基础：产业链相对开放，多家中小型企业可以共同分担创新风险。这种经济特征引起了弗劳恩霍夫系统中的界面工程与生物研究所（IGB）的所长托马斯·希尔特（Thomas Hirth）教授的注意。他决定在弗劳恩霍夫研究所系统中再建一个转化研究所，即化学生物技术加工中心（CBP），并将其设在洛伊纳。化学生物技术加工中心与弗劳恩霍夫旗下的应用高分子聚合物研究所（IAP）以及材料力学研究所（IWM）共同成为这一新兴的生物化工产业链的核心推动力量，推动了整个产业链的形成。

在2007年托马斯·希尔特教授计划成立化学生物技术加工中心之初，该研究所就确定了明确的中长期产业化目标：在中期，研发木质纤维素等生物原料的替代技术，在长期，则是要改变现在已有的产业流程，达到更高的效率并且提供全新的产品。然而，与传统石化产业不同，生化产业的实验室研究（克到千克级）与工业级（千吨到百万吨级）设备之间的工艺差距巨大。对于研发来说，从实验室到工业化设备，需要漫长的技术与经验积累，因此，该研究所需要一步步建造更大的设备，从而掌握相应的工程技术（见图8-5）。洛伊纳有成熟的化工园区，可以给化学生物技术加工中心提供工业蒸汽以及废水处理等基础设施，这些是建设小于工业级、大于实验室级的试验（吨级）研究设备必不可少的。而化工园区目前已有的化工中小企业也可以成为化学生物技术加工中心的客户。根据弗劳恩霍夫研究所体系的管理规定，旗下研究所30%的研发经费必须来源于企业。而洛伊纳化工园区也希望化学生物技术加工中心

的进驻给它们注入新的技术与创新活力，提高当地的研发水平。因此，研究方和产业方一拍即合。

战略性目标及实施步骤

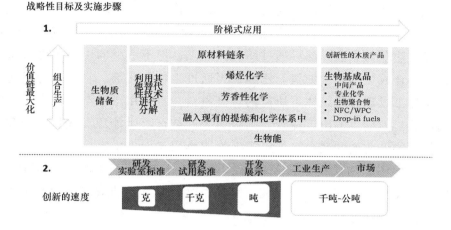

图 8 - 5　BioEconomy 集群的战略目标及实施步骤

资料来源：Holz trifft Chemie-Die Zukunft der biobasierten Wirtschaft beginnt in Mitteldeutschland. Vorstellung des Spitzenclusters BioEconomy（Präsentationsfolien von Hennig Merstens），p. 9。

后来，化学生物技术加工中心又通过游说联邦教育与研究部、联邦农业部、联邦环境保护部、萨克森—安哈尔特州政府以及弗劳恩霍夫协会总部，最终募集到了 5800 万欧元，用于试验性项目的建设，并通过公开招标的形式，选择德累斯顿林德工程公司（Linde Engineering GmbH）进行实验级项目的工程建设。在合作中，化学生物技术加工中心把所有的工程数据和设计交给林德公司，而林德公司再根据自己的经验把这些数据做成仪器和设备，并且设计整体的工业蒸汽、通风与废水收集系统。作为一家公立研究所，化学生物技术加工中心虽然是一家非营利性组织，但是，它可以为自己的生化设备设计申请专利，通过授权专利许可维持自己的运营。虽然林德在与化学生物技术加工中心的合作中，可以获得这些设备的设计知识，但是倘若林德在未来要建设这样的设备，则需要给化学生物技术加工中心付专利使用费。2013 年，BioEconomy 集群在联邦政府第三批尖端集群竞赛中获胜，集群的相关公立与私营研发主体获得了竞赛奖励的 4000 万欧元研发经费，将这些钱及配套经费投入联合科研项目中。这样，研发主体们可以依托化学生物技术加工中心目前建成的试验级项目设备，迅速获得准工业级的生产数据，从而为进一步的商业化项目（千吨到百万吨级）做准备。

这个可持续性的新型生化产业链是层叠式的、环环相扣的：首先是将山毛榉的主材加工成传统的、创新性的木材产品，广泛应用于新型房屋建造与家装。然后通过酶的预加工，把不成材的山毛榉做成单分子的合成化学品例如氢、乙醇，再通过生物催化剂，将这些合成化学品加工成现代化工体系所需的轻型材料，直接用于航空、汽车等终端产业。而剩下的山毛榉废料则被用来制造可再生能源。最后，酶和其他生物催化剂的残余被加工成生物肥料用于促进山毛榉的生长，实现生态循环和物质材料价值的最大化。由于产业链的多样性和复杂性，它无法由一家企业来完成，而是需要产业链上的众多企业和科研机构相互合作配合。而 BioEconomy 以集群的创新组织方式，加速了研发的成果转化。

集群的管理机构是一个类似于工商会的 BioEconomy 集群协会，全面负责集群的技术开发、经济活动、对外联系以及组织工作，它由集群内外产学研金用各领域的代表组成（见图8-6）。而集群技术链和产业链的实际运作则由集群经理来管理，他们组成了一个在协会旗下的有限责任公司。有限责任公司还领导着专业工作小组，这些专业小组在集群经理的领导下负责为集群的技术开发工作提供专业咨询。这种结构既保持了集群网络的广泛参与性，同时也保证了对集群价值创造网络强有力的、企业化的领导。

因此，依托于弗劳恩霍夫协会三家研究所的研发基础，在联邦促进创新产业化的尖端技术集群政策推动下，以萨克森—安哈尔特州、萨克森州为核心区，23 家高校、研究所、化工企业以及木材企业在 2012 年正式成立了 BioEconomy 集群。目前，这个集群已经扩大到 68 家企业和 23家教育与研究机构。这个由学术界和产业界所共同建立的这个专门围绕山毛榉为原料的生物产业研发聚集区，成为发展尖端技术集群的一种模式。

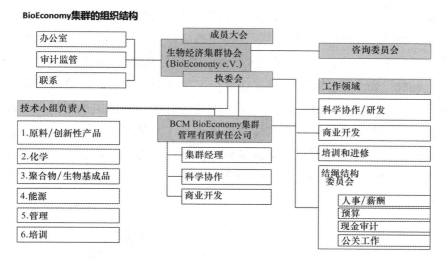

图 8 - 6　生物经济集群的组织结构

资料来源：Holz trifft Chemie-Die Zukunft der biobasierten Wirtschaft beginnt in Mitteldeutschland. Vorstellung des Spitzenclusters BioEconomy（Präsentationsfolien von Hennig Merstens），p. 7。

第六节　集群案例三：柏林—勃兰登堡创新区

相比巴伐利亚和北威州，柏林与勃兰登堡地区的集群和集群促进政策起步较晚，不受以前政策的路径依赖，其集群促进政策的既结合了本地区区位优势又反映了联邦政府最新的集群促进思路，有明显的后发优势。因此，我们选择柏林—勃兰登堡创新区为例①，研究德国州层面集群促进政策。

一　框架条件

柏林和勃兰登堡地区在 2006 年已经有各自存在的集群了，面对不断变幻的国际市场，两个州的州政府认为只有通过强强联合，整合两州的

---

①　主要以柏林—勃兰登堡能源集群为例，因为州政府对此集群的促进非常完善，希望从战略、管理、集群结构等多方面为其他集群发展作示范。

创新资源，促进两州集群内部以及集群间的网络建立，才能适应新环境对创新政策的要求。2007 年以来，在联邦政府与州政府举行的集群峰会上（2008 年、2009 年、2010 年），两州政府以及各大已存在集群的参与主体经过多次讨论，决定成立柏林—勃兰登堡创新区（InnoBB）。

柏林—勃兰登堡创新区的建立整合了两州的已有集群促进政策和行政资源，突破现有集群结构，重新对集群进行识别，运用最新的集群促进理念对集群战略以及具体落实进行再设计。柏林—勃兰登堡联合创新政策的主要目的是确保首都地区长期的国际竞争力，并且实现"欧盟战略 2020"中要求的智慧、持续、包容式增长。

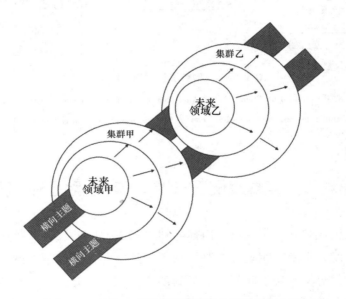

图 8-7　柏林—勃兰登堡创新区集群与横向主题

资料来源：作者根据 Gemeinsame Innovationsstrategie der Länder Berlin und Brandenburg（柏林—勃兰登堡创新区）绘制。

柏林与勃兰登堡州政府分别委托独立第三方集群管理机构 TSB（Technologiestiftung Berlin）和 ZAB（Zukunftsagentur Brandenburg）组织柏林—勃兰登堡创新区战略的具体实施。柏林和勃兰登堡州通过集群管理机构牵头组织，企业、政府、学术机构配合的方式，在两州各自的集群基础上确定了医疗产业、能源技术、交通及物流、媒体及创意产业、光学元件五个共同的"未来领域"（Zukunftsfelder）。围绕五个共同"未来领域"按照"促进强项"原则对两州的产学研网络进行进一步整合，发展成为新的集群。

除此之外，柏林勃兰登堡创新区还确立了四个跨行业的技术作为"横向主题"，助力不同的"未来领域"创新。这四个"横向主题"分别是材料工艺、生产及自动化技术、清洁技术和安全技术。

二　集群发展目标体系与措施

为保证集群长期发展活力，构建科学的集群结构，柏林、勃兰登堡州政府联合集群管理机构与其他集群主体为集群发展共同设计了多层目标管理体系（Multizielsystem）。

由图 8-8 可见，柏林—勃兰登堡创新区的多级目标体系结构明确，可行性高，每层目标由下级目标及措施支撑。

第一层目标强调集群管理通过策动和组织不同的集群管理活动间接影响经济和创新的框架条件，并提出测量经济以及创新的重点指标。经济指标有：移入企业（包括供应商）数、就业人数、投资总额、能源收支、竞争力指数等。创新指标有：申请专利数、申请促进项目数（柏林—勃兰登堡、联邦以及欧盟）、新的产品及服务、国际网络建设、国际合作、集群知名度等。

第二层目标强调集群主体共同的愿景，即作为一个整体要达到怎样的高度实现何种目的。如医疗科技集群要将柏林—勃兰登堡区域发展成为德国医疗领域示范区域，能源技术集群要保持德国领先地位并进一步加强国际竞争力等。

第三层目标强调集群战略服务于集群愿景，为实现愿景提供战略推力。每个集群的战略都是以整个柏林—勃兰登堡创新区战略为蓝本发展而来，基本要素一般包括提高国际知名度、增强在国际竞争中的创新区位条件、开拓市场、推进国际合作等。

第四层集群执行目标从集群管理角度为实现以上目标提供内在动力。柏林—勃兰登堡创新区对优秀集群的管理进行了设计（见下文）。

第五层是集群管理用于构建集群结构具体政策工具，属于目标体系中最底层。

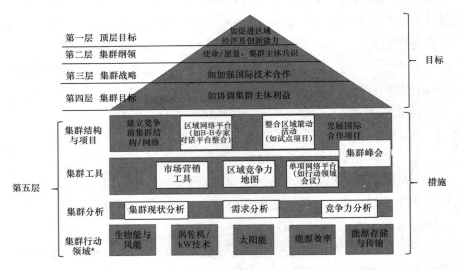

图 8 - 8 柏林—勃兰登堡创新区集群结构目标体系

* 以能源技术集群为例。

资料来源:《能源技术集群总体规划》, 第31页。

三 打造优秀集群管理

柏林—勃兰登堡创新区的政策制定者认为, 决定企业是否能从参与集群中获益的不仅仅是集群基础设施、潜在的集群主体, 更重要的是集群是否有能够策动并合理调控集群共同活动的优秀集群管理机构。没有集群管理机构的作用, 集群主体间的合作更多是偶然的, 优秀的集群管理机构应当及时甚至前瞻性地对集群主体的需求和外部环境做出反应。因此, 柏林—勃兰登堡创新区将打造优秀的集群管理作为集群促进的重中之重, 推进集群管理的透明化、规范化、科学化。

(一) 透明化集群管理目标定位

两州政府为集群发展提供政治框架, 并一同牵头整合柏林与勃兰登堡州的集群管理资源, 与专业的集群管理机构 TSB 和 ZAB 共同确定柏林—勃兰登堡创新区框架下集群管理所扮演的角色和任务。集群管理的主要任务为协调集群参与主体的关系和活动, 实现集群活动的透明化以及负责集群的整体对外宣传, 具体执行目标有 (Clustermanagement Energietechnik Berlin-Brandenburg, 2012):

甄别行动领域（Handlungsfelder）

制定总体规划（Masterplan）

组织行动领域/集群会议

促进技术、知识转移

提高集群的国际知名度

市场营销

组织示范项目（Leitprojekt）

（二）规范化集群管理流程

优秀的集群管理除了需要专业的集群管理组织和管理人才，明确的集群管理目标以外，还需要有科学合理的工作流程。为了更科学地发挥集群管理的作用，TSB 与 ZAB 在组织具体集群策动时遵循生命周期模式：现状分析—主体协调—沟通合作—项目跟踪。

现状分析：集群管理机构对现有的企业实力和科研能力加以分析（通常采用 SWOT、价值链分析等分析方法），并就分析结果与相关集群主体进行交流。TSB、ZAB 以及各州经济部门在共同集群基础上进行分工合作，如能源技术集群由 ZAB 与勃兰登堡州经济部主要负责，TSB 以及柏林州政府方面负责配合。

主体协调：集群管理机构在现状分析基础上建立相关集群主体之间的链接，有针对性地联合相关主题的企业、科研机构以及中介机构。这种由集群管理机构发起的联合平台既可以服务于单一的主题也可以服务于跨技术主题。

沟通合作：集群管理机构将集群活动以及集群管理项目推广到跨区域层面市场以及国际市场，并且组织发起对集群发展有利的跨区域合作。

项目跟踪：集群管理机构发起并跟踪集群项目（科研项目、示范项目以及新技术展示项目）。集群管理机构与项目实施方保持密切联系，随时了解其需求并给予尽可能多的支持。

以能源技术集群的总体规划制定过程为例，其基本按照这个生命周期模式采取自下而上的方式来进行。集群主体（企业、行会、科研机构）可以非常主动地参与到整个总体规划的信息搜集、目标制定、完善修订以及最终决策环节。集群管理机构只是推进这一过程，为不同主体之间形成对话创造条件。

表 8-5　　　　　　　柏林—勃兰登堡能源集群总体规划制定进程

总体规划分析		总体规划制定		总体规划施行	
现状/需求分析（SWOT等）	2011	专家组起草总体规划	2012.3	建立网站	2012年年中
集群潜力分析/系统整合	2012中期	集群管理机构修订（包括调整、评述、多回合控制以及继续分析）	2012.4	行动领域内的主题策动（如KWK研讨会）	2012
对所有行动领域进行潜力分析	2012年年末	投票阶段		集群主体讨论会（cluster who's who）	2012年年末
		企业/网络/经济界	中介机构/政府部门	2012.5	气候变化研讨会/主题之夜（柏林—勃兰登堡能源领域挑战）	2012.9
		在创新峰会预发布	2012.6.18	企业专家对话	2012.1
		修改、调整形成最终版本	2012.8	定位文件	完成时间2012年年末
		通过、进入操控环节	2012.9		

总体规划交流		总体规划升级	
出版印刷	2012.1	持续定期工作见面会	2013/2014
集群大会发布	2012.11	年度集群大会	
行业商会/行业联合会展示	2013上半年		

资料来源：Clustermanagement Energietechnik Berlin-Brandenburg, *Die Region voller Energie*: *Energietechnologien als Motor der Hauptstadtregion-Masterplan für das Cluster Energietechnik Berlin-Brandenburg*. Berlin, https://www.wfbb.de/en/system/files/media-downloads/masterplan-energietechnik - 975. pdf, 2012, p. 43。

（三）科学化的标准制定

在具体项目的促进，尤其是示范项目的选择上，集群管理机构严格遵循既定的标准。目前在能源技术集群内有两个示范项目，即：科特布斯 BTU 联盟电子汽车（e-Solcar der BTU Cottbus）和柏林阿德勒斯霍夫光伏用超薄与纳米能力中心（das PVcomB des Kompetenzzentrums Dünnschicht-

und Nanotechnologie für Photovoltaik in Berlin-Adlershof）。要成为柏林—勃兰登堡创新区框架内的示范项目必须符合以下条件[①]：

（1）项目实施领域需涵盖柏林和勃兰登堡州。

（2）项目内有效实现经济与科研的结合。

（3）项目必须有很强的市场认可度和可见性。

（4）在跨区域以及国家层面有重要意义。

（5）必须具备很高的可行性。

（6）具备有保障的融资条件。示范项目的作用是为其他项目提供借鉴，因此其必须具有相对较高的成熟度并对整个集群发展具有意义。除此之外，集群管理机构还按照科学的项目选择标准系统地推动实施试点项目（pilotprojekt）[②]，探索集群发展以及集群合作新模式。

四　集群发展动态评估

集群管理机构将会从不同层面对集群发展以及集群促进政策实施效果动态地进行评估和测量。

（一）对所有柏林—勃兰登堡创新区五个集群统一评估

通过对主要指标（工作岗位、公司数、销售额等）进行时间对比。此项评估由政府主导，通过州经济部实施，IBB、ILB 以及 TSB 等集群管理机构提供方法上的支持。

（二）通过发布定性评估报告补充量化评估的不足

定性评估报告包含每个集群、每项技术特定的重要特征，评估重点在创新性以及集群网络建立这样的软实力。

（三）对集群促进政策的进一步跟进

集群管理机构采用"集群驾驶舱"（Clustercockpit）动态评估工具对集群促进措施和实践项目进行评估。这种工具是用来确定项目的目标以及当前完成程度的评估工具，集群管理机构用其对由集群主体自发发起的项目进行评估。由集群管理机构发起的项目（如行动领域的试点项目

---

① 根据本项目一位成员对勃兰登堡经济部欧洲事务司负责人 Kathrin Lehmann 的访谈总结，访谈时间为 2013 年 7 月。

② 主要参照欧盟相关标准。

和示范项目等）一般来说规划更完善，此类项目不属于"集群驾驶舱"评估范围。"集群驾驶舱"评估工具将项目分为不同的进展阶段：0：无活动；1：协调/网罗集群主体，非正式策动、确定共同主题；2：商定共同行动，制定共同行动规划；3：建立项目草案；4：项目实施；5：项目成果（如新产品等）。[①]

对集群管理机构以及评估机构比较重要的是预期跟进度和项目贯彻度。预期跟进度是指集群管理机构在整个项目过程中计划提供支持的阶段，项目贯彻度则指目前项目进展到的阶段。

以"柏林—勃兰登堡专业人员配对平台"为例，通过"集群驾驶舱"评估工具可以得到表 8-6：

表 8-6　　　　　　柏林—勃兰登堡专业人员配对平台动态评估表

	0	1	2	3	4	5
	无活动	协调/网罗集群主体，非正式策动、确定共同主题	商定共同行动，制定共同行动规划	建立项目草案	项目实施	项目成果(如新产品等)
计划时间			2012.6	2012.9	2013	2013ff.
参与主体		CM	高校、行会、CM	高校、行会、CM	CM	CM
预期跟进度						
项目贯彻度						

资料来源：根据对 Stephan Richter 访谈绘制。

此种跟进评估不仅确保集群促进措施能够按照时间规划顺利推进，而且可以明确各个阶段不同参与主体的责任。尤其便于防止政府政策过度干预集群项目进展。

[①] 根据本项目一位成员对 ZAB 集群促进负责人 Stephan Richter 访谈总结，访谈时间为 2013 年 7 月。

第 九 章

欧洲研究区：欧盟国家之间 开展科技创新合作的重要举措以及 对中国的启示[*]

随着经济全球化和区域化发展趋势的逐步增强，国际科技创新合作也得到了迅速发展。欧盟国家在推动一体化的过程中很重视加强各国之间的国际科技创新合作，希望以科技创新合作为动力进一步推进欧洲一体化进程。欧洲国家由于地理位置相邻，具有合作的有利条件，科技创新合作的历史也比较悠久。如果从"二战"后算起，欧洲国家有影响力的正式科技合作可以追溯到20世纪50年代，最早的合作主要是核领域，后来又逐渐扩大到其他领域。随着一体化进程的推进，欧盟成员国之间的科技创新合作也得到了进一步的发展，但并没有实现欧盟范围创新资源的整合，没有在创新主体间形成跨国的创新合作网络。进入知识经济时代后欧盟创新竞争力在全球遇到的挑战越来越大，欧盟各国意识到整合欧盟创新资源并进行科技创新合作的重要性。希望能通过合作提高欧盟的整体创新能力，以应对共同面临的挑战。2000年欧盟提出建设欧洲研究区，是推动欧盟国家之间开展科技创新合作的重要举措。德国是欧洲研究区建设的拥护者和支持者，欧洲研究区建设确定了五大优先发展领域，德国在每一个领域都积极开展了国家层面的相应建设。欧洲研究区的建设经验对中国积极促进亚洲邻国之间的科技创新合作方面具有启示作用。

---

* 本章由河北石家庄学院经济管理学院刘慧博士撰写。

第一节　国际科技创新合作的内涵

一　国际科技创新合作的概念

国际科技创新合作主要是指两个以上的国家或地区，通过协商制定共同遵守的规则，消除区域内各成员国之间合作的阻碍，通过合作研发、技术贸易①、人才交流等形式实现科技资源共享，整合优势资源共同研发和创新，最终提升整体的创新能力，解决共同面临的社会挑战。

二　国际科技创新合作的类别

目前世界范围开展的国际科技创新合作形式多样，按照合作主体的不同主要可以分为以下类别。

（一）国家或地区政府间的科技创新合作

这主要是指在两个以上国家或地区之间开展的政府主导的科技创新合作，一般在政府间签订科技创新合作协议，由政府组织资源开展科技创新合作。政府间的合作尤其是国家政府间的科技创新合作一般侧重于基础研究或是社会亟待解决的重大技术项目。

（二）企业间的跨国科技创新合作

企业作为主体的跨国科技创新合作往往侧重于应用研究，将目标定位于研制新产品以开辟新市场或占据市场主导地位。开展合作的企业往往生产领域相同或位于同一产业链上，有着共同的技术开发。企业也可以与在行业技术方面保持领先的国外科研机构或大学开展科技创新合作。

（三）研究机构或大学间的国际科技创新合作

各类研究机构或大学之间的跨国科技创新合作往往侧重于基础研究和技术开发，一般是就共同关注的领域展开研发合作，由不同组织的科研人员共同组成项目组，共享资源，共同开展科技创新。

（四）个人之间的国际科技创新合作

主要是指科研人员与自己同一个研究领域的个人之间相互交流，共

---

① 技术贸易：主要包括技术引进、技术出口、委托设计、委托研究、合作生产、技术劳务引进或输出等。

享科研信息,合作开展科研。一般表现为共同申请和开展科研项目,最终合作撰写科研论文或研究报告等行为,是一种个人间的行为。

三 科技创新合作的意义

创新是人类社会发展的动力,人类面临很多共同的问题需要靠科技创新来解决,如气候变化、能源、疾病、交通等,这些重大问题靠一国之力往往很难解决。开展创新合作可以共享科研基础设施、科技信息、科技创新人才等,有效的创新合作可以大大提高创新的效率。随着信息化的进一步发展,国际创新合作也更加便捷。尤其在发展水平相近、地理位置相近的国家之间,国际创新合作已经越来越广泛。

第二节 欧盟国家的科技创新合作历史

地理上相邻近的区域,交通上易达、文化上较接近、交往历史较悠久等因素决定了更易开展国际创新合作。欧盟国家从 20 世纪 50 年代就开始进行正式的科技创新合作,1951 年西德、意大利、法国、荷兰、比利时、卢森堡 6 个国家建立了具有超国家性质的"欧洲煤钢共同体"(European Coal and Steel Community)。这六个国家又于 1955 年建立了"欧洲经济共同体"(European Economic Community)和"欧洲原子能共同体"(European Atomic Energy Community)。在这个时期共同体层面最重要的科学合作领域就是核工业。

1958 年,根据建立欧洲原子能共同体的《罗马条约》,"欧洲共同体联合研究中心"成立。并于 1960—1961 年正式开始工作。该中心成立初期专门从事核研究。1971 年联合研究中心(Joint Research Center, JRC)进行了重组,具备了行政自由权,中心的研究范围也从原来唯一的核能研究扩展到非核研究领域。

1971 年,欧共体举行了部长会议,决定开展"欧洲科学技术合作计划"(European Cooperation in the Field of Science and Technology, COST),目标是通过一种灵活安排的机制来协调各参与国的研究机构的活动以增强整个欧洲的科技能力,由专门的协调委员会负责管理。该合作计划没有集中的资助和具体统一的研究政策,各国可以自由选择参与的行动。

新的行动必须由至少来自 5 个不同成员国的研究团队自下而上地（Bottom-up）向协调委员会申请，其项目是由研究人员建议提出的，协作条款由有关各方交换备忘录确定，并得到"欧洲科学技术合作计划"的批准。"欧洲科学技术合作计划"规定一旦新的研究合作项目被协调委员会批准执行，由研究团队所在的国家提供必需的资助，"欧洲科学技术合作计划"并不为项目提供经费，但是，会对诸如会议、短期交流和出版物这类联合活动提供经费支持。这种做法的目的显然是希望通过鼓励跨境合作来减少研究活动的分散化。

20 世纪 80 年代新的技术革命引发了激烈的国际竞争，西欧感到自己与美国和日本在科技领域的差距在加大，西欧各国认识到要加强科研合作共同迎接挑战。在这种背景下"研究与技术开发框架计划"（Framework Programme for Research and Technological Development，FP）出台，简称"框架计划"。该计划自 1984 年开始实施，是由欧盟的成员国及协议国共同参与的重大科技计划，具有研究水平高、涉及领域广、投资力度大、参与国家多等特点，涉及范围广泛、目标明确、基本上由业界主导但集中管理，确立了一系列的优先发展的目标。"框架计划"的参与者包括了来自欧洲各国的大、中、小型企业，高校和研究中心等各类机构，"框架计划"为各机构的互动交流创造了一个很好的平台，对创新形成了很好的支持作用。

1985 年，在德国汉诺威发起了"尤里卡计划"（European Research Coordination Agency，EURECA），该计划又被称作"欧洲联合振兴计划"，旨在加强企业和研究机构在前沿科学领域内开展联合研究与开发，目标是提高欧洲企业的竞争能力及开拓国际市场的能力。"尤里卡计划"的研究项目由企业和科研单位自下而上地提出，由基层的参与机构自由选题并确立其合作伙伴、合作范围及合作方式。企业和科研机构紧密地结合在一起，每个研究项目必须有两个以上不同国别的企业参加，来自国家基金的资金最多不得超过总资金的 50%，其余由企业界提供。"尤里卡计划"通过建立一个技术合作发展的协调机构，鼓励和协助企业和研究机构之间开展跨国合作，把各国的技术资源组织起来，推动与经济发展密切相关的高技术的研究与开发，支持各国企业、研究机构和高等院校开展以市场为导向的研究和创新项目。该计划期望联合制定工业标准，从而能够以诸如相互承认检验程序和证书的方式取消贸易方面的技术障碍，并最终开放公共采购系统。

第三节　欧洲研究区是欧盟国家开展创新合作的重要举措

一　欧洲研究区的提出

欧洲在研发领域是一个具有传统优势的地区，但随着 21 世纪知识经济时代的到来，由于科技成果在市场中的转化能力相对较差，欧盟国家在应对全球创新竞争方面面临着很大的压力。欧盟在创新能力上一直落后于美国和日本，同时又被韩国、中国等新兴国家快速赶超。韩国的创新能力目前已经超过欧盟并且还在进一步扩大领先优势，中国与欧盟在创新能力上的差距也在不断缩小。同时欧盟各国还面临着经济增长乏力、气候变化、失业率高、人口老龄化、能源安全等问题，解决这些问题都需要靠科技创新能力的提升。在这种形势下，欧盟各国认识到单靠任何一个成员国的力量都无法解决欧盟面临的问题，必须要整合整个欧盟的研究和创新力量，团结各成员国和地区，联合所有的创新相关部门共同努力，清除阻碍欧盟创新的制度障碍，才能提高欧盟整体的创新能力以应对各种挑战。

"欧洲研究区"的概念最初由欧盟委员会于 2000 年在《建立欧洲研究区》的报告中提出，当时并没有一个明确的定义，只是概述了欧洲研究区概念包含的十项内容，分别是：建设欧洲现有卓越研究中心的网络体系并利用新的互联工具建立虚拟中心；对欧洲大型研究设施的投资和建设采取一致行动；使国家层面和欧洲层面的研究行动更协调，加强欧洲科学技术机构之间的合作；更有效地利用各种手段以促进研究和创新投入的增加；设立政策执行的共同科技参考系统；增加科研人力资源的数量和流动性；汲取区域和地区关于知识转化的先进经验，发挥地区在欧洲研究中的作用以增加欧洲研究的协调性；加强东西欧科学界、企业界和研究人员的联系；增强欧洲对世界科研人员的吸引力；提升科学技术领域共同的社会价值和伦理价值（Commission of the European Communities，2000，8）。

2007 年欧盟各国签署的《里斯本条约》中，第 179 条将欧洲研究区明确定义为："以内部市场为基础的面向全世界的统一的研究区域，研究人员、科学知识和技术在其中自由流通，通过其发展来加强联盟及成员国的科学和技术基础，提高竞争能力以及联合应对重大挑战的能力（Treaty of Lisbon，Article 179）。"

目前在欧盟及成员国中一致认同的是《里斯本条约》中所明确的欧洲研究区的定义，欧洲研究区的概念虽然从 2000 年以来越来越精练，但所包括的关键点并没有改变，只是更加突出欧洲研究区的关键要点，即欧洲统一的研究区域，在其中知识及其载体能自由流通，各国研究行动和研究政策能得到统一。

二 欧洲研究区可以看作建设欧盟泛区域创新系统的初步尝试

欧洲研究区中涵盖了国际创新合作的所有形式，既包括欧盟国家和地区之间的合作、不同成员国企业之间的跨国创新合作、不同成员国研究机构和高校之间的合作，还包括各成员国研究人员在各国的自由流动和交流。欧洲研究区建设中通过打破创新要素流动的障碍在各创新主体间建立错综复杂的合作关系，以知识为关键流通要素，通过合作使知识在创新主体间的自由流动并将创新主体联结起来，最终将形成一个创新系统。创新系统是一个开放的系统，从理论上来说系统没有具体的边界，系统的生命力在于系统内外的资源不断交换，一个运行良好的创新系统应当能不断吸收外部的优质创新资源加入从而推动系统不断发展壮大。一个运转有效的创新系统随着系统的不断发展吸引并吸纳越来越广泛的创新资源，最终势必打破区域限制，积极参与并引入国际合作。

理论上来说，跨国界的泛区域创新系统是可以存在的，但目前这方面的研究还不多，随着国际技术合作的进一步深化以及世界区域化发展趋势的进一步加强，对泛区域创新系统理论进行研究是被现实所需要的。欧盟的学者已经对泛区域创新理论进行了初步研究，如欧盟委员会资助的由多国学者合作的"创新系统与欧洲一体化"的研究计划于 1996 年开始，1998 年完成，研究如何将创新系统理论及方法运用于欧洲创新系统，其总体目的是详细阐述"创新系统理论方法"。这一计划对创新系统理论研究的层次性做了清晰的概括，认为一个创新系统能在多种意义上"超

国家"。2010 年，瑞典学者米凯拉·特里普（Michaela Trippl）在文章
《发展跨界区域创新体系：关键因素和挑战》中探讨了是否可以将区域创
新系统的理论方法运用在跨界区域创新系统上，研究了跨界创新系统构
建的关键条件（Trippl，2010）。2013 年，荷兰学者范·登·布鲁克（Jos
Van den Broek）和哈布·史莫德斯（Hubb Smulders）在《跨界区域创新
体系的演变：从制度的角度分析》的文章中对于跨界区域创新体系的发
展进行了调查研究，提出在经济结构、社会经济制度和创新能力上具有
互补性的相邻区域具有开展跨界合作的动力，但是国界是一种阻碍，不
光是政治上的国界，社会的和意识上的差异也阻碍了跨界合作网络的形
成，这就需要跨界的制度建设，改变制度差异是发展跨界创新系统的重
要前提，这就需要政府针对跨界创新系统的构建采取行动（Van den
Broek & Smulders，2013）。

从目前有限的研究成果来看，基本还是将区域创新理论应用在研究
跨国界的泛区域创新系统上，只是更强调跨国协调相关制度的重要性。
由于跨越国界，创新要素的整合比在一国之内整合资源更加复杂，更需
要治理上的创新，需要协调各区域的创新制度。从世界范围来看，欧盟
地区的一体化程度比其他区域发展得要好，相对最具备构建泛区域创新
系统的条件。欧盟选择以建设欧洲研究区的方式来整合欧盟各国的研究
资源，在欧盟各国之间搭建跨区域、跨部门创新合作平台，以知识为关
键要素，通过推动其自由流通将区内各创新主体联结起来，形成合作网
络，在合作中逐渐协调各国的创新制度，最终在欧洲研究区内发展统一
的研究创新制度。虽然欧盟目前将欧洲研究区定义为欧盟统一的研究区
域，但在其建设过程中并不仅局限于促进研究方面的合作，而是延伸至
创新的整个链条。欧洲研究区以促进欧盟经济发展、提高欧盟竞争力、
增加就业为共同利益将各成员国的创新系统整合在一起，致力于建立区
内各创新相关主体间的有效合作机制，使知识和创新成果在研究区内自
由流通，欧洲研究区的建成将会进一步在各成员国之间形成稳定的创新
合作机制，欧洲研究区建设包括三个关键点。

（一）整合欧盟国家的研究创新系统

在欧盟 2014 年发布的《欧洲研究区发展报告 2014》中，欧盟指出目
前欧洲研究区继续推进的重点之一就是各成员国在与欧洲研究区发展框

架保持一致的原则下改革本国的研究创新系统，欧洲研究区致力于建立区内各创新主体的有效合作机制，其五大优先发展领域第二项就是优化跨国合作和竞争，使成员国的国家创新系统经过整合后的整体创新能力大于部分之和。因此，欧洲研究区是一个创新相关主体跨国范围相互联系和作用的网络结构，欧洲研究区可以看作一个规模比较大的泛区域创新系统，包括28个成员国和联系国（Associated Countries）及地区的创新系统。要在这个复杂的系统内实现各主体的纵向协调和横向协调。纵向协调指超国家的组织机构、成员国、成员国地区之间的协调，横向协调指政府、企业、研究机构、高等教育机构、创新服务机构之间的协调。

（二）欧洲研究区致力于不同层次制度的协调

欧洲研究区的治理主要涉及欧盟、成员国及其区域。对欧洲研究区影响最大的就是科技创新制度，不同层级的制度制定考虑的是不同层级的利益，区域科技创新制度考虑的是区域竞争力的提升；国家的科技创新制度考虑的是一个国家的经济增长及创新能力的提高；欧盟的制度要考虑欧盟整体，着眼于整合欧盟资源并提高欧盟整体创新竞争力。欧盟协调各层级制度的职责尤为重要。各层级的利益着眼点不同，欧盟就要从总体上协调资源的配置，既不能影响成员国的参与积极性，又要使资源最有效地配置，如资金资助的方式就要在效率和公平上找到平衡。如果没有欧盟的整体规划，成员国及地区制定的制度肯定会缺乏全局性，出现欧盟各成员国和地区争夺与研究和创新有关的关键资源，如研究人员、研究设施，并为知识的流动制造壁垒。

欧洲研究区要解决的核心问题是科研和创新问题，但是还涉及产业、财税、金融、教育、社会保障、移民等其他领域的制度，欧盟的28个成员国存在很大差异性，各层次制度的侧重点也不同，欧盟要协调成员国的制度尤其是使科技创新政策趋于一致化，并对成员国的执行情况进行监督。各成员国要改革本国的制度，加强跨国竞争和合作，激励创新，协调好和地方政府的关系，为区域创新系统的完善提供指导。区域制度的制定要考虑本区域的创新资源和地区特色，在保持专业化的基础上接受国家和欧盟的指导。

（三）欧洲研究区以知识为核心要素

在创新系统中，知识是最核心的要素，创新能力的提高取决于知识的创造及转化能力。欧洲研究区致力于形成一个有利于知识、研究者和技术自由流动的区域，从而达到加强合作、鼓励竞争和实现资源更好配置的目的。研究者和技术实质是知识的载体，因此，知识、研究者和技术的流动本质都是知识在研究区的自由流通。欧洲研究区的五大优先发展措施之一就是优化知识的流通、转化和获取，欧洲研究区的其他优先发展领域最终实现的也是增加知识的生产，推动知识的流动和转化。如优化成员国的国家研究系统是要在成员国内实现知识的有效流通和转化，在此基础上，加强跨国合作能实现知识的跨国流通，清除妨碍科研人员流动的障碍，优化科学知识的流通、获取和转化最终都是为了清除知识在欧洲研究区中的流通障碍。因此，知识是欧洲研究区中的核心要素。

欧洲研究区符合泛区域创新系统的三大特征，即复杂的跨国创新网络结构、多层次的制度安排以及知识的跨国界流动。因此欧洲研究区是构建欧盟泛区域创新系统的初步尝试，在创新系统中，建立各主体间的有效合作机制以及优化系统的制度安排是治理的核心，因此欧洲研究区的建设主要也是围绕各层级主体的协调合作及各层级创新相关制度的整合。

三　欧洲研究区的优先发展领域

2012 年 7 月，在分析现阶段欧洲研究区发展的主要阻碍因素后，欧盟委员会制定了欧洲研究区的五大优先发展领域，分别是：

（一）更有效的国家研究系统

欧洲研究区是各成员国研究与创新系统的整合，建立有效的成员国研究系统是欧洲研究区有效运行的前提条件。对成员国研究系统的改革具体包括提升国家的竞争力，维持或增加科研投入；在国家间开展良性竞争，使投入科研的公共资金能够得到最有效的使用并产生最大效益；通过公开招标及独立而公正的评价方式决定公共科研基金的配置；加强交流，将成员国现有的成功实践经验在欧盟范围内推广；对科研机构和团队的研究成果及质量进行有效评估。

（二）优化跨国合作和竞争

欧洲研究区的最终实现以成员国之间良好合作机制的建立为前提件，因此，要促使成员国在应对共同的社会挑战中开展联合行动以实现规模效益；开展共同项目行动并执行共同战略研究日程，加快一致行动的执行速度；通过促进成员国在欧洲范围的公开竞争来提升研发质量；在全欧洲范围内有效使用关键的研究基础设施，推进成员国在科研基础设施的建设和使用方面开展合作。

（三）为研究者提供开放的劳动力市场

研究者是欧洲研究区的关键要素之一。研究者的自由流动也是知识自由流动的重要体现。建立欧洲研究区，要真正实现研究人员在区内的自由流动就要先建立统一的欧洲研究者劳动力市场，在欧洲范围内实现透明、公开、以能力为基础的招聘，确保清除妨碍科研人员流动、培养的障碍，打造有吸引力的研究职业生涯。

（四）在研究领域实现性别平等和性别主流化

欧洲研究界的性别不平衡问题比较严重，造成了女性科研人力资源的浪费。欧洲研究区要实现一切研究与创新资源的有效利用，其中包括要充分发挥女性研究人员的作用。因此不能再继续造成女性科研人力资源的浪费，在科研和培养人才方面的观念和方式应该更灵活，倡议研究相关机构变革现有制度以实现性别平等，在研究和创新中实现性别主流化①。

（五）优化科学知识的流通、获取和转化

欧洲研究区要实现知识的自由流动，就需要使科学出版物和数据能被及时获取，保证所有人都能获得知识，鼓励开放式创新，在开放式创新的环境下培养公共和私人研究机构的知识转化能力。由于越来越多的知识创造和扩散都通过数字手段，因此发展数字欧洲研究区、完善电子科研设施要得到重视。

上述五大优先发展领域是欧盟在欧洲研究区建设了 10 余年之后提出的，是在 10 余年发展经验的基础上总结出的阻碍欧洲研究区实现的五大主要障碍。只有解决这五大障碍，欧洲研究区才能顺利实现，因此欧盟要求所有成员国遵守"欧洲研究区遵从"（ERA Compliance）原则，即成

---

① 性别主流化是指所有政策活动均以落实性别意识为核心，在各个领域和各个层面上评估所有有计划的行动（包括法律、政策、方案）对不同性别的不同意义。最终目标是实现性别平等，使男女双方受益均等。

员国的国民经济发展方案要与欧洲研究区的战略规划与发展路线保持一致，成员国在国民经济改革方案中要体现上述五大优先发展领域，并被纳入"欧洲学期"的监管机制中。欧盟对欧洲研究区的阶段性评价目前也主要是评判上述五个领域的发展情况。

第四节　德国支持并积极参与欧洲研究区建设

欧盟的国家对欧洲研究区的支持度和参与度有很大的差别，但德国一直以来在推动欧盟科技创新一体化方面扮演着重要的角色。从欧盟提出建设欧洲研究区以来，德国就给予了高度的关注。在欧盟提出的各类欧洲研究区的建设措施中，德国一般都支持并积极参与。德国在制定研究和创新相关政策时，充分考虑欧洲研究区的建设理念和相关建设内容，在此基础上制定了德国的创新发展战略。

一　政策支持

欧盟对成员国关于欧洲研究区的政策支持情况进行评价，如果确认成员国有关于欧洲研究区的相关政策，得分为1，反之为0。欧洲研究区建设行动的执行情况如果高于欧盟平均值，得分为1，反之为0。评价内容和结果如表9-1所示：

表9-1　　　　　　　　成员国对欧洲研究区政策支持情况评价表

政策领域	政策支持		政策执行	
	有	无	高于欧盟均值	低于欧盟均值
按绩效拨款	1	0	1	0
对机构拨款基于机构评估情况	1	0	1	0
联合研究日程的资金支持	1	0	1	0
性别行动计划的执行	1	0	1	0
基金组织支持性别平等	1	0	1	0
由女性领导的研究机构	1	0	1	0
基金机构的项目内容包括性别层面内容	1	0	1	0

续表

政策领域	政策支持		政策执行	
	有	无	高于欧盟均值	低于欧盟均值
研究执行机构的项目内容包括性别层面内容	1	0	1	0
基金机构支持出版物的开放获取	1	0	1	0
基金机构支持数据的开放获取	1	0	1	0
研究执行机构提供可开放获取的数据	1	0	1	0
基金机构支持知识转化	1	0	1	0
设有技术转化办公室	1	0	1	0
联合身份认证措施	1	0	1	0

资料来源：European Commission，*European Research Area Facts and Figures* 2014，Germany，2015。

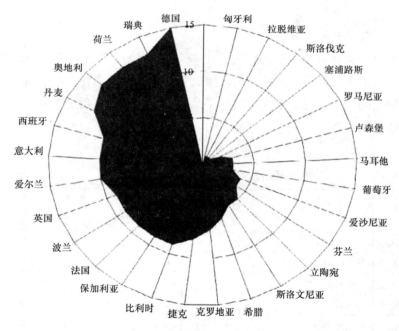

图 9-1 欧盟成员国欧洲研究区相关政策制定情况得分

资料来源：《欧洲研究区发展报告 2014》。

通过对成员国的政策制定和执行情况进行评分，计算并简单加总后得出图 9 - 1 中的结果。从图 9 - 1 可以看到，只有德国对表中所有欧洲研究区相关的政策领域都有支持政策，得分为满分 15 分。得分在 10 分及以上的国家有瑞典、荷兰、奥地利、丹麦、西班牙、意大利和爱尔兰 7 国。也就意味着这些国家制定了表中所列的 2/3 以上的政策。然而有 10 个国家得分在 5 分以下，其中匈牙利和拉脱维亚得分仅为 1。得分在 10 分以上的国家仅为 8 个成员国，占全体成员国的比重不到 30%，可见，建设欧洲研究区的相关政策在成员国中的制定情况总体并不好。但德国对于欧洲研究区的建设是十分支持的，欧洲研究区优先关注的 15 个政策领域，德国均有所支持。

二　行动支持

德国对欧洲研究区建设的行动支持体现在积极参与欧洲研究区建设的五大优先发展领域，《欧洲研究区发展报告 2014》采用一些指标对欧洲研究区建设五大优先发展领域的建设情况进行了评价，绝大部分指标中都可以体现出德国对欧洲研究区建设的支持。

（一）更有效的国家研究系统

关于更有效的国家研究系统，《欧洲研究区发展报告 2014》中从几个方面对各成员国参与欧洲研究区建设的程度进行评价，分别是：国家研究与创新战略的制定是否与欧洲研究区发展战略一致、国家对研发与创新的资金支持力度及科研资金配置方式是否具有竞争性进行评价。德国已经制定了国家的创新发展战略，并在其中包含了欧洲研究区建设的相关内容。国家从资金方面对创新的支持往往通过增加公共研发资金、减免税收和增加信贷优惠等手段，但由于税收激励和信贷优惠等支持手段具有不易统计性，因此主要通过研发预算总支出（Government Budget Appropriations or Outlays on R & D, GBAORD）从定量上评价政府对研究与创新的资金支持情况。欧盟 28 国的研发预算总支出自 2009 年年底欧债危机爆发后一直下降。如表 9 - 2 所示，一些国家在危机中将研发支出纳入财政紧缩的范围。但从德国的情况来看，研发预算总支出占政府总支出的比重一直高于欧盟平均水平，从 2012 年以来，德国的研发预算总支出占政府总支出的比重在成员国中分别位列第三名、第二名和第一名。

表9-2   欧盟及成员国研发预算总支出占政府总支出的比重表（%）

年份 国别	2008	2009	2010	2011	2012	2013	2014
欧盟28国	1.52	1.53	1.49	1.49	1.42	1.41	1.39
比利时	1.36	1.25	1.27	1.21	1.2	1.22	1.24
保加利亚	0.8	0.81	0.74	0.7	0.71	0.66	0.59
捷克共和国	1.29	1.37	1.36	1.56	1.53	1.59	1.5
丹麦	1.64	1.69	1.68	1.77	1.73	1.79	1.83
德国	1.81	1.89	1.93	2.01	2.02	2.05	1.97
爱沙尼亚	1.62	1.54	1.77	2.07	2.12	2.24	1.87
爱尔兰	1.22	1.15	0.8	1.04	1.09	1.1	1.01
希腊	0.87	0.68	0.6	0.6	0.71	0.67	0.88
西班牙	1.87	1.8	1.72	1.52	1.26	1.16	1.25
法国	1.65	1.64	1.49	1.5	1.31	1.27	1.21
克罗地亚	1.52	1.51	1.56	1.57	1.59	1.59	1.3
意大利	1.3	1.24	1.22	1.17	1.11	1.06	1.02
塞浦路斯	1	1.08	1	0.97	0.86	0.79	0.72
拉脱维亚	0.75	0.47	0.37	0.38	0.4	0.39	0.43
立陶宛	1.24	1.16	1.01	1.05	1.01	1.05	0.99
卢森堡	1.19	1.26	1.33	1.44	1.5	1.48	1.7
匈牙利	0.87	0.91	0.73	0.6	0.71	1.23	0.57
马耳他	0.35	0.37	0.55	0.53	0.68	0.7	0.55
荷兰	1.67	1.65	1.61	1.67	1.54	1.53	1.59
奥地利	1.42	1.48	1.51	1.6	1.55	1.63	1.53
波兰	0.7	0.76	0.82	0.73	0.85	0.88	1.02
葡萄牙	2.04	2.09	1.99	2.08	1.99	1.96	1.81
罗马尼亚	1.01	0.74	0.71	0.68	0.6	0.6	0.61
斯洛文尼亚	1.16	1.42	1.24	1.22	1.11	0.9	0.87
斯洛伐克	0.79	0.88	0.96	1.21	1.08	0.95	0.92
芬兰	1.99	1.99	2.08	1.99	1.89	1.77	1.67
瑞典	1.54	1.66	1.69	1.62	1.69	1.64	1.62
英国	1.34	1.31	1.26	1.24	1.21	1.21	1.28

资料来源：欧洲统计局官网（http：//ec. europa. eu/eurostat/data/database）。

德国也在应用公共研发基金中采用竞争性原则,如德国基金会通过竞争性程序选拔优秀的研究计划进行资助。在德国科研体系中,无论在公共科研经费的使用中,还是在私人基金会对资助项目的筛选中都已经广泛引入同行评议。

(二) 跨国合作和竞争

德国在这方面的行动主要体现在积极支持并参与国际合作。根据《欧洲研究区发展报告2014》,17 个成员国的研究基金组织平均将预算的0.7%投入与第三国的合作项目中,其中,德国在这方面的预算比重最高,达到4.3%。有19个成员国将资金投入国际科研合作中,投入国际合作中的资金占总研发资金投入比重的欧盟平均值为2.4%,其中6个国家高于欧盟平均水平,其中德国、丹麦、法国、荷兰和英国5国对国际研发合作还有政策支持。从表9-3中可以看到,德国投入跨国研发的公共资金从总量上来说在成员国中是最多的。

表9-3　　　　2012 年欧盟成员国投入跨国研发的公共资金
占全部公共研发资金的比重表

类别 国别	投入跨国研发的研发公共资金 (百万欧元)	总研发公共资金 (百万欧元)	跨国研发公共资金/ 总研发公共资金 (%)
比利时	245.619	2489.55	9.87
保加利亚	3.079	101.14	3.04
捷克共和国	40.174	1039.94	3.86
丹麦	56.088	2517.23	2.23
德国	1043.3	24034.82	4.34
爱沙尼亚	3.1	145.83	2.13
爱尔兰	17	760.40	2.24
希腊	45.32	731.94	6.19
西班牙	236.4	6185.18	3.82
克罗地亚	4.67	318.47	1.47
塞浦路斯	2.094	69.85	3.00
拉脱维亚	2.008	32.84	6.11
立陶宛	0.695	119.61	0.58
卢森堡	2.55	282.51	0.90

续表

类别 国别	投入跨国研发的研发公共资金 （百万欧元）	总研发公共资金 （百万欧元）	跨国研发公共资金/ 总研发公共资金（%）
匈牙利	10.586	337.47	3.14
马耳他	0.095	20.26	0.47
荷兰	136.428	4664.86	2.92
奥地利	117.387	2452.96	4.79
波兰	41.413	1370.13	3.02
葡萄牙	34.888	1555.36	2.24
斯洛文尼亚	6.486	189.98	3.41
斯洛伐克	6.728	294.71	2.28
芬兰	73.883	2064.20	3.58
瑞典	155.099	3581.65	4.33
英国	543.84	11226.29	4.84

注：跨国研发的公共资金包括欧盟成员国之间的合作研发也包括成员国与非成员国的第三国的合作研发，此表缺法国、意大利和罗马尼亚的数据。

资料来源：欧洲统计局（http://ec.europa.eu/eurostat/data/database）。

在欧洲研究区建设中，欧盟层面推出了很多联合研究项目和创新合作平台，德国参与了欧盟倡导的大部分合作行动。欧盟委员会 2008 年 6 月在题为"研究中的联合项目：团结合作以更有效应对共同挑战"的通讯中提出相关政策建议，部长理事会于 2008 年 11 月采纳了其建议并同意启动"联合项目行动"（Joint Programming Initiatives，JPI）。2010 年 3 月，欧盟委员会启动了"欧洲 2020 战略"行动，作为其中创新联盟旗舰计划的一部分内容，欧盟委员会希望"联合项目行动"能够在研究领域至少发挥像"框架计划"一样的重要作用，发展成员国和地区的联合项目，促进欧洲研究区建设的完成。"联合项目行动"在吸纳欧盟国家以往合作项目经验的基础上设立，采用"自下而上"的决策方法，需要成员国的高度承诺。联合项目的研究领域由"联合项目高级组"确定，高级组的成员由成员国和欧盟委员会在征询利益相关者建议的基础上提名。在高级组意见的基础上，欧盟委员会提出建议，再由欧盟理事会推荐部分建议优先执行联合项目的领域。成员国选择要参与的项目，各成员国自由组合开展行动。对每一个"联合项目行动"计划，参与的国家要进行以下步骤：第一，设立参与国的共同目标。第二，确定战略研究日程（Strategic Research Agenda，SRA），设立专门的、可测量的、可行的、相关性高的、具有实效性的目标，简称 SMART（Specific，Measurable，A-chievable，Relevant and Time-Bound）目标。第三，分析可选择的方案，评估可预测到的影响，确定可使用的最佳工具。欧盟委员会为联合项目的开展提供便利，如果需要可以通过以下方式对成员国进行支持：①对其管理活动进行资金支持。②对每一个联合项目的战略研究议程确定的参与国所执行的行动采取可能的补充措施。③由欧盟委员会作为欧盟的代表为联合项目行动与一些国际行动和国际机构建立联系。④将联合行动计划的进展报告给欧盟理事会并通知欧洲议会。

目前欧盟国家已经在气候变化、健康、商品安全等相关领域开展了10余个联合项目行动，取得了一定成就①，使欧盟在这些科研领域的世界影响力增强，德国参与了其中的 9 个项目。（俞宙明，2015）联合项目行动通过加强成员国之间在研究与创新项目上的合作增进了成员国之间的联系，为欧洲研究区的顺利建设打下良好基础。

德国还积极参与"欧洲研究区网络计划"，这个行动旨在协调成员国及地区的研究活动，促进国家研究项目的开放。其协调行动于 2004 年早期开始开展，它为成员国研究项目之间形成网络化联系和成员国开展跨国合作提供支持，鼓励具有共同目标的国家研究项目建立长期紧密联系。其短期目标是为区域、成员国和欧盟之间交流各自在研究项目中积累的好的实践经验和观点提供便利。长期目标是期望引导各成员国之间的研究项目开展更具持续性的合作，包括：共同制定战略规划和进行共同研究项目的设计；成员国对其他成员国研究者开放国家研究项目；成员国之间开展互惠合作；开展由多国共同资助的跨国研究项目。"欧洲研究区网络计划"覆盖科学技术的任何领域，采取自下而上的执行方式，不对任何科研领域设置优先权。对于欧盟国家联合资助的研究机构和大型项目，德国承担了可观的经费。欧盟成立的"欧洲研究基础设施战略论坛"

---

① Joint Programming Initiatives，http：//ec. europa. eu/research/era/joint-programming-initia-tives_ en. html.

（ESFRI）在推动欧盟范围内研究基础设施的共建和共享方面起了重要作用。德国已经制定了国家研究基础设施发展路线图，希望本国的路线图有助 ESFRI 的发展，对于研究基础设施也已经有具体的支持措施。

（三）开放的研究人员劳动力市场

研究人员是研究和创新的核心要素，研究人员的创新能力直接决定了欧洲研究区的创新能力，研究人员的跨区域和跨部门流动有助于提升研究人员的研究和创新能力，数据显示，流动性强的研究者的研究影响力比从来没有到国外进行过交流的研究者高近 20%（OECD，2013）。建立一个开放的有吸引力的欧洲研究人员劳动力市场，吸引全世界最优秀的研究人才并扫清研究人员自由流动的障碍是欧洲研究区的重要目标之一。

公开、透明、以能力为重（Open，Transparent and Merit-based，OTM）的招聘机制是打造开放的、有吸引力的劳动力市场的重要前提，而且招聘机制的优劣也影响研究团队的研究与创新能力。德国的《基本法》33 条规定，所有德国人依据其能力、资格和专业水平享有同等的担任公职的机会。这是贯彻公开、公平招聘机制的法律保障。德国的研究机构普遍能将研究岗位公开招聘，据调查，超过 60% 以上的德国大学中的研究工作者对招聘机制的公开性是满意的。教育是培养研究人才的手段，培训是使研究人员进一步适应社会和工作需要的保证。德国研究基金会成立了研究培训团队和研究生院以提高博士生的培养质量。在提高科研人员流动性方面，德国也采取了很多措施，为科研人员的交流提供资助。为鼓励科研人员在成员国之间流动，德国与法国和瑞典建立了"双职业网络"，鼓励科研人员的自由交流。为鼓励科研人员在公共部门和私有部门之间流动，德国的弗劳恩霍夫协会为博士生提供机会与产业界在研究过程中进行密切合作。除此之外，要在德国的大学中获得工程类专业的教授职称，或者在应用科学类大学中获得任一学科的教授职称都必须以曾在学术界之外获得相关专业经验为前提。

（四）追求科研领域的性别平等问题

从目前来看，德国的研究领域中关于性别平等的各项指标不尽如人意，据《欧洲研究区发展报告 2014》显示，德国在反映科研领域性别平等的多项指标中，如女性研究人员的比重和研究机构决策层中女性人员的比重均低于欧盟平均值。但德国从国家层面上已经对研究领域的性别平等问题给予重视，并制定了在公共研究领域推进性别平等的战略。据《欧洲研究区发展报告 2014》，德国接受调查的基金组织全部支持在研究领域实现性别平等。为实现科研领域的性别平等，欧盟提倡研究组织推行"性别平等计划"。根据《欧洲研究区发展报告 2014》显示，只有奥地利、德国、芬兰、法国、马耳他、荷兰、瑞典、英国 8 个成员国的研究执行机构中执行这一计划的机构比重高于欧盟的平均值。2008 年，为了在研究和高等教育领域实现可持续的性别平等，显著提高女性研究人员在各科学领域的比重，德国的科学基金会同它的成员机构共同承诺采纳"面向研究的性别平等标准"（Research-oriented standards on gender equality）。德国科学基金会支持其成员机构执行性别平等标准并发展性别平等战略。在公共研究领域，德国对招聘女性研究人员有专门支持措施，《欧洲研究区发展报告 2014》显示，德国 90% 的接受调查的研究机构在女性研究人员的招聘和提拔方面有相关政策。在国家层面上，德国也有关于招聘和提拔女性研究人员的相关政策。德国联邦教育和研究部（BMBF）宣布要将提高女性在研究机构中的地位当作中心任务之一。相信在国家和各研究机构的重视下，研究领域的性别平等问题在德国会得到进一步改善。

（五）优化科学知识的流通、获取和转化

欧洲研究区建设的重要内容之一就是使知识得到自由而有效的流动，评价知识流动效率的三个指标主要有：科技出版物和数据的相互开放；知识在不同部门流动和转化的效率；建立数字化欧洲研究区。

德国联邦政府采取了一系列行动推动科技出版物和数据的开放式获取，例如推动科学机构和出版公司之间的交流，在开放式获取方面完善相关法案等。德国联邦教育研究部（BMBF）还打算在管理项目基金的附加条件中加入开放获取的相关条款。德国很多的研究机构也在致力于推进科技出版物的开放式获取，由德国马普学会（MPG）2003 年发起的《开放式获取科学知识柏林宣言》已经有 53 个德国的机构签署加入，其中包括一些在德国很有影响力的大科研机构（European Commission，2015，308）。

在推动公私部门之间的开放式创新和知识转化方面，德国政府在

《高科技战略2020》制定了德国国家层面的知识转化战略，联邦州政府也制定了地区层面的知识转化战略，要推动科学界和产业界之间的合作以提高知识转化的效率。德国16个联邦州的高等教育法案中规定知识和技术转化是高等教育机构的一项任务。弗劳恩霍夫应用研究促进协会、技术型院校和应用科学型院校等研究机构也有很多措施致力于加强知识在商业部门的转化，如在应用科学类高校里成为教授的前提条件是在高等教育之外的部门有至少3年工作经验（European Commission，2015，310）。

在加强数字化建设方面，德国政府制定了一个新的面向德国数字化未来的信息通信技术战略——"数字德国2015"，确立了德国信息通信技术的政策框架。这个战略中也有关于研发和教育的内容，由政策制定者、企业和科学家共同参与执行。德国联邦政府提出了"2014—2017数字化议程"，这是一个跨部门的战略，希望解决数字化中的各种问题。

第五节 欧洲研究区对中国在亚洲地区开展国际科技创新合作的启示

在全球化发展的时代，跨国科技合作越来越多，在区域性组织内推动科技和创新合作也是比较容易达成各方共识的，因此中国要想在国际事务中发挥更重要的作用，就必须在推动国际科技和创新合作方面发挥更积极的作用。近年来亚洲的国家科技创新能力提升很快，2015年世界知识产权组织、美国康奈尔大学以及欧洲商业管理学院联合编纂的《2015全球创新指数报告》显示，2015年全球投入/产出创新指数排名榜中，新加坡位列第7，中国香港位列第11，韩国位列第14，日本位列第19，中国位列第29[①]。这些亚洲国家和地区的创新差距不大，具备开展研究和创新合作的基础，但是亚洲国家的科技合作与欧盟国家相比要少得多，没有有效稳定的科技合作机制，中国应该在加强亚洲国家间的科技创新合作上发挥积极作用，探索有效的合作机制。

———————

[①] 2015年全球创新指数，http：//www.most.gov.cn/gnwkjdt/201511/t20151124＿122464.htm。

一 发展伙伴关系,建立国家间有效的合作机制

欧盟在建设欧洲研究区的过程中积极发展伙伴关系,协调欧盟、成员国及各研究创新相关组织之间的关系,在广泛征询各方意见的基础上做出合理决策,构建共同的发展远景并制定各种发展路线图和具体发展方案,协调成员国及地区之间的利益。在欧盟各国加强科技合作的发展进程中,欧盟依照《里斯本条约》第 185 条赋予的权力参与由若干成员国承担的研究和开发计划并制定条款,在推动欧盟各国创新合作中起到关键作用。虽然亚洲地区不具备欧盟这样的超国家机构,但应发挥各种区域性合作组织的积极作用,中国可以利用各种区域组织及国际论坛组织,积极在各国之间发展科技和创新合作伙伴关系,可以首先在容易达成共识的亚洲各国共同面临的挑战方面展开科技合作,如能源问题、气候变化问题、医疗健康问题等,加强政治承诺,在征询各方意见和广泛协商的基础上制订战略合作方案,整合各国科技力量,建立合作机制,应对共同的挑战。

二 开发有效的合作平台

欧洲在一体化进程的推进中不断探索欧盟各国科技和创新合作的有效机制,在多年框架计划的基础上进一步推进欧洲研究区建设,试图打造研究创新领域的统一市场。为达到此目标,从欧洲研究区提出以来,欧盟开发了很多有效的治理工具促进欧盟各国的科研和创新合作,推动欧盟创新系统的形成和发展,如通过 ERA-net 计划打造欧盟各国研究网络化,通过联合项目计划等行动推动成员国之间的合作。中国也可以尝试在亚洲国家的国际科技合作中打造一些合作平台,设置一些各国共同感兴趣的研究议题,联合各国研究人员、共同投资,共建或共享科研基础设施,共同开展研究和创新。联合研究项目的进行使项目参与国在合作中产生高度认同感并逐步建立长期政治承诺,将会进一步促进合作。

三 设置有效的监督机制

对于较松散的跨国创新网络,监督机制尤为重要。欧盟在发展欧洲研究区的过程中逐渐建立起了有效的监督机制,定期评估欧盟各国的创

新情况，及时发现问题并调整发展战略和方案，有效的监督机制是欧洲研究区能够顺利开展的重要保障。在欧洲创新记分牌的基础上，欧盟委员会定期发布《欧洲研究区发展报告》，对欧洲研究区建设情况进行阶段性评价，各行为主体通过欧洲研究区的发展报告可以了解到欧洲研究区建设在欧盟层面和成员国层面的最新进展，了解其他行为体行动开展的效果，并通过数据找到自身的差距，有目标地进行调整和改进，认清自己下一步的改革方向。中国在发展多边科技合作时也应该注重监督机制的完善，可以通过国际上的专家进行同行评议，定期对科技合作情况进行评估，各方代表定期沟通和讨论，对于发现的偏差及时纠正。

参考文献

菲利普·阿格因、彼得·豪伊特：《增长经济学》，中国人民大学出版社2011年版。

查尔斯·埃德奎斯特：《创新系统：观点与挑战》，载詹·法格博格、戴维·莫利、理查德·纳尔逊编《牛津创新手册》，柳卸林等译，知识产权出版社2009年版，第181—207页。

沃尔特·鲍威尔、斯汀·格罗达尔：《创新网络》，载詹·法格博格、戴维·莫利、理查德·纳尔逊编《牛津创新手册》，柳卸林等译，知识产权出版社2009年版，第58—87页。

毕亮亮：《长江三角洲：区域创新系统——基于产业升级与政府合作》，知识产权出版社2013年版。

迈克尔·波特：《国家竞争优势》，李明轩、邱如美译，中信出版社2007年版。

曹丽莉：《产业集群网络结构的比较研究》，《中国工业经济》2008年第8期。

陈强、赵程程：《德国政府创新集群策动的演化路径研究及启示》，《德国研究》2011年第3期。

陈晓红等编著：《中小企业融资创新与信用担保》，中国人民大学出版社2003年版。

程麟荪：《中国计划经济的起源与资源委员会》，《二十一世纪》2004年4月。

程麟荪：《中华民国时期的资源委员会》（http：//go. paowang. net/news/3/2005 - 08 - 11/20050811093714. html），2005年。

"创新集群建设的理论与实践"研究组：《创新集群建设的理论与实践》，科学出版社 2012 年版。

德国技术合作公司编：《德国中小企业促进政策——分析与评估》，中国经济出版社 2002 年版。

邓久根：《历史创新体系与创新型国家建设》，科学出版社 2013 年版。

杜轶龙：《我国科技型中小企业直接融资研究》，硕士学位论文，西北大学，2012 年。

詹·法格博格、戴维·莫利、理查德·纳尔逊主编：《牛津创新手册》，柳卸林等译，知识产权出版社 2009 年版。

樊纲、王小鲁、朱恒鹏：《中国市场化指数——各省区市场化相对进程 2006 年报告》，中国经济改革研究基金会国民经济研究所，2006 年。

冯兴元：《社会市场经济：德国的经验与意蕴》，《公共管理与政策评论》 2013 年 2 月（a）。

冯兴元：《规则与繁荣——国富民强的可能途径》，中信出版社 2013 年版（b）。

冯兴元：《欧肯及其经济思想简评（校译序）》，载瓦尔特·欧肯《经济政策的原则》，李道斌等译，中国社会科学出版社 2014 年版（a）。

冯兴元：《弗莱堡学派代表人物欧肯及其经济思想》，《学术界》2014 年第 190 期（b）。

克里斯托夫·弗里曼：《技术政策与经济绩效：日本国家创新体系的经验》，张宇轩译，东南大学出版社 2008 年版。

让—吕克·盖法、米歇尔·葛诃：《竞争政策的目的是什么：是优化市场结构还是鼓励创新行为?》，载乌韦·坎特纳（Uwe Cantner）、弗朗哥·马雷尔巴（Franco Malerba）主编《创新、产业动态与结构变迁》，肖兴志等译，经济科学出版社 2013 年版，第 439—452 页。

郭树言、欧新黔主编：《推动中国产业结构战略性调整与优化升级探索》，经济管理出版社 2008 年版。

郝倩：《为什么德国企业不创新会死》，2015 年 1 月 14 日，新浪财经（http：//test. jwxlschool. com/finance. sina. cn/zl/2015 – 01 – 14/zl-icczm-vun4977013. d. html？vt =4&cid =79615）。

何梦笔：《中国需要建立和维护一个竞争秩序——瓦尔特·欧肯〈经济政

策的原则〉新中译本序》，载瓦尔特·欧肯《经济政策的原则》，李道斌等译，中国社会科学出版社 2014 年版，第 1—12 页。

洪银兴：《以制度和秩序驾驭市场经济——经济转型阶段的市场经济建设》，人民出版社 2005 年版。

胡吉祥：《众筹的本土化发展探索》，《证券市场导报》2014 年 9 月号。

黄凯南：《演化经济学理论创新的综合研究》，载天则研究所编《理论创新：中国经济学的道路与未来》，暨南大学出版社 2015 年版，第 95—109 页。

江小涓：《中国工业发展与对外贸易的研究》，中国经济管理出版社 1993 年版。

柯力德、夏汛鸽：《德国中小企业的融资与担保》，载罗红波、戎殿新主编《欧盟中小企业与中—欧合作》，中国经济出版社 2001 年版。

弗里敦·夸斯：《经济秩序和社会基础》（*Gesellschaftliche Grundlagen von Wirtschaftsordnung*），载《德国社会市场经济词典》，陈红嫣译，复旦大学出版社 2009 年版。

李长久：《美国"再工业化"传递经济战略意图》，2013 年 12 月 19 日，《经济参考报》（http：//dz. jjckb. cn/www/pages/webpage2009/html/2013 – 12/19/content_ 84138. htm？div = – 1）。

李稻葵、罗兰·贝格：《中国经济的未来之路：德国模式的中国借鉴》，中国友谊出版社 2015 年版。

李习保：《中国区域创新能力变迁的实证分析：基于创新体系的观点》，《管理世界》2007 年第 12 期（a）。

李习保：《区域创新环境对创新活动效率影响的实证研究》，《数量经济技术经济研究》2007 年第 8 期（b）。

李雪静：《众筹融资模式的发展探析》，《上海金融学院学报》2013 年第六期。

林汉川、池仁勇、李安渝：《中国中小企业发展研究报告 2012》，企业管理出版社 2012 年版。

林汉川、秦志辉、池仁勇：《中国中小企业发展报告 2015》，北京大学出版社 2015 年版。

林汉川、秦志辉、池仁勇：《中国中小企业发展报告 2016》，北京大学出版社 2016 年版。

刘光耀：《德国社会市场经济——理论、发展与比较》，中共中央党校出版社 2006 年版。

刘俊棋：《众筹融资的国际经验与中国实践研究》，《湖南财政经济学院学报》2014 年 10 月。

柳卸林、高大山：《中国区域创新能力报告 2014》，知识产权出版社 2015 年版。

刘业进：《经济演化：探索一般演化范式》，中国社会科学出版社 2015 年版。

路阳：《互联网股权众筹及其风险研究》，硕士学位论文，云南财经大学，2015 年。

毛欢喜：《集合票据创新中小企业直融模式》，《投资北京》2010 年第 1 期。

孟芳、臧良运：《产业集群分析与评价》，哈尔滨工程大学出版社 2011 年版。

孟韬：《众筹的发展及其商业模式探究》，《管理现代化》2014 年第 2 期。

理查德·R. 尼尔森编著：《国家（地区）创新体系比较分析》，曾国屏等译，知识产权出版社 2012 年版。

理查德·R. 纳尔逊、悉尼·G. 温特：《经济变迁的演化理论》，商务印书馆 1997 年版。

牛盼强、谢富纪、刘奕均：《典型创新体系的比较研究》，《现代管理科学》2010 年第 7 期。

道格拉斯·诺斯：《资本主义经济增长的制度基础》，伊坦·谢辛斯基等编《自由企业经济体的创业、创新与增长机制》，刘志阳等译，中国出版集团东方出版中心 2009 年版，第 32—43 页。

OECD：《中国创新政策研究报告》，薛澜等译，科学出版社 2011 年版（a）。

OECD：《奥斯陆手册：创新数据的采集和解释指南》，科学技术文献出版社 2011 年版（b）。

瓦尔特·欧肯：《国民经济学基础》，左大培译，商务印书馆 1995 年版。

瓦尔特·欧肯：《经济政策的原则》，李道斌等译，中国社会科学出版社

2014 年版。

加里·皮萨诺（Gary P. Pisano）、威利·史（Willy C. Shih）：《制造繁荣：美国为什么需要制造业复兴？》，机械工业信息研究院战略与规划研究所译，机械工业出版社 2014 年版。

青木昌彦（Aoki Masahiko）：《比较制度分析》，周黎安译，上海远东出版社 2001 年版。

Schilling，Melissa A. and Corey Phelps：《企业家合作网络：网络结构对创新速率的影响》，载伊坦·谢辛斯基等编《自由企业经济体的创业、创新与增长机制》，刘志阳等译，中国出版集团东方出版中心 2009 年版，第 95—127 页。

沈越：《德国社会市场经济评析》，中国劳动社会保障出版社 2002 年版。

深圳市科技创新委、中鹏智创新管理研究院：《国内外科技园区科技创新服务体系对比研究》（修改第三稿），2013 年 10 月。

史世伟：《纠正市场失灵——德国中小企业促进政策解析》，《欧洲研究》2003 年第 6 期。

史世伟：《德国中小企业融资支持的原则、制度和创新》，《国际经济评论》2004 年第 11—12 期。

史世伟：《德国产业政策：鲁尔区与空中客车》，载郭树言、欧新黔主编《推动中国产业结构战略性调整与优化升级探索》，经济管理出版社 2008 年版，第 197—215 页。

史世伟：《德国国家创新体系与德国制造业的竞争优势》，《德国研究》2009 年第 1 期。

史世伟：《德国应对国际金融危机政策评析——特点、成效与退出战略》，《经济社会体制比较》2010 年第 6 期。

史世伟：《从国家创新系统角度看集群的创新作用——以德国为例》，《欧洲研究》2011 年第 4 期。

史世伟、樊颖晖：《集群创新：德国政府促进中小企业发展的新举措》，《中国中小企业》2013 年第 6 期。

宋捷：《始终坚持"高""新"方向，加快实现"以升促建"——对新升级国家高新区创新发展的思考》，《中国高技术产业导报》2015 年 12 月 28 日。

苏小和：《百年经济史笔记》（第二卷），《倒退的民国》，东方出版社2016年版。

孙天立：《利用风险投资进一步解决中小企业融资难问题》，《中国商贸》2012年第2期。

孙彦红：《欧盟产业政策研究》，社会科学文献出版社2012年版。

让·梯若尔（Jean Tirole）：《产业组织理论》，张维迎总译校，中国人民大学出版社2015年版。

王传宝：《全球价值链视角下地方产业集群升级机理研究——以浙江产业集群升级为例》，浙江大学出版社2010年版。

王缉慈：《创新的空间——企业集群和区域发展》，北京大学出版社2001年版。

王辑慈：《超越集群：中国产业集群的理论探索》，科学出版社2010年版。

王晓蓉：《国家创新体系的比较与创新型国家建设》，经济管理出版社2014年版。

王鑫：《中国创业板市场运行机制研究》，硕士学位论文，河北农业大学，2011年。

王勇：《内生宏观经济政策、技术引进与经济发展——方法论视角的理论进展》，《浙江社会科学》2008年第6期。

王宇：《欧盟如何营造创新生态圈》，2015年8月17日，《财经》网络版（http：//magazine. caijing. com. cn/20150817/3948533. shtml）。

世界银行：《1991年世界发展报告》，中国财政经济出版社1991年版。

斯蒂芬·沃依格特（Stefan Voigt）：《制度经济学》，史世伟等译，中国社会科学出版社2016年版。

吴光飙：《企业发展的演化理论》，复旦大学出版社2004年版。

吴敬琏：《确立竞争政策基础性地位的关键一步》，《人民日报》，2016年6月22日，第10版（http：//paper. people. com. cn/rmrb/html/2016 - 06/22/nw. D110000renmrb_ 20160622_ 2 - 10. htm）。

巫云仙：《德国企业史》，社会文献出版社2013年版。

阿尔弗雷德·席勒、汉斯—京特·克吕塞尔贝格：《秩序理论与政治经济学：基本思想、概念与方法》（*Grundbegriffe zur Ordnungstheorie und Pol-*

itischen Ökonomik），史世伟等译，山西经济出版社 2006 年版。

伊坦·谢辛斯基等：《自由企业经济体的创业、创新与增长机制》，刘志阳等译，中国出版集团东方出版中心 2009 年版。

约瑟夫·熊彼特：《资本主义、社会主义与民主》，吴良健译，商务印书馆 1999 年版。

徐晓菊：《我国中小企业创新现状与问题——基于北京市的调查》，《中国统计》2008 年第 5 期。

徐铮：《德国复兴信贷银行：组织架构与职能演变》，《银行家》2014 年第 2 期。

薛彦平：《欧洲工业创新体制与政策分析》，中国社会科学出版社 2009 年版。

杨虎涛：《演化经济学讲义——方法论与思想史》，科学出版社 2011 年版。

叶桂林：《区域经济一体化中的芬兰创新体系研究》，博士学位论文，中国社会科学院，2008 年 4 月。

尤振来、李春娟：《产业集群的分类研究综述与评价》，《统计与决策》2008 年第 3 期。

于洋：《中国小微企业融资问题研究》，博士学位论文，吉林大学，2013 年。

俞宙明：《德国在欧洲研究区建设中的角色与战略》，载郑春荣、伍慧萍主编《德国发展报告（2015）》，社会科学文献出版社 2015 年版，第 174—193 页。

张建华：《中国金融体系》，中国金融出版社 2010 年版。

张俊芳：《国家创新体系的效率及其影响因素研究》，经济科学出版社 2012 年版。

张世宇：《科技型中小企业新三板市场融资策略研究》，硕士学位论文，西南科技大学，2015 年。

张五常：《中国的经济制度》，中信出版社 2009 年版。

赵玉林：《创新经济学》，中国经济出版社 2006 年版。

钟书华：《创新集群：概念、特征及理论意义》，《科学学研究》2008 年第 1 期。

周军：《晚清"官商合办"论析》，《云南财贸学院学报》1991 年第 3 期。

周小丁、黄群：《德国高校与企业协同创新模式及其借鉴》，《德国研究》
2013 年第 2 期。

Abelshauser, Werner, *Deutsche Wirtschaftsgeschichte von* 1945 *bis zur Gegenwart.* Zweite, überarbeitete und erweiterte Auflage, München: Verlag C. H. Beck, 2011.

Aif: *Innovation im Mittelstand*, AiF Projekt GmbH, Berlin, 2013.

Altmann, Jörn, *Volkswirtschaftslehre.* 6. Auflage, Stuttgart: Lucius & Lucius, 2003.

Antonelli, Cristiano, "General Introduction", in: Chisiano Antonelli (ed.): *The Economics of Innovation: Critical Concepts in Economics*, London and New York: Routledge, Volume I Innovation and Growth: The Classical Legacies, 2008a, pp. 1 – 42.

Antonelli, Cristiano, "The business governance of localized knowledge: an information economics approach for the economics of knowledge", in: Chisiano Antonelli (ed.): *The Economics of Innovation: Critical Concepts in Economics*, London and New York: Routledge, Volume Ⅲ, Innovation and Knowledge: The Arrovian Legacy, 2008b, pp. 565 – 608.

Antonelli, Cristiano (ed.), *The Economics of Innovation: Critical Concepts in Economics*, London and New York: Routledge, 2008c.

Asheim, Bjorn T. and Arne Isaksen, "Regional innovation systems: the integration of local 'sticky' and global 'ubiquitous' knowledge", *The Journal of Technology Transfer*, 27 (1), 2002, pp. 77 – 86.

Bathelt, Harald and Ulrich Dewald, "Ansatzpunkte einer relationalen Regionalpolitik und Clusterförderung", *Zeitschrift für Wirtschaftsgeographie*, Jg. 52, H. 2/3, 2008, pp. 163 – 179.

Baumol, William J., "Entrepreneurial enterprises, large established firms and other components of the free/market growth machine", in: Cristiano Antonelli (ed.): *The Economics of Innovation: Critical Concepts in Economics*, London and New York: Routledge, 2008, Volume II Innovation and Competition: The Schumpeterian Legacy, pp. 20 – 38.

Becker, Thomas, Ingo Dammer, Jürgen Howaldt and Achim Loose (Hrsg.), *Netzwerkmanagement*: *Mit Kooperation zum Unternehmenserfolg*, Zweite, überarbeitete und erweiterte Auflage, Berlin: Springer, 2007.

Benner, Maximilian, "Cluster policy in developing countries", MPRA Paper No. 44257, 2013.

BMBF, *Hightech-Strategie* 2020 *für Deutschland*, Bonn, 2007.

BMBF, *Bekanntmachung*, https://www.bmbf.de/foerderungen/bekanntmachung.php? B = 985, 2014a.

BMBF, *Internationale Kooperation*: *Aktionsplan des Bundesministeriums für Bildung und Forschung*, https://www.bmbf.de/pub/Aktionsplan_ Internationale_ Kooperation.pdf, 2014b.

BMBF, *Die neue Hightech-Strategie-Erfolgsmodell für Deutschlands Zukunft*, https://www.bmbf.de/de/die-neue-hightech-strategie-erfolgsmodell-fuer-deutschlands-zukunft－1100.html, 2015a.

BMBF, *Bildung und Forschung in Zahlen* 2015. Bonn/Berlin, https://www.bmbf.de/pub/Bildung_ und_ Forschung_ in_ Zahlen_ 2015.pdf, 2015b.

BMBF, *Deutschlands Spitzencluster-Germany's Leading-Edge Clusters*, Berlin, https://www.bmbf.de/pub/Deutschlands_ Spitzencluster.pdf, 2015c.

BMBF, *Programmaufbau von Horizont* 2020, http://www.horizont2020.de/einstieg-programmaufbau.htm, 2016a.

BMBF, *Zukunftsprojekt Industrie* 4.0, http://www.bmbf.de/de/9072.php, 2016b.

Boch, Rudolf, *Staat und Wirtschaft im* 19, *Jahrhundert*, München: Oldenbourg Wissenschaftsverlag GmbH, 2004.

Bode, Alexander and Simon Alig, *Innovation und Kooperation in der Metall-und Elektroindustrie*: *Benchmarking Report*. Münster: Verlagshaus Monsenstein und Vannerdat OHG, 2012.

Boeing, Philippand Elisabeth Mueller, "Measuring patent quality and national technological capacity in cross-country comparison", ZEW Discussion Paper, 2016.

Bohling, Wolfgang (ed.), *Wirtschaftsordnung und Grundgesetz-Eine*

Einführung in die Grundprobleme für Wirtschaftswissenschaftler, Juristen und *Politologen*, Stuttgart: G. Fischer Verlag, 1981.

BVK: *BVK-Statistik*, Der deutsche Beteiligungsmarkt im 3, Quartal 2012, 2012, p. 2.

Casper, Steven and Frans van Waarden (ed.): *Innovation and Institutions: A Multidisciplinary Review of the Study of Innovation Systems*, Chltenham, UK: Edward Elgar, 2005.

Clustermanagement Energietechnik Berlin-Brandenburg, *Die Region voller Energie: Energietechnologien als Motor der Hauptstadtregion-Masterplan für das Cluster Energietechnik Berlin-Brandenburg*, Berlin, https://www.wfbb.de/en/system/files/media-downloads/masterplan-energietechnik-975.pdf, 2012.

Commission of the European Communities, *Towards A European Research Area*, 2000.

Cooke, Philip, "Regional Innovation Systems: General Findings and Some New Evidence from Biotechnology Clusters", *Journal of Technology Transfer*, 27, 2002, pp. 133-145.

Cuhls, Kerstin, Wiecyorek, Iris: "Changes in the Japanese Innovation System and Innovation Policies", in: Rainer Frietsch, Margot Schüller (eds.), *Competing for Global Innovation Leadership*. Stuttgart: Fraunhofer Verlag, 2010, pp. 143-168.

Deloitte, *Global Manufacturing Index Report*, 2013, http://www.deloitte.com/assets/Dcom-China/Local% 20Assets/Documents/Industries/Manufacturing/cn (zh-cn) _ mfg_ GlobalMfgCompIndexReport_ 240113.pdf.

Depner, Heiner, Natalia Gorynia-Pfeffer, Tim Vollborth and Matthias Wallisch: *Wirksamkeit der geförderten FuE-Projekte des Zentralen Innovationsprogramms Mittelstand (ZIM)*, Eschborn, 2014.

DIW, *Unternehmen forschen nicht immer dort, wo die öffentliche Forschung stark ist*, 2016, DIW-Pressemitteilung, https://www.diw.de/de/diw_ 01.c.546874.de/themen_ nachrichten/unternehmen_ forschen_ nicht_ immer_ dort_ wo_ die_ oeffentliche_ forschung_ stark_ ist.html.

Edquist, Charles (ed.), *Systems of Innovation: Technologies, Institutions and Organizations.* New York: Routledge, 1997.

EFI, *Gutachten zu Forschung, Innovation und technologischer Leistungsfähigkeit,* Deutschlands Expertenkomminssion Forschung und Innovation (EFI), 2016.

Eickhof, Norbert, "Die Industriepolitik der Europäischen Union: Zweckmäßige Weiterentwicklung oder revionsbedürftige Fehlentwicklung der europäischen Wirtschaftspolitik?" in: *Ordnungskonforme Wirtschaftspolitik in der Marktwirtschaft,* Sonderausdruck aus Volkswirtschtliche Schriften Heft 474, Hrsg. v. Sylke Berhends, Berlin: Duncker & Humblot, 1997, pp. 426 – 456.

Eickhof, Norbert, "Die Forschungs-und Technologiepolitik Deutschlands und der EU: Maßnahmen und Beurteilungen", *Ordo,* Band 49, o. O. Lucius & Lucius, 1998, pp. 466 – 487.

Eucken, Walter, *Grundsätze der Wirtschaftspolitik,* Tübingen: 6. (durchgesehene) Auflage J. C. B. Mohr, 1990.

European Commission, *Communication from the commission to the european parliament, the council, the european economic and social committee and the committee of the regions For a European Industrial Renaissance,* http://eur-lex. europa. eu/legal-content/EN/TXT/? uri = CELEX: 52014DC0014, 2014.

European Commission, *European Research Area Facts and Figures* 2014: *Germany,* 2015.

FAZ, *Industrie* 4.0 *für Kaufleute und Juristen,* Frankfurter Allgemeine Zeitung, 14. 04. 2014.

Foray, Dominique, "Generation and Distribution of Technological Knowledge: Incentives, Norms, and Institutions", in: Charles Edquist (ed.): *Systems of Innovation: Technologies, Institutions and Organizations.* New York: Routledge, 1997, pp. 64 – 85.

Frietsch, Rainer, "Recent Trends in Innovation Policy in Germany", in: Rainer Frietsch, Margot Schüller (eds.), *Competing for Global Innovation Leadership,* Stuttgart: Fraunhofer Verlag, 2010, pp. 73 – 92.

Frietsch, Rainer, "Innovationspolitische Strategien in China: Internet Plus und Made in China 2025", in: *Die Deutsch-Chinesische Plattform Innovation Policy Briefs*, 2015, pp. 14 – 20.

Frietsch, Rainer and Margot Schüller: *Competing for Global Innovation Leadership*, Fraunhofer Verlag, 2010.

Fritsch, Michael and Viktor Slavtchev, "Determinants of the efficiency of regional innovation systems", *Regional Studies*, 45 (7), pp. 905 – 918.

Furman, Jeffrey L. and Richard Hayes, "Catching up or standing still? National innovative productivity among 'follower' countries, 1978 – 1999", *Research Policy*, 33 (9), 2004, pp. 1329 – 1354.

Furman, Jeffrey L. , Michael E. Porter, and Scott Stern, "The determinants of national innovative capacity", *Research Policy*, 31 (6), 2002, pp. 899 – 933.

Glüter, Dieter and Hannelore Böhm, "Neue KfW-Modelle- Innovation im Fördergeschäft", *Kreditwesen*, 12/2003, pp. 36 – 41.

Goldstein, Steven M. , "China in Transition: The Political Foundation of Incremental Reform", *The China Quarterly*, 1995, No. 144, Dec. 1995, pp. 1105 – 1131.

Gordon, Ian R. and Philip McCann, "Industrial Clusters: Complexes, Agglomeration and/or Social Networks", *Urban Studies*, Vol. 37, Issue 3, 2000, pp. 513 – 532.

Griliches, Zvi, "R&D, Patents and Productivity", *National Bureau of Economic Research Project Report*, Vol. 21, 1984.

Griliches, Zvi, "Patent Statistics as Economic Indicators: A Survey", NBER Working Paper No. 3301, 1990.

Grupp, Hariolf, Icíar Dominguez Lacasa, Monika Friedrich-Nishio and Andre Jungmittag: "Innovation and growth in Germany over the past 150 years", in: *Entrepreneurship, the new economy and public policy: Schumpeterian perspectives*, International Schumpeter Society Meeting, etd by Uwe Cantner, Elias Dinopoulos, Robert Franklin Lanzillotti Springer, 2005.

Hantsch, Sophie, Helmut Kergel, Thomas Lämmer-Gamp, Gerd Meier zu

Köcker and Michael Nerger, *Cluster management excellence in Germany*, European Secretariat for Cluster Analysis (ESCA), Berlin, 2013.

Hassink, Robert: "Supporting Regional Innovation Support Systems and Innovative Clusters in South Korea", in: Rainer Frietsch, Margot Schüller (eds.), *Competing for Global Innovation Leadership*. Stuttgart: Fraunhofer Verlag, 2010, pp. 189 – 202.

Hayek, Friedrich A., "Der Wettbewerb als Entdeckungsverfahren", in: F. A. Hayek, *Freiburger Studien: Gesammelte Aufsätze*, Tübingen: J. C. B. Mohr (Paul Sebeck), 1969, pp. 249 – 265.

Hayek, Friedrich A., "The use of knowledge in society" (1945), in: Cristiano Antonelli (ed.): *The Economics of Innovation: Critical Concepts in Economics*. London and New York: Routledge, 2008, Volume III Innovation and Knowledge: The Arrovian Legacy, pp. 281 – 292.

Herrmann-Pillath, Carsten, *Marktwirtschaft in China: Geschichte-Struktur-Transformation*, Opladen: Leskte + Budrich, 1995.

Herrmann-Pillath, Carsten, *Grundriß der Evolutionsökonomik*, München: Wilhelm Fink Verlag, 2002.

Hotz-Hart, Beat and Adrian Rohner, *Nationen im Innovationswettlauf: Ökonomie und Politik der Innovation*, Wiesbaden: Springer Gabler, 2014.

Hu, Mei-Chih and John A. Mathews, "National innovative capacity in East Asia", *Research policy*, 34 (9), 2005, pp. 1322 – 1349.

Hu, Mei-Chih and John A. Mathews, "China's national innovative capacity", *Research policy*, 37 (9), 2008, pp. 1465 – 1479.

Ishihara, Kyoichi, *China's Conversion to a Market Economy*, Tokyo: Institute of Development Economies, 1993.

Van den Broek, Jos and Hubb Smulders, "The Evolution of a Cross-border Regional Innovation System: An Institutional Perspective", Regional Studies Association European Conference, Tampere, 2013.

Jungmittag, Andre: "Innovationspolitik und IKT-Expansion in Deutschland und der EU", in: Paul Welfens (hrsg.): *Zukunftsfähige Wirtschaftspolitik für Deutschland und Europa*. Berlin: Springer, 2011.

Kenis，Patrik and Volker Schneider（Hg.），*Organisation und Netzwerk：Institutionelle Steuerung in Wirtschaft und Politik*，Frankfurt/New York：Campus Verlag，1996.

Killich，Stephan，"Formen der Unternehmenskooperation"，in：Thomas Becker，Ingo Dammer u. a.（Hrsg.）：*Netzwerkmanagement：Mit Kooperation zum Unternehmenserfolg*，Zweite，überarbeitete und erweiterte Auflage，Berlin：Springer，2007，pp. 13 – 22.

Klenner，Wolfgang，*Ordnungsprinzipien im Industrialisierungsprozeß der VR China*. Hamburg：Verlag Weltarchiv GmbH，1979.

Koalitionsvertrag zwischen CDU，CSU und SPD，*Deutschlands Zukunft gestalten*. 18，Legislaturperiode，Berlin，2013.

Kou，Kou，"Auswirkungen des chinesischen Innovationsmilieus auf das regionale Wachstumspotenzial"，in U. Blum（Ed.），*Cultural heritage and green economy. Technology，industrial growth，mobility*，Beijing Humboldt Forum，Vol. 4，Halle（Saale）：Martin-Luther-Univ. ，2015，pp. 41 – 61.

KPMG，CB Insights，*Venture Pulse Q4 2015 – Global Analysis of Venture Funding*，2016，https：//assets. kpmg. com/content/dam/kpmg/pdf/2016/01/venture-pulse-q4 – report. pdf.

Lardy，Nicholas R. ，*Foreign trade and economic reform in China*，1978 – 1990，Cambridge：Cambridge Univ. Pr. 1992.

Leydesdorff，Loet and Michael Fritsch，"Measuring the knowledge base of regional innovation systems in Germany in terms of a Triple Helix dynamics"，*Research Policy*，35（10），2006，pp. 1538 – 1553.

Li，Xibao，"Behind the recent surge of Chinese patenting：An institutional view"，*Research Policy*，41（1），2012，pp. 236 – 249.

Lieberthal，Kenneth and Michel Oksenberg，*Policy making in China：Leaders，Structures and Processes*. Princeton：Princeton Univ. Pr. 1988.

Lieberthal，Kenneth and David Lampton（ed.），*Bureaucracy，Politics，and Decision Making in Post-Mao China*，Berkeley：Univ. of Calif. Pr. 1992.

Lin，Justin Yifu，"An Economic Theory of Institutional Change：Induced and Imposed Change"，*the Cato Journal*，Volume 9 Number 1，Spring/Summer

1989, pp. 1 – 33.

Liu, Xielin and Steven White, "Comparing innovation systems: a framework and application to China's transitional context", *Research Policy*, 30 (7), 2001, pp. 1091 – 1114.

Lundvall, Bengt-Åke (Ed.), *National systems of innovation: Toward a theory of innovation and interactive learning*, New York: Anthem Press. 2010.

Lundvall, Bengt-Åke, Björn Johnson, Esben S. Andersen and Bent Dalum, "National systems of production, innovation and competence building", *Research Policy*, 31 (2), 2002, pp. 213 – 231.

Mansfield, Edwin, "Patents and Innovation: An Empirical Study", *Management Science*, 32 (2), 1986, pp. 173 – 181.

Muller, Emmanuel, Andrea Zenker and Elisabeth Baier, "Knowledge angels or how creative people foster innovation in the service industry: Emerging concepts and international observations", in: Fraunhofer Institute for Systems and Innovation Research (ISI): *Innovation System Revisited: Experiences from 40 Years ISI Research*, Karlsruhe: Fraunhofer Verlag, 2012, pp. 153 – 170.

Nelson, Richard R. , *National Innovation Systems: A Comparative Analysis*, Oxford University Press, 1993.

Nelson, Richard R. and Sidney Winter, *An Evolutionary theory of Economic Change*, Belknap Press of Harvard University Press, Cambridge, Massachusetts, 1982.

Niosi, Jorge, *Building National and Regional Innovation Systems: Institutions for Economic Development*, Northampton, USA: Edward Elgar Publishing, Inc. , 2010.

North, Douglass C. , *Institutions, Institutional Change and Economic Performance*, Cambridge u. a. : Cambridge University Press 1990.

OECD, *National innovation systems*, 1997, Retrieved from http: //www. oecd. org/science/inno/2101733. pdf.

OECD, *Boosting Innovation: The Cluster Approach*, OECD Paris, 1999a.

OECD, *Managing the National Innovation System*, OECD Paris, 1999b.

OECD, *Innovative Clusters: Driver of National Innovation System*, OECD Paris, 2001.

OECD: *China in the World Economy*, *The Domestic Policy Challenges*, Paris: OECD, 2002a.

OECD: *Dynamising NationalInnovation Systems*, OECD Paris, 2002b.

OECD: *OECD Science*, *Technology and Industry Scoreboard* 2013, 2013.

Patel, Parimal and Keith Pavitt, "National innovation systems: why they are important, and how they might be measured and compared", *Economics of Innovation and New Technology*, 3 (1), 1994, pp. 77 – 95.

Pavitt, Keith, "Uses and abuses of patent statistics", in *Handbook of Quantitative Studies of Science and Technology*, 1988, pp. 509 – 536.

Peters, Hans-Rudolf: *Wirtschaftspolitik*. 3. Auflage, De Gruyter Oldenbourg, 2000.

Porter, Michael E. , "The Competitive Advantage of Nations", *Harvard Business Review*, 68, 1990, 73 – 93.

Powell, Walter W. , "Weder Markt noch Hierarchie: Netzwerkartige Organisationsformen", in: Patrik Kenis, Volker Schneider (Hg.): *Organisation und Netzwerk: Institutionelle Steuerung in Wirtschaft und Politik*, Frankfurt／, New York: Campus Verlag, 1996, pp. 213 – 272.

Qian, Yingyiand Chenggang Xu, "Why China's economic reforms differ: the M-Form hierarchy and entry／expansion of the non-state sector", *The Economics of Transition*, Vol. 1, No. 1, 1993, pp. 135 – 164.

Rammer, Christian, Dirk Crass, Thorsten Doherr, Martin Hud, Paul Hünermund, Younes Iferd, Christian Köhler, Bettina Peters, Torben Schubertand Franz Schwiebacher, *Innovationsverhalten der deutschen Wirtschaft-Indikatorenbericht zur Innovationserhebung* 2014, Mannheim: ZEW, 2015.

Riskin, Carl, *China's Economy: The Quest for Development since* 1949, NY: Oxford Univ. Pr. , 1987.

Romer, Paul M. , "Endogenous technological change", NBER Working Paper No. 3210, 1989.

Romer, Paul M. , "The Origins of Endogenous Growth", in: Cristiano An-
tonelli (ed.): *The Economics of Innovation*: *Critical Concepts in Econom-
ics*, London and New York: Routledge, 2008, Volume I Innovation and
Growth: The Classical Legacies, pp. 208 – 228.

Rosenberg, Nathan and Richard R. Nelson, "American universities and tech-
nical advance in industry", *Research Policy*, 23 (3), 1994, pp. 323 –
348.

RWI, *Begleitende Evaluierung des Förderinstruments " Spitzencluster-Wettbew-
erb" des BMBF*, 2014, http: //www. rwi-essen. de/media/content/pages/
publikationen/rwi-materialien/rwi-materialien_ 83_ spitzencluster. pdf.

Saxenian, AnnaLee, *Regional Advantage*: *Culture and Competition in Silicon
Valley and Route* 128, Harvard Univ. Pr, 1996.

Schmalen, Helmut and Hans Pechtl, *Grundlage und Probleme der Betrieb-
swirtschaft.* 13, Auflage, Stuttgart: Schäffer-Poeschel, 2006.

Schmidt, Manfred G. , " Theorien in der international vergleichenden
Staatstätigkeitsforschung", in: *Politische Vierteljahresschrift*, Jg. 34, Son-
derheft 24/1993, pp. 371 – 393.

Schmookler, Jacob, *Invention and Economic Growth.* Cambridge, MA. 1966.

Schueller, Margot and David Shim, "The Innovation System and Innovation
Policy in South Korea", in: Rainer Frietsch, Margot Schüller (eds.),
Competing for Global Innovation Leadership. Stuttgart: Fraunhofer Verlag,
2010, pp. 169 – 188.

Schumpeter, Joseph, *Capitalism, Socialism & Democracy*, London and New
York: Routledge, 1992.

Schumpeter, Joseph, *Theorie der Wirtschaftlichen Entwicklung*, Neunte Au-
flage, Berlin: Duncker & Humblot 1997.

Shi, Shiwei, "Auswirkungen des Beitritts Chinas zur WTO auf die Wettbew-
erbspolitik in China: Eine institutionenöknomische Betrachtung", Discus-
sion paper, Europa-Kolleg Hamburg, Institute for European Integration,
No. 2/09, 2009.

Simon, Herbert A. : "Rational Decision Making in Business Organizations", in: Cristiano Antonelli (ed.): *The Economics of Innovation*: *Critical Concepts in Economics*, London and New York: Routledge, 2008, Volume Ⅳ.: Innovation and Complexity: The Marschallian Legacy, pp. 59 – 88.

Sino-German Platform Innovation, *Comparision of Innovation Systems in China and Germany*, Joint Paper of the Expert Group of the Sino-German Platform Innovation, 2015.

Solow, Robert M, "Technical change and the aggregate production function", in: Cristiano Antonelli (ed.): *The Economics of Innovation*: *Critical Concepts in Economics*, London and New York: Routledge, 2008, Volume Ⅰ Innovation and Growth: The Classical Legacies, pp. 50 – 68.

Stifterverband, *Innovationsfaktor Kooperation*: *Bericht des Stifterverbandes zur Zusammenarbeit zwischen Unternehmen und Hochschulen*, Essen, 2007.

Stifterband: *FuE-Datenreport* 2013 – *Analysen und Vergleiche*, Essen, http://www.stifterverband.de/pdf/fue_ datenreport_ 2013_ analysen_ und_ vergleiche.pdf, 2013.

Trippl, Michaela, "Developing Cross-border Regional Innovation Systems: Key Factors and Challenges", *Tijdschrift Voor Economische en Sociale Geografie*, 2010, 101 (2), pp. 150 – 160.

Vanberg, Viktor J., "The Freiburg School: Walter Eucken and Ordoliberalism", Freiburg Discussionpapers on Constitutional Economics 04/11, 2011.

Velling, Johannes, *Financing innovative starts-ups*: *Venture capital in Germany*. Lecture held on the 3, Sino-German Innovation Policy Conference, Beijing, April 29. 2014.

Vieregge, Peter and Ingo Dammer, "EU-Cluster- und Strukturpolitik 2007 – 2013: Ein Ausblick am Beispiel NRW", in: Thomas Becker, Ingo Dammer u. a. (Hrsg.): *Netzwerkmanagement*: *Mit Kooperation zum Unternehmenserfolg*. Zweite, überarbeitete und erweiterte Auflage, Berlin: Springer 2007, pp. 23 – 34.

Wade, Robert, *Governing the market*: *Economic theory and the Role of Government in East Asian industrialization*, Princeton: Princeton Univ. Pr. 1990.

Welfens, Paul (hrsg.), *Zukunftsfähige Wirtschaftspolitik für Deutschland und*

Europa, Berlin: Springer, 2011.

Williamson, Oliver E., "Vergleichende Ökonomische Organisationstheorie: Die Analyse diskreter Strukturalternativen", in: Patrik Kenis, Volker Schneider (Hg.): *Organisation und Netzwerk: Institutionelle Steuerung in Wirtschaft und Politik*, Frankfurt/New York: Campus Verlag, 1996, pp. 167 –212.

Wissenschaftsrat, *Empfehlungen zur Interaktion von Wissenschaft und Wirtschaft und Empfehlungen zu Public Private Partnerships (PPP) in der universitätsmedizinischen Forschung*, Oldenburg, 2007.

Wöhe, Günter and Jürgen Bilstein, *Grundzüge der Unternehmensfinanzierung*, Verlag Franz Vahlen GmbH, München, 2009, p. 174.

ZEW, Prognos AG and ifm: *Systemevaluierung "KMU-innovativ" – Abschlussbericht*, Mannheim/Berlin, 2011.

Zhao, Suisheng, "China's Central-Local Relationship: A Historical Perspective", in: Jia, Hao and Zhimin Lin (ed.): *Changing Central-Local Relations: Reform and State Capacity*, Boulder: Westview Pr. 1994, pp. 19 – 34.

后　　记

　　继博士论文后我第一部真正名副其实的研究著作终于付梓了。这是我近十年对创新体系潜心研究的结晶，也融入了我在对外经济贸易大学18年刻苦钻研现代经济学，并将其用于科研、教学与社会服务的点滴收获。创新问题综合性很强，创新体系研究也并非现代经济学的主流，作为外语学院的一线教师，我的教学任务十分繁重，在10年的漫长岁月中，我曾经疑惑过、迷茫过，甚至产生过放弃的念头，但是最后成书的构思和下笔竟然出乎意料地快，在"衣带渐宽终不悔，为伊消得人憔悴"之后，确实体会到了"众里寻他千百度，蓦然回首，那人却在灯火阑珊处"的感觉。

　　我对创新体系进路的关注多多少少出于偶然。从德国留学归国后，我主要从事德国经济的研究与教学，我深深地感到，战后德国重新崛起，成为世界上举足轻重的工业出口大国的关键在于创新，而这正是当时史无前例高速增长的中国经济的软肋，在未来的某个时段，中国劳动力和自然资源的比较优势将丧失，不创新就是死路一条。恰逢此时，中国社会科学院欧洲研究所请我担任一篇欧洲经济博士论文《区域经济一体化中的芬兰创新体系研究》的评议人，作者来自经济比较发达的澳门，经济体量与世界创新强国之一的芬兰大体相当。作者是澳门政府经济发展署的一名官员，他对于芬兰国家创新体系以及对澳门经济发展启示的分析使我眼前一亮，从此开始了我长达10年的创新体系比较研究。在这一过程中，我得到了对外经济贸易大学"211工程"三期重点学科建设项目（国际贸易）以及教育部人文社会科学重点研究基地重大项目（中国人民大学欧洲研究中心）的支持，就我的初衷来说，这项研究的定位不是区域国别研究，而是经济学研究。

　　说起来，我的经济学者的道路十分艰巨和坎坷。我是"文化大革命"之后恢复高考的第一届大学生，当时中国经过 10 多年的闭关锁国，开始逐步走向世界，对于外部世界的好奇使我选择了报考外语专业，又出于偶然走进了德语专业。大学毕业后，我没有去政府机关和企业，而是追随孩提时做科学家的梦想进入了中国社会科学院马列主义研究所。但是由于在大学中没有接受过科学研究的训练，在当时的环境下确实是有劲儿使不出。20 世纪 80 年代初，正是中国百废待兴，思想特别活跃，人际关系较为平等的时期，我现在还清楚地记得，当时社会科学院经常组织一些社会宣讲会，在这样的会上，像院长马洪、孙尚清等著名经济学家会在街头巷尾与听众就中国经济改革和发展进行交流，他们慷慨其词，有问必答。我在上大学之前曾经在北京郊区作为知识青年插过队，对于中国农民、农村的贫穷和农业的困境有亲身体验，在这些名家的感召下，我对经济和相关理论产生了浓厚的兴趣，感到为中国经济建设服务是我们这一代人的光荣使命。但是由于种种原因，进行正规经济学学习的愿望始终未能实现。在德国求学期间，自己读了一些经济学教材和专著，以至于能够完成涉及中国经济体制改革与开放的博士论文，最终获得了德国波茨坦大学的政治经济学博士学位。在这里特别要提到的是，在德国期间，我参加了德国波茨坦大学经济与社会科学系的一项"东亚现代化与转型研究"的课题，有机会在课题调研中接触了林毅夫、樊纲、江小涓等国内著名经济学者。课题由于一些事先无法预料的原因中途夭折了，但与他们的交谈使自己对中国经济以及其面临的问题有了更加深入的理解，他们的治学方法和个人风范也使我终生难忘，坚定了我回国后致力于继续学习经济学和从事这方面工作的决心，而那时我已经过了不惑之年。自此后，我即开始顽强地系统自学经济学和管理学并用这些理论来指导我的研究工作。

　　我在这里敞开心扉向读者叙述了我的学术经历。我以为，由于经济学（如果再加上管理学）是一个十分广泛的领域，主要通过自学和不完全属于特定学术圈子可能也有好处：可以兼收并蓄，各取所长，坚持问题导向。另外，我的外语功底和在中国人民大学攻读硕士和工作期间对于国际共运历史以及国际政治的了解，使我眼界比较开阔。当然，我的努力是否具有成效，还需要大家来进行评判。这部呈现在眼前的书可以作为一个检验。

由于创新体系分析框架的特点，本书没有采用一个统一的模型。从经济科学要求的严谨性来看，这可能是一个缺点，但是从演化理论的开放性意义上来看，这也是一个特色。另外，国家创新体系涉及的方面很广，本研究分析比较了一些重要的领域，但是对一些同样十分重要的领域如教育、劳动力市场、专利及标准制度等则未能涉及，这不能说不是一个缺憾，有待于在今后的研究中进行补正。正如前面提到，书中部分内容是我以往的研究成果，特别是关于德国创新体系的部分用了一些过去发表过论文的内容，特此说明。

本书是在教育部人文社会科学重点研究基地重大项目"中国与欧盟的国家与区域创新体系比较研究"的结项成果的基础上修改完成的。我个人对整个著作进行了构思并且撰写了著作的大部分章节。我的合作者寇蔻是项目课题组从始至终的主要成员，他曾经是我在对外经济贸易大学外语学院德语系经贸德语方向的硕士研究生，目前在德国哈勒—维腾贝格大学经济学系攻读国民经济学博士学位，我是他的第二导师。他虽然在大学读本科时也拿到了金融学的学士学位（第二学位），但是主专业毕竟是德语。所以，他在德国学习期间，刻苦钻研，掌握了现代经济学研究不可或缺的计量工具。我们书中的实证分析部分主要出自他的研究成果，对其他一些章节他也有相当的贡献。

刘慧博士后期加入到项目中来，她撰写了本书的第九章，对此我对她表示由衷的感谢。

我在贸大德语系的其他硕士研究生也参加了项目的工作，其中向渝、付颖和李步云撰写了本书的部分初稿。我在北京外国语大学的博士研究生刘惠宇为项目的材料收集亦做出了贡献。

我的同事和同行于敬韬、陈衍泰、孙彦红在前期为项目做了一定的贡献，后来因为各种原因他们没有参与项目最终成果的撰写。但是我仍然要感谢他们对于项目的支持。

在这里我特别要感谢中国人民大学欧洲研究中心以及中心主任闫瑾教授，给予了我这样难得的机会。由于我个人的原因，项目结项的时间延长了两次，但是中心和闫主任始终支持我、帮助我。科学研究不能急功近利，我为有这样能够理解我的同行感到欣慰。

　　我还要感谢我在德语系的同事，自从我 2004 年开始为中德合作企业管理本硕连读班（4 + 2）上专业课以来，就没有再担负过普通语言课的教学，这使我能够潜心钻研经济学与管理学。我在外语学院和德语系或多或少成了一个"另类"，没有同事们对于我的宽容，我能够完成这样的研究几乎是不可能的。

　　这些年来，在我的学者生涯中，许多同人和朋友伴随了我，给予我莫大的帮助和鼓励。他们虽然可能没有对这部书的成书做出直接的贡献，但是在与他们共同的学术讨论和日常接触中，我学到的东西对我的观点形成、思维方式的磨炼和研究方法的选择起到了潜移默化的影响。他们包括：德国埃尔福特大学马克斯·韦伯文化与社会科学高级研究院的何梦笔教授，德国波茨坦大学经济与社会科学系 D. Wagner 教授，德国埃尔朗根—纽伦堡大学经济学系 K. – I. Voigt 教授，德国康斯坦茨大学经济学系 W. Pohlmeier 教授，柏林自由大学经济学系 C. Dreher 教授，德国哈勒—维腾贝格大学经济学系 U. Blum 教授，德国乌珀塔尔大学经济学系 P. Welfens 教授，德国弗莱堡大学经济学系 V. Vanberg 教授，德国汉堡全球区域研究所 M. Schueller 博士，德国弗劳尔恩霍夫协会系统与创新研究所 R. Frietsch 博士，对外经济贸易大学国际经贸学院赵忠秀教授，赖平耀教授，国际商学院林汉川教授，外国语学院陈健平教授，中央财经大学国际经贸学院唐依红教授，中国社会科学院农村发展研究所冯兴元教授，中国社会科学院欧洲研究所王鹤教授，中国社会科学院世界经济与政治研究所万军研究员，同济大学德国问题研究所郑春荣教授，北京外国语大学德语系刘立群教授。由于时间较长，在学术上指教和帮助过我的人还很多，不免挂一漏万，利用这个机会对他们大家表示由衷的感谢。

　　最后我还要感谢我的家人，我的妻子张爱军有自己的工作，为了支持我的研究工作默默承担了女儿教育和家务中的大部分。对于她为我所做出的牺牲，我感到十分愧疚。目前，她又放弃了自己的工作与我们一起来到德国，我下决心在今后的岁月中挤出时间多陪伴家人。

　　"百尺竿头更上一楼。"经过近年来的艰苦努力，自己在创新研究方面取得了一点微薄的成绩。但是学无止境，自己在经济学方面还是一个不折不扣的新兵。我虽然已经到了退休的年龄，但是精力还好。经过艰苦的探索，我终于找到了一条自己愿意伴随终生的道路，我甘愿在有生之年在这条道路上继续走下去，愿与同道人共勉。

史世伟

2017 年 10 月 5 日于德国柏林